新时代新征程农垦改革发展的实践与经验

XINSHIDAI XINZHENGCHENG NONGKEN GAIGE FAZHAN DE

SHIJIAN YU JINGYAN

农业农村部农垦局
中国农垦经贸流通协会 编

中国农业出版社
北 京

图书在版编目（CIP）数据

新时代新征程农垦改革发展的实践与经验 / 农业农村部农垦局，中国农垦经贸流通协会编. -- 北京：中国农业出版社，2025.3. -- ISBN 978-7-109-33204-1

Ⅰ. F324.1

中国国家版本馆 CIP 数据核字第 20251UC568 号

新时代新征程农垦改革发展的实践与经验

XINSHIDAI XINZHENGCHENG NONGKEN GAIGE FAZHAN DE SHIJIAN YU JINGYAN

中国农业出版社出版

地址：北京市朝阳区麦子店街 18 号楼

邮编：100125

责任编辑：张丽四

版式设计：王　晨　　责任校对：赵　硕

印刷：中农印务有限公司

版次：2025 年 3 月第 1 版

印次：2025 年 3 月北京第 1 次印刷

发行：新华书店北京发行所

开本：787mm×1092mm　1/16

印张：22.25

字数：530 千字

定价：128.00 元

编 写 委 员 会

主　　编：左常升

副 主 编：彭剑良　程景民　武新宇　王林昌　陈　晨

参编人员（按姓氏笔画排序）：

王　波　王立法　王兴文　王国忠　王思玥

王翌翀　叶炽瑞　叶健浩　吕　红　伍振锴

刘云菲　刘倬利　刘琢琬　孙晓艳　李　静

杨卫东　杨少新　杨文智　杨琳玲　肖国超

吴　姓　张　东　张大伟　陆正兴　陈以生

陈志伟　陈国栋　陈晨旸　林　森　明　星

郑迎春　单信凯　单绪南　赵　颖　胡建军

郜质锋　骆超超　姚革显　翁崇鹏　桑　明

鲁媛源　蔡　勇　樊　星　樊思雨　薛艳军

前　言

　　在新时代的伟大征程中，农垦系统作为国家农业现代化建设的重要力量，肩负着保障国家粮食安全和重要农产品稳定安全供给的"国家队"、中国特色新型农业现代化的"示范区"、农业对外合作的"排头兵"、安边固疆的"稳定器"使命任务。"十四五"以来，各垦区深入贯彻党中央、国务院关于"三农"工作的决策部署，以改革创新为动力，以保障粮食和重要农产品稳定安全供给为核心，加快建设现代农业大基地、大企业、大产业，取得了一系列显著成就，涌现出一批先进典型。对这些典型的做法、经验和成效进行系统的归纳总结，对于示范引领全国农垦改革发展具有重要意义。为此，农业农村部农垦局牵头组织，中国农垦经贸流通协会具体实施，在全国范围内进行了典型案例的征集推荐工作。经过各农场等农垦企业申报，各级农垦管理部门和省级农垦集团公司审核推荐，并经专家评审，遴选出 100 个典型案例，内容涵盖提升稳产保供能力、推动产业高质量发展、创新企业体制机制、示范带动地方现代农业发展、巩固脱贫攻坚成果推进农场振兴等多个方面，旨在为各地加快推进"三大建设"、促进农垦高质量发展提供实践参考样本。

本书编写组

2024 年 12 月

CONTENTS
目　录

前言

目 录

一、提升稳产保供能力

牢记"国之大者" 全力保障首都城市运营

北京首农食品集团有限公司

北京首农食品集团有限公司（以下简称首农食品集团）是与新中国同龄的北京市属大型国有农业食品企业，产业横跨农牧渔业、食品加工、商贸物流、物产物业，拥有"三元""古船""六必居""王致和"等一批老字号品牌，综合实力居中国农业食品行业前列，是首都食品供应服务保障的主渠道、主载体和主力军。多年来，首农食品集团始终扛起农业龙头国企的使命担当，牢记"粮食安全是'国之大者'""确保中国人的饭碗主要装中国粮"的嘱托，牢牢把握首都食品供应服务保障任务重要载体、引领首都食品安全行业表率、打造首都食品产业发展核心主体的职能定位，不断提升食品供应保障能力，全力保障首都城市运营。

一、坚持农为根本，持续夯实稳产保供基础

首农食品集团发挥农垦国家队作用，坚决守住耕地这个粮食生产的命根子，充分利用京内外几十万亩①土地优势，不断夯实稳产保供基础。

（一）提升耕地质量

坚决落实黑土地保护责任，在双河农场建成集中连片、旱涝保收、节水高效、稳产高产、生态优良的高标准农田 40 万亩，建成后粮食亩产平均提高 15％，年粮食综合生产能力稳定在 20 万吨以上，成为保障北京商品粮供应的重要基地。在天津市宁河区的清河农场，着力建设服务首都的粮食蔬菜副食品生产基地、面向京津冀的现代化农业科技示范基地。

（二）发展设施农业

建成京津冀地区单体最大的智能连栋温室——翠湖智慧农业创新工场。通过联合攻关，设备设施国产化率达到 80％以上，实现环境调控、水肥一体、立体栽培、自动控制等技术集成应用，延长采收期 30 天，大果番茄平均产量达到每平方米 42.5 千克，综合技术及产量达国内领先水平。在北京"大城市小农业"的市情农情下，探索形成符合北方气候特点，集温室设计、建设材料、专用品种、栽培技术、生产管理于一体的可复制、可推广的设施农业发展模式。

---

① 亩为非法定计量单位，1 亩＝1/15 公顷。——编者注

（三）拓展农业功能

以耕地生态修复为立足点，与北京市农林科学院杂交小麦研究所合作，建立以优质强筋小麦高密度群体构建及精准调控技术为主要内容的京郊小麦单产提升技术集成示范田，亩产突破 500 千克，大幅超出 2023 年北京地区小麦平均亩产 358.6 千克的水平。紧抓北京"留白增绿"和休闲农业需求扩大的机遇，培育了首农庄园、紫谷伊甸园、南农百果园、百年栗园等一批休闲观光农业项目，实现了生态治理与产业升级的双赢。

二、坚持科技驱动，持续提升稳产保供能力

首农食品集团聚焦主责主业，自觉履行国家战略科技力量职责使命，充分利用"全产业链"优势，以"大食物观"引领农业科技创新发展，向科技要产量、要产能，全面提升供应保障能力。

（一）开展种业攻关

坚持从种源自主可控入手，牵头组建"生物种业联合创新体"，加快推进国家分子育种平台、畜禽种质资源数据库等项目建设，着力突破种源"卡脖子"技术难题。建成我国最大、与国际先进水平比肩的优秀种公牛自主培育体系和奶牛繁育供种基地，冻精产品国内市场占有率达到 30％左右，成为国内冻精第一品牌；培育拥有自主知识产权的"中育"配套系种猪，拥有北京黑猪种质资源；建成 1 个国家蛋鸡核心育种场、4 个国家蛋鸡良种扩繁推广基地，年制种 2.5 亿只，成为全球最大的蛋鸡制种公司。目前，首农食品集团种鸭、蛋种鸡规模位居世界第一，种牛市场占有率位居全国第一。集团推动 12 个畜禽优质种质资源项目向平谷集聚，成功创建国家（畜禽种业）现代农业产业园，积极助力"农业中关村"建设。

（二）推进结构调整

坚持科技创新要"面向人民生命健康"，紧跟人民群众食品消费结构变化趋势，以科研创新深化供给侧结构性改革，不断改进传统工艺，优化食物营养结构、功能特性、风味品质。三元食品（北京三元食品股份有限公司）国内首款衡安堂 166 酸奶、A2β-酪蛋白纯牛奶，古船食品（北京古船食品有限公司）富含膳食纤维的全谷物小麦粉，中国肉类食品综合研究中心的肉研中心低盐发酵肉，王致和低盐全豆腐乳等众多新品，满足了消费者对食物多样化、精细化、营养化、生态化的膳食新需求。同时，发力生物技术新兴产业，聚焦玉米淀粉深加工领域，打造数字化工厂，推动国内乳酸行业快速发展。

（三）推进节粮减损

秉承"绿色储粮、生态储粮"发展理念，坚持科技兴粮，深入推进优质粮食工程，始终致力于科学储粮和绿色储粮技术的研究与推广应用。在粮食存储环节，积极打造智慧粮库，紧扣绿色、生态、环保、节能要求，科学运用准低温储粮、储粮害虫防治等技术组合

方案，持续提高科学储粮水平和品质保障能力。

三、坚持布局优化，持续完善稳产保供体系

首农食品集团围绕增强首都供给，通过全面规划、有序整合种植、粮油、食品、畜牧、储备、物流等产业，协同生产体系、供应体系和储备体系，完善应急调配体系，切实履行好"菜篮子""米袋子""奶瓶子""肉案子"供给职责。

（一）布局产业链

发挥国有资本投资公司功能，加快对全国乃至全球产业链资源的整合，抓紧布局食品产业链上的关键环节。在种业方面，拥有国家畜禽核心育种场10个，生猪、奶牛、蛋鸡、鸭等主要畜禽品种均入选国家核心育种场。在种养方面，与河北、内蒙古、黑龙江、新疆等地政府合作，建设运营粮食、水果、蔬菜基地约100个，奶牛、生猪、肉鸡、蛋鸡、樱桃谷鸭、北京鸭等养殖基地100余个。在加工方面，在全国布局稻谷、油脂、肉类、乳业、玉米深加工等一批产业园区。目前，首农食品集团生猪屠宰、玉米深加工、乳业、调味品等产业加工能力均位居行业前列，形成较为完备的食品加工体系。

（二）完善供应链

立足首都农产品对外依存度较高的现实情况，充分发挥物流资源优势，不断加强从批发端到零售端全链路流通体系建设。在批发端，建设运营北京市最大的鲜活水产品批发市场——京深海鲜市场、北京市最大的特种蔬菜和食用菌批发市场——北京农产品中央批发市场等8个自有专业市场，总面积约77万平方米。作为北京市农产品流通体系规划的四个一级批发市场之一，北京鲜活农产品流通中心目前已有序承接原八里桥市场商户，与新发地市场错位互补供应模式，共同形成首都农产品供应"双核"保障格局。在销售端，覆盖商超、团购、专卖、批发、餐饮、加工企业、电商等渠道，运营各类品牌门店超过1 800家。发挥首都区位优势，建成"北京消费帮扶双创中心"，打造线下、线上、社会动员3种营销模式，在带动支援合作地区脱贫农户持续增收、上下游企业受益的同时，让消费者获得实惠。在物流端，建设运营常温库、冷库，所属北京五环顺通供应链管理有限公司、北京篮丰蔬菜配送有限公司等供应链企业，集成首农食品集团旗下品牌产品及国内外名优特色食材，采取集采分销、统一配送的方式，提供一站式安全、优质的全品类食材供应保障服务。

（三）构建保障链

依托首农食品集团生产、加工、物流基地的全国布局，构建环北京1小时、京津冀3小时，环渤海6小时"三道首都食品安全保障圈"，切实担负起首都食品供应服务保障的核心主体责任。首农食品集团强化源头控制，以"产得出、供得上、不脱销、不断档"为原则，共同构建起北京市供应服务保障的系统屏障，确保特殊时期首都市民"菜篮子"供得上、供得好。自2020年1月25日起，集团建立"生活必需品供应日报制度"，对商业

库存、储备库存和市场供应情况进行不间断监测，并及时调整市场供应策略，为北京市做好生活必需品供应保障工作提供了翔实准确的数据支持。

（四）保障大活动

集团积极融入"四个中心"功能建设，把做好服务保障工作作为重要的政治任务，把着力点放在功能建设和能力建设上，健全常态化运行服务保障机制，不断提高"四个服务"水平。多年来，集团以高度的政治责任感，圆满完成历年全国两会、中非合作论坛、"一带一路"论坛、庆祝中华人民共和国成立70周年、庆祝中国共产党成立100周年、北京冬奥会和冬残奥会供应保障工作，为首都服务保障重大国事活动提供支持。

经验启示：

首农食品集团以保障首都食品供应为己任，着眼全局，统筹规划，有序整合种植、粮油、食品、畜牧、储备、物流等产业，着力突破种源、生产、储备等"卡脖子"技术难题，加强京内外农产品生产基地建设，完善生产、供应、储备和应急调配体系，全面提升供应能力，切实保障首都"菜篮子""米袋子""奶瓶子""肉案子"供给安全。

求新思变　勇于破圈　奋力谱写
海河乳品高质量发展新篇章

天津海河乳品有限公司

天津海河乳品有限公司（以下简称海河乳品）始创于 1957 年，是一家以城市型乳业为定位的乳制品企业。近年来，海河乳品认真贯彻落实习近平总书记视察天津时提出的四个"善作善成"重要要求，加快培育发展新质生产力，在产业链高效衔接中，快速扩大生产规模、市场规模，持续振兴老字号品牌，坚持做好百姓的"奶瓶子"。海河乳品在天津乳品市场占据主导地位，目前已建设成为集饲草种植、饲料加工、奶牛育种养殖、乳制品生产加工销售全产业链条于一体的乳制品企业。

一、以科技为引领，赋能企业创新式发展

充分发挥奶源、技术、研发等优势，扎实推进全产业链质量升级，加快形成更多新质生产力，赋能企业高质量发展。

（一）深化创新研发与市场需求的深度融合

海河乳品充分把握海河口味型风味奶的行业优势，推动产品从最初的 5 个口味发展到现在的 13 个口味，其中新上市的香菜牛油果和薄荷巧克力口味牛奶火爆市场。同时，利用企业科研平台，与中国农业大学、北京工商大学等 5 所专业院校携手成立"风味乳联合创新研究院"，推动对花色奶口味特色、功能性成分的专项研究，扩充了花色奶减糖、无糖产品，并在建立风味特征物质指标规范和风味指纹图谱、药食同源风味乳产品专项研究及验证等方面先行先试，推动风味乳技术创新与调制乳健康营养转型市场有机融合，树立风味乳赛道的风向标。

（二）推进关键技术攻关与科技成果转化

海河乳品持续在创新发展的道路上发力，2023 年成为全国首家通过"中优乳"认证的企业，不仅实现了在巴氏奶产品上的示范应用，也在原料奶活性营养成分挖掘等方面积累了大量数据。实施"盐碱地牛奶特征性成分鉴定"项目，全面对比自有盐碱地牧场与普通牧场的原奶差异，分析筛选具有健康潜力的特征性营养成分，积极推动本土牛奶特异性品质的研发。同时，深化与专业院校、知名企业的项目合作，开展一系列解决企业未来发展的战略性技术攻关，主持开展了咖啡拉花专用起泡牛奶研究、PB200 益生菌免疫功能临

床应用研究等一系列专项研究，将研究成果转化应用到新产品研发中，获得了中国乳制品工业协会技术进步奖一等奖、中国奶业协会奶业重大科技创新成果奖等多项科技奖项，多维度打造新质生产力，推动企业科技创新水平不断提升。

二、筑牢营销网络体系，全面提升城市保障能力

坚持以"高品质生活创造行动"为引领，优化渠道布局，全面提升"奶瓶子"供给保障能力。

（一）实施"新鲜"战略，深耕天津本埠市场

海河乳品充分发挥全产业链优势和天津乳品市场占有率第一的品牌优势，打好"鲜奶牌"。在200家递送站点的基础上，逐步加大空白站点建设力度，使入户配送实现增量。同时，结点布网加强渠道建设，以天津城六区的四个营业所为支撑，对天津郊县市场进行区域分级，逐步转换为直营模式，实现城六区终端的配送和周边四郊五县全覆盖，树立在天津本埠市场的绝对主导地位。

（二）深化渠道网络，突围全国市场

坚持产品差异化路线，搭建更具有价值的花色奶口味矩阵，并迅速布局CVS系统（一种版本控制系统）、全国连锁零食店系统，现已完成6万家连锁门店布局，实现全国超过100家以上的连锁品牌进店。2024年，全球权威咨询公司弗若斯特沙利文（简称沙利文）基于对中国风味奶品类赛道的深度调研与行业研究，认定海河风味奶为"中国风味奶品类领先品牌"、海河牛角包风味奶为"中国牛角包风味奶领导者"。同时，依托花色奶品类打开全国市场销售布局，将更多产品带出去，打破低温乳品区域性限制，让海河特优牛奶、天津卫老酸奶、酒酿酪乳等低温产品实现突围，目前已铺货到10个省份20个城市。

三、坚持赋能品牌文化价值，提升品牌声量

向"新"消费已成为当下消费升级的主旋律，为满足不同人群对不同乳制品的需求，海河乳品积极适应市场规律，努力寻求一条适合自身发展的新路子。

（一）传播品牌文化，打造城市名片

海河乳品持续挖掘品牌文化上的传统优势，促进非物质文化遗产以及历史文化、节庆文化、文物文化等元素融入品牌内涵。充分发挥新时代文明实践基地、天津市科普教育基地等载体作用，以智慧工厂、大港海河观光牧场及周边的4个国有奶牛场真实溯源地为支撑，加强与文化、教育等领域融合协作，打造"工业＋旅游"新业态，2023年全年接待游客超8万人次。同时，持续输出天津地域文化产品，在全国范围推广"天津卫"酸奶系列产品，凝练城市故事，传递给全国消费者，展现天津城市独特性和吸引力。

（二）丰富产品品类，推动区域品牌走向全国

避开与一线乳企的正面搏杀，依托口味型风味奶建立起来的市场优势，坚持在细分市场里做深、做精、做专，引爆消费热度。2024 年上半年推出香菜牛油果和薄荷巧克力奶，下半年推出煎饼果子味牛奶，并在抖音、快手、小红书等媒体发起话题，与年轻消费者频繁互动。新品一经上市便引爆消费市场，成为消费者猎奇尝试的热门，引发博主热评，成功在零投入状态下，使公司媒体平台积累粉丝 1.2 万人，总播放量破 20 万次。

（三）坚持守正创新，激发品牌年轻活力

海河乳品不断入局、变革、创新，不仅为企业发展蓄能，也让"海河"品牌从众多传统企业中脱颖而出，荣列"中华老字号"第三批名单。与天津博物馆、祥禾饽饽铺、德云社、鱼酷等"跨界联名"，将消费场景延伸升级，研发上市兼具颜值、文化、话题的"鲜花系列"酪乳、"云鹤九霄"系列冰激凌等城市文创产品，展现天津城市独特性和吸引力。同时，深化与市场活动、工业旅游等场景衍生，与各圈层人群建立情感联系，深入了解消费者需求，让购买海河产品形成惯性消费。2024 年，"海河"以 153.75 亿元的品牌价值荣登"中国 500 最具价值品牌"。

经验启示：

海河乳品立足城市型乳业定位，坚持科技创新赋能，深化风味乳技术创新与产品研发，推进关键技术攻关与研究成果转化应用。聚焦风味乳细分赛道，立足全产业链和市场优势，坚持守正创新，优化渠道布局，丰富产品品类，融入地域文化打造品牌特色，结合营销活动构建情感链接，使传统品牌焕发新活力，推动区域品牌走向全国。

盐碱地改良走出新"稻"路

河北省柏各庄农场

河北省柏各庄农场（以下简称柏各庄农场）位于唐山南部沿海，总面积 2 114 平方公里，常住人口 36 万人，其中从事农业人口 10 万人。近年来，农场全面贯彻落实习近平总书记关于开展盐碱地综合利用的重要指示精神，按照土地盐碱化程度，高效推进盐碱地综合治理、改良开发和有效利用。截至目前，全场 40.83 万亩盐碱地全部开发为耕地，其中水稻 40.62 万亩，占全场耕地总面积的 90%。农场现已成为我国北方重要的粳米生产区、河北省最大的商品粮基地，京津冀乃至华北地区单季粳稻种植规模最大的地区。先后被农业农村部认定为"国家现代农业示范区""国家农产品质量安全示范县（区）"，荣获"中国生态稻米之乡"等称号。

一、因地制宜、综合施治，以改良土壤提升耕地地力

柏各庄农场盐碱地主要分布在南部沿海区域，是较为典型的滨海盐碱土，土壤质地多为重壤和黏土。农场因地制宜采取多项举措，引水灌溉、排盐淋碱、持续改良，土壤盐碱程度已由重度盐碱改良为轻度和中度盐碱，其中轻度盐碱 17.3 万亩、中度盐碱 23.53 万亩。

（一）推进降盐提效

一方面，通过引滦河水实施大田灌水措施，利用冬、春季径流水进行大水泡田，建立水层，使土壤盐分不能上移从而达到压盐效果，同时水层下渗起到淋洗盐碱的作用；另一方面，修建完善干、支、斗、农四级排水、灌水渠道，提高灌区排水标准，利用垂直渗漏和侧渗排出土壤中的盐分。

（二）推进培肥提质

通过实施农作物秸秆还田以及使用土壤改良剂等方法，增加盐碱地土壤有机质含量，改善土壤结构，提高土壤通透性，持续巩固盐碱地改良效果。

（三）推进设施提标

近年来，累计争取上级财政资金 4.48 亿元，实施高标准农田项目 37 个，总面积 39.68 万亩，重点对耕地开展土地平整，完善桥、闸、涵、排灌站、防渗渠等灌溉和排水

设施，新修建田间道路、农电线路等工程，满足农业机械化、规模化生产需求。

二、创新引领、科技攻关，以品种选育提高作物产量

柏各庄农场积极转变"改土适种"传统思路，牢牢攥紧种业"芯片"，持续开展适合盐碱地生长的作物品种选育推广，推动由主要治理盐碱地适应作物向更多选育耐盐碱植物适应盐碱地转变。

（一）高标准搭建平台

与河北省水产技术推广站、河北省农林科学院滨海农业研究所、华北理工大学土壤改良团队等科研院校开展合作，建设耐盐优质高产水稻绿色生产示范基地、盐碱地设施果蔬提质增效示范基地、重盐碱地高质高效综合利用示范基地等成果转化基地 11 个，为种业研发提供了有力支撑。

（二）高水平开展研发

持续开展"原位精准盐碱地改良与高品质种植"等技术攻关，目前，已累计培植和引进耐盐作物 30 余种、耐盐果蔬 20 余种，培育出滨稻 8 号、垦糯 10 号、冀香粳 2 号等多个优质高产耐盐水稻品种，其中滨稻 8 号最高耐盐浓度达到 0.5％，亩产 750 千克以上，品质达到国优 II 级米标准，获河北省农业科学院"十三五"技术产品类重要研究进展，被列入省农业主推品种；在唐山曹妃甸区天旭生态农业有限公司、位于第九农场的曹妃甸区昊田果蔬种植专业合作社等盐碱区开展设施原土模式下暗管最佳配置排盐组合试验，实现了在土壤含盐量 10 克/千克以上的盐碱地种植设施果菜。

（三）高效率推广种植

持续加大优质耐盐水稻以及特色花生、西红柿、灵芝菇、玉米、无花果等耐盐碱高产品种推广力度。截至目前，水稻亩产达到 700 千克；水果花生亩产达到 425 千克，较非盐碱土壤亩产提高 6.25％，且糖分较一般水果花生提高 2.3％；无花果每亩较非盐碱地增产 20％以上。

三、优化布局、延伸链条，以丰富业态提速产业聚集

柏各庄农场充分发挥区域优势及特色，围绕稻米产业、耐盐农业、文旅融合等领域精准发力，持续加快盐碱地产业发展步伐。

（一）稻米产业集群化

在水稻种植区实行秸秆还田、测土配方施肥、基质育秧、水稻生产全程机械化等新技术，创新稻蟹、稻虾、稻鳅立体种养新模式，实现稻米品质、产量双提升。2023 年，水稻产量达到 22 万吨，加工稻谷 37 万吨，实现产值 20.54 亿元，成为目前华北地区规模最

大的稻米加工基地，"曹妃甸大米""曹妃甸胭脂稻"荣获国家地理标志商标。同时，农场以京津产业转移为契机，引进北京稻米加工企业 4 家，总投资 11.1 亿元。目前，集群内共有稻米加工企业 20 家，其中规上企业 14 家（含省级产业化龙头企业 5 家），年设计加工能力达到 120 万吨，原粮仓储能力 45 万吨，商品粮仓储能力 5.5 万吨。

（二）耐盐农业品牌化

以 39 家省、市龙头企业，640 户家庭农场，420 家农民合作社，以及 70 余家农村电商平台等为主体，因地制宜种植推广耐盐特色作物，构建起"公司＋合作社＋电商＋农户"的生产经营模式，全力打造盐碱特色产业和品牌，年带动农户 22 000 户以上，第四农场成功创建国家级产业强镇。

（三）新型业态融合化

深入挖掘特有农垦文化，推进一二三产业融合发展，打造了"渔蟹稻香园""稻咖农场"等集观光、研学、垂钓、农事体验等于一体的农旅项目，建有柏各庄稻米文化馆、农垦记忆馆、民俗馆等，中国盐生植物园每年接待采摘、垂钓、观光游客 10 余万人次，被评为"河北省五星级休闲农业采摘园"。

经验启示：

近年来，柏各庄农场以盐碱地改良、耐盐碱品种培育、特色产业发展为抓手，按照土地盐碱化程度，高效推进盐碱地分类治理、改良开发和有效利用，推进耕地质量、农作物产量双提升，取得显著成效，为开发利用盐碱地资源提供了成功经验。

夯实生产基础　强化科技支撑
多措并举提升粮油产能

呼伦贝尔农垦集团有限公司

呼伦贝尔农垦集团有限公司始建于 1954 年，是一家以农牧业为基础产业、农牧工商等多元产业综合发展的大型国有企业。历经 70 年的开发建设和几代农垦人的艰苦奋斗，建设了一批现代化程度较高的国有农牧场和农畜产品生产基地，成为内蒙古自治区农牧业现代化的排头兵。近年来，集团贯彻落实党中央、国务院关于全方位夯实粮食安全根基的决策部署，深入实施农垦粮油等主要作物大面积单产提升行动，在切实稳定粮食播种面积、多措并举扩种大豆和油菜的基础上，把粮食增产的重心放到大面积提高单产上，推广应用高产高效技术，强化农业防灾减灾措施，推进社会化服务扩面提质，全力完成全年粮食、大豆和油料生产目标，持续助力和保障国家粮食安全。

一、夯基础，建设高质量种植业基地

一是稳定粮食种植面积。2024 年粮油作物种植面积 496.72 万亩，与 2023 年基本持平；大豆油料总播种面积稳定在 580 万亩左右，其中大豆 150 万亩左右，油菜 140 万亩左右。

二是调优种植结构。严控种子采购源头，以强筋小麦、杂交高产油菜、加工型玉米和双高大豆为主，确保产量高、质量优。

三是打造生产示范园区。聚焦黑土地保护及主栽作物绿色高质高效生产，分作物打造整建制单产提升示范园区。高标准做好园区的规划布局，配套水网、电网、林网、路网建设，探索引进国际一流的粮食清选、烘干和仓储粮食处理综合体，通过园区带动集团整体农业生产水平快速提升。

四是深化气象服务合作。联合市、县两级气象部门，做好新建 96 座气象站的管护和运维，开展 48 小时精细化预报、雨（雪）情公报、长短期气候预测等气象专项服务定制工作，确保数据及时准确，为农业生产提供精准服务；以满足集团农业生产实际需求为切入点，建立完善人工影响天气服务制度，规范申请、审批、作业和后评价等系列管理流程，保障农业正常开展和防灾减灾救灾工作。

二、抓技术，推动粮油等主要作物大面积单产提升

一是抓高产技术应用推广。聚焦大豆、玉米、小麦、油菜等粮油主要作物，围绕优良

品种、先进技术的推广应用，组织推广苏沁机耕队小麦（351.5千克/亩）、哈达图十一队油菜（277.5千克/亩）和巴彦五队大豆（241千克/亩）的典型经验，带动集团主栽作物大面积均衡增产。目前共开展大豆、玉米、小麦、油菜等主要粮油作物单产提升128.6万亩，其中建设高产样板田41个、面积9.6万亩，单产提升农场12个、面积119万亩。

二是抓新技术集成示范。推广保护性耕作技术。在特泥河、谢尔塔拉、哈达图、拉布大林等农牧场示范精量播种、精准施肥、精准植保、水肥一体化和收获减损等高产高效技术，紧抓标准化生产，提高关键技术到位率和覆盖面，实现技术操作不走样。

三是抓节水灌溉创新应用。在220万亩有效灌溉的基础上，启动哈达图农牧场院士寒地高效农业示范区建设，配合中国工程院院士尹飞虎打造北方寒地高效节水灌溉农业示范区，已完成《呼伦贝尔农垦集团水肥一体化技术规划》，编制主栽作物水肥一体化栽培技术规程，涵盖小麦、油菜、甜菜、马铃薯、玉米、大豆6种作物。在2023年谢尔塔拉农牧场喷灌和哈达图农牧场滴灌水肥一体化工作基础上，全面示范推广"喷灌＋滴灌"水肥一体化技术，目前实施滴灌水肥一体化技术面积10.5万亩，喷灌水肥一体化技术面积8.9万亩。

三、强科技，提升农业生产精准化水平

近3年，集团先后承接科技成果孵化基地建设项目6.8亿元，自筹超过2.4亿元开展信息化平台建设。通过农业生产数字化建设，促进信息技术与农机农艺融合应用，实现育种、种植、田管、收获、仓储、销售全程智能化、信息化管理，提高管理效率，降低生产成本。

一是推进精准田管。通过实时监测和控制农作物的生长情况、土壤水分状况、天气变化、病虫害风险等关键因素，助力农业生产过程精确管理和综合调控，降低生产风险，提高作物产量和质量。通过对管理、生产、预警等各方面的综合影响，推动集团2023年主粮作物小麦增产10.9％、玉米增产14.6％，营业收入同比增长18％，为农业生产提供了有力支撑，并通过开展农业社会化服务，对企业外273万亩土地提供种管收一条龙服务。

二是推进绿色发展。通过数字化的记录和监控，实时追踪和分析农业生产中的关键环节，促进化肥、农药等投入品减量提效，推动农业绿色发展。2022年，集团被推介为全国智慧农业建设优秀案例，2023年被农业农村部认定为农业农村信息化示范基地。

三是赋能黑土地保护。以黑土地保护与利用为核心理念，在大河湾农牧场打造集黑土地保护与利用产业创新、示范、应用为一体的国家级产业园区，目前园区内信息化数据中心、科教培训中心已建成并投入使用，野外台站已经开始建设，相关工作正有序推进。

四、拓服务，加快推进农机社会化服务扩面提质

依据集团农机化发展战略规划，制定出台《呼伦贝尔农垦集团农机社会化服务实施方案》，让集团农业社会化服务能落地、可操作。以集团物资石油集团有限公司为龙头，以三河农牧场有限公司、特泥河农牧场有限公司、牙克石农牧场有限公司、大河湾农牧场有

限公司、格尼河农牧场有限公司、大兴安岭农垦集团为主体，与其他 18 个农牧场有限公司协同，建立健全"1＋6＋N"社会化服务体系，加快构建现代农服产业发展模式。加快推进农机服务"走出去"，与河北农垦等垦区联合开展农机社会化服务，实现优势互补、互利共赢。目前已完成社会化服务面积 730.6 万亩次。

经验启示：

　　呼伦贝尔农垦集团有限公司牢牢扛起保障粮食安全和重要农产品有效供给的主责主业，加强生产基地建设，稳定粮油作物种植面积，聚焦粮油主要作物单产提升，不断夯实耕地、种子、配套装备等生产基础，加强保护性耕作、节水灌溉等技术集成与示范应用，提升农业生产精准化、信息化水平，推动集团 2023 年主粮作物小麦增产 10.9%、玉米增产 14.6%，营业收入同比增长 18%。同时构建"1＋6＋N"社会化服务体系，推进社会化服务扩面提质，与河北农垦等垦区联合，实现优势互补、互利共赢。

实干担当做好稳价保供
守正创新构建集团发展新格局

三寰集团有限公司

三寰集团有限公司（以下简称三寰集团）隶属于大连农渔产业集团有限公司（以下简称农渔集团），是由大连市政府出资组建的全市唯一国有独资农垦企业，也是农业产业化国家重点龙头企业。在70余年的发展历程中，三寰集团重点围绕"农"字布局，以全面提升经营质效和管理水平为目标，多措并举完善农业产业链、供应链体系建设，全力构建社区生鲜和便民服务相互补充融合的运营终端，培育了三寰乳业、会有便利店、三寰牧场、熟食品交易中心等一系列知名品牌项目，为大连市农副产品供应和农业现代化发展做出了农垦贡献。近年来，三寰集团先后被商务部等八部委列为全国供应链体系创新试点单位，被商务部列为生活必需品重点保供企业，被辽宁省商务厅列为民生保供重点企业。

一、坚持党的全面领导，聚焦产业布局革故鼎新

三寰集团坚持党建引领，围绕都市农业发展需要，加快商服业和农产品加工业发展，为城市稳产保供提供了重要支撑。

（一）聚力发展都市型现代农业

三寰集团以都市型现代农业为发展定位，专注于农垦国企现代化改革，推进土地资源资产化和资本化，实现产业布局升级。倾力打造大连市民"菜篮子"工程，在瓦房店元台镇建设安全蔬菜标准化种植基地，同时，结合产地特色与优势，多渠道拓展货源，从山东、河北等地多渠道布局蔬菜直采基地，签订供应协议，从供给侧增加蔬菜供应。

（二）发展以民生保供为核心的现代商服业

三寰集团依托企业在城市经济发展中的功能定位，科学规划，合理布局，深挖消费需求，打造精品服务，全力推进以民生保供为核心的现代商服业发展。旗下大连熟食品交易中心有限公司（以下简称熟食品交易中心）、大连三寰西南路综合市场有限公司（以下简称西南路市场）等构成大连市西部农副产品供应集散地。同时，立足于新形态发展模式，整合资源和管理要素，以"1个大农贸市场＋N个生鲜超市＋N个卫星便利店"规划国有保供示范区，打造"新零售"连锁便利体系，大连三寰商业管理有限公司（以下简称三寰

商业）推出"会有便利"项目。目前，"会有便利"已拥有门店近 150 家，年销售额近 2 亿元，连续两年入选全国连锁便利行业百强企业。2023 年末，三寰集团创立新型零售品牌"三寰鲜生活·生鲜超市"，以生鲜、副食为核心，围绕餐桌、饮食和日常生活需求，主营包括蔬菜、水果、肉禽、熟食、面食、粮油等在内的产品，实现百姓厨房一站式服务。以社区平价蔬菜专营店的模式，减少农产品流通环节，让百姓买到惠民菜、放心菜，充分发挥国有企业引领作用，提高城市民生商品稳供保价能力。三寰集团所属大连农渔产业集团鲲农供应链有限公司（以下简称鲲农公司）、大连农渔产业集团鲲云数字科技有限公司（以下简称鲲云数科）整合国内农副产品资源，拓展大宗 B 端渠道，实现线上线下连接，从生产环节入手，有基地、有标准、有流程、有检验、有物流的三寰安全生鲜平台化供应链体系已然成熟，服务客户包括市内高校、部队、企事业单位以及社区等，在缓解市民买菜难、买菜贵及保障食品安全等方面做出了积极贡献。

（三）打造自有品牌农产品加工业

三寰集团作为国家级农业产业化龙头企业，坚持"艰苦奋斗、勇于开拓"的农垦精神，秉承健康安全的发展理念，以农产品深加工为依托，以产品可追溯体系为保障，致力于打造农产品自有品牌，在提供健康、绿色、放心农产品的同时，从商品端稳定物价，兑现"守护市民餐桌上健康"的承诺。其旗下三寰乳业，是大连最大的集奶牛饲养、乳制品加工和销售于一体的专业乳业公司。公司现已形成"三寰"鲜牛奶、酸牛奶三大系列近 30 个品种，产品先后被评为辽宁省名牌产品、大连市名牌产品。"三寰"品牌被评为辽宁省著名商标，并连续七届被评为"大连市民喜爱的商标（品牌）"。"三寰"作为土生土长的乳品品牌，深深地融入了大连本土情结，被越来越多的大连人认可和喜爱。

二、疫情面前同心同向，大爱无疆同舟共济

新冠疫情期间，三寰集团充分发挥深耕民生领域和现代供应链服务优势，集结了大量城市内外生活物资应急保供资源，主动为物业租赁商户减免租金 5 467 万元，对平抑区域物价发挥了积极作用，在抗疫中彰显了农垦国企担当。

（一）建立"平战结合"体系，打造应急保供主力军

鲲农公司、三寰商业、熟食品交易中心、西南路市场等作为生活必需品重点保供企业，坚持"全面统筹＋直属企业参与""线上平台＋线下网络"相结合，构成以覆盖全市的商业流通体系为中心、农批市场和零售终端等多点支撑的现代仓储设施网络，形成了"平战结合"的生活物资保供生产、储备、物流、配送体系。

（二）多渠道助力保供支撑，有力有序保障稳价

作为农垦企业，三寰集团第一时间梳理情况，启动预案并动态掌握货物库存、货源渠道、物流运力等情况，积极对接相关部门民生物资供给需求。三寰商业所属"会有便利"店 45 家门店积极响应政府保供号召，开辟专区销售政府定价蔬菜。鲲农公司多渠道打通

上下游采销业务，将源头直采直供的最具性价比蔬菜运抵大连，在确保保供区域内部队、院校、医院、企业等客户农副产品供应稳定的同时，设计推出低价疫情保供蔬菜套餐，通过微信小程序接受订单，为平抑蔬菜市场价格贡献了国企力量，体现了农垦担当。三寰大酒店全力保障定点保供企业餐食需求，为服务地保供企业正常运转提供助力。西南路市场、熟食品交易中心开展全面巡查巡检工作，杜绝哄抬物价等行为发生，在蔬菜、猪肉等保供物资价格波动较大时千方百计挖掘保供物资调运潜力，保证市场货源供应充足和价格稳定，得到市民的称赞。

三、明晰发展战略规划，走出困境勇立潮头

聚焦体制机制守正创新，构建源头直采、物流直供、终端直售的蔬菜保供稳价新体系，增强农垦企业核心竞争力，着力推动由示范引领到主力支撑，实现菜源端、物流端、销售端全链条覆盖。

（一）推动供应链服务实现规模效应

夯实上游源头，扩充商品库基础，形成"产地仓"，并逐步成为具有重要农产品议价权的大连农产品主渠道。扩大下游销售范围，多途径多平台多样化拓展销售渠道，形成"销地仓"，在重点品类以及大连特色农产品上成为极具渠道规模的总代理商，实现"大连产，卖全国"；布局中游业务，在熟食品、冷冻食品、肉品、粮食加工等食品深加工领域拓展新业务。

（二）搭建农产品与零售商品供应体系

布局大连北三市产地渠道，建立国内大型一级农批市场采购渠道，推进大宗贸易和产地直采，打通本地农产品外销渠道以及国外优质产品入连通路，优选国内外新品，获取区域性代理权，开展 OEM（原始设备制造商）商品拓展。

（三）建设平台式农业产业园区

打造中央厨房项目，向食品加工产业链前端拓展，建设集农产品深加工、冷链物流与仓储、食品研发、安全检测等功能于一体的平台式农业产业园区。依托"农渔·城市厨房"项目规划蓝图，提高冷链物流设施的建设和应用，优化供应链，保障和改善民生。

（四）拓展多元发展的增量业务

通过并购重组、合资合作等多种方式整合乳品、熟食品、生鲜肉制品、水产品、粮油、果菜加工等行业优质资源，补强延长农业产业链，形成产业集聚效应，快速扩张效能，以生产规模总量强化供应链集采优势，反哺农贸体系业务，提升企业物流现金流周转效率，最终惠及广大消费者。联合建设大连市农产品供应链数字化交易平台，推动供应链金融发展。

（五）实现终端运营聚合效应

以"农渔·三寰"品牌密集布局，打造国有保供示范区，通过聚合效应，形成区域竞争优势、集客优势、价格优势，充分发挥国有资本在全市稳价保供体系中"主力军"的作用。加快建设农贸市场"三寰鲜市集"、社区生鲜店"三寰鲜生活"和卫星便利店"会有便利"，并逐步向下沉市场扩张；以农渔·城市厨房农贸综合体为核心，发展多元化经营主体，引领终端联合销售与发展。

（六）建立产供销"全链路"智慧系统

建立一体化信息平台，运用物联网、互联网技术、农产品供应链进行有效管理和有序控制，实现融合共赢。鲲云数科通过多渠道运营，充分挖掘互联网媒体品牌化传播能力，带动自营商品销售，促进线下转化，赋能终端门店。财务共享中心通过规范财务行为、保障资金安全，为供应链体系建设提供财务支撑。

> 经验启示：
>
> 三寰集团坚持以产业引领、品牌引领、规模引领、示范引领为方向，突出农业主责主业，由传统农垦企业转型为以都市现代农业、民生保供商服业、农产品自有品牌为核心的多元化现代企业。通过对供应链服务管理、终端运营服务管理、互联网及一体化会员管理以及共享财务管理等方面的战略整合，打造"3＋1"业务体系，对经营主体进行扩能增效，不断健全农业产业链、供应链和价值链，实现一二三产业融合发展，进一步激发企业发展活力，切实提高城市保障供应水平。

绿色耕耘 科技引领 增产提质

——玉米坡耕地产能提升的农作技术创新实践探索

北大荒集团黑龙江友谊农场有限公司

北大荒集团黑龙江友谊农场有限公司（以下简称友谊农场）成立于1954年，是国家"一五"时期苏联援建的我国第一家机械化农场，目前已成为国家重要的商品粮生产基地，年均粮食产能达到100万吨。友谊农场坡耕地面积12万亩，占农场总耕地面积的6.3%。近年来，农场在坡耕地玉米种植中采取了核心技术攻关、数字技术融合及工程技术等措施，着力加强技术集成创新应用推广，积极培育农业新质生产力，在坡耕地治理中减少水土流失30%、减肥15%、增产5%，打造出北大荒黑土保护"新样板"。

一、科技攻关创新应用，有效减少水土流失

友谊农场在坡耕地治理上，优化了顺坡垄作或横坡垄作种植方式，推广实施"等高环播""等高宽埂"等种植技术，实现了减少水土流失、提高土壤肥力、降低生产成本等综合效益。

（一）推广"等高环播"技术，实现均衡增产和降本增效

友谊农场针对3°～7°坡耕地，重点实施"等高环播"技术，通过现代科技手段实现播种方向环绕山坡，贴合等高线与其形成1°夹角，改变耕地水肥运移规律，减缓水肥运移速度，平衡不同坡位水肥状况，实现了坡耕地的均衡增产。设立动态耕地质量调查点52个，累计采集土样138份、植株及籽实样品72份，经过试验对照，相较直垄耕作方式，减少水土流失30%，减少肥料投入15%，提高作物产量5%以上，亩增效230元。

（二）推广"等高宽埂"技术，实现水土保持和增产增收

友谊农场针对7°～15°坡耕地，主要实施"等高宽埂"种植技术，在坡耕地上修筑可耕作宽埂或窄埂，用以拦蓄雨水而不产生径流，分段阻水减少水土流失。经试验数据分析，坡耕地"等高宽埂"技术对比顺坡垄作，平均减少坡面径流7.73%，土壤流失量减少83.7%，减少土壤养分流失67.53%，内部作物长势异质性小于直垄种植地块内部，有效解决了"跑水、跑肥、跑土"等问题，实现了"保水、保肥、保土"目标，粮食增产6.83%，平均增收139.4元/亩。

（三）示范引领坡耕地等高种植，万亩低产田变高产稳产田

友谊农场经过 4 年多实践探索，坡耕地等高种植技术已推广至北大荒集团红兴隆分公司与宝泉岭分公司下辖管理的友谊农场、曙光农场、双鸭山农场等 7 个国有农场。相邻农场通过推广应用"等高环播""等高宽埂"等种植技术，因地制宜完善坡耕地综合治理措施，累计推广面积 1.4 万亩，使低产田变成了高产稳产田，为区域坡耕地治理工作提供了参考借鉴。

二、智慧农业数智赋能，有力推进单产提升

友谊农场推进智慧农业技术与旱田坡耕地治理有机融合，通过全面监测与数据分析、精准农业管理等措施，找出坡耕地水土流失的规律和影响因素，有效改善了旱田坡耕地的生态环境和生产效率，为单产提升均衡增产提供了数智保障。

（一）携手科研院所与企业，共建小流域治理智慧平台

友谊农场与中国科学院东北地理与农业生态研究所和北大荒信息有限公司合作，先后投资 2 000 万元，建立了小流域综合治理智慧农业信息化系统，构建了数字农业综合管控平台和耕地质量多要素立体监测体系。设立国家级保护性耕作监测点 2 处，布置土壤传感器、无动力水土流失自动监测仪等监测设备 60 余套，开展 4 次星地同步观测试验，实现空天地多要素立体监测，为黑土地保护安装了"智慧大脑""智慧眼"。

（二）科技赋能小流域治理，多技术助力黑土地保护

友谊农场通过应用多要素立体监测技术与智慧农业遥感技术，对小流域的地形、地貌、地力等进行监测，对"鱼眼泡""破皮黄""沙圈""侵蚀沟"等土壤退化类型，因地制宜进行分级分类快速制定诊断方法并开展治理。利用"空天地"一体化监测与感知技术体系及系统平台，全天候全过程监测小流域的农作物长势和农业生产流程，并提供时空精准的黑土地保护技术措施建议，确保大豆免/少施肥技术、水旱田精准施肥技术、有机肥替代化肥等黑土地保护利用技术落地见效。

（三）遥感变量施肥技术，为小流域治理注入新动力

友谊农场投入科研经费 1 000 多万元，在小流域区域治理上开发了基于遥感技术的变量施肥技术体系，利用"空天地"立体监测绘制的"地块画像"，生成变量施肥处方图，将处方图上传至变量施肥农机设备，构建了低成本、高精度、易推广的减量施肥方案。根据精准管理分区单元的土壤理化性质进行变量投入，既保证了耕地利用效益与作物产量的提高，又避免了过量施肥造成的耕地质量下降和农田生态环境的破坏，达到消耗最少资源收获最大经济效益的目标，确保粮食稳定增产、农户持续增收、农业可持续发展。技术累计推广面积已达 20 万亩，实现减肥 15%、增产 5%，显著提高了作物产量和品质。

三、技术集成综合施策，切实提升区域效益

友谊农场针对坡耕地局部低洼内涝与浅侵蚀沟发育等问题，集成工程、农艺与生物措施，构建技术集成创新体系，有效降低地表径流量，提高土壤中速效氮磷钾含量，单位面积的土地产值增加30％。改善了居民生活环境，促进了生态效益、经济效益和社会效益的显著提升。

（一）工程、生物齐发力，修复黑土护农田

在小流域治理上，友谊农场按照以小流域为单元的治理思路，以工程、生物等措施形成综合治理体系，采取截、蓄、导、排等工程和免耕、深耕、覆盖等保护性耕作生物措施，修复损毁黑土地。积极加强农田防护体系建设，防治土壤风蚀，营造农田防护林、防风固土林带4 000多条，农田全部达到林网化，沟、渠、路、河旁全部达到绿化，实现农田林网化、立体化防护，减少土壤风蚀，进一步提升了水土保持功能。

（二）综合治理侵蚀沟，筑牢坡耕地生态屏障

友谊农场针对坡耕地中小型侵蚀沟，实施沟道整形、暗管铺设、秸秆填沟、表层覆土等综合治理措施，将侵蚀沟修复为耕地。针对大中型侵蚀沟，通过修建拦沙坝等控制骨干工程，修建沟头防护、谷坊等沟道防护设施，营造沟头、沟岸防护林以及沟底防冲林等水土保持林，配合沟道削坡、生态袋护坡等措施，构建完整的沟壑防护体系。2024年，共治理侵蚀沟29条、总长度12.5公里，保护耕地面积8.91公顷，侵蚀沟造林面积1.13公顷，柳编护沟增加林地面积2.71公顷，年可减少土壤侵蚀量0.24万吨，年可增加水源蓄滞能力0.45万立方米，有效控制了沟头溯源侵蚀和沟岸扩张，进一步遏制了侵蚀沟的发展。

（三）融合草水路技术，助力水土保持与生态稳定

友谊农场在应用"等高环播""等高宽垄"种植技术的地头，配合草水路技术，在坡耕地水径流最大的浅侵蚀沟种植区域适应性强、水土保持效果好、具有一定增收效果的偃麦草、无芒雀麦、高羊茅等牧草，既保持了区域生物多样性，又维持了区域生态系统稳定性。同时，实现了用草固土，分散地表径流，降低流速，增加入渗和拦截泥沙，减缓水流冲击，极大增强了水土保持效果。通过试验分析，实施草水路技术降低了坡面径流流速40％，减少了水土流失20％以上。

经验启示：

友谊农场秉承科技创新、智慧农业和生态治理融合发展理念，在坡耕地改造方面，以培育增肥、固土保肥、改良培肥等为主攻方向，强化"等高环播""等高宽垄"

等核心技术攻关，推进智慧农业技术与旱田坡耕地治理有机融合，构建土地工程技术、农业耕作技术、水土保持等技术集成创新应用模式，有效改善了旱田坡耕地的生态环境和生产效率，实现了坡耕地从"重用轻养"向"用养结合"转变，打造出北大荒黑土地保护"新样板"。

强基固本　数智引领　全面提升单产水平

北大荒集团黑龙江鹤山农场有限公司

北大荒集团黑龙江鹤山农场有限公司（以下简称鹤山农场）始建于 1949 年 3 月，辖区总面积 570 平方公里，现有耕地 51 万亩，总人口 2.1 万人。"十四五"以来，鹤山农场以保障粮食和重要农产品稳定安全供给为核心，完善农业基础设施，强化技术集成创新，大力发展智慧农业，实现了良种、良田、良机、良技、良法"五良"配套，推动主栽作物全面积单产提升，示范引领农垦周边协同发展，助力北大荒集团粮食安全"大基地"建设。

一、"基"字为先，全面强化粮食生产能力

（一）完善农业基础设施

鹤山农场聚焦提高耕地质量，通过国家政策支持，大力实施高标准农田建设，修缮机耕路、桥涵等，持续改善农田基础设施。"十四五"以来，累计建设高标准农田 30 万亩，占总面积的 60%，稳定保障 15 万吨以上粮食产能。2024 年，农场依托国债高标准农田建设项目，建设高标准农田 3 万亩、涵洞 11 座、过水路面 2.6 公里，修缮机耕路 79 公里，治理侵蚀沟 9 公里，建设晒场 2.5 万平方米，打造水肥一体化滴灌试验项目区 623 亩。

（二）多措并举保护黑土地

鹤山农场积极探索工程与生物、农机与农艺、用地与养地相结合的综合治理模式，通过施用有机粪肥替代化肥、秸秆全量还田、保护性耕作等措施，实现黑土地保护利用覆盖重叠面积 90 万亩次、机械化深松整地面积 30 万亩，秸秆综合利用率达 100%。同时，农场不断加强土壤侵蚀和水土流失治理。"十四五"以来，鹤山农场累计投资 800 余万元，治理侵蚀沟 65 条，总长 17.6 公里，治理"鱼眼泡"74 处，治理水土流失面积 20 公顷，恢复耕地面积 960 亩；依托绿色种养循环项目，采用囊式发酵粪肥还田技术，将 6.8 万立方液体粪肥和 6.7 万余吨固体粪肥还田，增加土壤有机质含量，通过对 3.5 万亩耕地的持续监测，土壤有机质含量从 2020 年的 45.8 克/千克提高到 2023 年 46.2 克/千克，年均提高 0.013 3 个百分点。

（三）提升农机装备水平

鹤山农场持续加大农业机械化投入，农业机械总动力超过 5.2 万千瓦，机械化率达 99.98%。近年来，陆续引进高速变量播种、三元变量施肥、精准除草等智能农机装备，为

大型机车加装北斗导航、产量传感器等设备，实现了农机大型化、多功能、复式联合作业。同时，更新智能监测设施，利用农机管理系统，实现手机 App 现场调度、实时监控，全面提升农机服务和监管水平，为良机与良田、良种、良技、良法"五良"配套奠定了数智基础。

二、"技"字为本，全面提升粮食单产水平

（一）合理轮作抗重茬

鹤山农场发挥组织化、规模化经营优势，实行"玉薯豆""玉豆杂"等三区轮作方式，统一规划全场作物面积、作物地块及作物品种，均衡土壤养分，减少病虫害，调节土壤肥力，保障作物常年处于高产区间。为响应国家扩种大豆号召，针对大豆重茬种植带来的病虫害及减产情况，农场更新大豆品种，利用品种自身抗性差异防止减产；施用"亮盾＋锐胜＋钼酸铵"绿色防控方式替代传统种衣剂，随播随喷淋大豆根瘤菌剂保证菌剂活性等措施减少病害发生。另外，为重茬大豆地增施 10 千克/公顷氮肥，保证大豆整个生育期营养均衡供应。合理安排大豆播种顺序，避免低温冷凉重茬病害的叠加，保证大豆产量不减、质量稳定。

（二）提标准调结构提单产

鹤山农场不断完善管理体系、强化标准流程管理、严格目标考核，通过备耕看准备、春播看质量、夏管看长势、收获看品质、"三秋"看标准、全年看产量，提高农业标准化水平。在科技园区开展品种遴选对比、新型肥料减肥增效等试验，精选出多代高产适用新品种，试验总结出多种适用性强的植保、栽培措施和耕作模式，切实提高了农业生产标准。同时，围绕"稳粮、优经、提单产"，聚焦大豆高油高产等"双高"重点，推广龙垦3092、黑河 43 等主导品种，丰富寒地玉米、鲜食玉米、酒用高粱等作物品种，优化种植结构，重点推广分层施肥、氮肥后移、大豆钼酸铵拌种、根瘤菌应用、绿色防控等技术措施，提升了主要农作物单产和品质。

（三）探索"水肥一体化"技术

鹤山农场深入实施"藏粮于技"战略，不断探索粮食增产新思路、新举措，在农业科技示范带和科技园区打造 786 亩"水肥一体化"应用示范田，将传统种植模式与现代节水供肥农业新技术紧密结合，通过水肥一体化系统控制中心的云计算，实现分区按需自动灌溉和施肥，形成了田间农事信息"采、传、算、用"的全链路数据处理、执行模式，解决了作物前期干旱、后期脱肥等问题，提高了水肥利用率，改善了农作物生长环境，促进了作物产量和品质双提升。通过应用水肥一体化数智技术，水肥利用率提高到 90% 以上，大豆蛋白含量提高 1.5～2 个百分点，产量提高 10%。

三、"智"字为引，积极培育农业新质生产力

（一）构建物联"感知"体系

鹤山农场依托卫星遥感、无人机监测、地面物联监测设备，规划"天空地人机一体

化"监测系统,安装高清网络球机和田间气象站,实时监测大田作物长势和生长环境。配置多光谱无人机、孢子捕捉仪、叶绿素含量仪等相关设备,"拉网式"采集信息数据。两年来,通过物联设备,收集气象环境、土壤养分、虫情、病害、作物长势等 8 大种类 260 余万条信息,为农事决策提供数据支撑。

(二)建设数据"分析"系统

鹤山农场建设智慧农业指挥中心,收集全场近 3 年 1 335 个地块 63 万余条数据信息,对采集的农事数据进行整理与分析,直观地展示不同年份、不同地块的积温、降水、施肥、产量等变化情况和基本规律,为农事决策提供参考依据。2024 年,以智慧农业全国重点实验室项目为依托,全面加强与北大荒集团信息公司、东北农业大学、哈尔滨工业大学等科研机构的合作,开展作物感知、决策、执行"三位一体"的智慧农业关键技术研究,以现有处方图为基础,围绕大豆、玉米种植和生产的耕、种、管、收等主要农事环节,形成播种处方图、植保处方图和施肥处方图,通过地面测产、无人机测产和机车测产,校验处方图效果,逐步形成全流程的智慧决策。另外,与中国科学院东北地理与农业生态研究所合作,通过提取地块画像的相关数据,分析影响产量的权重性因素,运算生成处方图,通过智能农机设备实现精准变量施肥、变量播种,解决了地块级土壤综合肥力分布不均的问题。

(三)开展智能"执行"操作

鹤山农场应用历史卫星遥感数据、人工测土化验数据叠加地块高程、水肥移动模型等多项综合数据,通过模型计算生成变量施肥处方图,利用与黑龙江八一农垦大学联合研制的拥有自主知识产权的三元变量施肥起垄原型机以及变量施肥机械设计改造,开展变量施肥,保证了地块不同节点的养分均衡,解决了地块区域性肥力分布不均的问题,使肥料用量和空间分布更均匀合理,取得了节约肥料、保护地力的效果。2023 年,通过小面积试验,化肥用量减少了 5%,粮食增产 8%。2024 年,选取具有代表性的 42 块地进行变量施肥处方图应用,总面积达到 1.6 万亩,减少化肥投入 13 吨。利用三元肥精准变量施肥设备开展变量施肥,通过全环节监测和收获机的自动测产,与传统施肥区域进行结果校验,分析影响产量的权重性因素,校验产量与地力养分之间的关系,为提高粮食单产提供了试验数据。

经验启示:

鹤山农场锚定建设国家粮食安全"大基地"目标,稳固强化农业生产能力建设,集成推广良田、良种、良机、良技、良法"五良"配套,以农业"数智"技术引擎为农业现代化提速,推动农业标准化、数字化、智慧化,实现主要农作物全面积单产提升,并辐射带动周边农村协同发展,为保障国家粮食安全和重要农产品有效供给贡献力量。

实施"六良规程法"
打造农垦"两大行动"排头兵

北大荒集团黑龙江绥滨农场有限公司

北大荒集团黑龙江绥滨农场有限公司（以下简称绥滨农场）始建于1948年，现有耕地面积55.16万亩，其中水田48.69万亩、旱田6.47万亩。绥滨农场以提高粮食产能和重要农产品供给能力为主攻方向，统筹实施良种、良田、良技、良法、良机、良服"六良规程法"，着力提升农业现代化水平，推进水稻大面积单产提升。2023年，水稻平均亩产658.3千克，比2020年增长64.95千克，创建北大荒农业现代化"大基地"的"样板田"，打造农垦"两大行动"排头兵。

一、以品种更新为核心，打造新"良种"

绥滨农场发挥现有试验田和科研队伍优势，打造高标准黑龙江省农作物品种试验点，为本地水稻种植明确"芯"方向。

一是做好科研试验，筛选优质品种。持续深化与黑龙江省农垦科学院、北大荒垦丰种业股份有限公司等科企合作，积极承接省联合体新品种等试验示范项目，5年来累计完成各类品种（系）试验示范项目1010个，其中50个品种已通过审定，不断加快水稻品种更新换代步伐。

二是搭建展示平台，提高良种比例。打造科技示范带优质水稻品种展示田及种子繁育田，提高龙粳31、莲汇6612、龙垦2021、垦川102等优质品种种植比例，目前辖区内已实现优质稻全面积种植。

三是辐射带动周边，协同增量提质。联合江滨农场等兄弟农场，携手共建品种繁育基地，2024年为黑龙江八一农垦大学繁育新品种（系）86个，逐步健全区域优质品种储备库，为区域水稻丰产丰收、开拓高端米市场奠定农"芯"基础。

二、以格田改造为核心，打造新"良田"

绥滨农场结合重点工程，改造升级原有格田及配套设施，持续打造旱涝保收、稳产高产的高标准粮田。

一是加快格田改造，提升土地利用率。根据田块高低差、土壤质地情况，采用旱旋、卫星激光平地、导航筑埂等方法，对原有格田进行改造，5年来累计完成规模化格田改造39.4万亩，提升土地利用率2.5%，筑牢粮食增产根基。

二是完善配套设施，扩大节水灌溉面积。争取上级项目资金，开展高标准农田建设、农业水价综合改革等项目工程，5 年来累计建设高标准农田 9.95 万亩，扩大黑龙江水通水达效面积至 30.18 万亩，实现节水灌溉 37.97 万亩，为粮食增产提供了强有力的硬件保障。

三是保护黑土耕地，推动增产提质。落实"田长制"，全面积应用测土配方施肥，推广农业"三减"（减化肥、减化学农药、减除草剂）41 万亩、旱平免搅浆技术 7 万亩，降低了田块倒伏率、混合型病害的发病率和生产成本，提高了粮食产量和品质。

三、以智慧农业为核心，打造新"良技"

绥滨农场深化农业供给侧结构性改革，全力打造农业生产有机联系的整体系统，让农业扬起智慧之帆。

一是推广智慧农业科技"一站式"服务。投入资金 460 余万元，建设包含农业物联网、农业生产承包、全产业链食品安全精准追溯和农户服务 4 个模块在内的智慧农业系统平台，对水稻生育期进行全程记录掌控，累计追溯水田 20 万余亩，开展重大虫灾预警 5 次，直接避免经济损失 600 多万元。

二是实现智能江水供应"一键通"。结合农业水价综合改革等项目，对整个绥滨灌区进行智能化升级改造，逐步实现江水供应全面积智能化管控，目前绥滨灌区干、支渠信息化覆盖率已达 80% 以上。

三是保障农工坐在家里"慧种田"。结合示范带建设，依托综合信息化管理平台，让种植户可利用手机 App 控制智能数控灌溉阀门，实现本田水层"浅、湿、干"数字化节水灌溉，可增加效益 8 元/亩，并示范开展高标准无人整地、插秧、收获作业，在逐步健全农业数据库的同时，实现农业生产的网络化监测、智能化控制、精准化作业。

四、以技术集成为核心，打造新"良法"

绥滨农场持续推广绿色高效生产模式，不断提高粮食综合产能，实现农业生产的节本、提质、增效。

一是开展"智能化管理"与"少人化管控"技术集成新探索。通过将现有成熟的拖拉机无人驾驶、旱平免搅浆、测土配方施肥、侧深施肥、水田智能导航、江水智能灌溉、收获机无人驾驶等 14 项技术措施整合成一套高效技术集成，可实现节本增效 35 元/亩。

二是以科技示范点引领示范带推动农业标准化全覆盖。在每个管理区打造至少一块示范田，加快绥名、军绥两条公路 8 万亩示范带提档升级，并在重要时间节点组织召开现场会、拉练会，确保标准化生产全覆盖。目前，集成技术应用率达到 76%，完成绿色认证 51.3 万亩、有机认证 8.3 万亩，生产方式不断优化。

三是探索绿色水稻全产业链节本、提质、增效新模式。结合绿色高产高效行动，在示范带上打造水稻 10 个千亩方、2 个万亩片，切实提高技术到位率，辐射带动绿色水稻大面积均衡增产；同时，对接北大荒米业集团等龙头企业，采取自营、合作经营和集团化运营等方式开展粮食经营，2023—2024 年度，经营粮食 5.04 万吨，"龙门福地"品牌高端米远销北上广深。

五、以智能升级为核心，打造新"良机"

绥滨农场以智能精准和节本增效为目标，大力推广先进适用的高端智能农业机械，推动农机转型升级。

一是普及"新农人"培训，破除旧规更新观念。定期组织种植户到军川农场、普阳农场等兄弟单位进行参观学习，邀请农机专家、科技示范户围绕成本和产量效益进行对比分析，累计培育"新农人"470人，引导种植户自主购置应用智能农机具。

二是落实优惠政策，加快智能农机更新。通过落实国家补贴政策和农机集团化运营，为种植户购买先进质优价廉的农机具提供优良服务，加大AB点智能导航、卫星平地机、无人收割机等新型农机具更新力度，5年来累计更新各类农机具2 350台（套），农机总动力达到21.94万千瓦，综合机械化率99.9%。

三是示范智能作业，扩大应用面积。示范应用智能导航、变量施肥、收获机无人驾驶等技术措施，引领带动种植户开展大面积智能化作业，目前智能化农机作业面积占播种面积的40%以上。

六、以规模经营为核心，打造新"良服"

绥滨农场持续完善农业生产经营体系，推进农资、农时、农机、农技的标准统一，提升自身和区域农业整体标准化水平。

一是强化生资统营质量管控，实现控本降险。加强与垦丰种业等供应企业合作，严把投入品的采购、运输和储存等环节，确保质量标准统一、达标，目前已实现肥料和种子100%集团化运营，农药集团化运营率达到90%，大大降低了生产成本和风险。

二是推进水田适度规模经营，统一种植规程。大力推广农业适度规模化经营，2024年推广面积34.17万亩，同时优化水田联户自营模式，推广水田种植4户联合、面积1 000亩左右作为联户家庭农场适度规模经营标准，实现种植标准化、农机具共享、劳动力互补。

三是主推区域农服技术托管，助力乡村振兴。在绥滨县福兴乡建设225.5亩旱田托管示范区，与绥滨县北山乡莲花村合作打造"整村制"托管示范村，2024年，签订托管服务合同面积39.9万亩；同时持续建设415亩南泥湾示范区，为周边县、镇提供技术托管服务3 000亩，推动区域农业标准化水平提升，助力属地周边乡村振兴。

> 经验启示：
>
> 绥滨农场统筹实施良种、良田、良技、良法、良机、良服"六良规程法"，通过推广高产高效技术集成模式、扩大优良品种应用、加快高标准农田建设、推进农机装备优化升级、建设农垦区域农机社会化服务中心、健全社会化服务机制等措施，着力提升农业标准化、规模化、科技化、绿色化、智慧化水平，为推进农垦"两大行动"，建设"三大基地"创造了新经验。

践行北大荒精神 构建产业发展新格局

北大荒农垦集团有限公司宝泉岭分公司

近年来，北大荒农垦集团有限公司宝泉岭分公司（以下简称宝泉岭分公司）认真贯彻落实习近平总书记重要讲话重要指示精神，矢志践行以"自力更生、艰苦创业、勇于开拓、甘于奉献"为内核的北大荒精神，始终坚持以北大荒精神赋能大基地、大产业、大品牌建设，着力打造"四个农业"排头兵，大面积提高粮食单产，稳步提升粮食和重要农产品品质，持续推进"农头工尾""粮头食尾"，开发出米、面、油、杂粮、山珍等11大类117款产品，做大做强区域公共品牌"北国宝泉47度"，高效构建"一二三产融合、农商文旅协同"发展新格局，为北大荒"三大一航母"建设工程、区域乡村振兴和农业强国建设贡献宝泉岭力量。

一、以北大荒精神赋能大基地，争当农垦农业现代化排头兵

（一）完善基础设施，夯实生产根基

宝泉岭分公司始终以保障国家粮食安全为战略使命，全面践行"藏粮于地、藏粮于技"战略，切实抓实抓好"农业现代化示范区和国家粮食安全产业带"建设，统筹推进田、土、水、路、林、电、技、管等综合配套体系建设。截至2023年末，分公司农机具总保有量达12.84万台（套），总动力达201.54万千瓦时，农作物耕种收综合机械化率达到99.78%。同时，还建有设施完善的二九〇灌区、梧桐河灌区、绥滨灌区、江萝灌区四大灌区，适度规模经营占耕地总面积的41%，化肥集团化运营及良种统供实现100%。

（二）推进科技创新，提升质量效益

宝泉岭分公司着力推进农业科技创新，全面开展农技集成创新推广应用。加强主导品种选育推广，加快高标准农田建设，示范应用农业新技术新装备，全面推广农业种植标准化、绿色化、规模化和智能化，稳步提高粮食产能和产品品质。积极发展数字农业物联网、大数据、人工智能等技术，推动农业生产效率大幅提高，有效解决"谁来种地"的问题。全面推广应用北大荒农服App，共享实用最新农业技术，自主交易粮食及农副产品，线上进行农田申请、资格认证、土地承包等业务，实现从"田间地头"到"指尖操控"的飞跃，卫星平地机、植保无人机等智能化农机占比达到16%。

（三）坚持示范引领，开展垦地合作

宝泉岭分公司以发展农业社会化服务为抓手，把先进的生产模式、科学配方、农艺技术和作业标准平移复制到周边地方，帮助"种不了、种不好、自己种地不划算"的农民种好地，实现土地增产、农民增收、企业增效。2024年，在萝北县、绥滨县、东山区、汤原县、依兰县建设示范点20个，示范面积达1.14万亩。同时，践行"走出去"战略，在南泥湾建设水稻高标准示范区，以科技、绿色、质量、品牌赋能宝泉岭"样板田"，引领区域"四个农业"发展。

二、以北大荒精神赋能大产业，打造三产融合发展新高地

（一）大力发展绿色有机农业，做精粮食和重要农产品

宝泉岭分公司综合应用工程、农艺、农机、生物四大技术措施，加快推进农业绿色发展。截至2023年，完成水稻、玉米、大豆等作物绿色食品认证面积431.69万亩，绿色大米产品8.68万吨；有机认证面积101.8万亩；梧桐河大米、二九〇红小豆等11款产品获得农业农村部颁发的农产品地理标志登记证书。推进所属13家农场有限公司和宝泉酱业有限公司、黑龙江北大荒双汇肉业在中国农垦（热作）网全面质量管理平台开展追溯工作，实现了"生产有记录、信息可查询、流向可追踪、质量可追溯"。

（二）培育红黄白"三色"产业引擎，做强农产品加工业

宝泉岭分公司依托良好的产业基础，以国家级现代农业产业园为核心，发挥"接一连三"增长极作用，进一步培育了种养结合、加工转化、稳产保供全产业链条。宝泉岭域内生猪年屠宰加工能力达到150万头，白羽鸡年屠宰加工能力达到6 000万羽，玉米复合饲料年加工能力达到30万吨，大豆精深加工总产能达到67万吨，粮食转化率达到85%以上。积极发展白羽鸡产业和生猪产业，加强与集团产业公司和农业龙头企业合作，强势带动农畜产品就地加工转化率提升。截至目前，分公司销售粮食151.6万吨，统营率达到50.3%。

（三）激活文化和旅游发展新动能，做活农商文旅

宝泉岭分公司深耕农商文旅融合市场，打造农商文旅发展新业态，挖掘梧桐河抗联纪念馆、共青农场中国青年志愿垦荒纪念馆等20余个纪念馆、场史馆和教育基地，传承红色基因、赓续红色血脉，放大绥滨现代农业观光旅游景区、宝泉岭尚志公园景区、北方共青城景区三个3A级和宝泉岭现代农业生态园（4A级）旅游景区牵动效应，举办农业提水节、木耳采摘节、界江戏水节、玉石文化节、金秋赏菊节、冰雪嘉年华等系列节庆活动，构建起多维文旅矩阵，吸引大量周边游客前来观光、游玩、体验。

三、以北大荒精神赋能大品牌，开创农商文旅发展新格局

（一）转变营销观念，提高认知度

宝泉岭分公司为更好实现"种得好向卖得好"转变，着力推进品牌营销，以"黑土臻选，健康味道"为理念，全力打造"生活有点田"品牌定制农业，通过认领定制、会员定制和众筹定制等相结合的方式，种植出更符合消费群体需要的优质产品。依托域内丰富的文化旅游资源，开拓创新走"农文旅搭台、商贸唱大戏"之路，在将"定制田"规划在稻田画周边的基础上，通过新品推介、试吃评鉴、买赠促销等营销活动，以及现场直播互动、建立微信群、开发小程序等方式，精准对接意向性客户，资源优势、产品优势叠加品牌优势效应凸显。

（二）塑造品牌形象，提高知名度

宝泉岭分公司以区域公共品牌"北国宝泉 47 度"母品牌为核心，以蒲鸭河、馥军川、北共青等 13 个子品牌为特色，发展了米、油、山珍等 11 大类 117 款产品。2024年，在江苏省昆山市农产品市场设立"北国宝泉 47 度"产品专区，16 款产品入驻浙江省杭州市山海共富农优产品展销窗口鹤岗馆，"北国宝泉 47 度"账号成功加入抖音店铺精选联盟。目前，以"北国宝泉 47 度"为母品牌的区域"龙门福地"等 10 个子品牌成功纳入中国农垦品牌目录，蒲鸭河珍珠米等 7 款产品纳入黑龙江"黑土优品"目录，大榛子等产品入榜黑龙江省"九珍十八品"。"北国宝泉 47 度"连续三年荣登"中国 500 最具价值品牌排行榜"，品牌价值从 125.26 亿元跃升到 161.21 亿元，列第 425 位。

（三）丰富推广活动，提高美誉度

宝泉岭分公司以自然风光游、主题研学游、红色文化游、绿色康养游和农业休闲游等项目为抓手，成功举办了千车万人驾游龙江走进鹤岗暨首届绿色农产品展销会、第二届北大荒文化旅游节、2022 北大荒·中国农民丰收节主场活动、2023 年庆祝中国农民丰收节暨推进乡村振兴系列活动等，拉动人气，带动销售，取得良好收益。活动得到了中国农业科学院、北大荒集团、鹤岗市政府、黑龙江供销粮食集团等的大力支持，垦地携手合作，粮食企业云集，吸引了省内外 55 家粮食经营合作企业参加，现场签订 38.1 万吨的粮食购销合同，合同金额达 10.19 亿元。

经验启示：

宝泉岭分公司坚持以北大荒精神赋能大基地、大产业、大品牌建设，为公司发展激发澎湃动能，注入不竭动力，激励公司大力推进现代农业建设，积极打造三产融合

发展新高地，奋力建设更加安全稳固可靠的"大粮仓"。公司特别注重用北大荒精神、北大荒文化打造定制农业品牌，持续优化产品体系和客户服务体系，将定制农业与文旅、产品销售等工作有机融合，初步构建出一二三产业有机融合、农商文旅协同发展新格局。

高质量推进改革发展
打造现代农业示范企业

福鼎市农垦发展（集团）有限公司

福鼎市农垦发展（集团）有限公司成立于 2023 年，是集种植、培育、加工、销售、农文旅教于一体的综合性现代农业示范企业。集团深化农垦企业改革，朝着多功能、开放式、综合性方向，积极构建现代农业示范体系，不断增强农产品供给保障能力，发挥现代农业建设示范带动作用。

一、保障粮食安全，提高重要农产品供给能力

集团以保障粮食安全为首要任务，积极实施粮食生产、高标准农田建设等项目工程，投入资金超 5 000 万元。

（一）建设福鼎市现代农业示范区

重点建设粮食安全基础工程、农业设施及配套工程、美丽田园工程 3 大工程 9 个子项目，建成后可满足福鼎市农业产业链发展需要，提升所在区域耕地质量等级，新增粮食产能 500 吨，有效降低农户生产成本，每年实现经营收入约 3 389 万元。

（二）承接撂荒地流转复垦复种

集中流转撂荒、零散的耕地并组织复垦复种，目前已累计复耕（或带动大户复耕）撂荒地 4 100 余亩，管护双岳工业园区等地块闲置未用地 2 230 余亩，种植马铃薯、甘薯、油菜等高产农作物，提高土地利用率，增加农民收入，保障国家粮食安全。

（三）承接高标准农田和示范片建设

2023 年实施太姥山镇、店下镇 1 万亩高标准农田改造提升项目，2024 年实施 7 050 亩高标准农田建设项目，巩固提升粮食生产能力。组建太姥山国有农场统防统治飞防作业队，应用植保无人飞机等开展统防统治，在店下镇三佛塔村、岚亭村等 4 个村建立水稻（晚稻）绿色防控与统防统治示范片 2 000 亩，实现农药减量控害。

（四）承接"我在宁德有亩田"活动

以复垦复种撂荒地为契机，积极开展"我在宁德有亩田"活动，统筹协调种、管、

收、配、送等工作，鼓励职工和社会群体参与认领活动，扩大活动参与面。自 2023 年活动开展以来，认领约 7 700 亩，认领金额约 1 670 万元。

二、强化科技赋能，构建培产销一体化产业链

集团运用现代科技，推进农业信息化、数字化、智能化管理，科学辅助农业生产经营，构建培育、生产、销售一体化产业链。

（一）探索智慧药园新模式

引进本地 155 种药用植物品种，探索林药结合、药茶套种、立体种植等种植模式，应用物联网、大数据、人工智能、卫星遥感等新技术、新装备，开展中草药生产全流程监控、生产数据智能分析、药材种源检测、水土气质量检测，实现中药材智能化生产、规范化管理、全流程追溯。

（二）应用组培快繁技术

与福建农林大学合作，建设组培室和培育大棚，利用组培快繁新技术，进行栽培种植关键技术研究与应用，主培淫羊藿、黄精、金毛狗脊等新品种，结合生物技术、遗传改良技术和现代农业实践，不断提高中药质量和可持续性，因地制宜加以推广。

（三）建设福鼎农垦粮食服务中心

聚焦农业生产需求，投入 2 200 万元建设福鼎农垦粮食服务中心，占地 9.8 亩，有效提升粮食生产全程社会化服务水平。配套粮食烘干机 12 台、粮食临时仓储 500 吨及温控智能育秧生产线 8 条，粮食日烘干能力达 315 吨。温控智能育秧可育水稻、玉米、蔬菜、西红柿等作物种苗，单批次可育秧 2 万盘。现已为周边农户提供育秧服务 2 万余盘、粮食烘干服务 500 余吨。

（四）做强"福鼎农垦"品牌

组建福鼎市农垦运营管理有限公司，打造特色农产品线下展示馆，建立福鼎农垦网上商城，设计"船避山"特色农产品品牌，推出两款"福鼎白茶"办公用茶，初步实现产业化运营、品牌化销售。

三、融入乡村振兴，打造农文旅教融合发展片区

集团以农耕小镇店下镇为主体打造三产融合发展片区，因地制宜建设省内唯一农文旅教协同发展的美丽新田园，不断延伸产业链、提升价值链、完善利益链，实现资源循环利用、农业提效增收。

（一）提升万亩田园景观

以店下镇"船避山"美丽田园建设为载体，提升店下镇万亩田园景观，全力净化、美

化、绿化、彩化田园环境，因地制宜营造田园风光、传播农耕文化、重塑乡村魅力，建设布局合理、环境整洁、景观美丽的新田园。

（二）建设农业特色品种园

建成集传统种植、文化、科普、种植技术应用培训、智能科技应用于一体的"船避山"农业特色品种园，以展示店下镇特色"稻-稻-豆"轮作种植模式为核心，同时种植和展示四季柚、东魁杨梅、前岐水蜜桃、福鼎苦柑、日本甜柿等特色水果。

（三）建设培训研学基地

依托店下镇岚亭村岚亭小学，改造建设福鼎市高素质农民培训基地和中小学生劳动实践研学基地，完成基地内部12间教室的修缮及多功能教室的改建，通过"国有企业＋村集体"的合作经营模式，有效增加村集体收入，形成多方共赢局面。

> 经验启示：
>
> 福鼎市农垦发展（集团）有限公司始终不忘保障粮食安全的中心任务，通过集中流转零散耕地等途径，既解决了耕地撂荒问题，又提升了粮食生产能力。以建设现代农业示范企业为目标，通过运用信息智能技术、发展社会化服务、培育自有品牌、推进农文旅教融合，有效整合了上下游产业链条，为乡村产业振兴注入了强大动力，实现了由传统型农业企业向现代型农业企业转型。

高标准高质量打造农垦粮食生产企业
示范引领地方发展现代农业

河南省黄泛区实业集团有限公司

河南省黄泛区实业集团有限公司成立于 2010 年，是河南省黄泛区农场整合经营性资产成立的区域性农垦集团。自成立以来，集团始终坚持发挥农垦国家队作用，认真贯彻落实党中央、国务院关于"三农"工作决策部署，以保障国家粮食和重要农产品稳定安全供给为己任，因地制宜培育农业新质生产力，高质量打造国内一流农垦企业，示范引领地方发展现代农业，推动农场在农业强省建设、农业现代化建设中当标兵、走在前。

一、实施"藏粮于地、藏粮于技"战略，全面提升稳产保供能力

集团高度重视高标准农田建设、农机力量强化和农业技术推广，并将其作为稳产保供的重要抓手。2020—2024 年，农场小麦平均单产 635.2 千克，比河南省小麦平均单产 438.6 千克高 44.82%。

（一）加强高标准农田建设，夯实粮食稳产高产基础

集团积极推进高标准农田建设，累计投入 1.35 亿元，2018—2021 年逐步将集团 8 万亩耕地全部建成高标准农田，形成"田成方、林成网、渠相通、路相连、旱能浇、涝能排、电配套"的农田生产格局，耕地等级较建设前提高 0.5 个等级，小麦、玉米等粮食作物 2018—2022 年平均产量较 2013—2017 年增加 30 千克/亩，每年节约用水 616.84 万立方米，累计年平均增效 1 046.08 万元，排涝标准由 3 年一遇提高到 5 年一遇。

（二）推动农机装备改造升级，保障粮食颗粒归仓

集团积极开展农机装备补短板行动，整合农机资源，成立豫垦农机服务公司，以数字化转型赋能农业装备更新换代，更新配备大型谷物收割机 60 余台（套）、大中型拖拉机 300 余台、植保无人机 50 余台，推动实现农业装备现代化、智能化、数字化。积极争取农机购置与应用补贴、大规模设备更新和消费品以旧换新等政策支持，立足大田生产、设施农业、果树植保等应用场景，采取大集中、小分散的合作模式，推广应用农用无人机、高质低损联合收割机、节能低温保质粮食烘干机等现代化高端智能农机装备，实现粮食耕种管收储综合机械化率 100%，推动机械作业提质增效、减损降耗。

（三）总结农业先进管理模式，赋能农业高效生产

集团坚持统一品种布局、统一技术规程、统一绿色防控、统一投入品供应、统一质量追溯、统一品牌销售的"六统一"先进农业生产管理模式，开展小麦繁育，年繁育优质小麦种子5 000万千克以上。小麦种子统一供给16个农业分公司，品种由集团统一布局；栽培管理措施按集团《绿色小麦生产技术规程》进行管理，各农业分公司由分管农业的副总经理、农技人员负责技术管理指导，集团锐垦公司负责投入品统一采购、统一配送；分公司技术人员负责统一指导病虫草害防治工作，确保机车或无人机统一调度，实现用药精确，防治准时，避免农药化肥的过量使用；按要求适时收割、晾晒并及时回收入库保存；后续由地神种业公司统一收购、加工、销售。

二、实施种业振兴行动，因地制宜培育农业新质生产力

集团坚持创新驱动，着力打造种业"芯片"，先后培育出泛麦5号、泛麦8号、泛育麦17等20多个小麦品种以及泛玉298等10多个玉米品种，为农业赋能、为生产添力。其中泛麦5号累计推广1.2亿亩，泛麦8号由于软籽率、淀粉含量达到黄金比例，且支链淀粉高、黏性好，已成为国内酿酒制曲的明星品种，累计推广8 000多万亩，充分彰显了集团种业科研创新能力和应用水平。

（一）培育种业科研创新队伍，激发种业创新活力

牢牢把握"人才"这个关键点，全面推进"外引内培"人才工程，有针对性地引进急需紧缺的种业"高精尖"人才，对现有人才队伍开展定期培训，全面提升种业科研创新队伍的专业水平和能力素质。同时，注重加大对人才的科研创新激励，在评奖、职称评定、晋升等方面构建完整的人才激励体系，最大限度调动科研人员的积极性，激发科研创新活力。

（二）建设科技创新服务中心，搭建种业创新平台

整合集团人才、制种等科研资源，加强同种业科研院所和头部企业育种、繁种、制种合作，加大科研装备投入，高标准高质量建设农业科技创新服务中心，为科研创新工作提出规划、做出指引，为科研创新人才提供支持、做出服务，更好推进"泛麦"系列小麦优质品种提纯复壮、种质创新、新品种选育和高效繁育，创新培育新品种，护航种业"芯片"。

（三）打造"育繁推"一体化体系，推进种业高质量发展

加强与中农发种业、中原农谷公司等企业合作，推动泛垦种业、正阳种猪场核心育种场等下属种业企业一体化发展，协同提升育种能力。创新规范繁育流程，做好试验田管理，加强良种繁育基地建设，建立全链条种质繁育机制，实现"种子选优、壮苗培育、技术推广、良繁示范"。搭建市、县、乡三级种子供应商网络，以市场为导向开展良种推广，

做好销售人员、售后人员业务培训，提高"泛麦"系列等种子市场认可度。

三、实施"农垦社会化服务＋地方"行动，示范引领地方发展现代农业

集团以推进现代农业综合服务为重点，以实现农业增效、职工增收为目标，大力实施"农垦社会化服务＋地方"行动，示范带动周边发展现代农业，促进区域农业产业融合发展。

（一）构建垦地合作"兰考模式"，创新性解决社会化服务中各方利益问题

集团创新垦地合作"1234"利益共享模式（村集体分得 10%，锐垦公司分得 20%，管理员分得 30%，农户分得 40%），通过加价订单收购、保底分红、二次返利、股份合作等形式，与村集体、农业经营主体、农户等构建多方共赢的利益联结机制，形成资源共用、利益共享、风险共担的利益共同体。2023 年，集团下属锐垦公司在兰考 5 800 亩合作土地总效益 350.9 万元，按照"1234"利益共享模式，四方的总收益分别为 35.09 万元、70.18 万元、105.27 万元和 140.36 万元，其中农户在获得土地固定收入 900 元/亩的基础上，仅靠土地入股分红就增加收益 242 元/亩。

（二）构建社会化专业化农服体系，破解"地谁来种、粮卖给谁"难题

产业链前端，集团发挥农垦信用优势，依托河南农投集团双"AAA"主体信用等级，加大同各类银行、金融机构、社会资本等合作，着力解决新型农业经营主体"融资难""融资贵"问题；产业链中端，结合各农业分公司、托管基地农业种植实际，合理布局仓储、烘干等农业基础设施，构建仓储物流全产业链，增强产地粮食贮藏功能，减少农产品产后损失，提高农产品品质，提升粮食安全保障能力，真正实现粮食"颗粒归仓"；产业链末端，以高品质的农产品生产供给为基础，以商贸流通为抓手，推动集团所属商贸企业、锐垦公司、黄泛区国际贸易公司、黄泛区金果冷藏贸易公司在土地托管、粮食生产、冷藏、贸易、农副产品销售基础上，进一步拉长粮食产业链、仓储物流产业链。深入实施品牌赋能，推动融入"豫农优品"区域公共品牌，结合传统营销渠道，拓展电商、自媒体等新兴渠道，实现农产品卖得出、卖得好、卖得赚。

（三）打通农业社会化服务全产业链环节，真正做到联农、带农

集团社会化服务涵盖农业生产耕、种、管、收、储、加、销各个环节，初步构建了农业社会化服务全产业链。其中，16 个农业分公司聚焦于种、管环节，为农户提供技术和农田管理服务；豫垦农机服务公司聚焦于耕、收环节，推动实现高效种植、高质收获，确保粮食颗粒归仓；泛垦种业合作的有机肥和复合肥厂为农业生产种、管环节提供充足的物资供应，确保农资质量，保障粮食高产；锐垦公司和黄泛区国际贸易公司服务于储、加、销环节，加强同种植农户、合作伙伴的沟通配合，真正将农业种植转化为收成、收入。通

过完整的农业社会化服务链条，摒除了土地托管后顾之忧，让农户种地安心、省心、放心，真正做到联农带农。

经验启示：

　　河南省黄泛区实业集团有限公司通过实施"藏粮于地、藏粮于技""种业振兴""社会化服务＋地方"三大举措，推动实现高标准农田建设更加完备、农技力量更加充足、农业管理更加高效，农业科技创新水平和种子研发能力显著增强，赋能农业发展转型升级、提质增效。同时，打造垦地合作"兰考模式"，构建社会化专业化农服体系，带动地方现代农业发展和粮食丰产丰收，着力发挥国有农垦"排头兵"的示范引领作用。

擦亮"围垦精神"底色
扛牢稳产保供责任

武汉市东西湖区农业农村局

东西湖垦区地处武汉市西北部,土地总面积近500平方公里,自1958年围垦建区以来,经过几代人坚持不懈的奋斗,由昔日钉螺肆虐、血吸虫横行、十年九患、十种九不收的"虫窝子""水袋子",蜕变为如今万亩良田、沃野千顷的"米袋子",也成为武汉市乃至整个华中地区的"菜篮子""果盘子"。近年来,武汉市东西湖区农业农村局大力推动东西湖垦区现代化建设,东西湖垦区坚持弘扬"艰苦奋斗、勇于开拓"农垦精神,扛稳扛牢"保障国家粮食安全和重要农产品有效供给的国家队"职责使命,锚定建设农业强国目标,多措并举,不断提升粮食和重要农产品稳产保供能力,为保障国家粮食安全积极贡献垦区力量。

一、提升综合生产能力,构建多元食物供给体系

东西湖垦区坚持新发展理念,以大食物观为指导,始终将提高农业综合生产能力放在突出位置,以实施新一轮千亿斤粮食产能提升行动为契机,立足资源禀赋,围绕蔬菜、水稻、水果、水产、畜牧五大产业,坚持稳面积、稳产量、保供给,全方位夯实粮食安全根基,构建多元化食物供给体系。2023年,东西湖垦区农林牧渔业现价总产值43.14亿元,其中农业24.28亿元、畜牧业1.58亿元、林业0.14亿元、渔业15.65亿元。全年粮食播种面积7.02万亩,其中水稻2.62万亩、玉米2.41万亩、豆类0.35万亩、麦类1.49万亩、高粱0.15万亩。蔬菜播种24.88万亩,产量49.08万吨。水果在园面积1.45万亩,产量约2.66万吨。水产养殖面积6.67万亩,起产鲜鱼5.01万吨;丰美禾猪场存栏生猪1.5万头,出栏生猪1.03万头;奶牛存栏0.3万头,生产生鲜乳1.65万吨。

二、建设优质高产良田,守好耕地保护安全红线

(一)加快推进高标准农田建设

"十二五"以来,东西湖垦区积极申报实施基本农田建设项目,通过农业综合开发、土地整理、高标准农田建设等项目的实施,采取治水、改土、整田、修建田间水泥路等工程措施,提高农田生产配套水平和保障能力,提升农田产出率和效益。截至2023年底,垦区已累计建成高标准农田类项目共21个,总投资2.38亿元,建成高标准农田面积

9.79万亩;2024年,在国家高标准农田项目指标有限的情况下,区本级财政列支4 000万元对全区4万亩土地进行初步整治,为下一步高标准农田建设奠定基础。目前,垦区共有2.03万亩基本农田申报纳入省级高标准农田项目储备库,力争用2～3年时间实现全部建成高标准农田。

(二)持续巩固撂荒地整治成效

针对垦区内现有的撂荒地,一方面,确保"三个坚持",即坚持依法依规整治,坚持分类施策整治,坚持当下治理与长久治理结合整治;另一方面,农场积极履行国有农业公司保障国家粮食安全的政治使命,逐户逐个田块摸清撂荒底数,一地一策分类开展整治,高效推进撂荒地复种工作。2023年,全区完成1 118个点位共计2.08万亩地块的现状审核提交工作;2024年,将193个无法复耕复种点位、58个具备复耕复种条件点位全部完成复耕复种销号。

(三)做好土地清查工作

为切实加强垦区耕地保护,进一步摸清农用地资源和生产经营情况,着力规范管控土地,2023年,东西湖垦区组织开展了农用地清查工作。经各街道实地核实农用地共406 572亩,其中耕地165 551亩、坑塘水面129 766亩、种植园用地15 696亩、设施农用地2 711亩、林地49 965亩、农村道路13 496亩、沟渠22 488亩、其他草地6 899亩。全垦区农用地现状与规划地类不符的面积共有18 296亩。东西湖垦区高度重视农用地清查成果,将进一步核查农用地现状与规划地类不符情况,采取切实可行的措施逐步整改到位;对耕地"非农化"、基本农田"非粮化"等问题加大核实处置力度,坚决守住耕地保护安全红线。

三、推进农垦"两大行动",助力现代农业增产增收

粮食安全是"国之大者"。东西湖垦区坚决贯彻落实中央、省、市文件精神,全方位夯实粮食安全根基,按照省农业农村厅安排部署,深入实施农垦粮油等主要作物大面积单产提升行动和"农垦社会化服务＋地方"行动。

(一)打造单产提升示范样板,促进粮油等主要作物稳产高产

通过全面梳理区内国有农场水稻等主要作物生产条件、优势和短板弱项,紧紧抓住耕地、品种和技术三个重点,以推进国有农场集约化规模化生产为基础,综合实施选良种、建良田、强科技、抓田管、防灾害、减机损等措施,补齐短板、发挥优势、集成技术、融合推进。总结提炼往年单产"大比武"活动经验,选取基础条件好、带动能力强的柏泉农场等,打造水稻单产提升示范样板,充分挖掘并宣传推广实践中探索形成的成功经验和典型做法,增强农垦辐射带动能力,全力推进粮油等主要作物稳产高产。

(二)围绕优化农机装备资源配置,推进农机社会化服务体系建设

集中整合农机手和农机具资源,大力推广新型智能农机新技术,围绕种苗供应、机播

机防机收、农产品初级加工、农产品销售信息服务和品牌打造等全过程环节做好社会化服务，助推农业生产"降成本、强管理、提产量、增效益"，持续推动农业增产增收。积极探索发展"全程机械化＋综合农事"等"一站式"服务模式。采取"政府搭台、企业唱戏"的模式，推动区内多家"全程机械化＋综合农事"服务中心建设落地。通过持续项目推进，湖北鑫三江农业开发有限公司、武汉市金色惠农生态农业专业合作社、武汉郭家台农机专业合作社等合作社已具备累计两万余亩全程机械化服务能力，能够为各类生产主体提供全过程、全要素的机械化服务，并将进一步加快"互联网＋农机作业"应用，开发利用"滴滴农机"服务平台，提升农机服务效率，扩展农机服务领域，加快推进农机社会化服务提档升级。

四、深化农场体制改革，发挥国有企业带动作用

国有农垦企业作为保障国家粮食安全和重要农产品有效供给的"国家队"，不仅是推进土地集约化规模化生产的重要载体，更承担着解决土地撂荒和耕地流出等"硬骨头"的职责使命。为充分发挥农垦国有企业的资源优势，东西湖垦区持续深化农场体制改革，着力提升农垦国有企业生产经营和稳产保供能力，充分发挥国有企业的示范带动作用。

（一）坚持政企分开原则，推进国有农场生产经营企业化，实现土地资源的有效管控和合理利用

截至 2023 年 4 月，东西湖垦区有 7 个农场共组建 8 个农业公司（其中辛安渡农场组建农业公司 2 个）。针对农场范围内存在的土地分散化、承包地细碎化、农户种粮积极性不高等问题，国有农场下属公司积极进行资源整合，大力开展规模化集约化经营，同时勇于承担政治使命，深入开展撂荒地专项整治行动，确保全区粮食种植面积和产量逐年递增。

（二）探索将区农投集团纳入农垦国有企业范畴，发挥其在稳产保供方面的示范带动作用

逐步将东风垸地区等国有土地确权到区农投集团，依托区农投集团的资金和平台优势，按照"抓牢一产稳基础、延伸二产谋发展、融合三产造亮点"的思路，将东风垸占地 2.3 万亩的养殖水面，全面建设成国家万亩渔业绿色循环试点基地，以该基地为渔业核心示范区，带动全区 6.7 万亩水产养殖，实现水产品年产量 5.3 万吨，供应量达到武汉市需求的 12%。除此之外，着力建设农产品供应链体系，形成"基地＋批发市场＋农贸市场"的产销模式，依托区农投集团的 2 家蔬菜批发市场和 17 家农贸市场，带动区内外农户近 1 万户，其中新华集贸市场和海景批发市场日均交易农产品 450～600 吨，年均农产品交易量可达 20 万吨。以区农投集团等农垦国有企业为主导，带动全区所有农业经营主体共同打牢稳产保供的基础。

五、聚焦科技改革创新，强化稳产保供人才支撑

（一）大力推广新品种新技术

东西湖垦区充分发挥省、市农业科学院与区政府合作框架协议效能，利用区内博士工作站天然优势与区农业投资平台集成优势，争取各级各类优势科研资源，大力开展主导品种、主推技术、高效机具的示范推广，因地制宜推广粮食、蔬菜、果树、水产养殖等优良品种；因势利导辐射推广病虫害绿色防控、水肥一体化、玉米种肥同播、水稻侧深施肥、食用菌高效立体栽培等技术；大力推广植保无人机、免耕施肥精量播种机、侧深施肥种植机等高效农用机具，提高全区大田农作物生产机械化率。深化院区合作，积极推进与市农业科学院合作开展漂浮水稻高效种植示范、特色鱼类繁养技术模式研究与示范、蔬菜设施改良升级与新品种新技术示范等项目，提高农业科技成果转化率。

（二）组建农业专家讲师团

东西湖垦区充分利用专家讲师团资源优势，开展内容丰富、形式多样的农业农村技术指导服务，扎实推进高素质农民培育。鼓励新型农业经营主体带头人参加职称评审、技能等级认定，推进人才导流回乡，鼓励"田秀才""土专家"参与产业化经营和现代农业建设，培育更多引领产业高质量发展的"新龙头"、带动农民增收致富的"领头雁"、促进产业融合发展的"先行者"、助力粮食和重要农产品稳产保供的"排头兵"。

经验启示：

东西湖垦区牢牢把握作为武汉市乃至整个华中地区"菜篮子""果盘子""米袋子"的定位，围绕蔬菜、水稻、水果、水产、畜牧五条产业链延链补链强链，构建多元食物供给体系；积极推进土地清查、撂荒地整治和高标准农田建设工作，为粮食和重要农产品供给提供高质量良田保障；深入实施农垦"两大行动"，打造水稻单产提升样板，建设"全程机械化＋综合农事"服务中心和"滴滴农机"服务平台，推进农机社会化服务提档升级；深化农场体制改革，鼓励农场国有农业公司开展规模化集约化经营，积极构建农产品供应链体系；加大农业科技创新力度，为稳产保供提供有力的人才支撑，在保障国家粮食安全和重要农产品有效供给中发挥"国家队"作用。

"果蔬+"着力打造农业产业集群

湖北省五三农场

湖北省五三农场（以下简称五三农场）是 1953 年由时任湖北省人民政府主席李先念在此挥锹奠基成立的，是湖北省成立最早、最大的国营农场。近年来，该农场作为全国农垦系统百家现代农业示范区之一，围绕自身功能定位，着力推进传统产业转型升级，紧紧依托良好的山水田园生态环境，以"绿色"为"芯"，全力推进"果蔬+"生产加工产业化，取得了良好的成效。

一、多措并举，建设特色农产品大基地

（一）鼓励能人带头，以点带片发展多种果蔬种植模式的家庭农场

五三农场充分利用国有土地易于集约化的优势，通过大力宣传、积极引导和多策扶持，吸引一批回乡创业有志之士、农职院校毕业生、种植经验丰富的乡村能人来场创办家庭农场，鼓励绿色蔬菜种植。目前，全场 200 亩以上的蔬菜种植经营主体共 200 多家。农场长滩办事处月宝山村黄桃基地的桃树种植面积近 21 000 亩，实际挂果 17 000 亩左右，主要由多个三产融合家庭农场连片组成，与湖北田野农谷生物科技有限公司签订保底收购加工协议，稳供鲜果原料，年产值 3 000 万元。丰盛家庭农场、农鑫蔬菜产销专业合作社等新型农业经营主体发挥自身具备的农业机械服务、农作物病虫害防治服务等全方位配套技术优势，成为农场果蔬稳保供的中坚力量。农场内各家庭农场发展蔬菜规模化种植，生产的白萝卜、胡萝卜、大白菜、洋白菜、黄瓜、豇豆、马铃薯及食用菌等农产品，在满足本地消费和省内外城市超市生鲜供应的同时，又为农场多家蔬菜加工企业常年提供原料供应。仅家庭农场和专业合作社蔬菜种植一项，年产值就达 1.3 亿元，蔬菜生产、加工、流通等环节，有效吸纳带动了周边劳动力就业。

（二）多策扶持，"科技特派员"下沉，为果蔬生产保驾护航

农场为各办事处固定派驻 1 名科技特派员。除落实好惠农补贴、信贷支持、抵押担保等各项政策外，为增强扶持的针对性和精准性，农场还通过科技特派员队伍对家庭农场经营规模的稳定、生产条件的改善、技术水平的提高、经营管理方式的改进等进行重点支持，提供农业技术推广、优良品种引进、病虫害防治、配方施肥、集中育苗育秧、灌溉排水等全方位指导。近年来，出台支持黄桃产业发展政策，对桃树种植农户前三年分别按照每年每亩 300 元、200 元、100 元的标准连续补贴，进一步增强了家庭农场规模化发展黄

桃的信心和决心，人均可支配收入从之前的 4 000 元增加到 2023 年的近 20 000 元。

（三）推进"数农融合"，建立风险防范机制，辐射带动果蔬产业高效发展

农场在推动现代农业示范区建设工作中，大力发展高效设施农业，重点建设荆品农场现代设施农业创新引领基地项目，辐射带动农鑫蔬菜产销专业合作社、北山慧菇农业科技有限公司等有条件的经营主体先行先试，通过科学精准的数据分析和管控，确保家庭农场果蔬种植的绿色有机和旱涝保收。针对农场产业定位发展特色农业保险，累计为农户提供 6 397.67 万元风险保障。截至 2024 年，风险保障规模达 15 848.38 万元。2024 年初，连续两场极端雨雪灾害天气导致辖区经营主体的露地蔬菜受暴雪冻灾，农场第一时间成立查勘小组下乡查勘，共定损蔬菜种植主体 14 家，总面积 4 500 余亩，申请理赔金额合计 88.41 万元，当月全部理赔到位。农业风险补偿机制的建立，在稳定农业生产、推进规模化发展等方面发挥了"压舱石"的作用，有效降低了农业生产过程中的风险损失。

二、聚焦龙头企业，打造农产品加工产业集群

（一）重龙头，构建种植基地一张网，推进果蔬生产加工产业化

近年来，农场锚定"建设大基地、培育大企业、打造大品牌、形成大产业"的发展思路，着力支持发展湖北聚汇农业开发有限公司（以下简称聚汇农业）、宝得瑞（湖北）健康产业有限公司（以下简称湖北宝得瑞）、湖北田野农谷生物科技有限公司（以下简称田野公司）、湖北五三农场绿普旺食品有限公司（以下简称绿普旺公司）等一批果蔬加工龙头企业，并实现了上述企业与各家庭农场、专业合作社在原料稳定保供上的无缝连接。聚汇农业依靠"公司＋核心示范基地＋合作社＋农户"的模式，立足农场建设近 5 000 亩豆角基地、2 000 亩萝卜基地、2 000 亩雪菜基地、1 000 亩莴笋基地，带动周边近 4 000 农户年均增收 5 000～8 000 元。湖北宝得瑞在农场建有果蔬原料基地 3 000 亩，其中卢冲家庭农场常年为该公司种植南瓜 600 亩，保障原料加工供应。龙头果蔬加工企业强力带动了农场果蔬产业化的健康发展。

（二）重融合，发展壮大食品加工产业园，构建果蔬加工产业集群

在高标准规划建设生态农产品精深加工产业园工作中，农场投资 10 亿元统一配套园区基础设施。现入园生态食品加工规上企业 27 家，实现年产值 24 亿元，逐步形成了粮油、果蔬、健康食品加工特色产业集群。农场计划投资 35 亿元，规划建设占地面积 2 100 亩的食品加工产业园，依托现有产业基础，以田野公司、聚汇农业、湖北宝得瑞等为龙头，引进食品加工上下游关联企业，打造集科技创新研发、生产加工、仓储保鲜、安全检测与监管、质量追溯、流通与销售等于一体的食品加工产业园，预计 2025 年食品加工产值达 20 亿元。

（三）重技改，强科技，全面提升农产品加工水平

农场现有高新技术企业 12 家，创建省级企校联合创新中心 2 个、工程研究中心 2 个、

省级乡村振兴科技创新示范基地2个。湖北宝得瑞以五三农场植物、果蔬资源为原料，运用自主研发的二氧化碳超临界萃取技术、微生物发酵技术等多项专利开发生产植物提取系列产品，获得2021年度省科技进步奖二等奖、2022年度中小企业科技创新奖；2023年，公司果蔬科技提取加工创产值1.2亿元。绿普旺公司在五三农场梭墩队建设有2780亩农业种养基地，与武汉市农业科学院、华中农业大学、武汉轻工大学等院校合作共建了省级校企共建研发中心和华中水生蔬菜良种繁育中心，带动周边农户发展订单农业，为企业提供原材料，年产果蔬脆达600吨，产品畅销海内外，年创产值已达7000万元。

三、全面推进产业提质增效

（一）千方百计促进农民就业增收

在鼓励特色产业发展（如豇豆种植）中，引导农业生产由一家一户的分散经营向标准化、规模化、集约化迈进，推动"小生产"与"大市场"对接。农场深入推进"万企兴万村"行动，结合企业特点与村庄自然禀赋等资源优势，开展帮扶兴村行动。对辖区内农业龙头企业、新型经营主体用工需求进行摸底，为返乡创业就业人员提供岗位580余个。与聚汇农业签订豇豆种植合作协议，采取免费供种、统一技术指导、订单收购等帮扶举措，带动农户581户（其中脱贫户、监测户176户）种植豇豆800余亩，亩均增收5000元以上。

（二）加快构建"一镇一业"发展格局

在农场四个办事处分别围绕梅花鹿、蔬菜、黄桃、食用菌产业，以科技创新为引领，打造"一镇一业"特色农业产业链。引进欧洲自然科学院院士陈栋梁、湖北籍海外高层次留学人才曾支农博士等一批专家，与华中农业大学、湖北省农业科学院及湖北洪山实验室等高校院所紧密合作，依托"两院一中心"搭建"政产学研用"综合平台，建立一个特色产业、一个专家团队、一个链主企业、一个标准化基地、一个加工园区的"五个一"链式发展模式。目前，五三农场蔬菜总种植面积约2.5万亩，成功创建一个省部级标准化蔬菜生产基地、两个市级标准化蔬菜生产基地。力争到2026年，农场菌稻轮作种植面积达到2000亩，梅花鹿养殖规模达到3万头，黄桃种植面积达3万亩，引领四大产业向标准化、规模化、智能化方向发展。

（三）内引外联为做大做强奠定基础

2024年，农场与湖北肽益健康产业有限公司、江苏煌上田投资有限公司合作成立了湖北千泽健康产业有限公司，新建600亩梅花鹿生态养殖园，在食品加工产业园建设120亩鹿产品加工园中园，目前已完成600亩一期散养区建设，首批120头梅花鹿已完成调运。加大招商引资力度，开展"带项目带方案"招商，着力引进一批农产品精深加工企业入驻食品加工产业园。2024年，全场签约亿元以上项目5个，投资总额17亿元，食品加工产业园荆贵米粉、风味酱菜扩建，冠品源二期等多个项目开工建设，初步形成特色产业集群。11月6日，中国农谷（屈家岭）合成生物未来食品产业发展联盟在上海正式成立，签署了《五三农场合成生物未来食品产业招商基金战略合作协议》，以五三农场首席科学家陈栋梁院士以及侯东海博士团队为引领，汇聚国内外顶尖的食品加工行业科研力量与产业资源，招引一批关联企业落户食品加工产业园，在农场迅速形成科技、资本、产业、渠道"四位一体"的全球合成生物未来食品的智造中心，为农场未来食品集采面向全国、面向世界搭建平台。

经验启示：

五三农场以发展新型农业经营主体为依托，以推进生产加工一体化为引领，扬优势、补短板、强弱项，加大政策扶持和科技保障，强力推进农业规模化、集约化、产业化、现代化，不断提高农业质量、效益、竞争力，实现让特色农业更特、优势产业更优、强势领域更强。

坚持数字赋能　打造常德智慧水稻样板

湖南省常德市西洞庭管理区

　　湖南省常德市西洞庭管理区（以下简称西洞庭管理区）因地处洞庭湖西畔而得名，前身为西洞庭农场，全境位于常德市鼎城区境内，为湖南省常德市所辖县级行政管理区。2021年，管理区启动智慧农业（数字大米）项目，以西洞庭水稻全程数字化管理体系建设为核心，通过实验、示范、推广三个阶段推动水稻生产数字化改造，采用"园区＋公司＋合作社＋农场"的模式推广优良品种、集成配套技术，实现从种到收全程标准化机械化、农药化肥减量化，为当地发展智慧农业提供了样板。

一、精心谋划，推进实验项目开展

　　西洞庭管理区与中联智慧农业股份有限公司（以下简称中联智慧农业）于2021年4月签订智慧农业（数字大米）科研项目采购合同。中联智慧农业通过天、空、地、人、农机"五位一体"数据采集、模型分析，实现农业生产全过程信息感知、智慧决策、精准作业，从而提高粮食产量与品质，取得降本、增产、节肥、减药效果。签订合作协议后，西洞庭管理区积极引导种植大户吴海军以承包的300亩水田为示范合作主体，鼓励带动其他种植大户应用中联智农云App，尝试数字化水稻种植管理。经专家测产验收，300亩数字化种植的早稻产量为405.08千克/亩，较传统种植模式增产11.01%，节约成本112.6元/亩；晚稻产量为456.4千克/亩，较传统种植模式增产7.1%，节约成本125.8元/亩；一季稻产量为523.5千克/亩，较传统种植模式增产1.41%，节约成本135.4元/亩。

二、科学实施，构建全程智慧管理体系

　　西洞庭管理区水稻种植智慧管理平台，主要搭建了稻田环境监测、水稻"四情"监测预警、设施管控、质量追溯管理四个系统，实现水稻全程数字化管理。一是稻田环境监测。在稻田部署高精度传感器，全面监测基地的温度、湿度、降水量、太阳辐射、水位、土壤水势等农田小环境，实时采集稻田环境数据上传到智慧云平台。用户通过移动端小程序或PC端大数据平台可实时查看，出现异常及时报警。二是水稻"四情"监测预警。通过气象站、苗情摄像机、作物生理生态监测仪、信息管理平台等收集水稻苗情，借助作物图库、灾害指标等模块，对水稻苗情进行实时远程监测与分析，并对后期肥料的施用、病虫害防治、防除杂草等提供智能化的决策。三是设施管控。对水稻生长初期的浸种催芽、

育秧、种植过程进行智能化管理。通过智能浸种水箱，全自动一次性完成水稻的浸种催芽过程；通过育秧环境参数分析及作物长势判断实现全自动/半自动育秧管理；通过设备GPS精准定位，远程定位设施设备数字化作业。四是质量追溯管理。综合运用多种网络技术、条码识别等前沿技术，通过生产基地管理、水稻生产档案管理、检测数据管理、条形码标签设计和打印、基于网站和手机短信平台的质量安全溯源等功能，实现对西洞庭各合作社农业生产、流通等环节信息的溯源管理。

三、推广应用，取得显著成效

目前，已有西洞庭昌麟农机专业合作社、西洞庭降湘水稻专业合作社、西洞庭鑫隆稻虾共作专业合作社、西洞庭金瀚利合作联社、西洞庭紫湾农机水稻专业合作社陆续使用水稻种植智慧管理平台。该平台有效整合了全区各级涉农资源，构建了互联共享的"互联网＋农业"信息服务体系，有效实现了农业生产科学管理、政府监督管理和社会公众服务功能。从经济效益看，应用水稻种植智慧管理平台后，各合作社土地产出率平均提高8％、节水60％以上、减肥50％以上、人力成本降低70％，比普通种植模式下每亩综合成本节约100～200元，亩均增收14.3％。从社会效益看，信息化技术的应用使农业生产设施设备条件大大改善，项目实施区域水稻种植机械化程度达到了80％，抗灾能力增强10％以上，加工销售环节吸纳当地200多人就业。从生态效益看，采用信息化技术实现了水稻生产过程精准作业，结合优良品种引进和绿色种植技术推广，有效提高了水资源利用率，农药化肥减量化成效显著，提升了生态环境质量，减少了管理区水土流失现象。

经验启示：

　　西洞庭管理区积极推进智慧农业，运用物联网、大数据、传感器等前沿科技，实现水稻种植全过程各环节信息感知、定量决策、精准投入、智能作业，以及稻米质量安全可追溯，有效解决了过去凭经验种植导致管理不规范、监测不到位的问题，实现了水稻生产降本增效和农民增产增收。西洞庭管理区的探索为家庭农场、合作社等适度规模经营主体应用数字技术推动农业现代化提供了参考路径。

坚守为国种胶使命　打造跨国橡胶航母

广东省广垦橡胶集团有限公司

广东省广垦橡胶集团有限公司（以下简称广垦橡胶集团）是集天然橡胶种苗培育、种植、加工、销售贸易和研发于一体的大型跨国天然橡胶产业集团公司，也是广东省重点培育的本土跨国集团之一。2005年以来，为确保国家天然橡胶战略资源供给安全，广垦橡胶集团坚持"为国种胶"初心，扎实推进天然橡胶产业"走出去"发展。截至目前，集团在国内外共拥有各类天然橡胶产业公司及研究机构65家，是全球天然橡胶产业头部企业之一，获得"全国农业先进集体""中国走进东盟十大成功企业""广东省文明单位""2021年度农业产业化头部企业100家"等荣誉称号。

一、"走出去"发展主要历程

（一）合作投资阶段

2005—2009年，广垦橡胶集团选择橡胶产业发达、投资环境较好的泰国作为"走出去"的第一站，在泰国南部主产区沙墩府、董里府先后合资建设两个橡胶加工项目，与外方合作经营。随后在马来西亚开展橡胶种植、加工和种苗培育项目，通过租赁土地种植橡胶、购买胶园、合作经营等方式，规划投资橡胶种植及种苗繁育基地20万亩，建设自营加工厂，探索农工贸一体化发展路径。

（二）独资发展阶段

2010—2015年，广垦橡胶集团进入独资投建项目的快速发展阶段，先后在泰国投建了湄公河工厂、泰南工厂和泰东工厂，在印度尼西亚收购了坤甸工厂，年天然橡胶加工能力达到30万吨；在新加坡设立了国际贸易公司，建设全球营销贸易网络平台；在柬埔寨投建了春丰种植项目，规划种植8 000公顷天然橡胶，进一步掌握了种植端资源。

（三）并购发展阶段

2016年，广垦橡胶集团抓住机会并购了泰国老牌天然橡胶企业——泰华树胶（大众）公司（以下简称泰华公司），实现了对泰华公司下属17家天然橡胶加工厂及分布在老挝、柬埔寨和泰国约1万公顷橡胶园的控股经营，掌握了国际知名的"三棵树"乳胶和"泰华"标胶品牌，并布局在中国、泰国、印度、阿拉伯联合酋长国等地的国际销售网络。通过并购，广垦橡胶集团天然橡胶年加工能力达到150万吨，掌握橡胶种植面积110万亩，跃升为全球天然橡胶全产业链经营的头部企业。

二、"走出去"发展主要成效

(一)扩展天然橡胶产业发展空间,增强全球资源配置能力

通过"走出去"发展,广垦橡胶集团海外胶园种植面积达 40 万亩,掌控的可待开发橡胶种植面积 30 万亩,拥有加工产能 150 万吨,建成覆盖中国、泰国、新加坡等地的贸易销售网络,年均销售贸易总量超过 130 万吨,产品销往全球 70 多个国家和地区,极大提升了我国天然橡胶的发展空间及全球资源配置能力。

(二)坚持国内国际双循环相互促进,增强供应链保障能力

在"走出去"初期,广垦橡胶集团积极将国外先进种植加工技术引进国内,助推国内天然橡胶产业升级改造。新冠疫情期间累计运回超过 300 万吨天然橡胶,有力保障了国家工业原料的供应。中老昆万铁路开通后,广垦橡胶集团加强与老挝当地机构的协作,累计采购运回超 1 万吨原料,有效填补了西双版纳天然橡胶原料短缺。

(三)践行"一带一路"倡议,构筑民心相通新型大国外交关系

截至目前,广垦橡胶集团累计为海外项目所在国缴纳各类税费超过 20 亿元人民币,提供就业岗位近 1 万个,辐射带动 3 万余名胶农增收致富,为当地经济社会发展做出了贡献。2022 年 11 月 3 日,泰华公司受邀参加由中国驻泰王国大使馆和泰国贸易院联合举办的中泰投资论坛,得到了中泰两国官方的高度认可,为同心构筑民心相通新型外交关系做出了贡献。

(四)经济效益良好,企业发展实力稳步增强

2018 年以来,广垦橡胶集团海外板块连续实现盈利,经营业绩逐年攀升,经营规模持续扩大。与 2005 年相比,广垦橡胶集团干胶产量、营业收入分别增长了 24.5 倍和 23.5 倍。

三、"走出去"发展主要做法及经验

(一)战略引领,明晰发展方向

广垦橡胶集团始终坚持战略引领,科学谋划,坚持服务国家战略和外交大局,服从农垦优势主导产业对外延伸的国际化经营战略。集团进一步梳理提出了打造具有全球竞争力的天然橡胶优质生产商、供应商和服务商的战略定位和构建"11123"(即打造 1 个运作高效、监管有力的产业运营和资本运作中心,建设 1 个创新能力强、支撑作用大的科技融合创新平台,以泰国板块为核心打造 1 个具有全球竞争力的加工网络,建设 2 个立足主产区、覆盖主销区的销售贸易中心,拓展形成国内、东南亚和中西非 3 个高标准种植区域)总体空间布局,开启创建世界一流天然橡胶全产业链企业的新征程。

（二）科学决策，严控投前风险

在泰华公司并购项目实施过程中，广垦橡胶集团践行"专业的人做专业的事"的理念，引入国际知名中介机构开展尽职调查，利用其专业国际并购经验对项目进行详尽调查，提出翔实可靠的风险防控建议。在第三方机构意见基础上制定周密的应对策略，派出过渡经营小组参与过渡期生产经营并开展清产核资，及时发现卖方前期未披露事项，经过多轮谈判成功调低资产报价，并在股权购买补充协议中设置保护条款规避可能的风险，项目交割后也顺利实现卖方承诺兜底款项的到位，为项目顺利落地运作打下坚实基础。

（三）强基赋能，提升投后整合水平

广垦橡胶集团并购接管泰华公司后，以"大稳定、小调整、强管理"为原则，实施管理架构调整和业务重组，针对原有家族式管理模式弊端，收权归拢设立运营、生产、营销、财务和综合行政 5 个管理中心，并对部分人事进行调整。分类施策，将泰国加工板块的原料及物资采购、财务收支、产品销售统一到总部管理，将老挝、柬埔寨的农业板块业务委托给广垦橡胶集团运营管理，通过整合进一步发挥了协同效应、规模效应；统筹整合过程中涉及人员安排、文化融合等问题，建立沟通机制妥善处理，有效规避整合风险。

（四）"两化"经营，全面提升运营能力

广垦橡胶集团坚持市场化经营，以建立低成本、高效率的国际化投资运营体系为目标，突出效益导向、精细管理，提升竞争能力。坚持本土化经营，秉持可持续发展理念，与项目所在国和当地合作伙伴实现合作共赢，为国际化业务拓展和资产运营创造良好环境。推进加工厂 4S 管理标准，以内部先进工厂为标杆率先推进生产工艺标准化管理，努力提高生产效率。以国内先进产业技术为支撑，提高当地农割胶技术，打造从种苗、种植、收购到销售的完整产业链条，有力推动了当地天然橡胶产业发展，带动当地胶农收入显著增长。

（五）党建引领，不断培育发展动能

坚持"企业发展到哪里、党的建设就到哪里"，实现党建工作与业务相互促进、协同发展，把党组织独特优势转化为竞争优势、发展优势。集团党委领导班子坚持以人民为中心的发展思想，在胶林、车间现场办公，与基层员工谈心谈话，了解诉求，解决员工关切的问题。通过购买员工宿舍、加大工厂自动化设备投入、慰问外派员工及家属等措施，切实将组织的关心送到员工心里。在国际化发展过程中，逐步培养锻炼出了一支政治过硬、视野开阔、专业精湛的国际化人才队伍。

经验启示：

广垦橡胶集团认真贯彻国家"走出去"发展战略，立足自身优势，积极践行"一

带一路"倡议，科学谋划，分步布局海外市场，拓展产业发展空间，增强国家天然橡胶战略资源供应保障能力。集团在并购泰华公司基础上，不断提升运营能力，打造从种苗、种植、收购到销售的完整产业链条，推进生产、管理标准化，提升全球竞争力。集团坚持以构建人类命运共同体为己任，注重通过产业带动和提供农业服务，帮助项目所在国发展经济、消除贫困，着力打造扶贫品牌和示范工程，为服务国家外交战略做出了积极贡献。

高质量建设行业一流企业
全面提升稳产保供能力

广西农垦永新畜牧集团有限公司

广西农垦永新畜牧集团有限公司（以下简称永新畜牧集团）成立于1997年，为广西农垦集团畜牧板块的专业化生产运营管理全资子公司，是集饲料生产、育种繁殖、规模养殖、精深加工、市场营销于一体的生猪全产业链企业。近年来，永新畜牧集团认真贯彻落实习近平总书记关于广西工作论述的重要要求和对农垦工作的重要指示精神，从保障重要农产品稳定供给、推动乡村全面振兴、服务广西经济高质量发展的高度来认识和担当职责使命，聚焦生猪供给主责主业，深化改革创新，推动提质增效，提高保供能力，努力建设成为具有较强竞争力和影响力的行业一流企业。

一、攻坚克难，稳定生猪供给能力

永新畜牧集团坚定履行保障国家粮食和重要农产品稳定安全供给的使命任务，坚持内强外拓，推动生猪供应"大基地"不断提档升级。

（一）战疫情，养殖水平逐步提高

非洲猪瘟暴发之初，国内猪肉市场供应紧张，猪肉安全受到威胁。为全力恢复生猪生产和保障猪肉安全，永新畜牧集团针对非洲猪瘟疫病特点，建立"红、橙、黄、蓝"四级生物安全体系，制定并全面落实非洲猪瘟防控技术措施，在全国生猪保有量持续下滑的大环境下，2019年7月全面恢复生产，母猪保存率100%，为稳定生猪市场供应做出农垦贡献。因防控效果显著，下属2家子公司被评为全国首批国家级无非洲猪瘟小区，截至目前已有4家子公司获该称号。

（二）稳生产，保障能力逐步提升

永新畜牧集团认真贯彻落实党中央及自治区发展生猪生产有关精神，按照广西农垦集团的发展战略，从2020年开始，实施畜牧扩张三年行动，现已在广西南宁、柳州、桂林等片区布局新建25个现代规模化猪场及配套设施项目，打造了8个种猪生产、母猪扩繁及标准化育肥基地集群，构建起"一轴两翼多节点"的区域布局，逐步成为广西乃至华南地区生猪供应的主基地。随着同正、万鑫种猪场等一大批重点项目陆续投产，生猪产能规模已超过400万头，到2025年保供能力将得到进一步提升。为保障特殊情况下的城市生猪供应，在南宁、柳州、贵港、桂林等主要城市建立了 7 个生猪活体储备点，筑牢了生猪供应的设施基础。

（三）提质量，品牌形象逐步擦亮

多年来，永新畜牧集团始终将质量作为企业发展的"生命线"，在广西率先全面建设生猪质量可追溯体系，推动"永新源"品牌无公害猪肉实现从猪场到餐桌的全程可追溯。在绿色高质高效生产方式和全面质量管理的加持下，"永新源"猪肉及加工产品得到广大消费者的认可和好评，先后获得中国品牌猪、广西名牌产品、广西优质农产品、广西出口品牌等多项荣誉，2023 年入选全国名特优新农产品名录。永新畜牧集团也成为广西首家获得供港澳活猪自营出口经营权以及出口配额双资质的企业，现拥有供港澳活猪注册场 18 个，其中 7 个被认定为粤港澳大湾区"菜篮子"生产基地，近三年连续供港澳活猪每年超 10 万头以上，已连续 10 年占广西供港活猪总量的 90% 以上。与此同时，永新畜牧集团坚持把标准化工作作为深入推动质量提升的具体举措，组织开展标准化良好行为创建，2024 年，下属良圻原种猪场成为广西首个标准化良好行为 AAAAA 级创建单位。

二、改革创新，夯实生猪供给基础

永新畜牧集团不断创新生产经营管理体制，大力推进质量牧业、科技牧业、品牌牧业建设，从管理制度、核心种源、科技创新等方面持续增强自身稳产保供能力。

（一）全力降成本，夯实稳产保供经济基础

为应对生猪市场严峻形势，永新畜牧集团强化内部管理，全面部署开展"成本极限运动"，以降本增效解决猪价与成本倒挂问题，促进企业良性运转。通过建立统一管理机制、统一考核机制、统一制度体系，并开展母猪高效管理、公猪站数字化管理、育肥猪降成本管理、猪群健康管理"四大攻坚行动"，有效提高了核心生产指标，降低了全群成本。公司持续推进集采集销改革，近三年累计降低采购成本近 2 亿元，增加销售效益近 5 000 万元，为企业持续稳定生产打造了良好的经济基础。

（二）全力强芯片，夯实稳产保供种源基础

永新畜牧集团作为国家生猪核心育种场和农业产业化国家重点龙头企业，始终坚持把种业"强芯"放在企业发展全局的核心位置，坚定不移加快生猪自主育种步伐，不断巩固提升"国字号"制种产业。2018—2023 年，集团在国内率先实施全基因组选育和国家农业生物育种重大项目，被评为首批"国家生猪核心育种场""全国十佳种猪育种企业""全国生猪遗传改良计划种公猪站"。"永新源"大白、杜洛克、长白 3 个品种的种猪健康度高、生长速度快、繁殖性能好，每年向社会提供优质种猪 10 万头以上，销售范围覆盖全国 20 多个省份。除此之外，公司致力于改良培育我国本地猪种，提纯复壮陆川猪等特色品种，为国家种源安全提供有力支撑。

（三）全力抓创新，夯实稳产保供科技基础

永新畜牧集团始终坚持科技创新驱动发展战略，聚焦重点领域关键环节，深化产学研合作，扎实推进科创平台和创新联合体建设，探索建立各单位科研基础资源共建共用机制，健全人才激励机制，组建牧业研究院，成立遗传育种、营养与饲养、疫病防控、环境控制、人工智能5个博士科研团队，推动科研创新和成果转化应用。近三年，公司研发投入达2.2亿元，16个科技项目荣获省部级奖项、获成果登记13个、获国家专利授权26个，目前有在研科技项目39项，其中国家级3项、省部级9项，实现了12个科研成果转化，效益提升7 100多万元。在生猪疫病防控、种猪选育、动物营养等领域保持着技术优势。集团自主研发的非洲猪瘟检测试剂和联合研发的猪流行性腹泻、轮状病毒等疫苗，每年分别可降低成本1 600万元、7 600余万元。积极响应国家号召开展饲料玉米豆粕减量替代研究，推广实施后每年可降低成本1亿元，减少碳排放4 500吨以上。

三、创新模式，带动主体共同发展

永新畜牧集团充分发挥生猪养殖规模化、组织化、标准化优势，积极服务国家和自治区发展战略，带动国有农场及周边地区发展畜牧产业，推动乡村全面振兴。

（一）优势资源互补，促进农场发展

永新畜牧集团依托国有农场资源禀赋，支持农场围绕生猪产业，延长产业链条，现已联合打造8个种猪生产、母猪扩繁及标准化育肥集群基地。通过在猪场内配套建设无害化污水处理站和有机肥处理厂，将无害化处理后的沼液用于灌溉农作物、沼气用于发电、沼渣制成的有机肥用于种植经济作物，帮助农场形成种养结合、粪污还田的循环经济种养模式，推动农场产业可持续发展。2023年，在广西农垦荣光农场实施的产业帮扶项目实现产业增收219万元，有效带动了农场产业发展。

（二）完善利益联结，带动农户增收

2008年起，永新畜牧集团逐步推行"公司＋标准化合同育肥"产业化经营形式，通过与农户签订生猪育肥收购合同，指导农户建设应用全环境控制、全自动喂料、机械刮粪等先进工艺的标准化育肥猪舍，并实行统一规划选址，统一设计建设猪舍，统一提供猪苗、饲料、兽药，统一饲养管理技术方案，统一销售生猪的"五统一"管理，有效提高了土地利用率，降低了人工成本。目前，集团共带动农户202户，增加就业岗位约3 300个，年出栏生猪260多万头。

（三）开展产业帮扶，赋能乡村振兴

永新畜牧集团充分发挥国家生猪现代产业技术体系综合试验站和农业产业化国家重点龙头企业的技术及人才优势，在广西边境崇左市、防城港市等地投资16.5亿元，建设了5个规模猪场项目，通过产业帮扶、技术帮扶、用工帮扶，为边境地区乡村振兴提供持久

动能。积极响应国家及自治区乡村振兴重点帮扶县科技特派团工作，每年定期组织人员为相关市、县送去先进养殖技术。截至目前，集团共开展生猪技术培训及讲座 60 余次，培训农村一线技术人员和养殖农户超过 2 万人次。

经验启示：

　　近年来，永新畜牧集团聚焦生猪"育、繁、养、宰、销"全产业链，在发展模式上由内生培育式向开放合作式转型，在产业布局上由单一生猪养殖向全产业链运营拓展，在生产管理上由传统式向信息化、科技化提升，企业发展质量、品牌影响力和联农带农能力稳步提高。永新畜牧集团在企业治理、产业布局、科技创新等方面的经验做法具有重要的借鉴意义。

服务国家战略 践行国企担当
持续提升天然橡胶稳产保供能力

海南天然橡胶产业集团股份有限公司

海南天然橡胶产业集团股份有限公司（简称海胶集团）于 2005 年由海南省政府批复成立，承接海南农垦的天然橡胶资产，是我国最大的天然橡胶种植国有企业，也是目前全球最大的集天然橡胶科研、种植、加工、贸易、物流、金融于一体的跨国企业集团。海胶集团自成立以来，一直牢记"为国利民、胶融天下"的使命，坚持"稳种植、稳产量、稳份额、稳胶农、深加工、高端化、国际化"的总体发展思路，遵循"融合、巩固、提升、拓展"工作总方针，全力保障我国天然橡胶战略安全。

一、以高端橡胶种植园为抓手，提升天然橡胶基地建设质量

"十四五"以来，在国家天然橡胶良种良法和天然橡胶生产能力建设项目的支持下，集团围绕基地建设、产业发展、胶工管理、示范引领等多点发力、多管齐下，提升天然橡胶稳产保供能力。

（一）高标准建设标准化胶园，提升产业示范带动能力

以满足高端制品用胶需求为指引，编制《海胶集团天然橡胶标准化胶园生产技术规范》，重点建设 180 万亩高标准胶园，统一种植、统一管护、统一采收，实现优质优价，满足国内高端用胶需求。2022—2023 年，集团建设标准化胶园总面积达 145 万亩，2024 年继续推进标准化胶园建设 35 万亩，标准化基地建设质量提升有力推动了稳产增产，2022 年、2023 年，集团年产干胶分别为 11.6 万吨、11.7 万吨，较 2021 年分别增长 14.8%、16.6%，实现稳中有进。

（二）高质量完成特种胶园划定，提升产业核心价值

根据《关于持续深化海南农垦改革推进农垦高质量发展的若干意见》要求，集团圆满完成 24.6 万亩特种胶园划定任务，并制定生产规范，实行最高标准的管护、割收和加工工艺，确保年产质量一致性高的特种天然橡胶 1 万吨以上，切实服务保障国家天然橡胶战略安全。通过稳定种植面积、稳定橡胶品质，重塑海南天然橡胶产业战略地位和核心价值。

（三）高水平应用先进生产技术，提升天然橡胶产能

建设 1 800 亩优质橡胶种苗的天然橡胶良种繁育基地项目，通过推广热研 73397、热研 917 等天然橡胶优良品种，引进先进繁育技术，加强种苗基地设施建设，不断强化苗木质量内控体系，提高种苗生产能力，种苗良种率达 100%，有效保障了海南天然橡胶种植良种良苗供应。不断提升胶园机械化水平，在生产环节中充分利用"橡胶智慧平台"大力推进信息化建设，实现收胶环节的智能化信息化，为基地生产经营管理提供数据支撑，提升干胶生产管理水平和胶园产胶能力。

（四）高效推动生产基地改革，提升胶工生产积极性

出台《海胶集团关于推动基地分公司持续深化改革试点工作方案》《割胶岗位责任书》《一线生产管理人员薪酬改革实施方案》等多项制度，调动一线生产管理人员积极性、主动性和创造性。全面推行满岗扩岗，2022 年和 2023 年分别建设标准化示范岗 180 个和 157 个，2024 年超额完成核心胶工人数计划，一线胶工收入进一步提升，胶工生产积极性显著提高，出现了"学技术、用技术、比技术"热潮。

二、推动加工延链补链强链，健全天然橡胶产业体系

集团共有境内外橡胶初加工厂 72 家，年加工能力 260 万吨，年生产加工橡胶 140 万吨，初步构建了包含初级原料、高端原料、部分制成品产品的加工体系，完善了标准互认、利益共享、创新推动的产业链上下游协同发展机制。

（一）管理对标，提高天然橡胶初加工水平

对标国内外先进质量技术管理标准，改造设备、优化工艺流程，对境内外初加工厂全面实施精益化管理，着力提高产品质量。全面启动初加工厂改造升级，提升机械化、自动化、信息化、智能化、数字化水平，提高劳动生产率和产品质量一致性。结合海南省内天然橡胶初加工产业政策，以天然橡胶资源分布情况为依据，推动岛内初加工厂布局调整优化，研究推进核心大厂和浓乳厂建设。推进产品定制化生产，强化产品营销渠道建设，提高产品溢价能力，提升产品附加值和差异化竞争力。

（二）强化品牌建设，打造深加工端利润增长点

优化改进乳胶泡发生产工艺流程，提高产能利用率与资源利用率。开发软床、乳胶弹簧床垫等新产品，合理控制新产品库存，形成新的盈利增长点。通过网络平台、社交媒体等渠道进行市场营销，持续打造中高端自主产品，进一步做响"好舒福"品牌。

（三）完善林木加工，推动天然橡胶全产业链发展

启动"海南农垦橡胶木加工基地项目"建设，立足公司橡胶木更新资源，逐步覆盖全岛民营橡胶林木更新，调整产品结构，提升木材加工能力，构建集初加工、精深加工、三

剩物综合利用于一体的绿色橡胶木加工全产业链，推进产业绿色化、生产智能化、产品差异化、市场电商化、品牌高端化发展，从而保障橡胶木更新顺利开展，辐射带动民营木材市场，提高橡胶木利用价值，扩大营收规模，提升企业盈利能力。

（四）发挥政策优势，推进制成品高端化应用

充分利用海南自由贸易港政策优势，在自有园区基础上，建设天然橡胶产业园，完善园区基础设施和优惠政策，大力开展招商引资，重点发展航空轮胎、高铁减震器、医用橡胶等高端制品以及橡胶混炼产品，引导企业集聚发展形成产业集群。在完善标准互认、利益共享、创新推动的产业链上下游协同发展机制上持续发力，进一步满足医用和高端生活用等橡胶制品原料需求。

三、以"一带一路"为契机，打造全球天然橡胶链长企业

集团已在印度尼西亚、马来西亚、泰国、科特迪瓦等多个国家和地区拥有 3 处种植园及 37 家工厂，海外植胶 60 万亩，年加工能力达 200 万吨，贸易量 200 万吨，实现了全球天然橡胶产业链、价值链和供应链布局。

（一）"走出去"区域不断拓展

2009 年，集团成立海胶（新加坡）发展有限公司，开始在新加坡开展天然橡胶贸易业务，至 2024 年，集团产业版图扩展到东南亚、欧洲、非洲等区域内 17 个主要国家，逐步形成了以印度尼西亚、老挝、马来西亚、新加坡等东南亚主产国为主，以塞拉利昂等非洲国家为补充的产业布局。

（二）"走出去"领域不断扩大

2012 年，海南农垦收购新加坡 R1 公司 75％的股权，专注于国际天然橡胶贸易业务，每年的贸易量达到 85 万吨以上。2014 年，收购马来西亚沙捞越 HY 公司、越南胡志明市 QV 公司，并独资建设印度尼西亚 BAP 公司，年加工天然橡胶能力达到 10 万吨。2015 年，收购老挝锦森橡胶有限公司和波乔绿航生物能源发展有限公司，实际控制胶园面积约 6 000 亩。2017 年，收购印度尼西亚最大的天然橡胶企业 KM 公司，该公司拥有 16 个橡胶加工厂和 5 个橡胶种植公司，年加工天然橡胶能力约 72 万吨，实际控制胶园 6 万亩。集团产业领域逐步拓展至种植之外的加工、贸易等领域。

（三）形成海外全产业链发展态势

近年来，集团进一步推进国际化全球化战略，2023 年 2 月，完成对世界天然橡胶行业头部企业合盛农业的并购。该公司为天然橡胶种植、加工、销售及贸易等一体化业务的境外上市公司，在全球范围内拥有 4 处种植园及 37 家工厂，年产能可达 143 万吨，产品销往亚洲、欧洲、北美洲等 10 个国家的上百个地区，全球销售量约 140 万吨。完成并购后，集团国际化布局加速推进，正在依托国内巨大的消费市场和制造业规模，积极参与构

建国内国际双循环发展格局，在国际天然橡胶行业中的影响力大大增强，成为全球最大的天然橡胶全产业链企业。

经验启示：

海胶集团坚持"稳种植、稳产量、稳份额、稳胶农、深加工、高端化、国际化"的发展思路，围绕基地建设、产业发展、胶工管理、示范引领等方面多点发力，着力推进标准化定制化生产，建设高端橡胶园；强化科技赋能，提高信息化智能化管理水平；完善加工体系，推动产业链上下游协同发展；实施境内外并购，提升天然橡胶产业国际竞争力，全面增强天然橡胶稳产保供能力，为保障天然橡胶战略资源安全做出了重要贡献。

科研成果转化带动企业发展
建设一流天然橡胶生产基地

云南省热带作物科学研究所

云南省热带作物科学研究所（以下简称云南省热作所）成立于1953年，是因国家战略物资天然橡胶研发种植需求而成立的一家科研机构。近年来，为贯彻落实国家和云南省关于"三农"工作决策部署，保障国家战略物资天然橡胶稳定安全供给，建设全国一流天然橡胶生产基地，云南省热作所在橡胶树品种选育、新型种植材料研发、种苗生产基地建设等方面不断加强研发和成果转化，带动建设了一批标准化天然橡胶生产基地，巩固了天然橡胶产业发展基础，提升了天然橡胶原料供应和储备能力。

一、重创新，加大科研投入提升科研产出

云南省热作所以巩固天然橡胶产业发展基础为目的，以解决天然橡胶产业发展的问题为导向，有的放矢加强科研投入，提升科研产出能力。

（一）加强橡胶树新品种研发

云南省橡胶树宜植地区基本属于山地，不同海拔、坡度和坡向等环境对橡胶树品种需求大相径庭。橡胶树品种是橡胶树产业发展的基础，70多年以来，云南省橡胶树种植品种经历了以国外品种为主到以国内品种为主、再到现阶段以本省品种为主的发展历程。在此期间，云南省热作所投入大量人力物力，申请国家及省级多项课题攻关。"十四五"以来，云南省热作所在橡胶树品种选育和推广上取得巨大进步，适合云南省山地环境的抗寒高产云研272、云研314、云研98-258等新品种崭露头角，云研73-46和云研80-1983等品种进入了大规模推广阶段。

（二）深化橡胶树新型种苗研发

在20世纪50年代橡胶树在云南省规模化种植时，种植材料是采用橡胶树种子直接播种的实生苗，该类种苗虽具有抗逆性强、生长快等优点，但因其是杂交第一代，所以产量、生长量极不一致且普遍表现差，直到橡胶树芽接苗木出现，才解决了橡胶树苗木生长和产量不一致性的问题。然而，20世纪大面积推广的传统裸根苗和袋装苗仍存在苗木笨重、芽接成活率低、定植后恢复慢等问题，云南省热作所通过技术创新与集成，解决了苗木小型化、苗木成活率出圃率低、定植后苗木恢复生长慢等问题，建成了适合云南省实际

的橡胶树籽（小）苗繁育体系。近年来，云南省热作所还对橡胶树自根无性系培育体系开展了技术攻关，云研 73－477、云研 73－46、热垦 628 等推广新品种组培体系相继取得突破并在生产上示范推广。

（三）加快种苗生产基地建设

近年来，云南省热作所响应国家种（芯）业发展要求，通过试验摸索，建成设施化、标准化天然橡胶种苗生产基地，种苗生产环境更可控，苗木生产质量和数量得到巨大提升，年生产橡胶树籽（小）苗、组培苗木 60 万株，有效满足了云南省植胶区 1/3 的苗木需求。

二、重转化，巩固提升天然橡胶产业发展基础

云南省热作所近年来瞄准天然橡胶产业发展中存在问题，在成果转化上做文章，在提升产业发展基础上靶向发力，一批科研成果开始在企业生根发芽，助推企业发展，建成一批一流天然橡胶生产基地。

（一）强化橡胶树新品种示范与推广

近年来，围绕天然橡胶生产基地出现的寒害、风害以及品种不适应等问题，云南省热作所协助确定了云南农垦"十四五"天然橡胶主推品种及主推技术，针对山地植胶环境推介新品种、制定对应的栽种配置方案，目前已在云南省植胶区建设橡胶树新品种与新型种植材料示范基地 2 400 余亩；在勐腊农垦集团公司、云垦天胶江城公司、孟连县橡胶公司等橡胶种植企业开展橡胶树新品种配置指导 5 万余亩，辐射带动 10 万余亩，建设了一批一流天然橡胶生产基地。同时，开展橡胶树新品种推介和管理技术培训 10 余期，培训相关技术人员 800 余人次。

（二）加快橡胶树新型种植材料示范与推广

云南省热作所先后制定和推出橡胶树籽苗繁育技术规程（DB5328/T 10—2019）及 2023 年云南省主推技术"橡胶树籽苗芽接苗培育技术"。近年来，在云南省天然橡胶更新及老旧胶园改造中，云南省热作所推广橡胶树籽（小）苗 200 余万株，并采取跟班学习等方式支持省内 6 个育苗基地建立橡胶树籽（小）苗培育基地，推广橡胶树籽（小）苗 300 余万株，合计推广面积超过 16 万亩，在云南省植胶区建立橡胶树自根幼态无性系示范区 700 余亩，示范带动推广幼态无性系苗木 5 000 余亩。

（三）推进橡胶树优良品种种苗基地建设

"十四五"以来，云南省热作所对西双版纳傣族自治州、普洱市、红河哈尼族彝族自治州等橡胶树育苗基地相继开展橡胶树新品种增殖圃改建换代、育苗设施提升改造、育苗基地建设等指导，指导已建和在建橡胶树育苗基地 3 个，改扩建 2 个，显著提高了云南省天然橡胶种苗的生产能力、优良无性系橡胶种苗的数量和质量，以及天然橡胶种苗保供能力。

三、重体系，联合打造天然橡胶科研产业发展新高地

（一）加强与省外科研单位联合协同发展

近年来，云南省热作所不断加强与中国热带农业科学院橡胶研究所、广东农垦热带作物科学研究所等单位的联系，在国家天然橡胶产业技术体系及其他科研项目上开展橡胶树新品种培育及共享、区域性新品种示范基地建设、种苗繁育技术研发及种苗基地建设等工作，共同制定相关国家及行业标准、申报国家及省级奖项，共享发展成果，共同支持国家天然橡胶产业发展。

（二）加强与省内单位交流共建推广网络

云南省热作所在云南省天然橡胶产业技术体系框架内与红河热带农业科学研究所、德宏热带农业科学研究所及各州市农业主管部门加强联系，共同建立橡胶树新品种及新型种植材料试验示范基地，推广新品种普及新技术，共享经验做法。"十三五"以来，共建立橡胶树新品种试验示范基地 30 余个，已建立惠及云南省各植胶区乡村级的完善的推广和示范网络，使农户足不出户就能学习到橡胶树新品种及新型种植材料的优点等相关知识。

（三）加强与天然橡胶龙头企业沟通交流

近年来，云南省热作所与天然橡胶龙头企业紧密合作，签订战略合作协议，在科研、示范及推广工作等方面相互支持。"十四五"以来，云南省热作所在企业建立橡胶树新品种区域试验基地、示范基地 10 余个，面积达 2 000 余亩；开展新品种配置，建设一流天然橡胶生产基地 4 万余亩，建设升级橡胶树种苗繁育基地 4 个，年产能 60 万株，这些基地已成为天然橡胶种苗保供的新生力量。

经验启示：

云南省热作所始终植根在生产第一线，聚焦天然橡胶产业发展的薄弱环节，从天然橡胶产业发展最基础的品种、种苗等入手，解决现阶段二代胶园大面积更新换代面临的品种更迭、胶园品种配置、种苗供应能力不足及种苗繁育基地更新改造等问题，从根本上解决了天然橡胶种苗保供保质等问题。其在产业调研、科技创新、成果转化、服务产业等方面卓有成效的工作，不仅推动建设了一批高质量天然橡胶生产基地，夯实了天然橡胶产业发展基础，而且对促进农民增收、维护边境稳定、保障国家及区域发展战略做出了积极贡献。

做精绿色粮　打造云南高原
特色现代农业名片

云南省粮食产业集团有限公司

云南省粮食产业集团有限公司（以下简称云粮集团）是为做强做优做大粮食产业、充分发挥国有粮食企业主力军和市场调控"蓄水池"主渠道作用，经云南省人民政府批准，于2019年组建的国有粮食企业，是集粮种、种植、购销、仓储、物流、加工、农业社会化服务于一体的现代粮食产业集团。近年来，云粮集团聚焦"做活经济粮、做精绿色粮"的职责使命，不断巩固提升作为国有粮食企业的核心功能和核心竞争力，为保障粮食安全和有效供给，助力云南省打造"绿色云品"，引领带动云南高原特色现代农业高质量发展贡献力量。

一、提高站位，推动洱海保护与生态种植协调发展

习近平总书记2015年考察云南时作出"一定要把洱海保护好"的重要指示。云粮集团牢记总书记嘱托，积极参与洱海保护，于2021年与大理市政府签订《大理市洱海流域绿色种植项目基地合作协议》，成立大理苍洱留香农业发展有限公司，推行绿色生态水稻种植模式，带动当地农业绿色转型发展。

（一）抓紧种子端

云粮集团与云南省农业科学院深度合作，选择其30多年培育的最优良种，以种植高原软香米为主要方向，以本土优质的云粳37号为主栽品种，实现优种优产。培育出的"洱海留香"品牌高原软香米，口感香软甜糯，胶稠度高达91毫米，直链淀粉含量低至5.89%，蛋白质含量高达7.6%。"洱海留香"是靠好品种、好种子和好技术支撑的高科技优质高原特色水稻，秉承了云南农垦"天然源　自然味""与自然共创造"的品牌理念，把风花雪月的浪漫风韵、厚德人禾的劳作耕耘与大理浓浓的古韵乡愁紧紧融合在一起，专家评价及消费市场反馈都很好。

（二）抓实种植端

云粮集团以习近平生态文明思想为指导，统筹洱海保护与经济发展。推广科学种植、绿色田间管理等科研成果，完善灌溉与排水、田间道路、生态环境保持等配套设施，实现育秧、插秧、收割等全程机械化；执行绿色食品生产标准，使用绿色农药，精确定量施肥

（氮肥、有机肥各占50％），最大限度减少农业面源污染。探索出"水稻＋"模式、种植循环农业模式、立体农业模式、病虫害绿色生物防治模式、复合带状种植模式5种绿色种植模式的可行性，为绿色农业发展提供了示范和借鉴。种植水稻平均亩产从2021年的432千克提高到2023年的517千克，2024年稻谷平均亩产543千克，实现了大面积单产提升。

（三）抓牢科技端

云粮集团以科技创新为驱动，坚持"向良田要粮""靠科技增粮"，探索生态保护与农业发展平衡共赢的良方，2022年获得国家"有机产品认证"证书。推进绿色、生态、有机种植，与其他种植模式相比，径流磷排放降低49.7％，径流COD（化学需氧量）排放降低51.9％，温室气体排放降低83％，生产全过程氮投入减少10％、磷投入减少55％、钾投入减少52％，肥料整体成本降低76％。开展有机肥、水溶肥试验示范等项目研究，获得实用新型专利3个，制定环洱海水稻旱直播绿色栽培技术规程等4项标准。部署高清监控摄像机、智慧农业物联网终端，依托大数据分析、AI应用、智慧化控制等新型技术手段，对农田环境实施监控。利用无人机和智能传感器等先进设备，对水稻生长过程进行全天候监测。2022年，所属大理公司被评为云南省科技型中小企业。2023年，《5G＋高原特色水稻认养农业应用示范项目——我在洱海有块田》荣获第六届"绽放杯"5G应用征集大赛5G＋农业专题赛二等奖。

二、扛牢责任，农文旅一体与助力乡村振兴相得益彰

绿色是高质量发展的底色。云粮集团实实在在践行"绿水青山就是金山银山"的理念，秉持"云粮万家 丰润天下"的品牌使命，做到经济效益、社会效益和生态效益的有机协调，服务国家乡村振兴战略，促进农民增收致富。

（一）探索农文旅一体化运营

云粮集团把"贯通产加销，融合农文旅"作为推进乡村全面振兴的重要抓手。以红色教育、生态文明建设及水稻科普、洱海保护为主线，开发研学课程体系，接待研学团队3 000余人次。累计吸引8万余人次到水稻种植基地游览观光，带动了当地旅游经济发展。运营管理"乡愁科技小院"等5个科技小院，构建产学研销一体化平台，"古生村水稻科技小院"入选全国科技小院名录，"云南大理农产品加工科技小院"入选云南省科技小院名录，为绿色农业和文化传承注入了新的活力。在洱海基地旁投放"太空舱"智慧餐厅，建设AI咖啡屋，探索全新运营模式。立足传承农耕文化，连续3年组织开秧节、丰收节，2022年的丰收节活动作为特色活动获农业农村部通报表扬。所属大理公司被认定为大理州休闲农业与乡村旅游示范园、大理市农业产业化重点龙头企业、大理市中小学研学实践教育基地。

（二）全力护好农业"芯片"

云粮集团紧紧抓住良种培育这个"牛鼻子"，提高自主创新能力，把"强农必先强种"

落到实处。开展优质特色水稻、小春经济作物品种筛选试验，完成 220 个品系筛选，筛选出 10 余个丰产性好的品种，共计实施 400 个小品系筛选鉴定、27 个品种对比示范，切实打好"种业翻身战"。2023 年与云南省农业科学院合作的"大理洱海流域水稻绿色高质种植技术集成与应用""水稻绿色生产技术""水稻杂种优势利用与优质新品种选育及示范"等实验项目测产实现高产，为提高大田产量提供了技术参考。与高校、科研院所共同实施国家重点研发计划中的多年生稻 40 个品种筛选、14 个加工型水稻示范种植项目。与云南省农业科学院共同培育出的水稻品种留香软 1 号和留香紫 1 号已进入云南省级品种区域试验。

（三）带动农业增产、企业增效、农户增收

云粮集团利用洱海边撂荒土地资源，开发"洱海留香"绿色种植项目，推进"双绑"机制生产经营的规模化。3 年多来，累计种植水稻约 2.3 万亩，收获干稻谷 7 535 吨，带动成立 16 个合作社，使用当地务工人员近 23 万人次，支付劳务费约 2 330 万元，支付土地流转费 2 600 万元，带动农户近 3 000 户。2023 年采用生态种植模式后，相较 2022 年传统种植模式，每亩节省肥料、人工成本 300 元，共计节约生产成本 99 万元。所属大理公司被评为"云南省粮食暨重要农产品生产先进集体""云南农垦集团产业工人队伍建设改革示范点"，生产部被认定为 2023 年度"全国青年安全生产示范岗"。

三、不忘初心，农垦精神与产业融合发展成效明显

自 2019 年组建至今，云粮集团在打造粮食全产业链的征程上，已将"艰苦奋斗、勇于开拓"的农垦精神深植于每个"云粮人"的内心，扎扎实实推动"藏粮于地、藏粮于技"战略落实落地。

（一）永不止步的"拓荒者"

"面对洱海边撂荒 3 年的土地和农户生计问题的矛盾，云粮集团将答题的关键聚焦到将荒地利用起来带领农户脱贫致富。"云粮集团副总经理蒋强说。2021 年，蒋强担任绿色有机水稻种植项目组负责人，开启了"洱海留香"高原软香米的绿色发展之路，一切都在摸索前行。为推进生产且把控成本，他多方筹备保秧苗供应；为抢抓农时加快插秧，他连夜协调插秧机；为降低冻害损失，他多方请教专家研究对策；为确保颗粒归仓，他既建自有烘干厂又协调外部力量；为让种植符合洱海保护条例，他带头学习并召集农户讲解政策，做农户的良师益友；为形成绿色种植规范，他带领职工总结经验并备案企业标准，参与建成国内一流的高原湖泊滇型杂交粳稻绿色高效山地旱种栽培成果展示体系，为洱海保护提供了参考价值。

（二）农业社会化服务的"服务员"

在保障粮食安全的路上，云粮集团探索实施水稻种植托管社会化服务，落实"把一家一户办不了、办起来不划算的事交给社会化服务组织来办"，成立工作组下沉到云南与缅

甸接壤的盈江县，开展一村一寨调研、一家一户走访，将农户凝聚在一起、将土地集中在一起、将农机整合在一起，实行统一品种、统一育秧、统一种植、统一技术、统一管理、统一收割、统一销售的"七统一"水稻种植托管服务模式，投资建设"智能数字化育秧工厂"，成功在盈江县建成农业社会化服务试点基地，以标准化、规模化的管理方式，提高了水稻种植的效率和产量，以良种、良技、良法助力地方粮食产业发展，夯实地区粮食安全根基，以实际行动践行农垦"两大行动"。

经验启示：

粮食安全是"国之大者"。云粮集团始终坚持做好云南粮食安全的"主力军""压舱石"，全力推进云南粮食产业转型升级。推动洱海保护与生态种植协调发展，着力打造以农业产业为根、以田园风光为韵、以农耕文化为魂的水稻种植示范基地；探索农文旅一体化与助力乡村振兴新模式，践行"绿水青山就是金山银山"的理念，做到经济效益、社会效益与生态效益的有机协调；将弘扬农垦精神与产业发展相融合，以良种、良技、良法助力地方粮食产业发展，以实际行动践行农垦"两大行动"，带动农业增产、企业增效、农户增收，打造出一张属于云南农垦的高原特色现代农业靓丽名片。

践行大食物观　探索高原渔业

林芝农垦嘎玛农业有限公司

林芝农垦嘎玛农业有限公司（以下简称嘎玛农业）成立于 1960 年，系林芝市属国有企业之一，是一家集水果种植、鱼虾饲养、果苗繁育、科技示范于一体的综合性农垦企业。近年来，嘎玛农业深入贯彻落实习近平总书记关于树立大食物观的重要论述，全方位利用受援、政策、交通、区位、土地、品牌等资源优势，坚持目标导向和问题导向、小步快跑和压茬推进相结合，边探索、边建设、边养殖，初步探索出适合林芝本地实际的鱼虾养殖品种和可复制可推广的养殖模式，率先在西藏实现高原渔业产业化养殖"零"的突破。

一、先行先试，争当高原渔业养殖"先锋"

嘎玛农业紧紧围绕打造西藏自治区农业产业化龙头企业的工作总目标，贯彻新发展理念，形成新质生产力，壮大发展新动能，推动核心竞争力从高原水果种植向高原渔业养殖转变，全力建强粤林高原渔业科技园，加快服务和融入林芝发展大局，扎实推动经济高质量发展。

（一）多地区调研论证，着力解决"能否养"的问题

发挥援藏水产专家的核心优势，通过"请进来""走出去"的方式就林芝发展高原渔业进行调研。先后赴西藏、广东、四川、山东等地相关科研院所和鱼虾养殖基地进行学习考察，全面梳理林芝水温、气温、光照等数据和渔业资源、环境条件，深入论证利用林芝优质的冷水资源、丰富的光照资源开展设施化鱼虾养殖的技术可行性；深入拉萨、日喀则、山南、林芝等地了解西藏水产市场的主要品种、渠道来源和消费需求，深入分析水产养殖的成本和收益，充分论证其经济可行性。同时，基于高原渔业产业基础薄弱和西藏渔业市场相对封闭的现状，明确"坚持市场化、产业化导向，立足于满足西藏市场，以设施化养殖为方向，打造苗种生产、养殖示范、流通销售、人才培养等一体化发展模式"的工作思路，找准国企担当、援藏支持、产业发展、市场效益的结合点和发力点。

（二）多模式养殖探索，着力解决"怎么养"的问题

规划建设 120 亩的粤林高原渔业科技园，争取各方资金 2 425 万元，着眼探索保温提温技术这一发展高原渔业的核心，递次开展鱼虾养殖模式探索。2023 年 5 月，建成冷水

鱼养殖项目，改造传统流水式养殖方式，探索微流水恒温养殖方式。2023 年 8 月，全国渔业援藏工作会议在林芝召开，农业农村部渔业渔政管理局提出要在冷水鱼养殖、虾类养殖、设施化养殖三个方向进行探索。嘎玛农业围绕这三个工作方向，自 2023 年 9 月起，探索采用"蒙古包"保温棚、"锅底型"高位池的方式先后建成一批低成本、可复制、抗低温的养殖项目，探索广温性经济鱼类养殖。2024 年 3 月，引进内地小棚养虾模式，建成高原渔业简易设施养殖试验项目。逐步建立养殖技术队伍，先后挑选 5 名责任心强的藏族职工，由援藏干部开展"传帮带"式全方位沉浸培养，5 名藏族职工现已能独立全面负责园区的日常生产工作。目前，已建成沉淀池、蓄水池、晒水池，提供整个园区养殖用水，采取种养融合处理养殖尾水。高原渔业科技示范项目一期、二期已于 2024 年 9 月底建成，引进了工厂化循环水、智能化控制等先进技术，加快形成繁殖、孵化、标粗、养殖的完整生产链条。

（三）小规模品种试养，着力解决"养什么"的问题

坚持先易后难、小规模多品种探索，从本地冷水鱼入手，争取广东省农业技术推广中心支持，筛选出适应高原、速生速长的稀有冷水鱼类中国香鱼试养，2023 年底已成功上市销售。联合中山大学、西藏自治区农牧科学院水产科学研究所（简称西藏自治区水产所）积极申报科技项目，开展巨须裂腹鱼规模化养殖。争取西藏自治区水产所支持，开展三倍体虹鳟养殖。2023 年 9 月起，先后引进沐泉鱼、加州鲈、乌鳢等广温性经济鱼类进行试养，经受住了 2023 年冬季低温冰雪天气的严峻考验。2024 年 3 月，采用人工海水调配、半絮团水质调控等技术，引进南美白对虾、罗氏沼虾进行试养。2024 年 5 月，引进西藏消费规模最大的沟鲇进行试养。2022 年 7 月以来，嘎玛农业共制定高原渔业养殖技术标准 6 项、发表专业技术论文 6 篇、申请国家专利 12 项，其中"一种高原工程化循环水生态养殖的渔业系统"等 5 项专利已获授权。2024 年底，粤林高原渔业科技园总建设面积 80 亩，共养殖各类鱼虾 9 种、超 150 万尾，沐泉鱼、南美白对虾、加州鲈等已于 2024 年 6 月开始上市，成为西藏养殖模式最多样、品种最多、规模最大的渔业园区。

（四）全链条整体推进，着力解决"产业化"的问题

根据目前的养殖设施条件，嘎玛农业将从品种调整入手，面向西藏本地市场需求，推动形成"3＋2＋N"（3，即沟鲇、加州鲈、鳜鱼等有市场需求、收益较高的品种规模化养殖；2，即南美白对虾、罗氏沼虾等虾类小规模持续养殖；N，即本土雅江鱼和其他经济鱼类小规模试养）的渔业养殖品种体系。以前端苗种为重点，在四川、广东等地建立苗种、饲料、动保、设备等产品供应运输的稳定渠道，利用工厂化循环水设施开展加州鲈、中国香鱼等鱼苗培育探索。强化养殖成本控制，利用投入、电价、水价、土地、运输等优势压低成本，通过厂家采购控制饲料成本，从严控制因用工难、配套差、周期长而增加的成本，确保养殖成本总体与广东持平或略高于广东。立足本地消费市场持续发力，建设高标准暂养打包车间，购置专业水产运输车辆，与本地水产销售商、高端酒店、超市等建立多层次供应渠道，加快形成高原渔业产业化发展、适销品种可持续供应的良性循环。

二、担当创新，探索实践产业化新机制

2022年7月以来，嘎玛农业积极培育发展新动能，提升核心竞争力，坚持市场化、产业化导向，坚持本土鱼类保护和商品鱼类发展并重，以设施化、智能化养殖为发展方向，以模式创新、品种创新、市场创新为主攻方向，加快打造一体化发展模式。2024年生产、销售鱼虾40吨，经济产值120万元；预计2025年生产鱼虾200吨、鱼苗100万尾，经济产值500万元。

（一）有效发挥项目作用

充分运用好现代高原渔业科技示范一期和二期项目，持续深化高原冷水鱼、经济鱼类、虾类养殖模式探索，加快打造"嘎玛水产"市场品牌，进一步打通养殖产业链各个环节，有效实现规模化养殖、可持续供应、有稳定效益的良好局面。

（二）加强人才队伍建设

争取地方政府和广东援藏力量更多的政策、资金、技术支持，适时引进内地专业团队和合作企业，共同将高原渔业做大做强；深化与西藏本地、内地科研院所的深度合作，重点加快养殖团队建设和配套产业设施建设，确保高原渔业发展在林芝本地扎根发芽、开花结果。

（三）创新养殖发展模式

以米林市、巴宜区为重点，面向周边农户开展水产生产模式和管理技术培训，探索开展"公司＋基地＋农户"养殖合作模式，积极推广低成本、可复制的养殖模式和有市场、快长成、能增收的品种，探索建立高原渔业产业化发展联农带农机制。同时，发挥冷水资源、渔业资源丰富的优势，探索实践中国香鱼、三倍体虹鳟、本土雅江鱼等产业发展模式和商业合作模式，积极开展建设国家级良种保护场的可行性研究，切实把高原优势转化为实实在在的发展成效和经济效益。

经验启示：

嘎玛农业以改革创新精神，着力激发创新活力与发展新动能，不断提升高原渔业养殖核心竞争力，树立起全新的产业发展思维，构建创立了较为完整的高原渔业生产管理体系，因地制宜创新总结了一批高原渔业养殖技术，依托援藏力量初步组建了高原渔业技术团队，种苗、养殖、包装、运输、销售等产业环节已基本贯通，基本完成全国渔业援藏工作会议提出的三个方向的探索任务，充分证明了在西藏发展高原渔业是大有作为的，为推进林芝高质量发展和改革开放先行贡献了国企力量。

夯实大国粮仓根基　端稳端牢中国饭碗

青海省贵南草业开发有限责任公司

青海省贵南草业开发有限责任公司成立于 2001 年，是以种植业、草业、畜牧业、加工业为主的大型综合农垦企业。土地总面积 101.43 万亩，拥有各类大型智慧农业机械 356 台（套），存栏牛羊 9 万头（只），年生产青稞 2 万吨、油菜籽 1 万吨、草籽 6 000 吨、草捆 1 万吨。近年来，公司立足资源禀赋，聚焦主责主业，围绕"做强优势、培育潜力"，以青稞、油菜、牧草"育、繁、推"为核心，以提质、稳量、补链、扩输为路径，打好"绿色""特色"两张牌，加速培育新质生产力，优化全产业链，打造现代农业大基地、大企业、大产业。

一、聚主业促发展，夯实农业生产全基础

（一）建设施，打造农业基础主架构

公司坚持耕地保护和经济发展相互促进，落实永久基本农田保护制度和耕地保护主体责任。近五年来，实施 500 万元以上项目 27 个，总投资达 55 819 万元，划定基本农田 9 万亩，建成高标准农田 4 万亩，农作物晒场 22 873 平方米，农机库房 12 192.33 平方米，产品库 20 006.27 平方米，各类库房 29 栋、职工公租房 680 套，为做强做优做大国有企业、对标建设世界一流企业打下了坚实基础。

（二）引机械，培育降本增效生产力

为打破广种薄收局面，公司持续做好农业"优"和"技"两篇文章。以打造机械化、智慧化、标准化、规模化农业为目标，自 2019 年起，引进先进、高效的大中型农业生产装备 300 余台（套），总投资 1.5 亿元以上。2022 年，粮油播种面积 7.8 万亩，共节省用种量 134.86 吨，减少 68.2 万元投入，提高作业效率 20%，提高土地利用率 3%～5%，节省机车手劳动支出 25%，缩短作业周期 30 天左右，农业生产质量效益明显提升。

（三）重生产，实现增收增效新成果

公司聚焦主业做"加法"，把质量变革摆在首位，抓住生产变革这个关键，围绕青稞"育、繁、推"一体化种业基地建设，高质量完成生产经营工作。近五年来，平均每年种植有机粮油作物 7.78 万亩，与科研单位合作研发的昆仑 14 号青稞每亩增产 12% 以上，昆仑 15 号青稞最高产量达 501.5 千克/亩，青油 21 号油菜每亩增产 12% 以上、最高产量

达 185 千克/亩。高产、优质、高效农作物新品种的推广应用，有力促进了农牧业持续发展。

二、新科技促融合，激发农业发展新动力

（一）智慧农业为农田"浇足水"

公司建成智慧农业信息管理系统和信息化监控平台，通过气象监测、土壤监测、虫情监测等，准确掌握大田作物生育进程和农情动态，对大田作物苗情、墒情、灾情以及大田作物各生育阶段的长势长相和生理指标进行动态监测和趋势分析，提高精细生产和田间智能管理能力；提前预测生产中存在问题，及时制定大田作物田管技术对策，更好地促进农业增产增收；推动传统人力作业模式向现代机械化作业模式转变，为生产添"智慧"。5年来，公司净利润达 2 327.8 万元，新质生产力增势更加强劲。

（二）数字监管为农田"松够土"

公司建立信息化监控系统，实现远程实时集中监控和智能管理，掌握各生产单位所在地实时录像，及时对各种突发情况做出反应，保证农业生产安全，使农业生产耕、种、管、收各环节均有信息技术支持。目前，各基层单位全部安装农业机械导航系统、监控设备 160 台（套），将遥感、地理信息系统、全球定位系统、无人驾驶技术、精量播种技术、植保无人机技术、自动控制技术等高新技术应用于农业生产全过程，为构建现代农业产业体系打下了坚实基础。

（三）院企合作为农田"施好肥"

公司聚焦稳量、提质，以提高单位面积产量为目标，持续深化与中国农业科学院、中国科学院西北高原生物研究所、青海省农业技术推广总站等单位的科技创新协作，建成了省内甚至全国最大的青稞实验基地、青稞基因库，现拥有青稞品系和种子资源 300 多份。加大农业科技研发和推广力度，培育高产、优质、高效农作物新品种，截至目前已示范推广各类新品种 50 万亩。

三、强产能促共进，共享农业增收大成果

（一）以"绿"破局，用活乡"土"资源

公司以绿色农业发展为出发点，在全面提升耕地产能方面，大力推行"耕二休一"的科学轮作模式，搞好耕地质量调查监测工作；深入推进农药化肥减量增效行动，从"化学肥"向"有机肥"逐步迈进；实施测土配方施肥，开展草地改良行动。同时，依托田野自然观光资源优势，主动转型探索"农业＋旅游"新模式，打造"万亩油菜花海"网红打卡基地，把"含绿量"转化为"含金量"，让好风景长出新经济，让绿水青山源源不断变成金山银山。

（二）以"品"提质，加快三产融合

围绕"2＋N"产业发展格局，公司聚焦青稞、油菜两大主导产业，着力培育种子、粮食等重点产业链，加快发展菜籽油、青稞米、青稞片等基础好、潜力大、效益高、成长性强的特色产业。青稞、油菜、牧草以及牦牛、藏羊等农畜产品先后获得国家有机认证。2021年以来，油菜籽、青稞、燕麦等农畜产品纳入国家农产品质量安全追溯体系，注册了"雪域丰润""贵牧""双羊""加羊"4个商标，其中"雪域丰润"牌青稞、油菜获得青海省"百佳优品"称号，持续扩大"青"字号农产品品牌影响力，打造天然、绿色、有机、全程可追溯的有机农畜产品。

（三）以"带"共富，彰显独特优势

公司切实履行国有企业社会责任，坚持经济效益和社会效益并重，建立完善联农带农利益联结机制，每年收储周边360余户牧民家庭有机肥原料（羊板粪）近8万立方米，费用500余万元，户均增收1.38万元。每年春播、秋收期间，吸收当地灵活就业群众300余人参与农业生产，年发放劳务费600余万元，人均增收2万元。改良退化人工草地2.59万亩，减免机械作业费近207万元，惠及职工及牧民443人（户），户均节约生产成本近0.47万元、草产品收入提高2.3万元。实施退化草原生态修复项目26万亩，惠及牧民群众222户，全面提升牧草产量和草场载畜能力。依托国家乡村道路项目，配套自筹资金140万元，为所属东科大队铺设砂石路38公里，惠及当地群众303户1 286人，有效解决了牧民群众出行难问题。自筹资金25万元，为所属五羊队铺设饮水管线5.7公里，彻底改变了以往牧民群众要到几公里外肩挑背扛取水的情况，实实在在彰显了国企的责任担当。

经验启示：

青海省贵南草业开发有限责任公司聚焦主责主业，用系统思维谋划农业，强龙头、补链条、聚集群，发挥链长企业、链主企业优势，高起点培育青稞、油菜特色产业集群，深入推进智能化信息化改造，加强绿色循环农业技术应用，持续推进农畜产品有机认证，全面推进产业兴农、质量兴农、品牌兴农、绿色兴农，不断汇聚起了高质量发展强大合力。

二、推动产业高质量发展

科技赋能　绿动未来　翠湖智慧农业创新工场助力首都农业高质量发展

北京翠湖农业科技有限公司

北京翠湖农业科技有限公司（以下简称翠湖农业）成立于2018年，隶属于北京首农食品集团所属北京市西郊农场。2021年，为提高特大城市土地产出率、资源利用率、劳动生产率及蔬菜自给率，翠湖农业建设运营北京市首个高效设施农业试点项目"翠湖智慧农业创新工场"，项目位于海淀区上庄镇，占地878亩，包括21.2万平方米的高效智能连栋温室、设施农业研发创新基地和配套协作区。翠湖农业以大型连栋温室生产运营为依托，全力开展设施农业科技攻关及成果转化，建设成为立足海淀、服务北京、辐射全国的高效设施农业产研融合创新基地。经过3年的建设运营，翠湖农业先后获得国家高新技术企业、国家级生态农场、全国现代设施农业创新引领基地、北京市科技进步奖二等奖、北京市农业技术推广奖二等奖、北京市农业农村信息化示范基地等荣誉，成为保障首都"菜篮子"稳定供应的重要支撑。

一、加强统筹调度，高标准完成智能连栋温室建设

（一）提高设备国产化率，降低项目建设成本

2021年5月，翠湖农业正式启动高效智能连栋温室项目建设，其间克服疫情、连续降雨等困难，全力推动项目建设，实现了当年建设、当年竣工、当年投产的目标。公司引入专家团队，深入调研并反复论证，借鉴吸收设施农业发达国家成功经验，设计建设了15.7万平方米果菜高效生产智能连栋温室和3.5万平方米的半封闭结构温室，实现了北京地区番茄周年生产。项目将设施生产工艺、工程、装备、管理深度融合，实现了温室结构国产化设计，温室玻璃、骨架、幕布等主要材料及灌溉系统、轨道车等配套装备均采用国内产品，设施及配套设备国产化率达到80%以上，与荷兰纯进口温室建设成本（2 500元/平方米）相比，该项目建设成本（1 760元/平方米）降低了30%。

（二）深研智能温室设计方案细节，提升温室性能

公司充分利用国内外温室建设经验，不断优化温室建设方案，持续提升智能连栋温室生产性能。温室采用拱形骨架和高透光减反射散射玻璃构成，可充分利用自然光；每个生产隔间通过天沟连接，单体规模可达到5公顷以上，有效提高了土地利用率；采用半封闭温室的正压系统可降低病虫害风险，采用密封条可实现更可靠的防水、密封及保温效果，

采用黑管喷漆以达到更好的散热性能和热效率，采用小窗通风以实现温室内稳定生产环境和降低建设成本及后期维修成本，并开展作物生长需求研究，选择更合理的保温遮阳幕布。通过上述措施，温室实现了高效节能运维，节能效率提升10％以上。

二、强化科技创新，全力提升温室生产运维水平

（一）创新组织模式，打造以企业为主导的创新联合体

公司深入落实北京市领导关于智能连栋温室成本效益批示要求，锚定提高产量、降低成本的核心攻关目标，组织策划涉及农业、工程、智能系统等多学科协同创新攻关项目。经过充分论证，公司公开发布"揭榜挂帅"任务榜单，组建了以中国工程院赵春江院士为首席专家，中国农业大学、北京市农林科学院等共同参与的创新联合体，全力攻关智能连栋温室生产关键技术，形成可复制可推广的模式。目前，科研团队已完成智能连栋温室数字化技术规律探索及模型前期开发、设施番茄数字化管控过程梳理及云服务平台架构设计，形成了半封闭智能连栋温室设计方案，开发出智能化营养液配方软件1.0，完成了温室养分检测技术规程及国外温室作物养分吸收规律分析，初步形成了工厂化番茄优质高产关键栽培技术集成创新与应用技术体系。

（二）加强新技术研发应用，温室单产水平领先全国

公司围绕基质培养、品种筛选、数字化控制、智能化装备改进等方面，加强新技术在生产中的应用，推动单产水平持续提升。比如，以熊蜂授粉、水肥精准减量为手段实现栽培过程绿色、可持续性；使用天然气供暖，尾气经净化处理后，用于夜间温室加温，二氧化碳气体输入温室成为番茄植株光合作用的原料，在提高温室作物产量的同时实现了碳清除，年固碳可达1 000吨以上；应用回液收集系统，将回液收入储液罐，经消毒、成分分析、补充原液并调整各项参数后，再次输入滴灌系统，真正做到了水肥闭环运行，实现了零排放，在水分利用高效率赋能下每立方米水可产出番茄60千克以上，节水20％～30％，处于国内领先水平；采用双头及多头苗嫁接，新型消毒剂、遮阳降温剂引进及配套使用，温室内性诱产品投放等技术，在2022—2023茬口，智能温室番茄产量经专家鉴定，大果番茄产量达到51.5千克/平方米、樱桃番茄产量达到22.8千克/平方米，单产水平领先全国。

（三）加强数字化建设，赋能生产管控能力不断提高

公司不断加强数字化建设，创新生产管控模式，持续提高生产管控能力。在提高员工生产效率方面，将员工薪酬计算形式由单一的计时形式改为计时和计件双重形式，智能温室内采用带有NFC功能的劳动力管理系统，实时将工人操作和巡查情况反馈至服务器数据中心，员工工作效率明显提升，实际用工数量比原计划减少20人，为提高整体农事操作效率奠定了基础。在能源精准控制和优化能耗管理方面，针对温室加温主要集中于夜间、二氧化碳施肥主要集中于白天的时间结构性矛盾，以二氧化碳自供为主导原则，采用先进的能源贮存交换、能源监测与管理技术，运行室内外气候参数

采集、环境管理数据交互、能耗预测和供能管理等全要素能源管理系统，实现全口径能耗优化控制。在利用智能装备提升生产效率方面，采用智能导航车（AGV）并协同交互调度管理系统，实现了物流设备精准对接和物流输送无人化极速化，降低生产成本 5%，提高产量 3%。智能装备系统的应用，将农民转变为产业工人，实现了专业化分工管理，劳动效率较传统农业生产提高 3 倍以上，大大提高了劳动生产率、作业质量和管控能力。

三、拓渠道塑形象，深耕细作品牌市场

（一）挖掘销售渠道，不断提高产品知名度

公司积极搭建拓展销售渠道，供应链覆盖京津冀、长三角和珠三角地区，并与多家当地知名品牌企业建立稳定长久的合作关系。全力拓宽 KA（关键客户）渠道，公司产品已正式入驻 FUDI（会员制仓储店）、菜鲜果美、盒马鲜生、超市发等商超，并推出与 T11（生鲜超市）、信誉楼等多家商超联名款商品，不断拓展更多商超，提高品牌知名度。深入挖掘优质渠道，精准筛选优质客户，开发新型客源，同时积极探索与线下零售店合作方式，目前公司产品已触达北京市多个社区零售店，辐射周边 20 个小区。

（二）创新营销模式，多维度强化品牌宣传

公司不断加强农产品品牌建设，多维度强化品牌宣传和保护。目前已成功申请"知翠""翠湖果蔬星球""果蔬星球计划""光合智谷"商标，完成了"有新番""首农翠湖工场""首农·翠湖工场"的首农母品牌背书；设计推广品牌画册、主 KV 户外广告牌、"西红柿炒蛋"概念腰封、IP 形象、文创帆布包等，持续为品牌曝光及私域运营赋能；线上开启产品商城、抖音官方账号、团购等多种方式，丰富展示展销平台，线下积极参加农产品展示推广，积极对接跟进凤凰网、腾讯频道等媒体媒介，并与日本丘比公司联合策划"3·21 沙拉日"活动，全网曝光量达 160 万余次，有效扩大了公司品牌影响力，公司也成功获得了北京优农品牌支持。

（三）集成优质资源，推动三产延伸发展

公司充分发挥项目示范带动作用，通过集成智能温室生产、农旅研学、社会化服务等多种业态，推动设施农业功能不断拓展、产业集聚效益不断提升。公司入选"北京市海淀区中小学劳动教育实践基地""北京市四星级休闲农业园区"，并申报中国农垦品牌及社会大课堂资源单位；成功举办百余场农旅研学活动，吸引 4 000 余人次参加，其中上庄五十七中劳动教育实践活动、"探索番茄森林"番茄采摘主题活动、中国野生植物保护协会"唤醒春天"植树主题活动取得了热烈反响；积极践行国企担当，承担中国农业大学、北京林业大学、北京农学院等院校教育培训基地任务，为智能温室相关专业学生提供实习、实训等场景；近三年来，带动河北、天津地区农民增收超过 500 万元，相关技术已辐射至普通设施，带动京津冀地区设施农业发展。

经验启示：

　　高效设施农业集成了结构材料、环境控制、机械操作、品种选用和栽培管理等诸多要素，是未来农业发展的重要方向，也是缓解粮菜争地矛盾、提升大中城市蔬菜自给率的重要途径。面对不断抬升的农业生产成本，翠湖农业积极践行大食物观，持续强化科技创新和生产智能化管理，向科技创新要增量，向智能化管理要效益。翠湖智慧农业创新工场水肥利用率比传统蔬菜种植提高 55％以上，土地利用率和产出率提高 4 倍以上，既有效解决了农田生产中水、土等环境制约问题，又大幅提升了经济作物产量和品质，以及农业科技成果转化率，探索出了一条具有翠湖特色的生态农业发展道路。

强链延链培优壮大　推动玉米
深加工产业高质量发展

北京京粮生物科技集团有限公司

北京首农食品集团有限公司所属北京京粮生物科技集团有限公司（以下简称京粮生物）是 2019 年 9 月组建成立的集玉米、玉米淀粉及其他副产品深加工与贸易经营于一体的专业性公司。京粮生物坚持以高质量发展为主题，致力于提高玉米综合加工能力，形成加工企业向规模化、集约化发展，深加工技术向自主化、创新化发展，深加工产品向多元化、高附加值化发展，生产过程向低碳化、绿色化发展的格局，努力推动玉米深加工产业高质量发展。目前，京粮生物位列国内玉米深加工企业前列，并获评高新技术企业、"专精特新"中小企业、农业产业化龙头企业。

一、强链壮大优势产能，做大增量资源

从行业看，经过多年高速发展，目前玉米深加工行业市场竞争激烈。京粮生物为顺应供给侧结构性改革，增强企业竞争力，通过外延式并购控股行业成熟企业和新增产能规模相结合的方式，实现玉米深加工产能的跨越式发展。

京粮生物依托国有资本实现产业整合，推动国有资本引导和带动公司实体产业发展，为玉米深加工板块引进优秀战略伙伴和业务资源，做大淀粉产业。所属山东福宽生物工程有限公司、京粮龙江生物工程有限公司以及山东大泽成生物科技有限公司聚焦玉米购储、玉米深加工产品研发、制造及销售，在实现满产达产的基础上，持续加强精细化管理，优化工艺和技术，不断改进生产设备，优化生产流程，降低能耗和节约生产成本，玉米深加工规模逐年提升。目前，三家深加工企业年加工玉米总量已突破 350 万吨，位列国内玉米深加工规模前五，均入围中国农业企业 500 强。

二、延链提升产业价值，丰富产品种类

京粮生物以科技创新为先导，不断向高技术含量、高附加值、高效益产业链延伸。公司通过延长产业链条，积极开拓玉米淀粉深加工产品，逐步从传统食品产业向绿色大环保、大健康领域迈进，推出有机酸、代糖等，通过提高产品附加值来增强盈利能力，打造核心竞争力，稳固行业地位。

（一）大环保方向，推出可降解材料合成单体 L-乳酸

公司秉承绿色低碳可持续发展理念，发展以淀粉为基础的发酵产业，通过自主研发、成果转化，完成高效乳酸生产工艺优化与产业化应用项目，打破 L-乳酸生产工艺瓶颈，跨越技术障碍，充分发挥产业化生产所需要的菌种、原料、蒸汽、电力及熟练技术人工等基础资源优势，进行菌种升级和工艺改良，以玉米淀粉为原料，利用现代微生物发酵技术、自动化控制技术等，生产制造出材料级、精制级和食品级 L-乳酸产品，广泛应用于高分子可降解材料聚乳酸合成、食品行业、医药行业、酿造行业等领域。

公司投资 5.5 亿元于 2022 年建成 L-乳酸自动化生产线并正式投产，开发设计了一套基于 DCS 理念、覆盖淀粉制糖、发酵、分级提纯、副产物回收再制、分子蒸馏以及从产品包装到产品出库等工序的高效乳酸生产自动控制系统，降低劳动成本和劳动强度，实现了自动化一键开机、检测、控制、全程自动运行，实现了车间管理规范化、工艺参数标准化、产品体系化的精细化控制，对我国有机酸工业的发展具有重要的技术示范意义。在与浙江海正药业股份有限公司、浙江海诺尔生物材料有限公司等国内行业龙头企业达成长期供销合作的同时，公司积极开拓国际市场，产品销往俄罗斯、土耳其、意大利、日本、韩国等多个国家。自 2022 年投产以来，已累计销售 L-乳酸 5.64 万吨，销售收入达 4.55 亿元，创造税金超 3 000 万元，毛利率接近 10%，远高于玉米淀粉和副产品等的加工利润率。

（二）大健康方向，推出低热量代糖甜味剂阿洛酮糖

公司前瞻性布局生产国际市场新晋的高附加值低热量淀粉基甜味剂——阿洛酮糖产品，创新探索生产工艺并致力于成果转化，2023 年新建年产 1 万吨阿洛酮糖生产线项目。该项目具有三大特点：一是延伸企业"产业链"。阿洛酮糖生产制作工艺门槛高，被称为"低卡路里蔗糖"，甜度为蔗糖的 70%，热量仅为蔗糖的 0.3%，具有口感好、热量低、稳定性好、安全性高等特点。公司 1 万吨阿洛酮糖项目建设于 2022 年 10 月正式奠基，历经多次集中探讨、反复确认、执行反馈，克服种种困难完成了该条生产线建设，并于 2023 年底调试成功，由"粗"到"精"拉长玉米深加工产业链，标志着京粮生物大健康产业正式扬帆起航。二是提升产品"价值链"。项目利用现有工厂淀粉加工制备果糖优势，以玉米淀粉为初始原料，经微生物发酵、生物酶转化、精制获得果糖，利用果糖差向异构酶转化，精制提出生产阿洛酮糖，产品价值实现从原材料玉米→淀粉→果糖→阿洛酮糖向高端食品大健康产业链延伸，产品转化率处于国内领先水平，产品附加值可提高 30% 以上。三是完善国内"供应链"。阿洛酮糖生产、研发目前主要集中在美国、日本等国家的有关知名企业。京粮生物年产 1 万吨阿洛酮糖项目打破了国外的技术垄断，在国内首次实现万吨级阿洛酮糖产业化与规模化，建设了功能糖数字化高端制造车间及其配套设施，配置膜分离系统、自动离交系统、色谱分离系统、节能蒸发系统及应用研发、中试和产业化设备，突破了生产瓶颈。该项目延伸了玉米深加工产业链，提升了价值链，优化了产品结构，开创了发展新局面。目前，公司产品已销往日本、韩国、美国、澳大利亚等多个国家和地区，占领了国内 35% 以上的市场份额，成为目前国内最大的阿洛酮糖生产供应商。

三、优链强化科技赋能，实现智能生产

（一）注重创新发展，强化科技赋能

科技是第一生产力，创新是第一动力，新质生产力要义就在科技创新。京粮生物各所属企业科技创新成果丰硕，公司 2023 年整体研发投入达到 4 096 万元，拥有企业标准 13 件、知识产权 91 件，其中发明专利 14 件，实用新型专利 74 件，软件著作权 3 件。近年来，所属企业先后获评国家级高新技术企业、国家级绿色工厂、国家级农业产业化龙头企业、省市级"专精特新"中小企业、省级数字化示范标杆企业、省市级企业技术中心等。

（二）聚焦数字转型，实现智能生产

京粮生物玉米深加工企业顺应数字化转型生产大潮，不断深化改革，应用现代化的技术和智能化的设备对玉米进行深度加工处理，建成了国内行业最先进的玉米淀粉自动化控制生产线。车间以完善的玉米淀粉生产工艺为基础，运用规范化、标准化、体系化的设计理念，借助自动化、数字化、智能化的信息手段，实现从原粮收储、生产加工、烘干包装到产品出库整个过程数字化控制。此外，管理系统不仅实现了车间内部各设备的互联互通，还和公司的采购、供应、化验、污水处理、门岗等互联互通，所有数据实时交互，使得所有点位的物料都实现了自主流转和自动预警。整体车间实现了信息深度自感知、精准控制自执行、智慧优化自决策，相比同行业用人减少 30% 以上，整体生产成本远低于行业平均水平，充分体现了科技提升效益的作用。京粮生物玉米深加工数字化车间实现了真正意义上的智能化生产，成为工艺技术先进、产品品种丰富、资源与能源利用水平较高、在国内同行业中具有广泛影响力的现代化玉米深加工基地。

经验启示：

京粮生物聚焦生物科技制造产业，打造了集研发、加工、贸易于一体的玉米深加工全产业链平台。企业努力拓展产品链的深度和长度，促进玉米深加工由初级产品向高附加值产品转变，由传统加工工艺向现代高新生物技术转变，由资源消耗型向循环利用型转变，推动了玉米深加工产业高质量发展，延伸了农业产业链，提高了农业综合效益，对于提升玉米的附加值和市场竞争力、带动当地农民就业、促进农业产业结构升级、推动农业现代化具有重要意义。

多措并举　打造国内一流种猪育种企业

天津农垦康嘉生态养殖有限公司

　　天津农垦康嘉生态养殖有限公司（以下简称康嘉公司）成立于 2008 年 5 月，为天津食品集团的一家二级公司，是集种猪育种、繁育和商品猪生产于一体的专业化生猪养殖企业。康嘉公司立足天津市，致力于发展都市型现代养猪业，以"打造国内一流种猪育种企业，创天津生猪养殖第一品牌"为发展目标，先后获得"天津市农业产业化经营重点龙头企业""全国农垦现代化养殖示范场""宝坻区科普教育基地"等荣誉称号。在种业振兴的大背景下，近年来，天津食品集团积极响应国家种业振兴行动，以"链式思维"赋能生猪产业高质量发展，着力打造生猪全产业链发展新格局。2022 年，康嘉公司作为天津食品集团生猪产业养殖前端企业，顺应生猪行业发展形势，积极服务集团生猪产业发展需求，锚定"打造国内一流种猪育种企业，创天津生猪养殖第一品牌"发展目标，抢抓发展机遇，主动调整经营战略，完善种猪业务布局，着力构建"原种—扩繁—父母代"三级"金字塔"种猪选育繁生产格局，聚焦生猪育种产业发展新风向，努力为市场提供优秀基因和高端种猪。

一、推动技术革新，致力生猪产业稳健发展

　　康嘉公司作为养猪业的"国家队"，2022 年战略转型后，立足公司实际，聚焦生猪种业强"芯"战略，坚持强化八大体系建设，积极推进科技创新及产学研合作，助力生猪产业高质量发展。2022—2024 年，康嘉公司母猪存栏量由 2 197 头增加至 6 264 头，增长185.12%；总存栏量从 11 187 头增加至 30 095 头，增长 169.02%。

（一）创新构建"网格化"技术监管体系

　　康嘉公司近年来聚焦养殖环节中育种、疫病防控、饲养、营养、数字信息化、设备六大技术模块，采取纵向同专业模块集成、横向各专业组建专班交叉协同，形成本部与基层双向互动、各专业人才力量互补的难题快速解决机制，切实构筑起生物安全、饲养管理、营养调控、应急处置的坚固防线。

（二）持续完善生物安全防控体系

　　通过构建"一心、二烘、三洗、四线、五区"生物安全防控体系，牢牢守住生物安全防控底线。以技术中心为依托，建设南北隔离中心、一级和二级洗消中心，强化外围生物

安全，对猪场实行画线分区管理，深化场区生物安全防控管理，建成全方位、无死角的生物安全防控体系。特别是生物安全防控网络中核心位置的"一心"技术中心，下设本部实验室、南部片区实验室、北部片区实验室和蓟州片区实验室，配有细胞培养室、PCR 实验室、血清室及微生物室等共计 11 间功能实验室，配套设备 70 余台（套），检测项目可达 130 多项。此外，构建智能化的自控系统，保障实验室的全域负压，洁净度可达十万级。2023 年 5 月，技术中心顺利通过 CNAS 认可（CNASL 18294）。作为天津市首个通过 CNAS 认可的生猪养殖企业实验室，在硬件设施、技术能力、管理能力等方面均已达到国内先进水平，有效夯实了公司生物安全基础。

（三）自主建立"SICP"现场饲养管理体系

战略转型以来，康嘉公司通过自创的"SICP"（即"标准——执行——检查评比——绩效评价"循环）现场饲养管理体系，实现了低成本快速提升现场管理能力。2022 年成功编制《"SICP"现场饲养操作标准》1.0 版，2024 年修订升级为 2.0 版，以此作为持续改善运作的工具，不断地循环提升、不断地设定新的挑战目标，用以规范和指导养猪生产，以达成"坚持标准"和"完善标准"的目标。

（四）逐步完善高产健康猪群保障体系

康嘉公司聚焦育种队伍建设，增加技术力量，加入国家联合育种平台，利用传统的"BLUP"育种方法＋基因育种，对在群猪进行档案梳理、现场检测，选出抗病力强、产仔多的优秀基因进入后备群体。同时，对后备猪群实施全流程管控，多手段结合，加强场内猪群健康管理，持续进行健康监测；对猪瘟、伪狂犬病、蓝耳病、口蹄疫等疫病免疫抗体开展持续监测，实时健康监控，并对猪群免疫、保健、治疗进行档案化管理，逐步建立高产健康猪群。2023 年 3 月，康嘉公司顺利迎来战略转型后首窝大白原种猪仔猪的出生，总仔 18 头全部存活，并实现多个生产成绩新突破，于 2023 年 8 月成功上市。目前，康嘉种猪已远销黑龙江、青海、甘肃、河北等多个地区，为推动康嘉种业发展奠定了坚实基础。

二、强化数字赋能，保障生猪产业高质量发展

产业数字化、数字产业化是高质量发展的指向舵，是企业提升创造价值能力的重要手段。康嘉公司以数字管理为突破口，坚持把打造数字康嘉、发展信息化养殖作为公司改革创新和提质增效的关键点，点燃公司加"数"前进引擎，为推动生猪产业高质量发展保驾护航。为实现对各猪场的智能科学管控和数据互联互通，打通信息孤岛，全面提升公司经营管理效率，康嘉公司建立数据中心驾驶舱，打造了基于物联网、大数据、5G、AI 等技术集成的高效猪场监管预警体系和智能化可视化的管理系统。通过 AI 巡检预警、远程卖猪系统、智能盘古系统、智能环控系统、智能能耗系统以及洗消监管系统，实现了对猪场的远程可视化管理、科学饲喂、生物资产安全以及对猪只、车辆、人员、动物等关键点的异动预警监测，全面提升了猪场生物安全防范能力。目前，康嘉公司 6 座种猪场均已投产

运营，并全部实现数智化养殖，从投入到产出动态监控，最终实现数据化、标准化、精细化。

此外，2023年，康嘉公司智能猪场监控预警体系——天津市智能化猪场监控预警体系案例成功入选全国智慧农业典型案例，并于2024年以"基于智慧物联开启数智养猪新引擎"为题，参加"数字要素＋"大赛天津分赛，荣获二等奖并被推向全国大赛。

三、加强产业协作，构建可追溯放心肉供应链

食品集团坚持把"链式发展思维"贯彻产业融合发展全过程，致力于打造一个从农田到餐桌的闭环管理体系。康嘉公司借助集团猪产业的产业发展优势，在上游用好天津食品集团公司农业种植、仓储物流、生物技术等优势，确保饲料原料绿色、无污染，在为生猪提供营养均衡、健康安全的饮食保障的同时，实现饲料及养殖物资的及时、高效配送，降低运输过程中的损耗和污染风险，从源头保障生猪健康养殖高质量发展。在下游与兄弟企业通力合作，共同推进猪肉产品的深加工和品牌建设，通过先进的屠宰、分割、包装等生产工艺，共同为市场生产出品质优良、口感上乘的猪肉产品。同时，康嘉公司积极加入"天津食品集团农产品及食品质量安全监管平台"，建立起完善的产品追溯体系，通过扫描下游产品包装上的二维码，消费者可以清晰地了解到猪肉产品的来源、养殖过程等各个环节的信息，从而真正做到吃得放心、吃得安心。目前，康嘉种猪已远销黑龙江、青海、甘肃、河北等多个地区，为打造生猪产业中国"芯"奠定坚实基础。

经验启示：

康嘉公司自2022年实施种业强"芯"战略以来，对"网格化"技术监管体系、"SICP"现场饲养管理体系以及生物安全防控体系再优化、再升级，全面提升了各猪场现场管理水平，构建了"一心、二烘、三洗、四线、五区"的生物安全网络。通过强化疫病管理和生物安全防控，有力保障了猪场安全平稳发展；同时，将育种工作作为公司发展的中枢力量，通过传统育种技术结合基因育种技术，猪群健康状态和生产性能显著提升；将数字化转型作为公司发展前进引擎，利用智慧物联技术实现精细化、远程化管理；将加强集团内产业协作作为公司发展的重要支撑，充分利用猪产业链优势，确保生猪健康养殖和产品质量安全，为生猪产业发展提供高质量保障。

坚持多措并举 促进旅游产业高质量发展

承德御道口农垦实业集团有限公司

承德御道口农垦实业集团有限公司是市属国有独资企业，主要有生态旅游、现代农业、高质林业、美丽小镇 4 个产业经营板块。"十四五"以来，集团始终坚持以习近平新时代中国特色社会主义思想为指导，深入贯彻落实习近平总书记考察河北、考察承德重要讲话重要指示精神，紧紧围绕全市产业发展大局，抢抓政策发展机遇，持续以创建国内一流休闲旅游度假目的地为目标，以创建 5A 级景区为抓手，落实科学规划、项目带动、品牌培育、环境优化等多项举措，全力推动旅游产业实现高质量发展，成为全市乃至全省旅游产业布局中的重要一极。2021 年至 2024 年底，累计接待游客 62.35 万人，旅游收入 2 947.03 万元，实现逐年跨越式增长。

一、坚持规划引领，科学谋划发展格局

（一）完善旅游产业布局

牢固树立"精准化旅游"理念，提高对文旅融合、旅游康养、休闲娱乐等方面新业态、新领域的投资力度，立足旅游产业发展实际，编制《集团公司"十四五"规划（2021—2025）》《5A 景区创建实施方案大纲》《打造国内一流休闲旅游度假目的地场景实施方案》，完成"一核一带五区"旅游产业布局（一核：草原文化小镇；一带：一号风景大道旅游示范带；五区：太阳湖—龟山大峡谷—桃山湖区域、月亮湖—神仙洞—元山子区域、红泉谷区域、暖泉子区域、压岱区域）。

（二）强化创新支撑引领

加快建设现代化旅游产业体系，着力推进数字化、智能化建设，加大技术改造和设备投入，提升智慧旅游等大数据数字化智能化绿色化技术应用推广，从管理、运营和服务三个层面建设智慧旅游示范场景。全面开展"强化科技赋能、助力创新发展"专项行动，强化创新项目支撑引领，发挥科研高校科技创新、理念创新优势，加强校企合作，强化互联互通，推动产业发展。

（三）协调区域旅游发展

充分发挥国有企业在产业发展示范中的带动作用，本着合作共赢、利益共享原则，积极对接塞罕坝机械林场、河北省交通运输厅、河北省林草局等业务主管单位，就塞罕坝区

域旅游重新启动、景区开放、合作经营方式及御克公路省网退界工作进行深入沟通协调，在上级领导和有关部门的大力帮助下，河北省交通运输厅已同意将御克公路牧场、林场段从省级路网中退出，恢复为林牧场生产用路，为今后区域旅游的发展打下了良好基础。

二、坚持项目带动，全力构筑产业支撑

（一）实现产业深度融合

持续推进"国家一号风景大道"产业融合示范带建设，围绕"一核一带五区"导入二次消费为主的体验类娱乐项目，积极承办体育、冰雪等相关赛事活动；引进红松、冷杉和适宜本地生长的特色花卉、牧草等新品种，打造坝上特有的花卉、林、草种质资源基地；积极发展林下经济，引导培养坝上特有的土特产品并利用林间草场养殖牛羊，且已成为当地家庭农场职工和居民的主要收入来源；发展林下特色种植、养殖，充分利用林间空地，探索林下研学，通过中草药材种植、特色养殖、规模化养殖、种植大果沙棘等，发展林下种养兼作的立体复合经营模式，带动家庭农场职工和当地居民增加收入，打造集特色种植养殖、森林康养旅游、体育赛事举办、休闲娱乐等于一体的示范带。

（二）加强基础设施建设

集团公司组建以来，投资 8 000 余万元，完成了大峡谷及龟山景区游步道改造提升项目、景区整体改造提升及生态修复项目等多个项目，创建国家 5A 级旅游景区提升改造项目落地，建设景区停车场 2 个、游客服务中心 2 个、游客服务驿站 1 个，并修整完善景区游步道等其他附属设施，景区智慧旅游系统投入使用，景区内基础设施水平、景观质量、旅游服务功能、接待能力等显著提升。

（三）不断丰富产业业态

适应集团公司旅游产业发展趋势，加强景点内部业态植入，打造核心、精品景点，提高景区核心竞争力。

一是以招商引资为抓手，积极跑外联、引招商，通过重点项目招商丰富文化旅游产品供给，引进投资项目 2 个，总投资 1.1 亿元的御道口草原森林风景区旅游品质提升项目落地实施，总投资 1.2 亿元的御道口大漠天骄军旅度假项目成功签约。

二是充分发挥区域内冰雪资源丰富的优势，拓展雪地摩托车、冬季越野旅游等冬季娱乐项目，将体育赛事、冰雪运动和娱乐体验相结合，打造特色娱乐项目，盘活冬季旅游经济。

三是开发"巴图鲁"棒球帽、金莲花黄铜镂空书签礼盒等 7 类文创产品进行销售，进一步延长食、住、行、游、购、娱产业消费链条，提升旅游产业整体经营收益。

三、坚持高效运营，精心打造旅游品牌

（一）创新门票销售方式

完成景区年票、联票审批，成功将景区纳入承德市文化旅游惠民年卡销售范畴，并与

北京银建集团公司、承德避暑山庄景区及周边旅行社达成票务销售合作，拓宽了景区票务销售渠道。

（二）持续开展精准宣传

一是精耕周边市场。深入挖掘以京津为核心、以环河北市场为两翼的一级客源市场，聚焦团队市场、亲子市场等周末、小长假和暑期旅游专项市场，重点推广"自驾游坝上""周末游坝上"自驾旅游线路。

二是大力开展宣传推介。利用智慧旅游大数据在景区主要客源地开展精准宣传，综合运用线上线下广告投放、新媒体直播、名人网红业务促销、推介活动等方式开展整合营销，不断强化景区旅游品牌形象和宣传效果。

（三）加强景区舆情管控

完善景区投诉处理流程，在景区线上官方平台及各景点明显位置公示投诉咨询电话，旅游主管部门设置专人进行投诉处理。充分发挥景区基层站点作用，主动协调解决纠纷，最大限度减少投诉事件发生，同时持续完善网络舆情应急预案，建立健全舆情防范应对联动机制，利用智慧旅游大数据开展舆情监测分析，一旦发生舆情事件，快速响应，妥善处置，严防聚焦炒作，避免不良影响扩大化，事后注意总结经验教训，完善景区经营管理，有效维护景区声誉形象。

四、坚持高位推动，优化旅游发展环境

（一）加强旅游组织领导

成立集团公司旅游工作领导小组，领导小组下设综合协调办公室及违法违规处置组，加强对旅游管理工作的统一领导，加大对违法违规行为的处置力度。出台集团公司《旅游工作管理办法（试行）》《景区服务管理站站长（负责人）考核管理办法（试行）》等系列旅游考核管理制度，加强基层人员与娱乐项目管理，促进旅游管理服务实现制度化、规范化发展。

（二）加强服务队伍建设

在做好景区人员调配等常规工作的基础上，对全体旅游从业人员进行年度服务质量提升专题培训，所有工作人员着统一工服、挂牌上岗，树立良好景区服务形象。旅游旺季抽调集团公司干部职工下沉旅游服务一线，协助各景区景点做好售检票等综合服务，发挥协调管理作用。

（三）加强旅游环境整治

一是强化生态环保意识，坚持保护与开发并重，持续开展景区环境卫生清理与景点沙化治理，接续投入进行旅游沿线林相改造，对御克公路及各景点公路两侧林木进行整形修剪，对枯死树及路边杂草等进行全面清理，提升景观质量。

二是在景区全域常态化开展旅游专项督查，严厉打击黑导野导、逃票倒票、破坏资源、损害游客权益和侵犯集团公司利益的违法违规行为，要求漂流、草地摩托等娱乐项目严格按照所制定的各类管理办法执行，进一步规范旅游市场秩序，促进旅游产业健康发展。

经验启示：

"十四五"以来，承德御道口农垦实业集团有限公司始终坚持以习近平新时代中国特色社会主义思想为指导，深入贯彻落实习近平总书记视察河北、视察承德时重要讲话指示精神，充分发挥国企示范带动作用，积极主动融入全市、全省发展大局，聚焦自身产业链条短、产品层级低、融合发展不足等旅游产业发展实际，不断强基础、补短板、增业态、提效益，发力项目建设、科技创新、品牌培育、业态植入、招商引资5项重大举措，协调区域发展，注重资源合作，持续推动旅游产业转型升级，努力向高质量发展目标迈进。旅游产业的高质量发展直接、间接带动了旅游收入大幅增长，为当地居民提供了大量就业机会与便利的休闲、运动场所，有效维护了景区自然生态文化景观，实现了经济效益、生态效益、社会效益三者共赢。

务实创新狠抓肉羊发展
谋篇布局促进产业升级

锦州小东农工商有限责任公司

锦州小东农工商有限责任公司（以下简称小东农工商）前身是锦州市小东种畜场，成立于1956年，为锦州农垦集团全资子公司，是一家集畜牧养殖与繁育、水稻生产及加工、土地综合开发利用、农业先进技术试验示范于一体的农垦企业。近年来，小东农工商认真贯彻落实习近平总书记关于新时代推动东北全面振兴重要讲话精神，充分利用畜牧资源禀赋和产业基础，围绕肉羊产业精耕细作，通过采取"农场推动、市场拉动、品牌带动、农工参与"的模式，精谋划、引精品、保品质、创品牌，实行全产业链发展，促进肉羊产业不断升级，为实现建设现代化农业大基地、大企业、大产业的目标奠定了坚实基础。

一、精谋划，打造种羊繁育大基地

多年来，小东农工商在畜牧业发展上形成了一定优势，尤其在肉羊养殖、繁育、新种群培育等方面，积累了较丰富的经验，充分利用畜牧资源禀赋和产业基础，精心谋划，稳步推进肉羊产业化项目，促进乡村振兴。

（一）制定规划，引领产业发展

农场要发展，产业强带动，规划得先行。公司专门组建了以畜牧科、兽医总站、畜牧兽医服务中心等科研单位为主的肉羊产业化项目领导小组，并研究制定了《锦州市小东种畜场肉羊产业化设计方案》，主要包括繁育基地、服务中心、育肥示范基地、屠宰加工等多个项目，计划总投资4 500万元。无论从优化当前产业结构来看，还是从促进农场长远发展来看，高标准规划设计都充分契合小东农工商发展实际，也为全面推进肉羊生产方式向集约化、规模化、现代化、标准化发展方式转变，打造肉羊全产业链开发示范基地，促进农业增产增效、农工持续增收奠定了坚实基础。

（二）引进良种，加快基地建设

良种是肉羊产业提质的"芯片"，更是畜牧业高质量发展的"源头"。通过多年的肉羊养殖繁育实践，小东农工商深刻认识到搞好引种并加强对引进良种的应用对促进杂交肉羊生产、推进肉羊产业化进程有着特殊的意义。为提高种羊质量和弥补肉羊品种单一的不足，小东农工商从澳大利亚引进 4 个优良肉羊品种 323 只，分别为夏洛莱（母羊 86 只、公羊 14 只，2 个血系）、黑头萨福克（母羊 48 只、公羊 7 只，5 个血系）、澳洲白（母羊 49 只、公羊 9 只，1 个血系）和黑头杜泊（母羊 100 只、公羊 10 只，6 个血系）纯种肉羊。通过大规模、多品种、高标准肉羊品种的引进，极大地改善了国内肉羊的品种品质，为加快肉羊基地建设、推动纯种繁育规模化提供了坚强保障。

（三）自主繁育，扩大产业规模

公司着力满足省内种源需求，积极打造小东种羊繁育基地，按照"自建羊场、封闭管理、自行繁育"的原则，扩大了种羊规模，保障了种羊质量。充分利用巩固提升项目，先后建立了大黑山种羊场、前欢育肥羊场，建设了改良站 2 处、羊舍 10 栋、青贮窖 3 座、肉羊运动场 88 000 平方米及生产用房、库房等，并购置了相应配套设备，累计投资 2 146 万元。通过自主繁育，肉种羊的存栏量已由最初的 323 只发展到 1 208 只，其中，大黑种羊场 643 只，育肥羊场 565 只。目前公司已具备同时饲养、繁育千只种羊的能力，年可向社会推广种羊近千只，成为辽宁最大的种羊基地。

二、保品质，构建示范带动大企业

引进优良品种若不加以选育，很快就会退化，只有加强选育、严格管理、注重防疫，全面保障肉种羊品质，才能实现肉羊产业的可持续发展。

（一）加强选育，确保种羊品质

数据资料是育种工作的基础，对育种的成败至关重要。自实施肉羊产业化项目以来，小东农工商高度重视种羊选育工作。在新建的大黑种羊场内，每只种羊都要进行登记，都有一个合法的身份，即保证每只种羊都具有唯一的个体识别编码。个体识别编号一旦确定后就不再变动。当该个体羊转入其他羊场时，仍沿用此个体识别编码，不得改动。通过实行"肉羊品种场内登记办法"和"肉羊性能测定技术规范"，技术人员能够保证种羊来源清楚、系谱完整，确保用于遗传评估的数据准确、可靠。近年来，通过选种选配、选优去劣、提纯复壮，从澳洲引进新的血系的各项生产指标均达到育种要求。目前，成年公羊体重为 120～150 千克，母羊体重为 80～100 千克；羔羊 3 月离乳体重为 30 千克以上，离乳成活率 95％以上，种羊品质不断提升。

（二）严格管理，实现良性循环

严格坚持"绿色、循环、健康、环保"的生态养殖理念。无论是种羊场还是育肥羊场，均设有办公区、生活区、饲草料区、养殖区，除了标准化的羊舍，还配备了兽医处置室、青贮窖、机械库及饲草料加工、清粪等机械。养殖场区功能齐全，水电配套，路路相通，沟沟相通，管网暗化，净道污道分开，办公区、生活区、养殖区均用绿植分开，实现了绿色覆盖。为保证养殖区空气畅通，羊舍全部采用钢构设计，两端留门，四周留窗，无动力风机常年运转，夏季通风、冬季保暖，空气清新。羊场还为种羊提供了开阔的活动场所，并配备有专门的营养师、专业的保健体系、专属的环境体系，让每一只肉种羊都享受到高规格的服务。

（三）注重防疫，保障种羊健康

种羊的健康在一定程度上影响着畜牧业经济发展和食品安全，小东农工商始终遵循"防重于治，养重于药"的原则，不断在提高羊群自身抵抗力上下功夫，在防疫上下力气。除了按正常程序注射疫苗外，公司还根据当地疫病流行情况，制定了适宜本地条件的合理免疫接种程序，提前做好免疫接种。公司还会定期驱虫，每年春、秋两季各安排一次集中驱虫，其他时间根据当地寄生虫流行情况，选择合适的药物和给药时机、给药途径进行驱虫。羊场的选址确保建在无疫区，羊舍全部采用通风通光、冬暖夏凉设计，把羊群与粪尿分离，并实施常态化卫生消毒，防患于未然。

三、创品牌，壮大发展肉羊大产业

开展优质肉羊新种群培育，构建"龙头企业＋合作社＋基地＋农户"的合作发展模式，建立产业发展长效机制，实施品牌引领和提升工程，打造肉羊新种群和专门化羔羊肉，增强公司肉羊产业综合竞争力。

（一）科学育种，填补品种空白

我国肉羊产业起步较晚，除少数地方品种在繁殖性能上比较突出外，多数品种产肉性能低下，无法满足未来肉羊产业发展需要。早在1992年，小东农工商就在辽宁省农垦局的扶持帮助下率先从法国引进了夏洛莱种羊，采用夏洛莱羊做父本、小尾寒羊做母本通过级进杂交到第二、三代，再从中选择肉用性能和繁殖性能好的公羊予以横交。目前，夏寒杂交技术已在小东农工商得到普遍推广应用，在不降低繁殖性能的基础上，提高了产肉性能和肉用品质；产肉性能较普通地方品种羊提高了10％～20％，良种覆盖率大大提升，达到了90％以上。通过多年实践，小东农工商已培育出产羔多、肉质好、出肉率高、抗病能力强的肉用型羊新种群——小东羊，这不仅是科研上取得的成果，而且对整个辽宁乃至全国的肉羊开发和肉羊产业化发展也起到了巨大推动作用。小东农工商下一步将开展萨福克、杜泊与夏寒一代三元杂交组合实验，利用夏寒级进杂交三代之后，采用横交固定育种方式培育肉羊新种群，填补国家肉羊品种的空白。

（二）因势利导，建立长效机制

小东农工商着力把肉羊产业建成振兴地方经济、实现富民兴垦的大产业。强化肉种羊种质资源保护和利用，有效规避因突发事件等不可控因素导致的风险，制定完善肉羊产业中长期发展规划，健全规范的管理制度，鼓励和支持优良品种培育，积极引导和推进种羊场建设，有效应对随时可能出现的羊源紧缺问题，走"效益稳定、质量安全、生态友好"的肉羊产业发展之路，以社会化服务、保姆式技术指导、跟班式技术培训，逐步构建"龙头企业＋合作社＋基地＋农户"的合作共赢发展模式。未来两年，小东农工商肉种羊规模将实现特、一级母羊千只以上，符合国家级种羊场要求，存栏肉羊 10 万只以上，推广种羊万只以上，大大提升种用价值和商品价值，满足市场种用需求，提高养殖户经济效益。

（三）精深加工，目标打造全产业链

小东农工商以市场需求为导向，不断延伸产业链条。辖区内的辽宁绿源肉业有限公司是一家集优质肉牛良种繁育、养殖、改良技术推广、屠宰加工、销售于一体的全国农产品加工示范企业，现具有年屠宰加工 3 万头肉牛的生产能力，并成为锅圈食品（上海）股份有限公司的上游供应商。未来两年，小东农工商将与辽宁绿源肉业有限公司合作投资建成年屠宰加工肉羊 10 万只的现代化生产线，生产肉质鲜嫩、具有大理石花纹的专门化羔羊肉，携手辽宁绿源肉业有限公司为锅圈食品（上海）股份有限公司提供优质的羊肉产品，带动促进全域肉羊产业快速发展，逐步实现从肉羊繁育、养殖、屠宰到食品加工、物流、品牌推广等多个环节的产业全链条闭合链，为农工增收、提高良种覆盖率和肉羊产业健康快速发展做出积极贡献。

经验启示：

近年来，小东农工商坚持以畜牧业供给侧结构性改革为主线，以规模化、产业化、科技化和品牌化发展为方向，在引种、繁育、杂交、防疫、产业化等环节下功夫，逐步形成了以肉羊养殖繁育基地为示范、以养殖户为基础，育繁推一体化的产业体系，积累了丰富的经验，促进肉羊产业不断升级，为推动畜牧业持续健康发展增添新动能。

发挥垦区集团化优势
推动农垦高质量发展

盘锦盘山农垦集团有限公司

盘锦盘山农垦集团有限公司（以下简称盘山农垦集团）是受盘锦市政府委托，由盘山县人民政府出资成立的区域性现代农业企业集团。盘山农垦集团全面贯彻落实《中共中央国务院关于进一步推进农垦改革发展的意见》精神，坚持以垦区集团化农场企业化改革为主线，重点围绕农垦全产业链优化升级加快建设现代农业大基地、大企业、大产业，持续推进盘锦盘山垦区资源资产整合和产业优化升级，发挥农垦在现代农业建设中的示范带动作用，推动一二三产业融合协调发展，着力推进新时代盘锦农垦改革发展工作实现新突破。

一、垦区集团化，促进资源资产整合和产业优化升级

自 20 世纪 30 年代张学良将军组织营田军垦开始，盘锦便有了农垦的雏形。中华人民共和国成立后，盘锦作为国家重点垦区之一，经过对"南大荒"多年的开发建设，取得了长足发展。可以说先有盘锦垦区，后有盘锦市。农垦这片土地为盘锦人民提供了大米、河蟹、芦苇等丰富的农产品资源，盘锦人民靠这块土地生活并富裕起来。盘锦农垦现有 27 个国有苇场，土地总面积达 400 多万亩，耕地面积接近 140 万亩。在盘锦发展历史上，农垦资源为保障国家粮食安全和重要农产品供给做出了重要贡献。

（一）以土地规模化经营带动垦区资源资产整合升级

按照中央、省、市深化农垦改革要求，盘锦市组建了 4 个区域性现代农业企业集团，其中盘山县组建了盘山农垦集团，下辖 5 个农垦分公司、1 个专业化公司和 71 个分场分公司，土地确权面积 47 万亩。集团紧紧围绕集团化管理、市场化运作、规模化经营理念，推进资源整合、资产运营，促进产业优化升级，加快转变发展方式，全面增强盘山垦区的内生动力、发展活力、整体实力，示范引领现代农业生产建设。通过深挖农场的国有土地优势，带动引导合作社、种养大户等主体进行规模经营，盘活国有土地资产，促进其不断发展壮大。通过 5 年的规模化经营运作，垦区耕地规模化比重大幅度提升。规模化种植面积达 29 万亩，规模化率已超 80%，农业综合机械化水平达到 100%，高标准农田比重达到 100%，新型农业经营主体带动农户比重达到 70%，农民年人均可支配收入达到 25 000 元，与 2018 年农民人均可支配收入 18 875 元相比，提高了 32.5%。

（二）强配套、重加工、建仓储，推动产业链优化升级

盘山农垦集团先试先行示范打造农产品生产加工销售全产业链条，围绕甜水、胡家两处规模化种养基地，建设加工、包装、储运、冷链物流等配套设施，有效带动新型农业经营主体发展全产业链条，不断提升农产品附加值，实现农业增效、农民增收。推动农产品加工产业集聚，通过"公司＋基地＋农户"的模式，不断拉长产业链条，带动传统农业向现代农业转变。打通农产品加工环节，提高农产品附加值，建设大米加工厂1处，并完成大荒、高升粮库升级改造，完成固定资产投资3 366万元。在盘山县国家农村产业融合发展示范园胡家种养基地，参与建设智慧冷链仓储中心项目，计划投资9 764万元，目前已完成投资8 819万元，为盘山县发展"冷链配送＋连锁零售""生鲜电商＋冷链宅配"等新型业态模式提供基础设施保障，支撑垦区冷链产品产销精准高效对接，有效推动盘锦市乃至辽宁省农产品冷链物流业发展。集团示范带动地区建设农产品精深加工企业达到50家以上，实现产值80亿元以上，农产品订单加工比重达到80％以上，主要农产品商品化率达到70％以上，其中线上交易率达到40％以上。

二、找准农垦发展定位，形成鲜明的主导产业优势集群

（一）明确企业发展定位

盘山垦区是盘山水稻、河蟹、泥鳅的主产区，水稻种植面积达36万亩，水田占95％。盘山农垦集团围绕种植业、养殖业、生态渔业等农业特色优势产业，建设特色农产品生产基地，做大做强大米、河蟹等优势主导产业。发挥集团化优势整合各类涉农资金，实施高标准农田建设及土壤改良等工程，改善农业基础条件，夯实产业发展基础。通过争取强农惠垦政策，推动土地向新型经营主体流转，鼓励引导其采取托管、股份合作等形式开展规模化经营和标准化生产，将优势产业做大做强。

（二）树立品牌战略思维，实现农垦品牌新突破

以打造盘山区域特色农产品品牌为目标，以提升产品质量、加强产品包装和推广为重点，巩固提升农业产能和农产品附加值。不断提高品牌培育水平、拓展农垦特色农产品品类，满足不同消费群体的特定消费需求，为盘山垦区特色农垦品牌的长远发展奠定基础。围绕辽宁打造"土特产"，加大"盘锦大米""盘锦河蟹"地理标志商标的推广和应用力度，提升市场认知度。依托"盘锦大米""盘锦河蟹"着力打造盘山农垦集团优势农产品品牌，完成"盘山"大米商标转让，成功注册"盘山农垦"河蟹，以及"盘垦"大米、河蟹商标，完成了特色农垦品牌布局。

（三）推进"育产推"标准化，实现生产示范新突破

依托高标准生产基地，以特定消费群体需求为导向，适当调整种植品种和种植技术，规范生产流程，提高产品质量。全面推行标准化生产和农产品质量可追溯体系建设，树立盘山农产品的生态绿色形象。充分应用物联网、云计算、大数据、移动互联网等现代信息技

术，大力发展智慧农业，推动农业全产业链改造升级。以绿色发展为引领，实施农作物统防统治和绿色防控，加快发展生态农业，打造"育产推一体化"典型示范企业。通过已发展的3 000亩订单农业和"绿标"生产，进一步规范垦区种植农户的生产操作流程，通过提升"盘锦大米""盘锦河蟹"的品质，示范引领现代农业发展，已辐射带动农户1.8万户。

（四）推广"认养农业"盘山模式，实现农产品推广新突破

推行现代农业与电商结合，打造"认养农业"盘山模式，使生长中的农作物实现网上流通，在提升盘山农垦品牌的同时，增加现代农业综合效益。建设了盘山农垦商城线下实体体验中心，开发了线上盘山农垦商城App、盘山农垦微商城、盘山农垦淘宝旗舰店，将企业文化宣传与特色农产品广告宣传相呼应，为地区特色农产品推广拓宽了销售渠道，打响了农垦农产品品牌知名度，扩大集团影响力。

三、推进区域产业融合发展，提升农工农民获得感和幸福感

盘山农垦集团致力于推动地区现代农业提质增效。深入推进区域产业融合发展，大力发展农产品深加工业、农产品流通业及乡村休闲旅游业，提高农业综合效益，促进一二三产业深度融合。依托美丽乡村建设形成的基础条件，发掘农垦文化、知青文化、稻作文化，加快人文、环境优势向产业优势转变，提高休闲观光、认养农业、民宿、健康养老等产业的公司化、市场化、规范化运营管理水平，重点打造了以盘山锦绣花谷、饶阳湖景区为典型的一批乡村旅游、休闲农业精品项目。2024年春节，盘山农垦集团体现农垦担当，投资510万元完成了锦绣花谷园区亮化工程，组织盘山县2024冰雪节、元宵灯会等系列活动，擦亮了农垦企业名片，打造农垦文旅产业融合新样板，受到群众的由衷赞许和高度评价。通过实施"现代农业＋"战略，推动农业与旅游、认养、物流、电商等深度融合，引导农业向多领域、多维度推进，不断激发现代农业发展活力。依托全国最佳宜居乡村建设成果，结合农业产业、农业景观、农村空间，开展观光、定制、民宿等休闲农业，使盘山成为城市人群"生态式"的"口粮田""小菜园"和"后花园"，实现全域乡村旅游新格局。如今的盘山农垦集团遍地农珍，草莓、西瓜藤满地，河蟹中秋满地爬，红树莓、葡萄种植基地和碱地柿子采摘园遍地开花，勾勒出农场好"丰"景，为全面推动区域产业高质量发展注入强劲动力。

经验启示：

　　盘山农垦集团通过农垦资源资产整合升级，全面提升垦区现代农业产业水平；通过强化农业产业配套设施、加快农产品加工、仓储保鲜冷链设施建设打造优质农产品网络销售的供应链体系；通过"一定位三突破"，做好垦区农产品"育产推"典型示范；通过打造文旅产业融合发展精品点位，擦亮农垦企业名片。盘山农垦集团在打造产业特色鲜明、要素高度集中、设施装备先进、生产方式绿色、经济效益显著、辐射带动有力、建设水平领先的现代农业企业集团上做出了不懈努力，积累了有益经验。

优化边境农场产业布局
创新引领区域经济高质量发展

东港市五四农场集团有限公司

东港市五四农场成立于 1963 年 5 月 4 日，位于辽宁省东港市，地处中朝边境，于 2021 年 6 月改建为东港市五四农场集团有限公司（以下简称五四集团），以水稻、草莓种植加工销售、水产养殖为主导产业。辖区总面积 40 平方公里，其中水田面积 1.8 万亩、港湾养殖面积 1.6 万亩、滩涂面积 1.5 万亩，下辖 4 个农业分场、7 个子公司。近年来，五四集团不断加快推进农垦产业高质量发展，通过打造农垦品牌示范带动区域经济发展。

一、增进民生福祉，激发干部职工内生动力

人心稳则企业安。五四集团将职工全部纳入社会保险和社会救助等社会保障体系，实现大病保险全覆盖；对符合条件的农垦企业失业人员及时进行失业登记，并按规定享受失业保险待遇；对符合就业困难人员条件的农垦企业人员，按规定将其纳入就业援助范围。集团加大生产性基础设施建设投资力度，投资 250 余万元修建 3 300 米防潮堤坝，投资 1 210 余万元修建 19 座提水站，其中农业提水站 12 座、养殖提水站 7 座，有效保障了种植业和养殖业的健康稳步发展；投资 580 余万元对全场电力设施进行维修改造，投资 1 100 万元进行柏油路和水泥路改造，分场居民区内全部实现柏油路直通到户、家家通自来水、户户有太阳能热水器，场区环境干净整洁，危旧房得到及时维修改造。尤其是场内 70 周岁以上居民每年能够领取长寿补贴金，极大地增强了职工居民的幸福感和归属感，企业自身活力与运营效率明显提升。广大干部职工履职尽责、干事创业的热情得到充分激发，主动盯市场、抢市场的内生动力显著增强，为集团的高质量发展提供了充足活力。

二、优化产业布局，推动产业高质量发展

五四集团先后注册成立了五四农场电子商务有限公司、五四农场米业有限公司、五四农场保洁公司和五四农业科技有限公司，与民营资本合资成立秾仕现代农业科技有限公司，与香港祥利丝路贸易有限公司成立了辽宁五四凯源农业发展有限公司，优化了产业布局，进一步壮大了集团产业综合实力。牵头成立了丹东垦区米业联盟，促进垦区企业抱团发展，目前初步形成了以集团公司为核心、以产业公司为支撑、以主导产业为保障的高质量发展经济体系。2024 年，集团实现社会总产值 2.91 亿元、农业总产值 1.71 亿元、粮

食总产量 1 万吨、水产品总产量 12 750 吨，完成固定资产投资 1 140 万元、上缴税金 156 万元。

（一）全面推动优质稻米产业高质量发展

集团自有 1.8 万亩位于鸭绿江口湿地保护区内的水稻种植基地，严格推广绿色、有机订单种植，实行统一种植、统一管理、统一收储、统一加工、统一销售，实现粮食增产增收。作为辽宁垦区边境地区最大的农垦企业，集团 2008 年引进农垦农产品质量可追溯系统，成为辽宁地区首批实施农垦农产品质量可追溯的单位。集团连续六届参加中国国际农产品交易会，擦亮农垦品牌名片，"海阅"和"五四农场"入选中国农垦品牌目录；"海阅"牌系列大米获得有机种植、有机加工和绿色食品认证，荣获第二十届（上海）有机食品和绿色食品博览会金奖、首届中国（三亚）国际稻米博览会优佳奖等多个奖项，入选"国垦优品"推介清单；"五四农场"牌海边长粒米获得绿色食品认证。集团在全国 10 余个城市建立了专营品牌店，拓展代理经销网点 300 多家；开设淘宝企业店铺，实现线上线下共同销售。2024 年销售大米 1 564 吨，销售额 2 900 万元，成立电子商务公司积极对接线上渠道实现新突破，旗下东港大米作为"网红米"实现在京东商城月销售 4 万单的成绩。同时，集团做为"中国好粮油"示范企业，充分发挥丹东垦区米业联盟理事长单位作用，全面整合各成员单位资源，带动周边乡镇、企业共同打造优质稻米产业，推动形成以"五四农场"系列品牌大米为引领、东港其他品牌大米共同发展的区域优质稻米产业新格局，产品获得 HACCP、ISO9001、ISO14000 认证。

2023 年，五四农场米业公司全面推进与香港祥利丝路贸易有限公司合作，成立辽宁五四凯源农业发展有限公司，注册资金 1 亿港币，依托五四农场米业公司在丹东地区粮食加工销售龙头企业优势，利用香港祥利丝路贸易公司的国内外销售渠道，深化利益联结，积极开拓国内及海外市场。

（二）示范带动区域港湾养殖产业高质量发展

集团自有人工港湾养殖面积 1.6 万亩，约占全市港湾养殖总面积的 1/10。集团将养殖业作为发展的支柱产业，通过示范性引进新品种，全面强化技术服务，创新开展以海蜇、缢蛏为主，牙鲆、斑节对虾等多品种共同发展的立体养殖模式，经济效益显著增加，形成了集工厂养殖、水产品苗种繁育和冬季水产品暂养于一体的多功能生产基地，目前已成为全市养殖业示范引领的新亮点。

（三）积极推动现代农业产业高质量发展

近年来，集团为积极布局现代农业，打造新型支柱产业，成立五四农业科技公司，与民营资本合资成立秭仕现代农业科技有限公司，按上市公司目标全产业链运营东港草莓，精心培育并大力发展"五四九九"草莓品牌，并牵头组建了东港草莓联盟，将东港草莓通过各大果蔬批发市场、果业科技集团等销售终端推广到全国各地。2023 年注册成立东港草莓总部管理有限公司、东港九九草莓小镇总部管理有限公司以及东港红颜草莓小镇总部管理有限公司，充分发挥垦地合作和区域融合作用，深入贯彻落实东港市委、市政府关于打造东港草莓"百年产业，百亿产值"的工作目标，积极探索草莓产业增效渠道，示范性建立草莓物流中心、分拣中心、农业数字中心，打造高品质东港草莓品牌。此外，集团还布局蓝莓、贝类等各项东港特色地标产业，推动农场做示范、带着辖区职工干、帮助周边群众赚，进一步发挥了农垦在区域经济发展中的示范引领作用。

三、深化农垦改革，强化体制机制保障

五四集团作为辽宁省推进国有农场企业化改革和公司化改造试点单位，自 2021 年 6 月改建为东港市五四农场集团有限公司以来，始终致力于构建新发展格局，全面推动国有企业高质量发展，进一步建立健全现代企业制度、完善机构设置，根据自身特点和产业优势，全面整合农垦资源，配齐配强专业人才队伍，推动集团持续高质量发展。2023 年五四集团办社会职能典型材料入选新华社政务智库报告。

经验启示：

近年来，五四集团着力加强农场水电路和农田水利等基础设施建设，健全医疗、养老、救助等社会保障制度，增强职工的幸福感和归属感，激发职工干事创业的热情。在产业发展上，组织起来，打响品牌，抱团发展，优化产业布局，发挥示范带动作用，形成以集团公司为核心，以产业公司为支撑，以稻米、水产、草莓为主导产业的高质量发展经济体系，充分发挥国有农垦企业在边境区域经济发展中的中流砥柱作用。

构建糯稻全产业链　打造中国糯米第一品牌

北大荒集团黑龙江创业农场有限公司

北大荒集团黑龙江创业农场有限公司（以下简称创业农场）始建于 1968 年，拥有耕地 58.8 万亩，糯稻种植始于 2006 年，年种植面积保持在 30 万亩以上。2024 年，创业农场糯稻种植面积达 45 万亩，约占全国糯稻种植面积的 3.8%，为东北地区最大糯稻生产基地。近年来，创业农场发挥组织化、专业化、规模化、科技化优势，以订单生产为突破口，带动糯稻向定制化、品牌化、高端化全产业链转型升级，努力打造中国糯稻第一品牌，打造北大荒"四个农业"的"样板场"。

一、以糯稻科技创新为牵引，打造"科技农业"新高地

创业农场坚持科技引领，整合国内一流科研力量开展糯稻专品种和绿色种植科技创新，围绕"数字三江"创建智能化示范农场，做大做强做优糯稻生产"大基地"。

（一）借"外脑"，打通院企合作双向通道

聘请中国科学院钱前院士为"院士场长"，整合国内一流科研机构、育种单位和产业龙头力量，与中国农业大学开展糯稻智慧施肥示范推广项目，与北大荒研究院开展糯稻全程数字化模型研究，示范研究 15 个新型糯稻品种，开展突出特色、优质品种筛选，探索专品种种植，形成符合本地气候条件主推品种和专品种栽培体系。

（二）增"智慧"，打造智能化示范农场

创业农场围绕"数字三江"、智慧农场、无人化农场建设，推进糯稻耕种管收全环节无人化、智能化作业模式，与高端智能农机国产化示范基地建设同步推进。主动对接省内中、高职院校，共建无人机应用技术实训基地，形成可借鉴农机装备"国产化、数字化、智能化"新样板，持续提高糯稻种植智能化水平。

（三）强科技，加快新技术应用转化

全面推广糯稻种植节本增效模式，通过做好温汤浸种、双氧浸种催芽、叠盘暗室育秧、密苗机插等 22 项农业适用性技术试验示范和集成推广应用，创新"五图叠加"智慧农业发展模式，实现大田精准作业、智能管理、自动控制，不断提升糯稻种植的科技成果转化能力，将科技创新渗透到糯稻全链条发展各环节。

二、以糯稻绿色化为导向，擦亮"绿色农业"新底色

创业农场在构建糯稻全产业链过程中，按照国家绿色农业相关标准，强力推进黑土地保护，大力实施农业"三减"行动，全力推进农业面源污染治理，循序渐进发展绿色有机种植，擦亮"绿色农业"新底色。

（一）强力推进黑土耕地保护

建设黑土耕地保护先导区，落实"四级"田长制和"三位一体"保护机制，推行合理轮作及保护性耕作替代传统翻耕等措施，落实各项工程、农艺、生物等措施，持续提高土壤有机质含量。2023年推进标准化格田改造9万亩，2024年新建高标准农田12.85万亩、新增水稻标准化格田改造9.91万亩，逐渐建成集中连片、规模成形、生态良好的高标准农田，不断扩大绿色、有机种植面积。

（二）大力实施农业"三减"行动

坚持测土配方施肥，大力推广水稻侧深施肥，扩大有机肥使用，促进化肥减量。推进糯稻病虫害统防统治和绿色防控，优先采用生态控制、物理防治和生物防治措施，开展低毒低残留农药的示范推广，坚持科学用药，精准施药，实现农药减量控害。

（三）全力推进农业面源污染治理

立足"绿色农业"增效提速，开展节水、减肥、降药行动，改善田间生产环境。加大对农业生产包装废弃物回收的宣传、指导和清理力度。设置8个农药包装废弃物回收存放点，落实农药包装废弃物集中回收处理15.5吨，全面推进糯稻生长环境持续改善。

三、以糯稻全产业链为引领，打造"质量农业"新标准

创业农场积极创制行业标准，严格规范农户化学投入品使用，实现糯稻种植全程监管、产品质量全程溯源，在稳步提高糯稻综合生产能力的同时，构建了"田间地头"到"餐桌"糯稻全产业链，打造"质量农业"新标准。

（一）创制标准，确保糯稻高品质

农场创制《黑龙江省寒地糯稻生产技术地方标准》和《创业农场糯稻企业标准》，重点推广新粘2、鸿源粘2号等糯稻优质品种。完善管理人员、技术人员、种植户三级培训体系，量化考核指标，推进农时标准、作业标准、管理标准、环境标准全面提升。按照"三品一标"要求，强化生产档案记录和质量追溯管理，加强绿色有机农产品认证，绿色食品种植基地认证面积达56万亩、有机认证1万亩，创建国家绿色食品原料（糯稻）标准化生产基地，打造中国最大绿色优质粳糯稻生产基地。

（二）发展定制农业，主打集团客户

农场深化与糯稻行业头部企业合作，按订单需求为企业进行专属品种种植，引进黑糯、红糯、香糯等特色品种，为企业提供委托收购、糯稻加工、粮食仓储等服务。2023年与五芳斋签订糯稻订单3万亩，2024年已扩大到7万亩，2025年将扩大到10万亩，实现营业收入9 000万元，预计实现利润150万元以上。与绍兴黄酒集团签订3万亩黄酒糯稻订单，并加工成精制糯米，实现营业收入4 000万元，预计实现利润100万元以上。与古越龙山开展"一亩田"订单种植，实现"我在三江有亩田、你在绍兴有坛酒"合作目标，与中粮、益海嘉里等头部企业签订长期稳定的种植订单。

（三）整合资源，构建糯稻全产业链发展模式

农场辖区拥有国家重点龙头企业2家、省级重点龙头企业6家和稻米加工生产线22条，水稻年加工能力197万吨，仓储能力189万吨。依托辖区粮食加工企业集群，整合加工资源，形成规模优势，持续扩大糯稻仓储、加工、运输能力。2024年投资建设10万吨糯米加工线项目，年底投产，开展粮食贸易、粮食代加工。同时依托铁路线资源，成立物流公司，降低粮食运输成本，提高运输效率。与云、贵、川等市场贸易商、供应食品加工企业合作，提高西南糯稻市场占有率。

四、以品牌培育为核心，打造"品牌农业"新名片

创业农场强化"建三江糯米""糯小侠"母子品牌培育和品牌宣介，推进线上线下市场双轮营销、双向发力，推动农文商旅融合发展，营造良好糯稻产业发展生态，增强市场竞争力和话语权，为糯稻产业发展提供有力支撑。

（一）构建产品营销体系

农场实施线上、线下双轮营销策略，推进域内域外营销并驾齐驱，抓实北大荒榜单产品和农场自有产品销售，联合新华网、央视频、省电视台等主流媒体和新媒体平台，提升线上带货能力。与50余家企业建立联系，组建糯稻信息网，达成糯稻种植、贸易及新品研发等合作意向。牵头组建全国农业企业发展联盟糯稻产业分联盟，形成南北粮食通道，实现从生产端到销售端无缝衔接。

（二）全面提升品牌影响力

依托"建三江糯米""糯小侠"母子品牌，强化品牌形象标识、品牌包装和文创产品设计。承办建三江"糯米节"和北大荒·建三江优质粳糯稻产品交易会，展现全国糯米产品核心区、糯米文化展示区优势。与庆阳农场黑米、查哈阳农场粥米组建"三米联盟"，整合三种特色稻米优势和营销渠道。与古越龙山、北大荒三粮、东柳醪糟合作，研发"锦秀三江"黄酒、白酒，打造"糯小侠"品牌系列产品，不断提升品牌价值和产品附加值。

（三）推动农文商旅产业融合发展

打造远近闻名的农文商旅示范点糯稻文化园，因地制宜探索稻田观光、稻田摄影、研学体验等农文旅融合新业态，建设糯稻产业示范带，充分挖掘农业、生态和文化资源，实现跨界、融合、突破。逐年完善提升"我在三江有亩田"活动，重点开发企业、大客户认领模式，依托优质服务扩大会员成为企业认购板块的推介人。

经验启示：

创业农场以建设中国规模最大的粳糯稻生产基地和打造中国糯稻第一品牌为目标，以糯稻订单生产作为引领糯稻全产业链发展突破口，着力开展智慧农业技术集成创新实践探索，创制糯稻行业标准，大力发展集团客户，整合仓储加工物流资源，构建产品营销体系，全面提升品牌影响力，推动农文商旅产业融合发展，深度挖掘糯稻经济价值、生态价值、文化价值、品牌价值，建成了45万亩糯稻种植"大基地"，塑造出黑龙江省"黑土优品"品牌旗下"建三江糯米""糯小侠"母子品牌形象，带动糯稻种植向定制化、品牌化、高端化全产业链转型升级，构建了糯稻"产购储加销""五优联动"全产业链，努力探索北大荒集团"四个农业"发展新路径。

联农带农　服务上海　以产业化
思维铸造高品质禽蛋超级产业

光明食品集团上海农场有限公司

光明食品集团上海农场有限公司（以下简称上海农场）成立于 1950 年，区域总面积 307 平方公里，是上海最大的域外"飞地"和现代农业生产基地，主要从事禽蛋、水产、蔬菜等农产品生产、加工和销售业务，已建立起"从田头到餐桌"的放心食品全产业链。2019 年 7 月，时任上海市领导提出"农场是上海优质主副食品供应的重要压舱石和上海城市未来发展的重要战略空间"新定位，开启上海农场高质量发展的新阶段。近年来，上海农场在光明食品集团高蛋白食品战略引领下，聚焦禽蛋核心主业，全力打造集蛋鸡养殖、蛋品加工、品牌化销售于一体的"千万羽禽蛋超级产业"。同时充分发挥沪、苏两地融合发展的重要桥梁纽带作用，积极推进"超级农场"建设，着力构建"品牌强，产品质量优、服务质量优，市场化程度高、信息化程度高、科技含量高"的"一强二优三高"现代农业产业发展新格局，联农带农，打造乡村振兴战略的光明模式。

一、全力推进禽蛋项目建设，夯实全产业链发展根基

近年来，上海农场认真落实禽蛋产业发展规划，走"数字化禽业、智能化禽业、绿色化禽业、融合化禽业"发展之路。持续推进强链补链延链，稳步健全禽蛋产业链，夯实禽蛋产业高质量发展的根基。

（一）高标准建设国内领先的蛋鸡养殖场

上海农场结合农场现有条件，高标准建设自有核心蛋鸡养殖场共 335 万羽，其中大丰 200 万羽、安徽 135 万羽。通过引进先进的国际优质蛋鸡品种及自动化进口养殖设备，在饲料营养、疾病预防、饲养管理、环境检测、鸡蛋清洗消毒、包装等各环节建立了科学规范的操作规程和管理程序，实现了具有国内领先水平的科学规范化蛋鸡层叠式规模化饲养。未来，农场高品质营养富集的功能蛋都将来自自有核心蛋鸡养殖场。

（二）高起点规划建设禽蛋产业链加工项目

为进一步提高产品附加值，上海农场投资建设禽蛋产业链加工项目，主要生产加工蛋液、蛋粉等产品。该项目衔接禽蛋产业链上下游，是保证产业链体系正常运行的中心环节，有助于补齐禽蛋产业加工链短板，增强养殖链抗风险能力，促进蛋品保值增值。同

时，丰富产品种类，开发卤蛋、溏心蛋等即食产品，以蛋液为基础的深加工蛋饺、蛋丝、蛋饼等产品，以及溶菌酶、卵磷脂等高附加值的医药保健品原料，培育多元产品竞争力。

（三）高规格配套建设饲料厂和有机肥厂

上海农场围绕禽蛋产业发展，配套建设30万吨产能的饲料厂，已于2023年下半年实现蛋鸡饲料生产，目前正在进行绿色饲料的研究开发，将于2025年上市。上海农场还建设了有机肥厂，每年可处理6万吨鸡粪，生产有机肥3万余吨。目前在生产普通有机肥的基础上开发速效有机肥、专用有机肥等产品。

二、创新禽蛋产品营销战略，调活机制提升销售能级

（一）注重品牌塑造，讲好品牌故事

注重品牌策划与宣传。上海农场聘请专业品牌策划公司解析品牌理念，秉持"质量上乘、价格适中"的定位，用"生态农场标、好蛋不用挑"的产品宣言，通过召开禽蛋新品发布会等推介活动，在上海全方位、多平台定向投放宣传广告，提升品牌知名度，不断为消费者提供优质、健康、新鲜的好鸡蛋。

（二）注重蛋品研发，丰富产品品类

上海农场将"营养＋健康"元素与蛋品深度融合，根据消费者新的饮食需求，与上海市农业科学院、南京农业大学紧密合作，通过院士工作站，成功研发生态农场富硒草鸡蛋、叶黄素＋维生素 D_3 鲜鸡蛋、DHA＋可生食鸡蛋和低胆固醇蛋等特色鸡蛋，不断增强产品附加值和市场竞争力。

（三）注重销售引领，实现提质增量

筑牢销售是第一要务意识。上海农场加强销售团队建设，完善绩效考核和终端搞活机制，激励团队和员工积极性，打造"勇于开拓、精打细算"的营销队伍；按照"重点发力零售终端，深耕团膳餐饮市场，做大做活分销模式"销售思路，创新营销模式，实现品牌蛋销售持续较快增长。

三、科技赋能，数智驱动禽蛋产业高质量发展

上海农场通过科学技术的运用，实现了采购、生产、销售、仓储、物流运输等各个环节的数智化管理，确保各环节高效、协同运转。

（一）数字化引领，提升行业效率

数字化是蛋鸡养殖转型升级的加速器。公司通过构建智能化养殖管理系统，实时监测舍内参数、鸡群健康状况及生产性能等数据，实现精准饲养、科学管理。建立涵盖从供应

链管理到客户关系管理的各个环节全面的数字化管理体系，优化资源配置，提升决策的科学性和准确性。

（二）智能化驱动，创新生产方式

智能化是蛋鸡养殖未来发展的重要方向。在国家级数智化示范场建设中，公司积极引入物联网、人工智能等先进技术，打造智能化养殖加工场景。装备升级巡检机器人、丹麦塞诺沃自动化分拣机、无人叉车、机器臂等智能化设备，通过 AI 算法分析鸡群行为，实时高效监控家禽的生长环境和健康状况。

（三）绿色化转型，践行生态文明

绿色化是蛋鸡养殖可持续发展的关键。公司与高校、科研院所合作，致力于研发和使用环保型饲料，利用维生素、益生元、植物精油等生态替抗，实现无抗养殖。开发低碳排放、高转化率的饲料配方。与申能集团合作，利用太阳能光伏可再生能源减少对化石能源的依赖，光伏发电系统每年可为公司提供约 500 万千瓦时的清洁电力。

四、探索融合发展新路径，打造乡村振兴战略中的光明模式

近年来，在长三角一体化发展国家战略指引下，上海农场主动融入地方经济社会发展，以"蛋"为媒，联结起沪苏、沪皖地区禽蛋产业，通过资源调配、产业带动，全力打造一个集蛋鸡养殖、蛋品加工、品牌化销售于一体的"千万羽禽蛋超级产业"，努力成为"垦地合作""垦垦合作"协同发展的"飞地经济示范样板"。

（一）垦垦合作，携手共赢做大产业

上海农场与安徽省农垦集团深度对接，发挥安徽农垦土地、区位、政策优势以及上海农场在蛋鸡养殖领域的技术、市场优势。2022 年 10 月，与安徽农垦合作，在安徽省郎溪县十字铺茶场境内实施商品蛋鸡养殖项目，发挥各自优势，构建利益共享、风险共担的合作关系，实现区域发展共谋，产业集群共建，产业资源共用。

（二）垦地融合，联农带农推进共同富裕

盐城地区年养殖蛋鸡 7 000 万～8 000 万羽，虽然蛋品资源很多，但成规模的优质蛋品资源不多。上海农场携手盐城市农业农村局成立了"沪盐场地禽蛋产业化联合体"，立足盐城区域丰富的鲜蛋资源禀赋，发挥农场质量管控和市场品牌优势，共建"三平台一标准"（即综合服务平台、技术交流平台、产销对接平台和质量管理标准），实现"做给养殖户看、帮着养殖户办、带着养殖户干、帮着养殖户赚"。通过"投入品套餐＋养殖技术服务＋蛋品回购"一揽子合作服务模式，与周边 10 万羽以上规模的养殖户建立紧密合作关系，实现了品质有保障、质量可追溯、利益共分享，有效联农带农、促进共同富裕。

经验启示：

　　上海农场聚焦禽蛋产业，围绕区域化布局、标准化生产、品牌化运作、产业化经营的思路，全力打造集蛋鸡养殖、饲料生产、有机肥生产、蛋品集成与服务、蛋品加工、蛋品销售"六位一体"的产业体系。同时，发挥自身全产业链质量管控、市场品牌等优势，开展"垦地合作""垦垦合作"，通过资源调配、产业带动，促进沪苏、沪皖地区协同发展，打造出做大产业、联农带农发展现代农业的光明模式。

踔厉奋发 勇毅前行
努力打造上海蔬菜标杆

上海星辉蔬菜有限公司

上海星辉蔬菜有限公司（以下简称星辉蔬菜）位于上海市奉贤区海湾镇，成立于2000年，是光明食品集团上海五四有限公司（以下简称五四公司）旗下集种源、种植、加工、销售终端于一体的农业产业化龙头企业。公司在上海市郊拥有近2万亩蔬菜基地，其中集中连片的设施大棚3 000多亩，主要生产时令蔬菜、净菜等，年产量16万吨左右。公司先后被评为国家农业标准化示范区、全国农业标准化示范县（农场）、国家现代农业科技示范展示基地、上海市优秀蔬菜生产基地、国家生态农场等，"星辉"牌蔬菜已成长为"上海市名牌产品"，"星辉"商标被认定为"上海市著名商标"。近年来，公司积极围绕五四公司"湾区农场、全域生态、临港腹地"的战略目标和"高科技农业和高品质体验"的"两高"发展要求，以保障农产品安全供应为己任，以稳产保供、转型发展为抓手，以扎实有力的行动彰显国企使命担当，在服务"菜篮子"、推进高质量发展方面展现新作为。

一、抓好蔬菜保供，确保稳定供应

公司发挥基地优势，咬定"菜篮子"市长负责制考核目标，细化分解指标，牢牢扛起"菜篮子"安全保障责任，2023年完成播种面积5.6万亩次、产量16万吨。在疫情期间，星辉蔬菜发挥国企责任，将疫情防控和生产保供两手齐抓，落细落实常态化疫情防控举措，确保企业稳定运行，全力守护市民"菜篮子"。据统计，疫情防控期间，公司成立战"疫"保供突击队，共上市蔬菜2.4万吨，配送区域涉及奉贤、浦东、闵行、徐汇、黄浦、宝山、长宁等地区；克服人手不足、地域分散等实际困难，保障近2万亩蔬菜基地的闭环生产，织密织牢疫情防控网，确保防疫不松劲、保供不断档、春耕不误时。

二、抓好种苗产业，扩大辐射范围

公司新建、改扩建育苗温室，生产规模从3.5公顷扩增至5.5公顷，保持上海市种苗行业领先地位。通过建设工厂化育苗设施和引进国际领先的播种机、移苗补苗机等装备，有力提升了种苗的规模化、标准化、机械化、自动化生产水平。对内解决自有土地蔬菜种植的种苗问题，为连队及周边农户提供健壮一致的种苗；对外服务上海与江苏、浙江、安徽三省，目前销售已辐射上海奉贤、金山、松江等区，江苏南京、常州、无锡，浙江嘉兴，安徽合肥、芜湖，江西南昌等地。2023 年共培育各类蔬菜、花卉、组培等种苗 1.5 亿株。

三、抓好转型发展，推进"三化"生产

对标日本、荷兰等国家蔬菜工厂化生产先进技术和管理经验，建立 1 万平方米工厂化芽苗菜生产基地、1.6 万平方米水培植物工厂、8 000 平方米基质培植物工厂、1 万平方米果菜植物工厂、8 640 平方米鱼菜共生生态循环工厂，工厂化蔬菜生产面积近 4.5 万平方米，开发了豌豆苗、荞麦苗、空心菜苗和萝卜苗等工厂化芽苗菜产品，以及生菜、青菜、菠菜等工厂化水培绿叶菜产品，引进澳洲国宝鱼"墨瑞鳕"，不断丰富工厂化产品，优化和提高生产技术，保障全年稳定生产。争取农机购置补贴政策支持，先后引进蔬菜播种机 6 台、蔬菜移栽机 2 台、蔬菜作畦机 3 台、自走式绿叶菜收割机 1 台、植保无人机 10 台，以及配套动力机械、农机具 110 多台（套）等，逐步扩大植保无人机应用面积，推进蔬菜生产机械化。实施"沃土计划"，推进"蔬菜＋水稻""蔬菜＋绿肥/休耕"等多种作物轮作茬口模式，集成使用绿色防控、土壤保育、水肥一体化、废弃物利用、秸秆还田、粪水还田等多种生态农业技术，每年超额完成 9 000 亩绿色防控、1 500 亩土壤保育、480 亩水肥一体化、5 500 亩粪水还田等生态任务，实现基地耕地用养结合、污染控制、质量提升，减少化肥农药施用量，实现农业生产生态化。2021 年公司被农业农村部农业生态与资源保护总站授予"生态农场"称号；2022 年成功创建上海市生态循环农业示范基地。

四、抓好质量安全，确保蔬菜安全

星辉蔬菜按照蔬菜产前、产中、产后过程，构建起生产过程管控体系。产前做好产地环境监测，每年对生产基地的土壤和灌溉用水质量开展监测，确保种植环境处于可控状态，满足绿色食品产地环境质量标准要求，从源头上把好农产品质量安全关。产中严控投入品风险，实行农业投入品流入"一只笔"制度，统一采购、统一仓储、统一分发、统一使用的"四统一"管理制度，农药进出库和使用关落实植保员签名制度，确保进货品种安全、药物使用规范。建立企业蔬菜病虫害测报站，纳入全市测报系统，每年形成病虫害测报数据 5 000 条以上，及时发布病虫情报，为田间防治提供精准服务，做到打早打小。积极使用现代生物、物理防治技术，减少农药依赖。持续完善产品产地可追溯制度和质量标识制度，及时将蔬菜种植过程中农事操作上传系统，确保蔬菜生长过程信息可追溯。产后把好蔬菜上市安全关，严格落实蔬菜检测制度，坚持"不抽检不上市，不合格不上市"，坚持检测人员持证上岗，坚持检测仪器定期校验，把牢食品安全上市风险关口。公司每年自行开展蔬菜农残速测 1 万个以上，合格率 100%；市农委等政府部门监督抽检约 300 个，合格率 100%。

五、抓好产品销售，提升品牌影响力

聚焦"打造拳头产品、唱响星辉品牌"思路，瞄准消费形势变化，拓展市场渠道，致

力于打造一个上海市有影响力的、老百姓喜爱的蔬菜品牌。线上全力扩大在美团等电商平台销量，积极拥抱抖音、小红书等新媒体；线下深化与盒马生鲜、清美便利等连锁餐饮、生鲜超市合作，大力开发部队、机关、学校、社区食堂等 B2B、B2G 大客户，打造订单集成集配模式。公司获评 2020 年全国农业企业品牌推介蔬菜类优秀企业品牌，位列十大上榜蔬菜类品牌第二名。

经验启示：

　　星辉蔬菜始终聚焦主业主责，强化担当作为，立足万亩设施菜田资源优势和从"田头到餐桌"的现代蔬菜产业链，锚定"菜篮子"保供，推进蔬菜生产方式向现代化转型升级，积极在种源农业、设施农业、装备农业、生态农业、品牌农业上下功夫，加快从农业提质增效向高端精品、强链延链升级，为筑牢五四农场保供底板、打造"两高产业"新高地夯实了基础。

深入推进创新驱动发展
绽放现代农业创新之花

上海花卉园艺（集团）有限公司

上海花卉园艺（集团）有限公司是光明食品集团旗下专业花卉公司，集花卉研发、种植生产、文旅服务、绿化工程、花卉零售为一体，拥有智能温室群 33.33 万平方米、连栋大棚 36.46 万平方米、花卉新品展示和科普休闲园 48 万平方米、花卉新品科技研发中心 8 800 平方米，7 个生产基地拥有年产种苗 1.5 亿株、切花 1 200 万支、盆花 220 万盆的产能。集团积极践行"抓创新就是抓发展，谋创新就是谋未来"发展理念，牢记"用高品质花卉服务高品质生活"责任使命，深入推动创新驱动发展战略，聚焦种源种质新突破、智能生产新跨越、品牌营销新成效、文旅结合新模式、花卉业态新呈现，向着"新的一天从光明开始，新的一天用鲜花扮靓"不断迈进。

一、打造智能化生产基地

集团把智能化建设作为厚植产业优势、提升企业竞争力、赢得发展先机的重要举措，努力推动企业建成花卉"创新＋生产"支撑保障基地。集团旗下上海鲜花港企业发展有限公司（以下简称上海鲜花港）根据上海市政府关于在"十五"期间大力发展绿化建设的政策精神，在东海农场引进、示范、推广荷兰现代鲜花栽培技术，是上海地区最早一批农业产业化国家重点龙头企业。2022 年，集团总投资 1.5 亿元建设 5 万平方米现代化半封闭盆栽红掌生产智能温室，实现了环境调控及水肥管理自动化，从种植到成品出货全程机械化、自动化，节约劳动力成本 60％左右、加温成本 50％，生产周期缩短 2 个月，提高单位面积产值 30％，实现年产盆花 100 万盆，正品率可达 95％以上，远远高于传统种植水平。2024 年，上海鲜花港围绕郁金香、百合等年销售额千万元的单品，改造老基地 20 万平方米，已建成国内最大的现代化智能温室集群，进一步向着"产业攀升、利润倍增"的五年计划迈进。

二、持续推进新产品研发

集团坚持把创新摆在企业发展全局中心位置，紧贴产业发展和市场需求，在新品种研发与成果转化方面持续努力。上海鲜花港为世博会专门培育红遍中国馆的"中国红"凤梨，该品种是具备中国自主知识产权的全新品种。通过精准度颇高的花期调控技术，设计出中国馆"压轴"景致"感悟之泉"，创造了"七月荷花三月开"的奇迹。集团旗下上海种业（集团）有限公司（以下简称上海种业）作为第十届中国花博会主力军，承担花博园区 137 万平方米、316 个花卉景观布置的重任，种业科研团队克服新冠疫情等诸多困难，在农垦精神、农场精神的基础上，喊出了"逢战用我、用我必胜"的口号，栽培出 700 多类 1 020 个品种 3 000 余万盆鲜花，确保了花博会"花开不断、花开满园"的景观效果。在第四届进博会上，集团展出了来自 11 个国家的 4 大类 150 多个品种的花卉及相关产品，以"朱顶红蜡球"为代表的家庭园艺套装，因其不用种植浇水、4～6 周即可发芽开花的特点，成为家庭园艺圈的顶级 IP。2024 年，集团着力创新郁金香主题花展，新推出情侣、亲子、闺蜜 3 条游览线路，新设 8 个打卡点，把有 20 多年历史的花展成功办出了新意。

三、掌握核心种质资源

为提升花卉核心竞争力，集团以"引进＋自研"种源的模式，聚力攻克"卡脖子"难题。通过与国际知名的花卉种苗公司合作，引进先进技术，建设规模化、标准化和产业化程度较高的花卉种源中心，大力发展花卉种源产业。2017 年以来，集团共培育具有自主知识产权的花卉品种 24 个，参与制定和修订标准 20 项，获得专利 94 项，获得省、市级及行业奖项 147 项，第九届、第十届花博会等各类奖项 131 项。上海鲜花港投资参股全球第一大凤梨种苗生产企业德鲁仕公司，拥有的凤梨种源和品种占全球市场的九成左右，并通过不断研发新品种，保持着全球凤梨种苗领域的绝对领先地位。上海种业的香石竹种苗年生产量突破 3 000 万株，在品种、质量和数量方面位居国内前三，成为国家推广香石竹技术依托单位。

四、勇于开拓新市场新局面

近两年，集团先后在复兴公园、人民公园等打造了多种园艺服务融为一体、具备新公益性质的市民园艺中心，以多元功能、贴心服务不断满足申城市民日益浓厚的家庭园艺需求，提升了集团的社会形象和品牌价值。2024 年，集团以高效温室、数字技术、智能装备为支撑，计划再建 3 公顷国内一流、国际先进的工厂化花卉种苗生产基地，推进花卉种苗生产的工厂化、智能化，以适应市场需求、提升企业竞争力。为带动"后花博"经济运营，集团正探索多元产业融合模式，在农业科创、农教文旅融合基地的战略导向下，以科技赋能花卉园艺产业为中心，持续打造花博 IP，以光明农食产业和品牌为底座，全面发展农业教育与农业旅游、农业创新等服务业态，建立前端引流、后端整合资源盈利的新农业发展模式。

经验启示：

上海花卉园艺（集团）有限公司以服务市民高品质生活为目标，以花卉产业高质量发展为导向，牢牢抓住种质资源为我所有这个基础条件，通过智能化、自动化建设提质量、降成本、稳品质，通过品种、技术、模式创新始终占据市场先机，从而不断打造新优势、开辟新局面，成为名副其实的花中之王。

聚力改革创新
奋力谱写高质量发展新篇章

福建省程农投资集团有限公司

福建省程农投资集团有限公司（以下简称程农集团）具有深厚历史底蕴与创新活力。其前身是福建省程溪农场，自 1963 年创办以来，历经多次重大改革与转型，2017 年 2 月正式取得工商营业执照，2024 年 1 月成功改制为福建省程溪农场有限公司，并于同年 4 月组建成为如今的福建省程农投资集团有限公司。作为漳州市龙海区区属一级国有独资企业，集团主营工业、农业、投资、贸易四大业务板块，近年来通过深化改革、优化布局，构建了"主强辅优、多业支撑"的发展格局，成为龙海区首家充分市场竞争型国有企业，为区域经济发展注入新动能。

一、聚力改革，引领集团高质量发展新方向

深化改革是引领国有企业转型发展的根本动力。程溪农场顺势而为抓住每一次改革机会，逐步剥离办社会职能，彻底破除政企职能不清、社会负担沉重的发展阻碍，轻装上阵再出发。

（一）试行改革，减负提质优管理

改革以前，程溪农场政企不分，企业职能与行政管理职能不明确，未能办理工商营业执照；2015 年 11 月，中共中央、国务院出台《关于进一步推进农垦改革发展的意见》；2016 年 9 月，程溪农场被列为全国深化农垦改革专项试点单位；2017 年，注册成立总公司性质的"福建省程溪农场"，同年 6 月，整合资源，设立 4 家全资子公司，进一步强化企业法人主体地位。2018 年底，通过"内部分开、管办分离、授权委托、购买服务"的方式完成办社会职能改革，承担社会公共事务管理职能所需经费由当地财政负担，破解了体制机制束缚，减轻了农场负担。经过 4 年多的巩固提升，企业发展基础逐步夯实，社区治理能力显著提升，为进一步深化改革奠定了良好基础。

（二）深化改革，松绑赋能增干劲

2023 年，程溪农场在前期改革基础上，进一步深化农场生产经营企业化和社会管理属地化改革，与地方政府正式签订《社会职能交接确认书》，彻底剥离办社会职能。2024 年 1 月，程溪农场顺利完成公司化改造任务，改制成立福建省程溪农场有限公司；4 月，

进一步优化产业布局，组建成立福建省程农投资集团有限公司。至此，程溪农场顺利完成体制机制改革。

二、发挥优势，拓展高质量发展新空间

程农集团坚持符合实际、适应市场需求的经营模式，依托国企优势由内而外拓展空间，从"以农为主"的小农场到"以农养工、以工促农"的企业，再到"工业带动，农业、投资、贸易等产业齐头并进"的集团公司，始终保持健康稳定发展态势。

（一）聚焦工业提能强支撑，发展后劲不断增强

程农集团围绕腾龙工业大抓企业转型升级，着力解决腾龙工业技改转型难、扩建扩产空间小、业务模块不清晰、销售模式单一落后等发展问题。

一是破瓶颈、促提升。腾龙工业着力推动涂料生产设备和工艺升级改造，推进环保型、高闪点涂料产品及配套产品的研发和转化，进一步提升工艺安全性和产品质量；实施品牌战略，充分利用有 50 年历史的"龙江牌"油漆以及国企平台优势，逐步构建以品牌为核心运营模式，提升品牌价值，积极寻求与行业先进企业合作，代工生产缺失产品，丰富产品线，实现稳存量、拓增量、提质量。

二是强研发、拓市场。充分发挥国企优势，加强与漳州城投、龙海红树林等大型地方国企合作，探索与优秀民企如钦实集团等的合作，推动腾龙工业油漆产品进入对方供应链，拓展油漆产品销售渠道。目前与钦实集团合作成立供应链公司，开展船舶领域相关贸易业务。

三是优布局、促协同。成立 2 家商贸公司，将腾龙工业的购销板块独立运作，组建专业团队，优化购销能力；成立工程管理公司，延伸拓展油漆工程项目，实现模式创新、产业升级。

（二）聚焦农业开发补短板，社会化服务能力逐渐显现

集团紧扣农业规模化经营、专业化生产这条主线，以龙海区为中心辐射周边地区，整合开发存量低效用地资源，以"种养加"三产融合为轴线，创新推行"公司＋合作社＋农户"联农带农机制，着力培育集良种繁育、生态种养、精深加工、冷链物流于一体的现代农业全产业链项目。

一是重点推进程农·浮宫生态杨梅基地项目，计划投资 3 000 万元以"公司＋农户"的形式谋划打造高优杨梅示范园区，建成集设施种植、精深加工、文旅赋能等为一体的杨梅全产业集群，带动龙海杨梅产业的高质量发展，现已完成一期杨梅温室大棚项目建设。

二是积极推动程农·新希望现代农业产业园项目，计划投资 3 000 万元，盘活利用龙海区东泗乡、龙海新希望六合农牧有限公司的 380 亩消纳地的农田基本改造已启动。

三是扎实推进资源开发利用山海协作联合实验室项目，与自然资源部第三海洋研究所及平和建金巴威生物科技有限公司合作，在龙海区浮宫镇海门岛共建实验室，开展海洋微生物资源研发利用工作。

创建农垦蛋鸡现代农业示范基地，实现蛋鸡存栏 35 万羽，年产鸡蛋 5 000 多吨；以腾龙农业为平台，与漳州市凌波酒店管理集团有限公司加强合作，进入该集团旗下各权属企业供应链，进一步拓展延伸鸡蛋产品的销售。

三、要素保障，激发高质量发展新活力

面对日益激烈的市场竞争，程农集团积极争取地方政策支持，强化资产资金保障和后备人才储备，为做大做强做优企业提供有力支撑。

（一）依法依规管资产，固本强基增效益

一是抓实用地保障。全面把握国家产业政策、国土空间规划、供地政策和用地定额标准等，做好国有划拨土地办证等工作，保障项目建设，打牢发展基础。

二是优化土地管理。依托腾龙农业加强土地管理运作，规范承包合同管理，推动土地流转。

三是提升土地价值。引入第三方评估，推动土地承包价格市场化。聚焦土地招商，开发利用集团总部原腾龙工业旧厂房，建设沿街二层商业建筑、配套停车位及二层厂房，大力提升经济效益。

四是拓增新资产。通过政府划拨、购买国有资产等方式增加集团资产总量，盘活原龙海造纸厂闲置地块，通过土地办证和评估作价进一步规范经营管理，积极引进合作开发，推动国有资产保值增值。

（二）想方设法筹资金，开源引流强保障

一是拓宽资金渠道。做大做优集团资产抵押，加强银企对接或国企之间资金拆借，争取更多资金保障。

二是推动多元化项目合作。以现有资源、品牌等优势，引进国有企业、民营企业进行项目、资金合作，通过混改或合资形式实现双边共赢。侧重轻资产运营模式，推动集团降本增效。

三是争取上级资金支持。在立足集团整体布局基础上，加强与上级相关部门的沟通联系，紧紧把握上级政策方向，及早研判上级资金投向，提前对接，抢占先机。

（三）校企合作谋发展，选人育才强支撑

一是加强校企对接。腾龙工业与厦门大学、闽南师范大学持续深化"产学研"合作，学校提供科研指导，企业负责生产与市场转化，共同推进市场开拓、技术研发、人才培养和新产品研制，实现资源共享、优势互补。

二是规范人才交流。按照规定程序做好国企之间的人员交流调动，加强业务支持和沟通交流，弥补相关专业人才短缺问题。

三是加强校招社招。引进或公开招聘具备运营管理专业背景与丰富实操经验的人才，或尝试引进职业经理人制度，确保精准高效做到人岗匹配、人尽其用。

四是强化现有人员培养，优化年龄结构，加快建设适应市场竞争的人才队伍；加快制定完善充分竞争领域绩效考核机制和薪酬制度等，最大限度调动企业经营的自主性和灵活性，解决国有企业市场活力不足问题。

经验启示：

　　程农集团始终坚持以改革促发展，顺应时势，抢抓机遇，着力构建"主强辅优、多业支撑"的产业格局，打造集工业、农业、投资、贸易于一体的多元化集团公司。产业方面，坚持工农互促、双轮驱动，推动优势产业专业化、规模化，基础产业结构多元化、优质化，努力实现一二三产业融合发展；生产方面，坚持新品研发、技改提升，践行安全环保理念，着力打造高品质、差异化产品；营销方面，注重品牌建设，推动产学研融合发展，全方位拓展产业链价值链，壮大新产业新业态。

以茶为媒撬动经济"新杠杆"
富民强企打造"天下好茶"

九江市庐山综合垦殖场（以下简称庐山垦殖场）始建于 1957 年，总场场部坐落于庐山牯岭，辖区面积约 75.68 平方公里。庐山垦殖场以茶业、林业、苗木、果木、水产养殖为主导产业，多年来始终坚持绿色发展方向，强化品牌建设，优化营销模式，紧密依托互联网，充分挖掘茶产业与产品功能拓展可能性，打造涵盖茶叶种植、茶叶加工、电商营销及茶文化旅游等丰富形态的完整产业链，全面提升庐山云雾茶的品牌内涵和管理优势，使庐山云雾茶产业资源优势有效转化为经济效益。

一、"以旧焕新"，打造茶产业发展"新杠杆"

名山好水育好茶，庐山作为世界自然与文化双遗圣地，碧水青山孕育了良好的茶叶生长环境，庐山云雾茶也因此得名。自 1957 年建场以来，庐山垦殖场坚持因地制宜、因时制宜，依托场区优质有机茶园，以市场为导向，以生态为基底，调整优化产业结构，从茶园建设、加工管理和溯源体系建设、茶叶衍生产品开发等方面发力，强化品质核心优势，培育发展新动能。

（一）推进标准化茶园改造，强化要素支撑

庐山垦殖场茶树品种大多为庐山群体种，始于东晋，为名僧慧远大师移种。现基地茶树多为 1957 年建场时老一辈农垦人所种植，树龄较长，树势衰弱，育芽能力减弱，产量极低。为彻底改变现状，庐山垦殖场累计投资 400 万元，对 513 亩庐山索道下站台景观茶园进行更新改造，按照标准化茶园要求重新规划建设，通过行间开沟、人工修剪、深施饼肥等措施强化茶园管理，完善园、林、路、水等基础设施。目前已初见成效，茶园亩产干茶由 10 千克提高到 12.5 千克，茶园观赏性明显提升，每年春茶上市黄金期吸纳周边村镇农村劳动力达 1 000 人，仅 4 月春茶采摘一个月就可带来人均 5 000 元收入，被当地百姓称作致富"金叶子"。

（二）加强数字化管控，严把茶叶质量关

为实现"从茶园到茶杯"的全程可追溯，倒逼茶叶品质提升，庐山垦殖场投资近 900 万元建造 1 000 平方米的数字化生产车间。车间拥有全自动茶叶生产流水线，年加工优质

绿茶 40 余吨。同时建立茶叶质量安全追溯体系，充分利用物联网和移动互联网技术，实现对茶叶产品从基地种植、鲜叶采摘，到原料粗制、加工包装，再到仓储管理、运输流转的全过程信息化动态追溯，让高品质的庐山云雾茶在鱼龙混杂的市场环境中脱颖而出。

（三）深挖茶叶产品价值，丰富产品品类

为进一步深挖茶叶产品价值，庐山垦殖场不断尝试研发深加工产品。目前除庐山云雾茶红茶、绿茶外，还推出了庐山云雾茶饼、庐山云雾茶酒、庐山云雾茶饮等系列茶产品，结束了多年来茶产品发展单一化、简单化的局面。2021 年，"庐山"牌庐山云雾茶荣获九江市茶叶协会颁发的"茶产品研发与创新奖"。目前，庐山垦殖场还在探索开发夏秋茶资源，结合消费者多样化的市场需求研发茶功能饮料、速溶茶、茶酒、茶食品等衍生产品。大力推进茶叶电子商务，鼓励场内龙头企业依托大型电子商务平台开设线上旗舰店、加盟店，运用"网红经济"和社交媒体，开展视觉推广。

二、以茶为"媒"，撬动茶旅文融合新发展

庐山垦殖场始终践行生产、生活、生态"三生融合"发展理念，把"美丽农垦"作为可持续发展的最大本钱，打造"茶＋旅游""茶＋文化"新业态，不断丰富发展经济和保护生态之间的辩证关系，护美绿水青山、做大金山银山，做好"显山露水"的文章。

（一）推动茶旅融合发展

2017 年，庐山垦殖场通过招商引资方式，引进了庐山云茶谷精品园区项目。园区是集茶园保护、民宿打造、旅游休闲观光于一体的茶旅融合发展项目，按照"茶园田园化、产业融合化、城乡一体化"的发展路径，在保护好乡村的自然生态、茶园风光、乡风民俗和农耕文化的前提下，实现农村生产生活生态"三生同步"、农业文化旅游"三位一体"的良性循环。目前园区拥有餐位数 500 个、床位 120 张，年招待游客数量达 20 余万人，带动当地及周边 200 余户农户发展茶叶种植加工，百姓生活蒸蒸日上。

（二）培育文化创意产业

2020 年，庐山垦殖场依托场区的历史文化和茶文化资源，建设了庐山云雾茶文化产业园。产业园占地 12 000 亩，坐落在庐山索道下站台旁，毗邻净土佛教发祥地庐山东林寺，周边有石门涧、东林大峡谷等旅游景区。围绕"茶＋教育"，建设茶教育基地，加强中小学生研学、大学生茶艺课程、成人茶艺师培训等课程研发，传播茶知识、推介茶文化；围绕"茶＋文创"，借鉴故宫文创的成功案例，加强茶化妆品、茶家纺、茶具、茶鼠标垫等文创系列产品研发。

三、以品牌赋能，助推茶产业高质量发展

庐山垦殖场始终把品牌建设作为转变企业发展方式的重要抓手，坚持发展绿色生态农

业，培育绿色生态品牌，将生态优势、资源优势转化为产业优势、产品优势、品牌优势、市场优势，擦亮庐山云雾茶"金字招牌"，让"小茶叶"撬动"大产业"。

（一）激活品牌价值，擦亮金字招牌

庐山垦殖场投入近千万元集中打造"庐山"品牌，通过组织茶叶品牌宣传推广活动，让 20 世纪 80 年代的"庐山"牌云雾茶重回大众视野。2024 年举办庐山云雾茶文化旅游节，在北京、武汉、深圳、杭州等城市开展云雾茶品鉴活动，进一步提升品牌知名度及影响力。2024 年"庐山"牌云雾茶荣获商务部颁发的"中华老字号"称号。在 2023 中国茶叶区域公用品牌市场价值评估中，庐山云雾茶以 44.47 亿元的品牌价值列第 16 位，品牌建设取得丰硕成果。

（二）线上线下"双轮"驱动，加强营销体系建设

庐山垦殖场综合运用多种营销策略和手段，积极打造线上线下全面拓展、电商微商紧密融合的营销体系，加速向复合营销转型。2020—2023 年，同美翻网江西分公司、江西景初文化公司、赣茶融媒体等签订战略合作协议，并成功入驻中国国铁商城、京东商城等网上平台，以智能技术为基础，分层开展营销活动，搭建数字化营销体系。线下在庐山风景名胜区和九江市区开设直销店，在广州、深圳、武汉、南昌开设专柜，有效扩大了品牌影响力。

经验启示：

面对激烈的市场竞争，庐山垦殖场始终践行全新的产业融合发展理念，丰富拓展茶产业体系，深度挖掘产业发展潜能，全面提升产业竞争力。一是以绿色发展为支撑，提升产品品质。通过发展有机茶，加强标准化、数字化管理，强化了品质优势。二是以市场需求为基础，完善产业链条。适应消费者日益多元化、年轻化、个性化的茶产品需求，推进茶产品种类多元化、丰富化，实现了茶产业与旅游产业、文化产业深度融合。三是以品牌建设为动力，提升产业容量。通过创建有影响力、有知名度的茶叶品牌，构建全新营销生态，极大拓展了产业发展空间。

"接二连三"助推农业产业高质量发展

抚州市农垦发展集团有限责任公司

抚州市农垦发展集团有限责任公司（以下简称抚垦集团）成立于 2020 年 4 月，注册资本 4 亿元。近年来，集团抢抓重大战略机遇，加快现代农业企业建设，逐步成长为拥有 37 家子企业、资产规模超 169 亿元的市场化、实体化、效益化集团公司。

一、以资产整合为纽带，打牢抚垦集团发展基础

抚垦集团运用工业思维发展农垦事业，通过资产和股权将市、县两级农垦公司有机结合起来，构建符合农垦特点的企业架构，有效整合全市农垦资产。

（一）合资源聚优势，发挥农垦示范作用

全市 17 家垦殖场分布在各县（区），单个农垦规模较小，难以显现规模效应，也不利于扩大产业布局。集团组建后，成为一家资产规模超百亿元的 AA 级以上市场化实体企业，以此为平台，各县（区）农垦企业之间可以实现资源共享、优势互补、抱团发展，有利于建设现代农业大基地、大项目、大产业，打造具有地方知名农产品品牌和全产业链的企业航母。

（二）定思路明路径，打造农业龙头企业

抚州市政府牵头成立筹建工作领导小组，充分协调各县（区）、单位及时研究解决各种问题，坚持"五个不变"，充分保障自主，即：垦殖场管理体制不变，农垦仍由县（区）管理；垦殖场经营决策权不变，县（区）农垦在接受集团规划、监督、协调、指导的同时，依法独立行使其经营决策权；土地使用权不变，农场的房屋、农田等出租及经营仍由县（区）农垦公司负责；干部管理权限不变，集团委托各县（区）政府选聘或委派农垦公司高级管理人员；跑项争资的权益不变，垦殖场、农垦公司争取到的项目和资金，仍按原渠道建设和使用。坚持上下联动，有效整合资源，对全市 17 家垦殖场资产开展全面评估和资产分类，全面实现"资产变资本"，以"现金＋股权"的方式将资产注入集团，实现"垦区集团化"改革目标。

（三）强联合促融合，激发企业发展活力

通过"垦区集团化、农场企业化"改革，抚州市、县、场三级搭建了以抚垦集团为母

公司，13 家县（区）农垦子公司和 6 家二级农垦子公司共同发展的国有农业经营发展平台，提高了现代农业投融资能力，规范了农场国有资产经营行为，建立了市场化经营机制，构建了符合垦殖场特点的精简高效的治理结构。集团组建完成后，紧盯抚州农业"4＋6＋1"主导产业，从贸易业务、项目建设等多个方面发力，3 年来实现营收突破 30 亿元，利润连年增长，资产总额突破 169 亿元，整合效果明显。

二、以精深加工为重点，做实农垦实体发展文章

抚垦集团坚持农垦事业发展定位，以助推抚州乡村振兴和现代农业战略实施为目标，确定生猪、蔬菜（含食用菌）、崇仁麻鸡、南丰龟鳖四个重点产业，积极带动垦殖场推进乡村产业振兴，不断拓展延伸产业链。

（一）补链条兴业态，推动产业提质增效

抚垦集团聚焦四个重点产业，制定"2416"行动计划专项方案，引导垦殖场充分利用辖区内农田、土地等资源，发展种植和加工项目，探索特色农业发展路径。预计到 2026 年，集团将实现生猪产业营收 40.95 亿元、蔬菜产业营收 5.31 亿元、崇仁麻鸡产业 7.78 亿元、南丰龟鳖产业 4.34 亿元，总体营收较 2022 年提高 147.23％。

（二）聚焦延链补链，助推产业综合发展

生猪产业方面，集团与红星种猪公司及其他县（区）的 9 家企业达成合作，形成能繁母猪、生猪养殖、肉制品加工及销售全产业链发展格局。蔬菜产业方面，集团于 2022 年在全省首创，牵头为抚州各县（区）申报 24.45 亿元设施蔬菜专项债，与抚州本地企业及 6 个种植户合作建设约 4 800 亩设施蔬菜示范基地，并投资 1 000 万元入股江西力源公司，购买南昌大学益生菌发酵果蔬专利，建设江西力源现代农业产业园，助推力源公司营业额突破 2 亿元。崇仁麻鸡产业方面，集团投入 2 000 余万元与崇仁麻鸡龙头企业探索栏舍代建及饲料、肉鸡等方面深度合作，有效拓展了产业链条。龟鳖产业方面，集团牵头与抚州南丰龟鳖龙头企业组建合资众辉公司，打造龟鳖产业统一大平台，在 2024 年甲鱼种蛋市场价格跌至 0.1 元/枚的情况下，积极发挥国企托底作用，引导销售模式转变，投入 4 800 余万元与 1 700 余户散养户达成合作，成功将甲鱼蛋价格提升至 0.3 元/枚；以甲鱼预制菜、分割品等加工销售为切入点，与四川重点食品加工企业新雅轩食品有限公司及四川龙头餐饮企业谭鸭血、罗妈砂锅达成购销合作协议；在抚州文昌里创新推出烧烤小甲鱼、卤甲鱼等甲鱼特色美食。此外，集团还与科研院所合作探索发展新质生产力，与中国科学院分子植物科学卓越创新中心合作，利用 120 余亩冬闲田试种藜麦新作物 160 余个品种，与首农集团合作研发速食藜麦米粉，并已向市场推广。

三、以销售渠道为核心，壮大第三产业发展市场

抚垦集团坚持"走出去"发展理念，与国内农业领域头部企业合作，以农业产业链上

下游大宗贸易为切入点，拓宽抚州农产品销售渠道，助力产业延链补链，提高产品附加值。

（一）大力开拓市场，助力产品销售

与水发农业集团有限公司开展大米、猪肉、鸡蛋等大宗农产品贸易合作，每天将600～800头本地白条猪及约30吨猪肉分割品销售至上海西郊国际农产品交易中心、江杨农产品批发市场及广东袁记水饺等处，实现营收约1.3亿元。与首农集团成立的合资抚垦农创公司聚焦保供业务，同步拓展"多多买菜"等线上销售渠道，将崇仁麻鸡及麻鸡蛋、抚州米粉、黎川胭脂柚、黑毛猪等产品引入北京市场，每月业务额约3 000万元。与泉州市乡村振兴集团公司合作，以生猪、龟鳖销售为切入点，以泉州市国有企业食堂保供为突破口，将抚州特色农产品引入泉州市场，目前已有多个农产品上线"礼遇泉州"平台销售。与上海供销社达成合作，在上海农产品批发市场设立江西优质农产品展示馆，已于2024年6月开业运营。

（二）深度参与贸易链条，推进贸易增点扩面

在与水发农业集团有限公司等大型国企、上市公司开展农产品大宗贸易业务的基础上，加深与合作企业沟通，在"点"上继续大力开拓销售渠道，力争站稳湖北、四川的龟鳖销售市场，并立足全国市场，在北京新发地等大型农批市场逐步开设更多抚州特色农产品售卖档口；在"面"上丰富贸易内容，逐步拓展猪肉制品、牛肉制品等大宗农产品，做到贸易业务增点扩面。

经验启示：

　　抚垦集团紧盯抚州农业"4＋6＋1"主导产业，整合17家垦殖场资源力量，重点发展特色农业和农产品深加工项目，通过投资入股、贸易合作、创新产品、开拓市场等，大大拓宽了抚州农产品销售渠道，成功探索出了一条特色农业发展路径。

突出特色　做强产业
全力推动国有农场特色产业发展

郯城县郯南农场

郯城县郯南农场位于山东省最南部，1954 年成立，下辖归义、黄墩、赵庄、归昌、蒲汪 5 处分场，现有土地 1.66 万亩，在职职工 336 人。近年来，农场持续深化体制机制改革，优化产业结构，筑牢产业根基，延伸产业链、提升价值链，使老牌农场焕发出勃勃生机。

一、注重改革创新，增强内生发展动力

（一）实行集团化、企业化改革

农场全面推进体制机制改革，建立郯城县兴垦现代农业有限公司，之后又成立和接管嘉多禾农业科技、花之慧科技、沁园春米业、田田旺农业、润农农业 5 家专业子公司，建立起以郯城兴垦为龙头、5 家专业公司协同发展的"1＋5"经营架构，明晰经营资产产权关系，完善以资本为纽带的母子公司管理制度，为集团化管理奠定了坚实基础。

（二）坚持规模化、标准化经营

全面整合 1.66 万亩土地资源实行规模化经营。根据各产业特点因地制宜统一规划、统一管理、统一考核，根据作物类型制定统一的标准化操作规程、生产管理技术意见，实行生产全过程监管、生产资料统一供应、病虫害统防统治、农产品统一销售。坚持以农业机械作业代替人工作业降成本，以轻型绿色生产模式代替高投入高产出模式增效益。注重农产品质量安全，投资 300 余万元建成智慧云平台，建立了农产品从田间生产、加工检测到包装物流的全程溯源机制，实现了农业生产标准化、规范化。及时提炼总结生产经验，制定了《吨粮田建设规范》，该规范被确立为临沂市地方标准，为当地推动农业标准化生产、促进农业增效农民增收提供了范本。

（三）实施精准化、差异化考核

加强对专业化公司绩效考核，建立年度绩效考核体系。每年年初总公司与专业化公司签订年度经济发展目标考核责任书，明确年度目标任务、完成利润、管理办法、人员年薪、超额利润分配、奖惩措施等。专业化公司人员薪酬实行"年薪＋绩效奖金＋激励"机制，薪资水平较改革前显著提升，极大调动了人员工作积极性，激发了农场人才潜力。

二、加强良种繁育，打造区域良种基地

（一）推动强强联合，培育粮食优质新品种

郯城县是山东省主要粮食作物的良种繁育重点县，培育了国内唯一一家拥有五大作物（小麦、玉米、水稻、大豆、花生）育种团队的种业企业——新阳光种业。郯南农场与新阳光种业强强联合，繁育水稻品种阳光 958、晶稻 88、晶糯 100，小麦品种郯麦 98、阳光 808，玉米品种金阳光 320，大豆品种沂豆 13。这些品种高产、优质、多抗，在山东、江苏、河南、安徽、河北等地已广泛推广种植。积极调研市场需求，以"早熟、优质、绿色、节能、高产、高效"为目标，努力繁育适应现代农业生产需求的新品种，为实现黄淮地区粮食大面积单产提升提供有力支撑。

（二）完善基础设施，优化良种繁育条件

实施秸秆还田及有机肥替代化肥项目，提升土壤有机质含量，缓解土壤板结问题。实施土壤深耕深松项目，提高耕层深度，疏松土壤，减少杂草危害。实施高标准农田建设项目 6 个，修建防渗渠 7 000 米、灌溉大口井 3 个、机电井 200 多个、桥涵闸 47 座，疏通沟渠 18 000 多米，实施道路改造项目 7 个，全力打造集中连片、旱能灌涝能排、有效隔离、稳产高产的制种基地。目前，郯城县郯南农场已成为鲁南苏北地区最大的良种繁育基地，小麦良种播种面积 9 900 亩，年繁育小麦良种 4 500 吨；水稻良种繁育面积 7 900 亩，年繁育水稻良种 5 000 吨。

三、强化科技攻关，做强鲜切花卉产业

（一）建设高标准花卉产业园

农场先后投资 3 000 余万元建设标准化出口鲜切花卉产业园 2 处。园区连栋大棚配套遮阳、补光系统和风机水帘、微滴灌水肥一体化设施，实现全年不间断生产，有效提高设施利用率。配套建设加工车间、保鲜冷库、实验室等设施，将业务从单一生产花卉扩大至种苗、组培、技术指导、园区管理等，形成集科研、生产、加工、出口于一体的综合性产业，成为北方出口花卉的示范样板。

（二）开展深层次产学研合作

农场先后与中国农业大学、山东农业大学、青岛农业大学合作，建立现代化科研组培实验室，引进高端科技人才 6 人，成功掌握再生菊栽培管理技术，培育出神马、优香等出口花卉品种，达到国内鲜切花栽培一流水平。牵头起草的《切花菊设施栽培技术规程》被临沂市确定为地方标准，为提升切花菊栽培、采收、包装、储运等管理水平提供了有力的技术支撑。

（三）拓展多元化销售渠道

农场派人赴日本考察了解当地市场对出口菊花产品的评价，有针对性地采取技术措施

提高产品质量，增强市场竞争力。积极引进金善菊等日本当地新品种，进一步扩大合作范围，挖掘市场潜力。目前，产业园年生产鲜切花 800 余万株，产值突破 2 000 万元。

四、构建产业闭环，提升农场竞争能力

（一）补齐加工流通短板

农场投资 540 万元，新上精米加工流水线 1 条、粮食烘干生产线 2 条，日加工精米 50 吨、烘干粮食 240 吨。投资 700 万元，建成 1 万吨标准粮食储备库，新配备 13 辆冷链物流车辆，进一步增强了上联基地、下接市场的作用。

（二）丰富市场销售渠道

建立两处农产品营销中心进行直营销售，年销量突破 500 吨。用好线上销售模式，在淘宝、抖音等平台设立店铺。积极对接长三角市场，与上海铭言食品有限公司建立合作关系，农场"晶如玉"大米、"贝香缘"蔬菜已成功打入上海生鲜超市。

（三）强化品牌打造推广

积极参加中国国际农产品交易会中国农垦品牌发布推介活动、临沂市优质农产品产销对接会，成功举办郯城大米·晶如玉系列品鉴暨品牌推介会，"花之慧"出口鲜切花、"晶如玉"优质大米、"贝香缘"绿色蔬菜等农产品品牌逐步叫响，"晶如玉"品牌被纳入中国农垦品牌目录。

经验启示：

郯城县郯南农场利用郯城县是粮食大县、制种大县的特点，充分发挥自身优势，积极承接良种繁育工作，既融入本地粮食产业发展链条，又提升了产品附加值、增强了农场综合实力。瞄准鲜切花这一朝阳产业，及早布局、主动出击，攻克一系列技术难关，抢先占领日本市场，培育出了新增长极。注重打造全产业链，打通生产加工、仓储运输、产品销售等环节，形成了"产、运、储、加、销"一体化产业链条。全面推进农场管理体制改革，积极引入现代企业制度，完善绩效管理办法，建立标准化生产模式，为传统农场注入新的发展活力。

创国家级农业产业强镇
建三产融合发展样板

湖北省三湖农场

湖北省三湖农场（以下简称三湖农场）位于江汉平原西部、荆州四湖地区腹地、江陵县北部。全场国土面积 61.04 平方公里，其中耕地面积 5.6 万亩，林地面积 2.5 万亩，总人口 1.5 万余人，从业人员 7 680 人。近年来，三湖农场深入贯彻落实新发展理念，立足区域资源禀赋和特色优势，做大做强黄桃、虾稻等特色产业，做好"接二连三"文章，三产融合发展取得了良好成效，续写了新时代高质量发展新篇章，2023 年荣获首批"国家农业产业强镇"称号。

一、从强品质树品牌着手，不断夯实"第一支柱"

为不断夯实农业作为"第一支柱"的地位，三湖农场结合自身土壤、气候等资源优势，专注于黄桃这一特色产业发展，不断强化产品品质，采用科学栽培技术和严格的质量控制体系来保证黄桃的优良品质。优质的产品是品牌的基础，借助品牌效应，进一步扩大市场份额，从而有效增强农业产业的整体实力。

（一）谋划好产业

为推动黄桃产业可持续发展，三湖农场进行了合理的规划布局，制定了《江陵县三湖农场黄桃小镇规划》，明确了发展思路，提出涵盖"桃花观光欣赏、桃果精深加工、桃枝变废为宝、桃园综合利用"的全产业链发展模式。2024 年，三湖农场的黄桃种植面积稳定在 1 万亩左右，总产量达 2 万吨以上，较上年增长近 30%。这一显著增长不仅验证了三湖农场全产业链模式的有效性，还直接为农场职工增加收入约 4 500 万元。

（二）保障好品质

三湖黄桃具有黄、大、圆、甜、脆、香六大特征。为保证好品质，三湖农场制定了《三湖黄桃生产技术规程》，该规程涵盖了从园地选址、科学施肥、日常管理、储藏保鲜到包装运输等各个环节，并提出了详细的执行标准。三湖农场推行全程绿色化生产指导，减少化学肥料和农药的使用，注重生态平衡与环境保护。此外，还建立了黄桃质量追溯体系，确保从种植到销售的每个环节都受到严格的质量监控，从而保障产品的高品质和服务的高标准。这一系列措施增强了消费者对三湖黄桃品牌的信任度，有效提升了黄桃的市场竞争力。

（三）创建好品牌

三湖农场高度重视品牌建设，通过参加各类品鉴会、展销会，以及在中央、省、市各级媒体上宣传推广，进一步扩大了品牌的影响力。三湖黄桃先后获得国家地理标志保护产品、国家农产品地理标志产品、国家绿色食品 A 级认证、全国果蔬产业绿色发展百佳地标品牌、中国农垦品牌、荆楚优品等荣誉。2023 年，三湖黄桃又荣获"第三批全国名特优新农产品"称号。

二、从强引擎建园区发力，不断完善"第二车间"

二产是三产融合发展中最关键的经济支撑。三湖农场围绕黄桃资源优势，加大实体经济培育力度，点燃项目带动的引擎，全面提升二产比重，推动镇域经济发展。

（一）成立试点公司

为顺应黄桃全产业链发展趋势并推进农场企业化改革，三湖农场在 2016 年底成立了湖北丰之喜农业生态发展有限公司。公司的成立标志着农场向现代化农业转型迈出了坚实的一步。成立以来，公司在黄桃标准化种植技术的推广上取得了显著成绩，通过引进先进的栽培技术和管理模式，有效提升了黄桃的品质和产量。同时，公司还致力于黄桃品牌的创建与保护工作，通过打造独特的品牌形象，提升了产品的市场竞争力。目前，公司已成功建立起 500 亩的现代化黄桃种植示范基地，不仅展示了现代农业的高效与环保，也为周边种植户提供了示范样板。此外，公司还配套建设了分拣中心和电商销售中心，实现了从田间到市场的无缝对接。产品研发方面，公司推出的三湖黄桃罐头、果酒、粽饼等深加工产品，因其口感独特、健康美味而在市场上备受青睐，常常供不应求，为三湖农场带来了良好的经济效益和社会效益。

（二）壮大龙头企业

2023 年，"三湖黄桃"现代农业产业示范园项目顺利通过验收，这不仅是对三湖农场在黄桃种植与加工领域方面综合实力的认可，同时也标志着三湖农场在农业现代化进程中迈上了新的台阶。该项目的成功，不仅提升了三湖黄桃的品牌知名度，还带动了区域内相关产业链的集聚和发展。目前，全场规模以上企业达到 10 家，市级以上农业产业化龙头企业 6 家。这些企业的加入，不仅丰富了农场的产品线，也带动了农副产品深加工、冷链物流、电子商务等产业发展。企业的壮大，进一步巩固了三湖农场在地区农业经济发展中的重要地位，为深化产业链条、提高农产品附加值奠定了坚实基础。

（三）做强产业链条

为延长黄桃产业链并实现产品增值，在黄桃枝的综合利用方面，三湖农场与荆州沃森生物能源有限公司展开合作，将修剪下来的黄桃废枝转化为生物肥料，实现了资源的循环再利用。此举不仅解决了废枝处理问题，还为三湖农场提供了优质的有机肥料，促进了农业可持续发展。在桃果精深加工方面，三湖农场还引进了湖北三湖绿果农业科技有限公司，并于 2023 年正式建成并投入运营。该公司主要业务涵盖果酒加工、黄桃食品生产、冷库冷藏及物流配送等多个领域，目前，公司配备有 20 个发酵罐，年生产能力可达 600 吨。此外，公司自成立以来共收购 2 500 吨黄桃用于加工生产，不仅促进了当地黄桃的销售，还为农户扩大了收入来源，进一步推动了三湖农场黄桃产业的全面发展。

三、从孵电商美环境做起，不断壮大"第三产业"

三湖农场坚持生态优先、绿色发展的理念，按照黄桃特色小镇的定位，依托优美的自然资源和深厚的历史文化底蕴，打造荆楚农旅一体化示范区，实现经济价值、生态价值、历史文化价值及社会价值的全面提升。

（一）建好"电商园"

"互联网＋"为三湖黄桃产业的发展注入了新的活力，构建了现代化的农业经营模式，推动了产业的快速腾飞。三湖农场大力支持电商发展，在集镇西街设立电商一条街，对入驻电商实行租金减免优惠政策，新建农村电子商务服务网点 5 处。强化电子商务人才培训技能，与武汉职业技术学院签订战略合作协议，提供电子商务销售技术服务。目前黄桃销售电商主体 200 多家，年销售额达 100 万元以上的电商 6 家，楚果庄园、楚桃汇年销售总额达到 500 万元以上，销售从业人员 1 500 余人，形成了"人人皆电商"的氛围。

（二）营造好环境

三湖农场坚持共同缔造理念，开展宜居宜业和美乡村建设。充分利用黄桃树对房前屋后、主渠主路沿线进行绿化，既美化了环境，又发展了庭院经济。已建成周湾队、渊子口两个省级美丽乡村试点，按照"扫干净、码整齐、拆通畅"标准，开展全域环境整治。2023 年，三湖农场被评为"湖北省美丽城镇省级示范乡镇"。

（三）唱好"合奏曲"

三湖农场不仅致力于生产优质农产品，更通过一系列创新举措，成为集观光、休闲与度假于一体的综合性乡村旅游目的地，充分展现了其在经济与社会效益上的双重价值。三湖农场深挖宗炳文化内涵，深耕黄桃优势产业，大力推进农旅一体化发展。举办桃花节、黄桃采摘节等活动，春赏桃花夏品虾，秋采黄桃美景佳；香樟大道绿成荫，水杉丛林美如画；铁锅炖大鹅、田园烧烤共享农庄美味佳。四海农林网红小火车基地，全年吸纳游客 2 万人左右。三湖农场农庄已达 8 家，农旅要素进一步完善，被推荐为荆州市赏花旅游点，带动了区域经济的整体提升。

三湖农场将持续深耕黄桃产业、着力建设集镇，打造荆楚乡村农旅一体化发展示范区，继续擦亮"国家农业产业强镇"的金字招牌，成为推动地方经济高质量发展的典范。

经验启示：

　　三湖农场持续深耕黄桃产业，推动三产融合发展。在黄桃产业方面，优化种植技术提高黄桃品质和产量，开发高附加值的深加工产品。同时，通过"互联网＋"的营销模式，拓宽销售渠道，提高产品的市场覆盖率，推进农业数字化、现代化的转型升级。在农旅融合发展上，构建旅游、休闲、观光一体化的农旅示范区，举办桃花节、采摘节等活动吸引游客，推动服务业增长与就业，从而增强品牌的知名度和影响力，推动三湖农场经济高质量发展。

打造"红色农垦小镇"
赋能乡村全面振兴

湖北省熊口农场

熊口农场位于湖北省潜江市版图中心，建于 1957 年 11 月，农场国土面积 46 平方公里，耕地面积 5.5 万亩，户籍人口 1.4 万余人，1979 年被评为全国农垦先进集体；2011 年获"国家级生态乡镇"荣誉称号。扎根农场 50 多年的第一代农垦人、农场原党委书记秦银科被授予"湖北省劳动模范""全国乡镇企业家"等称号，2004 年农业部发出"向秦银科同志学习"的号召。近年来，潜江市熊口农场以自身厚重的农垦文化积淀为发展根基，致力于打造"红色农垦小镇"，开创了"铸红色基因之魂，立农垦精神之根，赋乡村振兴之能"的新局面。

一、读懂红色内涵，汲取前行力量

习近平总书记指出："红色资源是我们党艰辛而辉煌奋斗历程的见证，是最宝贵的精神财富。红色血脉是中国共产党政治本色的集中体现，是新时代中国共产党人的精神力量源泉。"熊口农场坚持在读懂"中国红"中寻找农垦精神源头，从农垦故事中汲取智慧和力量，让红色基因传承具体可感、富有成效。

（一）开展农垦精神讨论，提升农场人的身份认同感

农场党委下发《关于开展"弘扬农垦精神 建功新时代"主题活动的通知》。组织"新时代如何弘扬农垦精神""向老一辈农垦人学什么"等大讨论，分层次、有步骤地组织各个党支部开展广泛讨论，增强了新一代农垦人的身份认同感和归属感，激发他们投身农垦事业和乡村振兴的热情和动力。熊口农场获湖分场四小队队长陈伟说："弘扬农垦精神，干部有了精气神。现在路畅了、水疏通了，民生急难愁盼落到实处，群众哪有不服的？往年土地合同款难收，现在说交就交，马上就能交齐！"通过开展大讨论，凝聚了人心，鼓舞了士气，营造出良好的舆论氛围。

（二）讲述农垦红色故事，增强农场人的荣誉感

全面细致梳理农场 67 年发展史，总结发展经验，汲取力量，传承精神，讲好农垦故事，激发情感归宿。党委书记吴明星既是红色农垦小镇的主要策划者，也是"红色故事的讲述人"。她推出的《解锁熊农发展密码》宣传片，在视频号、抖音上点击量

达 20 万次。"我是农场人"的荣誉感在全体农场人心中快速提升，凝聚力得到极大增强。

(三) 树立农垦先进典型，激发农场人的干事热情

开展农垦精神的先进典型人物评选，涌现出"致敬熊农建设者""寻找熊农工匠""我是新农人"等 100 多个身边典型。这些典型人物鲜活朴实，充分展现了农垦精神的传承与践行，示范带动全场广大干部职工，以更加饱满的热情、更加务实的作风积极投身农场建设。

二、构建人文空间，活化农垦记忆

因地制宜，盘活红色农垦资源，将农垦文化进行集中展示。在现有的广场、工厂、电影院、招待所等具有年代感的场所，打造红色教育的沉浸式体验阵地，并形成了一批特色鲜明的党建、研学阵地。市委党校将红色教育阵地作为干部培训的党性修养"现场教学点"，企事业单位不定期在这里开展支部主题党日活动，青少年开展红色研学夏令营，每年来此开展支部主题党日、红色夏令营、研学拓展等活动的达两万人次。

(一) 建设记忆时光长廊，活化农垦历史记忆

展线长达 400 米的"农垦记忆走廊"以情景再现的方式，展示农场 67 年的发展历程，透过《50 年代拓荒者》《60 年代农业机械化》《70 年代工业勃发》《80 年代改革开放生机盎然》《新时代农垦景象化》等篇章，形象地解读了"艰苦奋斗、勇于开拓"的农垦精神。在这个充满纪念性的人文空间里，农垦记忆成了"可以穿越的历史""可以透视的故事"。

(二) 秉持传承与创新，发展旧工业旅游

熊口农场将红色资源"串联成珠"，打造沉浸式体验场景，实现"红色故事""农垦记忆"与"情感场所"自然交融。1980 年修建的电影院，楼上楼下 1 350 个观众席，"解放103"的 35 毫米放映机……各项设施保存完好，成了两代人怀旧体验的网红打卡点；拥有50 年历史的国营地雷酒厂抖音直播酿酒工艺，妙趣横生的酒文化体验、活泼生动的文创产品、"红上加红"藏酒活动、"久久相伴"金婚盛典等主题营销炙手可热；红色工业园运用真东西、真宝贝再现农场的"工业记忆"，老厂房、旧机器，讲述着一个个鲜活动人的创业故事、一段段艰辛难忘的奋斗历程；1958 年前后，先后建立拥有车、钳、锻、模等八大门类的机械厂和标准件厂，用当时国内少有的 C-620 机床等设备，组装成了包括解放牌汽车在内的"大家业"；1987 年，建立江汉棉纺织厂，年产纱量 5 000 吨，跻身"全国纺织行业龙头企业"。

(三) 做好红色底色文章，打造农场文化品牌

红色，就是农垦小镇的厚重底色。熊口农场做足"红色"的视觉化演绎和附加值挖

掘，矗立于农场大路口的"农垦精神代代传"雕塑，变成"红色农垦小镇"的新地标；红色巨型党旗、红色的农垦精神宣传，营造沉浸式的氛围感；统一城镇基础色调，打造红墙碧瓦、红墙绿树的网红打卡墙，成为婚纱摄影拍摄基地；将红色运用于活动场合、产品包装中，体现红红火火、喜庆吉祥、蓬勃向上的寓意。同时，促进以红色教育为主题内容的各种拓展活动场所和"红色＋党建＋旅游＋研学"基地的建立，最终形成"火"起来、"活"起来的红色农垦文化品牌。

三、推动农文旅融合　促进产业振兴

按照潜江市"四化同步示范区"建设要求，熊口农场结合自身交通便利、基础设施完善、文化厚重、生态优美等核心优势，重点发展农文旅产业，以文化带动旅游，以旅游带动农业产业发展，现已初见成效。

（一）大力发展观光体验农业

聘请科研机构、高校驻点指导，推广天冬、瓜蒌、藏香猪和鲴鱼等特色种养，乡村产业蓬勃兴旺。八大垸、马长湖、东大垸的草莓采摘，2 000 亩的阳光玫瑰葡萄采摘，西湾湖果园队的桃、梨采摘和瓜蒌吊瓜项目，4 000 亩的花海、生态养鹿场等农业新项目为农场聚集了人气，也为农民带来了可喜的收入。招商引资建设的 200 亩小福生态农垦庄园，是一座集高效生态种养、休闲观光游乐、果蔬采摘认领、研学科研实践于一体的现代农业产业园，成为体验式农业的集中展示区。

（二）乡村网红助力农场电商

抢抓网红经济发展红利窗口。2022 年，挂牌成立"潜江市乡村网红孵化基地"，依托网红基地，开展乡村网红培训、孵化。以乡村网红促进农文旅融合，助力乡村振兴、人才振兴和文化振兴。西湾湖水果通过乡村网红抖音短视频直播带货和小黄车，实现销量与效益双提升，进一步促进了农文旅融合。

（三）招商引资增强农场发展后劲

近年来，熊口农场不断优化营商环境，高效务实的营商环境也让农场成为投资热土，吸引了一批优质投资商，项目逐个落地，招商引资发展态势良好：100 兆瓦的大唐光伏发电项目已经投产；大唐 100 兆瓦钠电池储能项目于 2024 年 6 月 30 日建成通电；葡萄小龙虾交易中心建成运营；湖北科煤机械有限公司正在施工建设中。其中，大唐 100 兆瓦钠电池储能项目是我国首个百兆瓦时钠离子储能项目，实现了关键核心技术装备 100％国产化，对推动大容量钠离子储能系统规模化、商业化应用有很大帮助，受到中央电视台关注和报道。

建功新时代，谋求新发展。新时代新征程上，农垦人正在红色农垦小镇这片热土上挥洒汗水、奉献智慧，书写新的篇章。

经验启示：

　　熊口农场坚持党建引领、创新驱动、绿色发展的理念，锚定建设"红色农垦小镇"目标，不断深化改革、扩大开放、优化环境，通过深入挖掘红色资源、传承农垦精神、构建人文空间、培植新兴业态等一系列举措，努力将农场"红色农垦小镇"打造成为乡村旅游的知名品牌和乡村振兴的示范样板。

全产业链绿色优质"垦"出
南药产业发展新天地

广东省农垦集团公司

2021 年以来，广东省农垦集团公司（以下简称广东农垦）加快培育南药战略性新兴产业，计划用 5～10 年时间，将南药种植面积发展到 30 万亩以上、辐射带动周边地区 20 万亩以上，中药饮片加工产能发展到 8 万吨以上。

一、高标准履行国有企业责任

广东农垦将南药产业确立为战略性新兴产业，举全垦区之力加以培育，主要是基于以下三方面考量。

（一）促进中医药传承创新发展，助力健康中国建设

党的二十大报告强调"促进中医药传承创新发展"。2023 年 2 月，国务院印发《中医药振兴发展重大工程实施方案》，强调传承创新发展中医药是新时代中国特色社会主义事业的重要内容，是中华民族伟大复兴的大事。当前，国内中药原料种植分散、管理粗放，标准化、规模化、集约化程度低，导致道地药材药性低，产量和质量不稳定，中药材供需矛盾逐年增大。广东农垦因势而谋、顺势而为，以全产业链思维统筹推进育苗、种植、加工、销售等环节，高标准、高起点、高质量谋划发展南药产业，符合中国中医药发展大趋势，有助于推动中医药产业集约化、效益化、品牌化发展，为实施健康中国战略做出贡献。

（二）促进耕地保护，充分利用国有土地资源

粮食安全是"国之大者"，耕地是粮食生产的命根子。我国人多地少，耕地"非农化""非粮化"问题仍较为突出，耕地保护形势依然严峻、任务更加艰巨，在经济发展中丝毫不能放松对耕地的保护。广东农垦发展南药产业，主要是利用 70 多万亩的天然橡胶园地发展规模化南药种植，不占用耕地和其他农用地，有利于耕地保护和实施粮食安全战略。

（三）促进胶园经济发展，培育新型经济增长点

广东农垦在利用天然橡胶园发展南药产业的过程中，积极发展立体生态胶园经济，充分利用橡胶园半遮蔽环境，为南药产业创造良好的生长条件。同时，推进天然橡胶与南药

共同施肥、共同管理，有效降低生产成本，大幅提高土地产出效益和员工劳动生产率。此外，近年来，由于天然橡胶价格长期低迷，以橡胶为主业的农场普遍经济困难，发展南药产业，培育了企业新的经济增长点，开辟了农场高质量发展的新路径。

二、高水平谋划南药产业高质量发展模式

广东农垦高起点、高标准谋划推进南药产业发展，着力打造以绿色优质、一二三产业融合、多方合作推进为主要特征的高质量发展模式，重点做到"三个突出"。

（一）突出绿色优质

一是强化科技支撑引领作用。以获批创建广东省南药种业创新园为契机，加速广东农垦南药种业创新发展成果转化落地。二是打造立体生态高质量种植新模式。充分利用天然橡胶林下资源，发挥生物多样性优势，促进南药与天然橡胶互利共生、共同高质量发展。三是开展全程质量控制。实施名特优新农产品全程质量控制试点工程，构建南药全产业链可追溯的质量标准体系，制定高于现行标准的南药质量标准，实行育苗、种植、采收、加工流通等全产业链全程质量控制。

（二）突出全链打造

一是创建一个"新模式"。整合土地资源优势、中药企业的市场优势和专家团队的技术优势，有序推进南药生产示范、加工物流、研发服务、中药文化、品牌营销等相互融合发展。二是构筑一个"全体系"。推进南药产地趁鲜加工、分选、烘干、贮藏等趁鲜加工示范基地建设。与大型药企合作共建精制饮片厂项目，加强精深加工关键技术与设备研究，创新产品研发。三是实现一个"大目标"。通过5~8年的努力，打造成全国南药产业集聚发展引领区、最大的南药规范化生产示范基地和最大的南药储备基地，建设国家级南药育繁推一体化的创新发展基地，创建中药材现代化交易模式示范样板。

（三）突出合作共赢

一是聘请广州中医药大学、广东省农业科学院、大型药企等专家作为产业技术顾问，打造一支高素质专家团队。二是深化药企与农场合作，与华润三九、北京同仁堂、一方制药、广药集团、康美药业等大型药企开展产供销对接，实行订单生产，确保大型药企有长期稳定的优质药材原料供应保障，实现互利共赢。三是深化垦地合作，促进城乡区域协调发展。落实与农场属地政府的战略合作框架协议，在产业引进、示范区建设、联农带农等方面深化合作，不断提升中药产业创新力、竞争力和全要素生产率，共同推进乡村产业振兴。

三、高规格构建"11533"南药产业发展战略布局

以"立足广垦，面向湾区，拓展岭南，迈向国际"为原则，构建"11533"的产业空间布局，形成区域功能明确、空间布局合理、全产业链统筹推进、一二三产业融合发展的

新格局。

1，即一个南药科技创新中心。依托广东农垦热带农业研究院有限公司，联合广州中医药大学等科研院所及华润三九、康美药业等下游药企，共建广东农垦南药科技创新中心。以广东省南药种业创新园建设为契机，重点建设南药种质资源库（圃），加快推进南药优质种子种苗繁育基地项目建设，构建南药种质资源保护与创新利用技术体系。

1，即一个南药综合加工服务区。依托现有仓储、初加工设施，联合全国中医药产业链链长单位——华润三九，在粤西建设1个年产8吨中药材精制饮片加工厂，并借助电商物流产业，将产品销往全国乃至全球，引导中药材加工向规模化、集约化、专业化发展。

5，即五个标准化种植示范带。大力推广胶园经济生态种植模式，在5个管理局各建设1个南药标准化种植示范带，重点规划"胶园更新改造＋林下南药标准化种植"基地，并以点带面辐射带动农场及周边地区发展南药标准化种植。

3，即三个产业融合示范基地。一是光伏板下南药种植示范基地。充分利用垦区现有4.5万亩光伏用地，规划建设"光药"融合示范基地，成为光伏农业典型标杆。二是产地趁鲜切制示范基地。根据实际需要配套建设产地趁鲜切制示范基地，同时引导趁鲜切制企业按照药品、食品标准对南药进行规范化的产地趁鲜切制。三是农旅结合示范基地。打造一批具有广东农垦特色的"南药小镇"，形成"生态种植—景观游—生态健康游"的生态健康农业产业。

3，即三个拓展方向。一是全面拓展省内南药产业发展空间。加强与省内其他大中型药企或科研单位的合作，在仓储物流、市场营销、品牌创建等方面建立长期稳定战略合作关系。二是全力拓展岭南地区产业合作领域。将广东南药产业链逐步向岭南地区乃至全国范围布局。三是探索拓展海外地区产业发展布局。依托广东农垦在境外天然橡胶种植基地和全产业链组织体系，选择适合当地气候的南药品种，开启南药在东南亚和非洲地区的产业布局。

截至目前，广东农垦南药种植面积累计达到10万亩，并成功获批创建南药国家级现代农业产业园，被农业农村部确定为"全国名特优新农产品（南药）全程质量控制高质高效试点"单位，被国务院国有资产监督管理委员会确定为中医药产业链建设成员单位。广东省南药种业创新园建设有序推进，第一期南药种质资源圃已收集1 156种南药种质资源。发展南药产业意义重大，前途光明，广东农垦将一步一个脚印，几年一个台阶，扎实有效推进，让南药产业在垦区大地扎下发展深根、绽放绚烂花朵。

经验启示：

　　广东农垦结合垦区发展实际和资源禀赋条件，经过周密研讨和反复论证，举全垦区之力培育发展南药战略性新兴产业，着力打造以绿色优质、一二三产业融合、多方合作推进为主要特征的产业高质量发展模式。以"立足广垦，面向湾区，拓展岭南，迈向国际"为原则，着力构建"11533"的产业发展布局，加强南药种质资源保护与科技创新利用，打造5个标准化种植示范带，并将南药种植与发展光伏农业、产地趁鲜切制、农旅融合产业相结合，促进产业融合发展，实现农场增效、职工增收。

构建"从牧场到餐桌"一体化全产业链
打造华南都市型乳业高质量发展标杆企业

广东燕塘乳业股份有限公司

广东燕塘乳业股份有限公司（下称燕塘乳业）成立于 1956 年，是一家集养殖、研发、加工、销售于一体的综合性乳品企业。近年来，燕塘乳业深入贯彻落实健康中国战略和食品安全战略，秉承"从牧场到餐桌"的全程质量管理理念和"用心传递新鲜，品质成就未来"的质量方针，依托科技创新、数智赋能，致力构建从上游的饲草种植、奶牛养殖，到中游的研发加工、品控检测，再到下游的冷链物流、销售终端的一体化全产业链，精心控好每一个质量环节，做到"种好草、养好牛、产好奶、出好品"，从根本上保障产品质量，推动企业高质量发展。

一、种养一体，打造规模化现代化优质奶源基地

安全是奶业发展的底线，优质是乳业发展的方向。多年来，燕塘乳业采取"公司＋牧场""自有＋战略合作"的集约化供奶模式，推进规模化现代化牧场建设，确保优质奶源供应。

（一）建设高标准自有示范牧场

燕塘乳业严把奶源质量关，通过自建牧场引良种、优环境、强管理，打造优质奶源基地。建设阳江红五月牧场、湛江澳新牧场、陆丰新澳牧场 3 家规模化现代化自有示范牧场，引进澳大利亚和新西兰良种奶牛，采用智能化养殖管理模式，实施统一管理、统一采购、统一技术标准。持续加强国产奶牛改良和自主繁育体系建设，提高奶牛生产能力，加快建立核心良种群，用优质性控冻精和胚胎移植快速扩群。多家牧场先后被评为全国奶牛养殖标准化示范场、中国农垦标杆牧场、优质乳工程标杆示范牧场，并取得 GAP（良好农业规范）一级认证、原奶出口认证等。

（二）建立安全稳定饲料供应体系

燕塘乳业高度重视饲料配方研发和饲料管理，成立牧草种植公司，在自有牧场及周边农村推广全株青贮玉米等青饲料种植，做到牧场青饲料品质源头可控。2023 年，燕塘乳业种植青贮玉米面积达 1.1 万亩，产量 2.08 万吨，平均干物质含量 32.20%，淀粉含量 30.17%，玉米质量在广东地区处于领先地位。近三年，燕塘乳业累计投入超 6 000 万元资金从事牧草种植，为当地提供 3 000 多个就业岗位，带动农户年平均增收 1 000 余万元，

户均年收入增加 3 000 余元。同时，与广东农垦热带农业研究院有限公司合作探索用红麻替代苜蓿草，进一步实现了饲料质量可控和饲料安全稳定供给。

（三）建强战略牧场合作机制

经过长期探索，燕塘乳业已与省内外 10 多家规模化牧场形成风险共担、发展共赢的合作机制。

一是强指导。通过派驻专家的方式对合作牧场实施奶牛群体改良、管理软硬件升级等一系列技术输出和管理扶持，有效提高了合作牧场生产水平，保证了奶源品质。

二是树标准。坚持按质论价、优质优价的原则，实行订单生产，明确生鲜乳供应数量、质量、价格、奖罚条款等内容，使合作牧场专注于提升养殖水平和奶源品质。

三是保收购。在新冠疫情期间，坚持对合作牧场"不拒收一滴奶"，有力维持了奶源市场的稳定，促进了乳品生产企业与养殖企业的协同发展。

（四）建牢乳品质监管防线

燕塘乳业把为广大消费者输出"至佳品质"和"至佳体验"作为矢志不渝的追求，原奶各项指标均优于发达国家标准。如菌落总数欧盟标准是每毫升不超过 10 万 CFU，燕塘乳业标准是不超过 2 万 CFU；蛋白质含量欧盟标准是不低于 3.0%，燕塘乳业标准是不低于 3.2%；体细胞数欧盟标准是每毫升不超过 40 万个，燕塘乳业标准是不超过 30 万个。燕塘乳业深受消费者信赖，相继获得"农业产业化国家重点龙头企业""全国奶牛标准化示范场"等称号，成为我国南方乳业的一面旗帜。

二、科技创新，打造食品制造标杆企业

科技创新是乳业高质量发展的重要依托，是全产业链品质管控的重要保障。燕塘乳业坚持科技领先战略，通过技术创新推动产业链供应链质量安全和企业高质量发展，于 2016 年被认定为高新技术企业。

（一）建设全球领先的乳品加工工厂

2018 年，燕塘乳业投资超过 6 亿元的广州开发区旗舰工厂建成投产。该工厂引入前处理中央控制系统、全自动码垛机器人、自动化智能立体仓库等先进技术，具有"智能高效、节能环保、行业示范"的特点，是华南乳业首个智能化自动工厂，年产能 25 万吨。目前，已通过 FSSC22000、HACCP、GMP 以及 ISO9001、ISO14001、ISO45001 等一系列国际先进体系认证，并取得产品出口资质，为生产高品质、差异化的特色产品提供了保障，接连被评为优质乳工程标杆示范工厂、国家绿色工厂、粤港澳大湾区菜篮子生产基地、广东省食品放心工程示范基地。

（二）打造国内领先的乳业科技创新平台

燕塘乳业坚持"引进来"和"走出去"相结合，着力打造国内领先的乳业科技创新平

台。2003 年，燕塘乳业建成了华南地区最大的工程技术研究中心，先后被认定为国家乳制品加工技术研发专业中心、博士后工作站、广东省乳业工程技术研究中心等。燕塘乳业积极与美国杜邦、以色列阿菲金、新西兰奥克兰大学、中国农业大学、华南理工大学等国内外知名企业、高校及科研机构合作，共同开展科技研究，近三年科研成果转化率达73％。2018—2020 年，燕塘乳业开发的"乳制品质量安全生命周期智能溯源平台建设及应用"等多项技术获得广东省食品行业科技技术进步奖特等奖、广东省科技进步奖一等奖、人民日报数字传播"人民好品工程"等荣誉。

（三）持续推进产品创新

燕塘乳业坚持"研发一代、储备一代、推出一代"的产品研发策略，依托国家级科创平台，紧贴大健康和差异化概念，在工艺技术创新的基础上，结合本土民俗文化打造特色低温产品和个性常温产品，其中部分产品被授予"全国乳业优秀新产品""广东省优秀名牌产品""广东省高新技术新产品"等荣誉称号。2004 年，推出蕴含岭南传统饮食文化的"养生食膳"系列。近几年推出具有城市记忆的"老广州"酸奶、新潮鲜活的"新广州"鲜牛奶、港式经典的杨枝甘露牛奶饮品等多个系列特色新品，均以其独特的技术工艺、文化内涵赢得了高度的市场认可，仅"老广州"酸奶系列年销售额就超过 1.5 亿元，经济效益显著。

三、精耕市场，打造优鲜生活圈

根据城市型乳企特性，燕塘乳业采取"精耕广东、覆盖华南、迈向全国"的发展战略，将稳扎稳打与创新营销相结合，企业品牌深入人心，营业收入稳步提升。

（一）建设全渠道立体化营销网络

燕塘乳业不断扩大商超便利店、集团学校等传统渠道，构建送奶到户、专营店和经销门店等专属渠道，打造电商平台及社交平台等线上渠道，形成全渠道立体化营销网络。目前，燕塘乳业拥有专营门店 2 000 多家、商超和便利店等零售终端 1 万多个，以及众多主流电商及社交平台，让消费者可以零距离享用优质乳品，同时积极推进"线上＋线下"互联互通，为消费者提供更加便利的服务。在本土市场精耕细作的同时，公司加快"走出去"步伐，不断延伸优鲜生活圈至海南、江西、湖南等周边省份。2019 年 9 月，燕塘乳业成为国内率先实现低温产品出口港澳地区的乳企，并通过多年努力获得大规模供应澳门学校乳品的资质。

（二）打造物流配送服务体系

为有效衔接全渠道立体化营销网络，打通优鲜生活圈"最后一公里"，燕塘乳业打造了华南地区规模最大的乳制品物流配送体系，建立了 10 多个卫星配送中心、近 200 辆冷藏运输车及 400 多人的专业配送队伍，做到与消费者无缝对接、新鲜到家。与华南理工大学联合开发实施智能化冷链项目，实现了从装卸到销售点及销售点储存过程中的品质管理。凭借在乳品冷链建设上的成功做法，燕塘乳业先后被授予中国冷链物流金链奖、中国物流行业金蚂蚁创新奖。

（三）推进产品品牌深入人心

燕塘乳业在品牌建设上注重策略性转变，以全新方式提升品牌活力与价值，推动"老字号"不断焕发新活力。

一是培育明星系列，助力品牌传播。将核心产品如"老广州"系列和"新广州"系列，结合品牌传播的维度转换直接推进爆品策略，拉动产品销量，并持续有效地营造品牌差异化。

二是整合新媒体矩阵，推进精准传播。建立微信公众号，积累粉丝超过70万，并率先在抖音、视频号、头条号及小红书等新兴个性化平台开展自媒体传播，提高品牌宣传精准度与时效性，推动流量转化，主题活动传播量从2019年的9 100万次上升到2023年的16.4亿次。

三是融合特色文化，升级品牌内涵。营造品牌形象元素主场，与百年西湖花市、广府庙会联合推出"鲜春攻略"，以核心产品"老广州"为蓝本推出国内首款广府年俗文化专版产品，促进本土传统文化传播，增加品牌文化内涵。

四是推进线下活动，强化互动体验。结合消费对象的层次及行为特征，推广大规模的覆盖式互动体验活动，开展以旗舰工厂为核心的透明工厂游，现已接待各界人士参观超过3.3万人，普通消费者占比超过75%。

经验启示：

　　燕塘乳业始终坚持守好质量安全底线，构建牧草种植、奶牛饲养、品控检测、产品研发、冷链物流、终端销售等一体化全产业链体系。生产方面，针对高温高湿的气候特点，不断加强管理，通过科技赋能，实现智慧养殖，持续提升乳品质量。加工方面，坚持科技创新，引进国外先进技术装备，建设智能高效、节能环保的现代化工厂，打造高品质、差异化产品。营销方面，紧跟时代潮流，加强产品品牌建设，以新渠道推介新产品，通过"线上＋线下"多种方式开展立体化营销，优鲜生活圈不断扩展。

做强"大基地" 打造精品畜牧"大企业"

广东广垦畜牧集团股份有限公司

广东广垦畜牧集团股份有限公司（以下简称广垦畜牧集团）成立于 2011 年 1 月，是广东省农垦集团公司旗下专业化生猪养殖产业集团，是农业产业化国家重点龙头企业和国家高新技术企业。近年来，广垦畜牧集团矢志不渝地聚焦生猪养殖主业，加速构建现代畜牧业的"三大支柱"——大基地、大企业、大产业，通过产业链的深度融合，持续强化稳产保供能力，矢志成为全国首屈一指的国有畜牧精品企业，为畜牧产业的高质量发展注入强劲动力。2024 年，广垦畜牧集团首次入围"全球养猪巨头 TOP50 榜单"，居第 46 位，成为华南地区生猪养殖领域具有竞争力和影响力的国有畜牧龙头企业之一。

一、勇担稳产保供重任，做强生猪养殖"大基地"

猪粮安天下。生猪产业是保障食品安全的基础产业，猪肉供应事关国民经济的稳定发展，事关人民群众切身利益。2018 年以来，受疫情、饲料原料等多重因素的影响，国内生猪供需呈现失衡现象，生猪市场行情波动，影响猪肉的稳定供应和人民群众的"肉盘子"。广垦畜牧集团肩负起生猪养殖"国家队"的责任担当，着力打造生猪养殖"大基地"，有序扩大生猪规模，切实提升稳产保供能力。

（一）发挥优势，建设生猪优势产业集群

2020 年，依托广东农垦土地资源优势、产业基础优势和科技创新优势，广垦畜牧集团获批建设广东农垦生猪产业集群，是全国首批 50 个优势特色产业集群项目之一。项目实施以来，广垦畜牧集团建成 6 个现代化大型生猪养殖基地，配套数字化精准饲喂管理系统、智能化环境控制系统等现代化生产设施设备，实现了养殖智能化、生产信息化、管理数字化，新增生猪产能 122 万头。2024 年 6 月，得益于广东省生猪存栏量和能繁母猪存栏量的持续上升，以及生猪出栏平均价格的显著上涨，广东农垦生猪产业集群在全国参与末期绩效评价的 47 家单位中取得了优异成绩，位列第二名。

经过多年耕耘，广垦畜牧集团生猪产能已实现对粤港澳大湾区的辐射，拥有国家级和省级生猪产能调控基地 12 个、广东省现代化美丽牧场和畜禽养殖标准化示范场 9 个、省级"菜篮子"基地 2 个、首批省级畜禽核心场 1 个，成为湾区民众"菜篮子"中的可靠选择。

（二）联农带农，扩大"大基地"效益圈

广垦畜牧集团下属各养殖基地与周边农场或农户签订粪污消纳协议，构建了以种养结合为核心的现代化生态绿色农业生产经营体系，实现了养殖废弃物的资源化再利用，在"变废为宝"的过程中实现了生猪养殖经济效益、社会效益、生态效益的"三赢"，示范带动了环境友好型、资源节约型生猪养殖业的发展，推动垦区生猪产业走向规模化、绿色化、现代化，带动区域经济发展。

二、实施"双强"工程，打造精品畜牧"大企业"

广垦畜牧集团适应行业专业化、集约化、工业化发展趋势，打造"精品畜牧"，实施"强总部、强基地"的"双强"工程，通过成立六大中心，实施扁平化管理，精简管理层级、强化总部功能，在战略引领、精益管理、科技支撑等多个方面为一线生产提供优质服务，为基地提供高效服务。

（一）强化战略引领，发展方向更加明确

2023年以来，广垦畜牧集团多次召开高质量发展研讨会，凝聚发展共识，形成高质量发展实施方案，实施范围涵盖生猪养殖、良种繁育、饲料营养、环保治理等方面，总结归纳优秀经验做法，不断增强高质量发展的战略定力。同年，在省农垦集团公司的指导下，广垦畜牧集团参与起草编制了《广东农垦生猪产业中长期发展规划（2023—2030年）》，明确提出奋力将广垦畜牧集团打造为广东省生猪行业前三的市场主体，生猪稳产保供能力占全省20％以上，成为华南生猪供给可靠的"国家队"，并提出"623"发展目标（即到2030年实现年出栏生猪600万头、饲料产能200万吨、生猪屠宰加工300万头）。在此基础上，为适应生猪养殖行业精益管理的要求，广垦畜牧集团确立了打造精品畜牧的发展理念，坚持管理优先、效益优先、指标优先、成本优先，不断提升企业的质量与品牌意识。

（二）强化精益管理，生产指标日益优化

一是在生产技术中心设立兽医团队、育种团队和生产管理团队，分别负责猪群免疫和保健治疗、育种攻关和生产技术管理指引文件宣贯等工作。三个团队各司其职、各担其责、相互配合，年轻骨干力量相继充实到生产一线，形成生产合力。二是重点加强生物安全防控工作，多次组织疫病防控专题会议，确保防控方案及时传达至一线员工，严格把控"五流"环节，强化"十一条"措施的执行力度，实施"一场一策"的精细化管理，从而保持生产状态的稳定，进一步提升生产成绩。三是建立养殖基地巡检、生产指标监督预警、重大事项月报告等机制，由纪委抓落实，确保高质量发展措施"最后一公里"落实到位。

（三）强化科技支撑，发展动力更加强劲

广垦畜牧集团发挥总部高学历人才、高技能人才多的优势，打造畜牧"博士军团"和

畜牧工匠队伍，加强对生猪养殖的科技支撑。一方面，发挥畜牧工程研究院的智囊作用，积极推进科技创新及产学研合作，以科技创新赋能畜牧产业高质量发展，2023 年，集团 4 个科研项目荣获广东省农业技术推广奖一等奖。另一方面，整合广垦生猪兽医卫生技术中心、动物营养与饲料配方创新平台、数字化中心等科创实体，构建起与产业链环节对应的"创新协作阵型"，加强科技创新对畜牧产业的支撑能力。目前，广垦生猪兽医卫生技术中心按照"五步走"目标正在积极向华南地区知名的生猪兽医卫生技术示范单位的目标努力，为广垦生猪产业的健康发展保驾护航。数字化中心正进一步探索 AI 技术和视觉计算技术在精准饲喂和销售过程中的无人化协同应用，为生产经营提供科技支撑。

三、打通产业链关键环节，推动畜牧产业高质量发展

广垦畜牧集团将推动全产业链融合发展作为战略基石，以落实高质量发展举措为关键手段，着力攻克育种、饲料、品牌等附加值高的关键环节，逐步构建起主导产业鲜明、规模效益突出、产业链条完善、综合竞争力强大的全产业链型产业集群。

（一）攻关"猪芯片"，掌握核心竞争力

近年来，生猪养殖行业日益"内卷"，要想在激烈的竞争中存活下来并脱颖而出，就必须推动高质量创新，打赢关键核心技术攻坚战。种猪被誉为生猪养殖领域的"猪芯片"，关系着集团全产业链建设和核心竞争力的培育。2020 年，集团旗下广前种猪场一次性从法国引进 1 395 头原种猪，这是非洲猪瘟后国内第一次从国外引进优质种源。经过多年布局，集团旗下沃而多原种猪场入选"国家生猪核心育种场"，广前种猪场入选"广东省省级生猪核心育种场"，构建了原种场—扩繁场—商品场—测定站—公猪站"五位一体"的生猪繁育体系，被评为 2021 年度广东省生猪育种先进单位，在这一过程中还培育出多名掌握核心技术的育种工匠。旗下广垦广前种猪场育种总监王文洲在第五届全国农业行业职业技能大赛（家畜繁殖赛项）广东省选拔赛中一举夺冠，并先后荣获"广东省五一劳动奖章""全国五一劳动奖章"。

（二）守好"猪料槽"，降低饲料环节成本

为降低饲料采购运输成本和生物安全风险，广垦畜牧集团在养殖基地最为密集的湛江和茂名区域分别建设了广垦生物科技有限公司和广垦生物科技（化州）有限公司两家现代化饲料生产基地；通过分析市场行情变动，精准研判原料价格走势，适时低位采购原料，有效降低采购成本；做好技术品控工作，严把饲料原料成品质量关，提高养殖效益，以饲料配方科学化、质量标准化、加工成本最优化为导向，降低养殖端生产成本。

（三）打响"广垦牌"，提高"粤字号"猪肉知名度

广垦畜牧集团秉持"放心、安全、健康"的理念，打造出两大知名"粤字号"猪肉品牌"黑加宝""广垦肉品"以及新式品牌"广垦腊味"，实行集团企业内部自产自销机制，实现了从源头到物流再到加工的全链条监管，确保了猪肉质量上乘，全程可追溯。推出广

垦畜牧生猪竞价平台，强化"产—销—客"高效对接，真正形成市场化、规模化、品牌化的产品销售体系。为推动"粤字号"走向全国，集团优势产品多次亮相多个行业知名展会，"黑加宝""广垦肉品"双双获评"粤港澳大湾区最受欢迎十大品牌猪肉"，"广垦猪肉"被纳入全国特质农产品名录，"黑加宝"三度入选"粤字号"农业品牌目录，"广垦腊味"荣获"我最喜爱的农垦美味"称号，广垦畜牧集团荣获"2023年度优质猪肉食品贡献企业"等称号，与皓月集团、山东得利斯食品股份有限公司及其子公司等一同展现了中国肉类食品行业在推动高质量发展和创新方面的积极努力。

经验启示：

　　广垦畜牧集团始终牢记稳产保供重任，着力做强生猪养殖"大基地"，打造精品畜牧"大企业"，推动畜牧产业高质量发展。生产养殖方面，充分利用广东农垦资源和产业优势，建设生猪优势产业集群，同时注重联农带农，实现资源利用和效益最大化，带动区域经济发展和乡村振兴。经营管理方面，推行精益管理，优化生产指标，抓好生物安全，强化科技支撑，以"强总部"做强"大基地"。全产业链方面，打通产业链关键环节，攻关核心技术，降低成本，打造知名品牌，为畜牧产业高质量发展提供广垦畜牧方案。

建设大基地 培育大企业
推进广垦糖业高质量发展

广东广垦糖业集团有限公司

"十四五"以来，广东广垦糖业集团有限公司（以下简称广垦糖业集团）坚持"聚焦主业、稳中求进、防控风险"工作总基调，加快建设现代农业大基地、大企业、大产业，走稳走实糖业高质量发展之路。2019/2020 榨季，跻身国内产糖量前十制糖企业。2023年，广垦糖业集团在中国农业企业 500 强榜单中列第 264 位。

一、聚焦甘蔗大基地建设，在扩面积、提单产、增总量上下功夫

为进一步提高糖业种植现代化水平，2017 年，广垦糖业集团启动实施甘蔗全程机械化"双高"示范基地和甘蔗全程机械化示范基地（以下称大基地）建设，累计建设原料蔗面积 33 万亩，平均每年维持在 5 万亩以上。"十四五"以来，甘蔗大基地建设已摸索出一套相对成熟的适合本地实际的全程机械化技术方案和生产经营管理模式，基本实现了甘蔗基地的规模化、专业化发展。

（一）持续改良主栽品种，品种结构逐步优化

针对近年来垦区甘蔗逐步出现的种性退化加剧、低产低糖、抗病害能力下降等现象，优化主栽品种种植结构，提高多样性和抗逆性，广垦糖业集团加强与农业研究院合作，共同引进优良品种、改良本土品种，并在甘蔗大基地内布置多个品种选育点开展甘蔗品种选育改良工作，长期筛选和培育适应本地区气候和土壤条件的甘蔗品种。设立多个病虫害监测点，强化甘蔗大基地病虫害实时监控和防控能力。仅 2023 年，就引进高糖高产主栽品种桂糖 08-120 号、桂糖 08-1180 号、桂糖 08-460 号、桂糖 59 号、粤糖 61 号等，减少柳城 05-136 号、桂糖 42 号等，并将其种植比例提高到 45% 左右。下一步，拟进一步优化早中晚熟品种结构，力争早中晚熟品种结构比例达到 3∶5∶2，有效解决品种单一、品种退化、抵御自然灾害能力弱等问题。

（二）推进甘蔗标准化栽培，"提单产"能力不断增强

大基地通过与广垦糖业集团下属农机公司合作，采取全程种、管、收机械化经营，实行水肥一体化生产模式，根据甘蔗种、管、收环节的机械情况，合理调整甘蔗种植行距、

管理措施，促进农机与农艺配套，大规模提高机械化生产作业效率。目前，甘蔗大基地综合机械化率已达到90％以上，从甘蔗用地规划、备耕、种苗选取、种植、除草、中耕管理、追肥、砍收等生产周期推行标准化管理，并做好"五统一"标准化种植工作，即统一种植时间、统一品种、统一生产资料、统一栽培措施、统一收获。2023/2024榨季，大基地原料蔗平均单产高达5.48吨/亩，比上榨季增加1.26吨/亩，原料蔗总产量增加19万吨以上。

（三）强化土地整理和农田基础设施建设，人均种植面积大幅提升

大基地通过"小块并大块、分散变集中、零星变连片"措施，确保土地资源高效利用，逐步形成规模化、集约化的土地利用格局，基本实现大基地大面积集中连片布局，符合农业大基地建设要求。通过高标准农田建设、小型农田水利建设等项目，进一步平整土地，配套建设灌溉排水系统、改造农田道路、改良与培肥土壤、蔗叶回田改善土壤板结等以提高蔗田生产能力，有效解决雷州半岛"秋冬连春旱"季节性缺水难题。2023/2024榨季，大基地种植总面积约6万亩（含夏繁蔗），实现盈利约1 700万元，人均种植面积约800亩，相当于职工承包租赁经营面积的15.6倍，劳动生产率显著提高，基本形成甘蔗、糖业工农一体化经营管理新模式。

（四）推进经营管理机制改革创新，"增总量"水平显著提高

为加强对原料蔗大基地的经营管理，广垦糖业集团协同下属有关单位、农业专业技术人员严格制定《广垦糖业集团甘蔗全程机械化基地管理办法（试行）》《广垦糖业集团甘蔗全程机械化"双高"示范基地经营管理方案》《广东广垦糖业集团有限公司甘蔗标准化栽培技术指导措施》等规范性文件，在选人用人上做到人岗匹配，在蔗源运输上做到管理环节精简高效，在工农联合上做到工业反哺农业，协同农机服务联盟高效开展社会化服务，在苗种选优培优上加大甘蔗新品种引进力度，扩大优良品种种植面积，大基地原料蔗产量占广垦糖业集团榨蔗量的比例逐年提高。"十四五"以来，大基地累计提供甘蔗原料（工业蔗）77.98万吨，占广垦糖业集团榨蔗量比例由2020/2021榨季的16.19％升至2023/2024榨季的23.73％，进一步稳定了蔗区蔗源。在全省甘蔗种植面积逐年缩小的严重形势下，广垦糖业集团下属调丰公司、华丰公司两家制糖企业的甘蔗原料基本得到保障，并较好地发挥企业规模效益。

二、聚焦传统产业升级改造，在补短板、扩内需、增效益上下功夫

（一）推动产业集群发展，全面提升企业核心竞争力

2023年，广垦糖业集团成功获批牵头创建国家级广东农垦糖蔗优势特色产业集群项目，项目计划总投资约13亿元，含中央财政资金2亿元、其他财政资金约1.6亿元和自筹资金约9.3亿元。其中，计划投资5.7亿元用于优势特色产品加工物流设施项目，包括制糖企业硬件设施升级改造、挖潜扩能增效、建设现代化交割仓，以及炼糖、精品红糖、

现代化有机肥生产线改造等项目；投资 4.9 亿元用于现代化糖蔗基地提升建设项目，包括水肥一体化、全程机械化、"双高"示范基地、三产融合示范区等项目及相关配套工程；投资 1.9 亿元用于市场品牌体系和公共服务平台建设，包括甘蔗保险、农机社会化服务、信息化平台等项目；投资 2 500 万元用于糖蔗先进要素聚集支撑项目，包括科创中心、苗圃建设、病虫害检测防控等项目；投资 1 000 万元用于糖蔗产业经营服务项目，包括贴息贷款和折股量化。项目完成后，将高效整合广东农垦糖蔗板块农工贸全产业链优势资源，大力提振新质生产力，对传统制糖产业升级改造、全面提升企业核心竞争力具有重大意义。

（二）强化技术改造升级，推进产业扩能提质增效

广垦糖业集团下属调丰公司蔗区蔗源充足，但原有产能不足。经广垦糖业集团充分研究，决定投资建设挖潜扩能项目。通过改造压榨车间生产线器械设备，增补制炼车间清汁加热器、蒸发罐、吸滤机、煮糖罐等方式，实现日榨蔗能力达到 7 500 吨，榨季产能显著提升，有效降低吨糖加工成本，榨季蔗渣打包率、打包量远高于广垦糖业集团的平均水平，每榨季可减少甘蔗调运费用 500 万～800 万元。其他制糖企业通过引进自动硫黄炉系统设备、石灰消和系统设备、全自动装包码垛系统等现代先进技术设备，不断进行技术升级改造，有效提高制糖生产自动化水平，劳动生产率、收回率和白糖产品质量等显著提高，有效降低了生产成本及安全隐患。在 2023/2024 榨季，同比共节省石灰用量 800 吨、磷酸用量 50 吨、硫黄用量 8 吨。

三、聚焦农机服务联盟，在示范带动地方农业高质量发展上下功夫

"十四五"以来，为适应现代农业专业分工和市场化供给，广垦糖业集团下属广垦农机公司协同多元主体，链接多方资源，成立广东农垦湛江区域农机社会化服务中心，着力搭建农机服务联盟，通过整合垦区农场和周边服务队、合作社、家庭农场及个人搭建农机服务联盟，将垦区农场个人农机、股份机队、合作社等纳入农机服务联盟统一开展托管服务，高效开展农机社会化服务。通过农机服务联盟签单申报补助形式，以垦区周边农村、新型经营主体为对象，统筹集体服务面积、工序要求集中下单，定点定时集中提供服务，降低农机联盟服务运营成本。截至 2023 年，广垦农机公司具备综合年机械化耕作能力 20 万亩，开展社会化服务面积 38.9 万亩次，综合服务面积 10.4 万亩，其中垦区甘蔗、菠萝、香蕉社会化服务面积 32.1 万亩次，综合服务面积 8.1 万亩；周边水稻、番薯社会化服务面积 6.8 万亩次，综合服务面积 2.3 万亩，服务周边家庭农场农户 45 户。其中，开展农机服务联盟作业 6.8 万亩次，实现服务收入 580 万元，发放联盟成员和客户补助 109.3 万元，大幅提高了联盟成员和客户的参与积极性，推进农业社会化服务向纵深发展。2024 年，广东农垦湛江区域农机社会化服务中心获评省级区域农机服务中心，是唯一具备为广东农垦提供甘蔗生产全程机械化服务的组织，对深入服务垦区及周边村镇甘蔗、菠萝、香蕉、剑麻、水稻、番薯等农业生产，示范带动地方农业高质量发展，打造地

区现代化农业服务典范具有重大意义。

经验启示：

广垦糖业集团按照建设现代农业大基地、大企业、大产业的要求，立足主业，守正创新，着力构建以制糖业为主业，集糖类产品、有机复合肥等生产、销售、物流贸易、进口原糖、农业机械服务、糖料蔗种植等于一体的全产业链体系。基地建设方面，始终坚持提单产、提糖分、增效益为核心目标，不断引进高产高糖种苗，优化品种结构，全力推进全程机械化甘蔗大基地建设。工业制糖方面，始终坚持推进年度检修技改工作，不断强化技术改造升级，全面提高生产效率和产品质量。仓储物流方面，通过购置器械设备、加强人员管理，全面提升仓储环境和工作效率，有效保障了产品质量。同时，充分发挥农机服务联盟作用，为垦区农场和周边农户提供服务，拓展原料基地，带动农户增收，促进糖业高质量发展。

识变应变走新路　转型发展促腾飞
接续书写高质量发展新答卷

广西农垦集团有限责任公司

广西农垦集团有限责任公司（以下简称广西农垦）创建于 1951 年，是自治区人民政府直属的国有大型现代企业集团。"十四五"以来，广西农垦深入学习贯彻习近平总书记建设"世界一流企业"和打造"三大一航母"重要指示精神，抢抓产业变革机遇，以打造现代一流食品企业为着力点，"转"与"进"两端发力，实现新旧动能加速转换，现代化产业体系建设起步成势。

一、应势而"谋"，打造一流食品企业新格局

面对深化农垦改革的风口机遇，广西农垦认真谋划"第二次转型"，走出转型打造现代一流食品企业的差异化发展新道路。

（一）聚焦主业开新局，大企业建设步履铿锵

2020 年以来，广西农垦围绕"转型之后农垦路在何方"这个重大历史课题，走出去调研对标，引进专家专题研究，决定立足优势、扬长避短，转型打造现代一流食品企业。2021 年 12 月，自治区人民政府办公厅出台《支持广西农垦集团打造现代一流食品企业的实施意见》，给予 8 个方面支持政策。"支持广西农垦集团打造现代一流食品企业"已列入《农业农村部、广西壮族自治区人民政府高质量建设现代特色农业全面推进乡村振兴合作框架协议（2021—2025 年）》。经过两年多的探索实践，2023 年广西农垦实现营收 296.69 亿元，连续 3 年复合增长率 21％；利润总额 8.85 亿元，连续 3 年复合增长率 12.5％，列广西企业 100 强第 21 位、广西制造业企业 100 强第 12 位，一流食品企业建设迈上新台阶。

（二）筑牢根基强支撑，大基地建设奋楫扬帆

广西农垦坚持绿色发展理念，将现代农业产业基地建设作为发展现代农业的关键，推动传统农业向现代农业破局发展，现已建成糖料蔗、生猪、水果、蔬菜、茶叶、奶牛、肉牛肉羊、禽类、水产、特色种植"十大基地"，现代特色农业示范区增加到 35 个。其中，永新畜牧集团在全区 10 个地市建设 25 个猪场及配套设施项目，打造了 8 个种猪生产、母猪扩繁及标准化育肥基地集群，2023 年生猪出栏突破 400 万头、列全国第 14 位；通润公

司建成广西区内连片面积最大的桂味荔枝种植基地；金光农场公司建成广西脆蜜金桔连片种植面积最大的标准化示范基地，现代农业大基地建设成果丰硕。

（三）锚定目标塑链条，大产业建设华章初绽

广西农垦全力打好转型升级、强链补链、市场开拓、平台建设、品质品牌"五大攻坚战"，加快补齐"从田间到餐桌"的食品全产业链体系。整合广西化工研究院、广西轻工业科学技术研究院，补齐农垦农资、食品研发产业短板，打造了"3室5站1场1院29中心5基地3科技园区2高地1机构"特色突出的多层次科技创新集群，生产力逐步向"新质"转变。设施果蔬、陆基水产养殖较快发展，桂垦和牛、春蜜橙等新品推上市场，"桂垦良品"增加到439种，种养优势持续巩固。"桂垦良品"形象店逐步打开广西主要城市市场，食材配送和食堂餐饮服务"九进"业务不断增长，部分农产品和食品打入俄罗斯和东盟等共建"一带一路"国家市场，市场开拓更加有力。建设广西八桂食品交易平台，上线食糖、生猪和饲养原料3个交易品种，初步建立供应链配套服务体系；上线"桂垦良品电商平台"，打通服务全国市场的便利渠道，平台经济高效赋能。完成88种产品标准体系梳理，"桂垦标准"逐步完善，品牌价值持续提升。

二、蓄势而"转"，系统重塑传统产业新优势

广西农垦深入贯彻新发展理念，坚决扛稳国家食糖安全政治责任，大力推进蔗糖产业固基扩面、技改革新、链式发展，实现传统优势产业转型升级。

（一）甘蔗种植固基扩面，联农带农显成效

大力实施"原料蔗固基扩面、提质增效攻坚行动"，创新推行"糖企＋村级集体经济＋农户甘蔗上山"新模式，推动万亩坡岭撂荒整治；出台"桉退蔗进"扶持政策，对砍伐和清理速生桉的机械作业费用、种植甘蔗所需农资无偿补贴及垫支扶持。截至2024年5月，广西农垦甘蔗订单面积比上年同期增加24万亩，总面积达184万亩；2023/2024榨季，支付蔗农原料蔗款超40亿元，平均每户种蔗收入近4万元，联农带农新模式奏响乡村振兴"共富曲"。

（二）生产设备技改革新，传统产业焕新貌

针对部分糖厂设备老旧、效率低、能耗高等问题，深入开展"四化"改造行动。以信息化赋能原料供应管理，在甘蔗种植过程中利用北斗、GIS、遥感等现代信息技术，实现蔗区地块信息、种植信息、植保信息、砍运信息等全程智能化精准管理。以自动化构建高效集控系统，建设AI自动过磅系统以及甘蔗自动结算系统，使用液压自动翻板系统替代人工吊脱钩喂料，使用全生产线DCS集控系统一体化管控主辅设备，极大提升管理效能。以智能化护航安全生产，建设白砂糖自动装包码垛智能生产线，以集装包、码垛、运输于一体的智能化控制装备替代人工装包、缝袋及搬运作业，降低生产过程中异物污染风险。以数字化助推转型升级，通过建设BI大数据平台等方式解决"信息孤岛"难题，实现从

经验驱动转变为数据驱动。通过大规模设备更新，各制糖企业提质增效作用明显。2023/2024 榨季实现榨蔗总量 748 万吨，比上榨季多 173.14 万吨，增幅 30%，平均日榨蔗量同比增加 3 630 吨。2023 年，广西农垦糖业板块实现营收同比增长 16%，利润总额同比增长 1.6 倍，经营性利润同比增长 7 倍，降本节支增效共计 1.63 亿元，一级 A 糖比例同比提高 25.71 个百分点。

（三）链式发展厚积成势，循环经济进活力

围绕糖业资源优势发展绿色循环经济，基本形成了糖、酒、牛、肥、浆、纸等产业联动发展的"甜蜜产业链"。推动酒业板块"补链"，以甘蔗汁为原料自主研发酿造国内第一款朗姆酒，自主品牌"甘纳 12 金朗姆酒"在 2023 年第十三届桂湘鄂赣渝闽滇粤酿酒行业产品质量检评中获金质奖。促进畜禽业板块"强链"，以微生物技术对甘蔗尾叶进行饲料化处理，利用蔗稍、蔗渣等粗饲料喂养牛只，下属绿姆山牛业公司成为第一届全国学生（青年）运动会专供运动员高风险食品定点供应商。加快农资板块"延链"，在蔗区打造药肥和除草剂品牌，2023 年，完成肥料销售近 4 万吨、除草剂近 1.5 万件、农药近 1 万件，实现营收近 2 亿元，利润近 2 000 万元，成为糖业板块新的经济增长点。实现浆纸板块"固链"，并购兴桂纸业公司扩张蔗渣浆纸产业版图，并通过引进职业经理人等手段深度激发企业发展活力，目前具备年产蔗渣浆 12 万吨、纸产品 20 万吨的强劲发展动能。

三、乘势而"进"，奋力开辟屠宰行业新赛道

2021 年以来，为加快补齐生猪产业短板链条，有效落实一二三产业融合发展战略部署，广西农垦聚焦生猪产业核心环节，奋力开辟生猪屠宰和肉制品加工新赛道，取得明显成效。

（一）在混改并购中开新局、建新功

定赛道，2021 年 7 月，广西农垦以增资扩股方式投资入股广西邕之泰实业有限公司（简称邕之泰公司）成为单一大股东，走出生猪屠宰及肉制品加工产业新路子，快速抢占广西生猪屠宰市场。转机制，混改后邕之泰公司依托广西农垦市场、资金、人才、组织优势，有效解决工厂不达产、融资、管理等系列问题，从传统屠宰企业"代宰制"经营方式转变为生猪采购、屠宰、销售一体化经营模式，引进双汇、雨润等国内肉类行业优秀人才，新设邕之泰鲜肉品牌店 43 家。树标杆，邕之泰公司日均生猪屠宰量从混改前 600 头增长为 2 550 头，成为广西单厂产值和规模最大的屠宰加工企业、广西唯一一家入列香港注册的冰鲜猪肉企业，打造了广西农业产业化重点龙头企业与广西国资系统的混改标杆典型。

（二）在全链构建中增活力、提效率

2022 年，广西农垦出台《生猪屠宰及肉制品加工产业发展规划（2022—2025 年）》，统筹推进生猪养殖、集采、屠宰，猪肉储备、肉品进出口业务，以及冷链仓储物流配送体

系建设。走好外拓步伐延伸"产业链",多次调研考察区内外头部生猪屠宰、肉制品加工等企业,组建 1 家肉类产业服务公司,成立 1 个肉食事业发展中心,投资入股 3 家实际控股屠宰企业,联合运营 2 家屠宰场,产业集群的版图辐射广西多地,日均生猪屠宰量最高达 4 500 头以上。2023 年,屠宰量突破 120 万头,生猪屠宰及肉制品加工产业板块贡献营业收入 20.21 亿元,成为广西新晋"肉王"。坚持数字赋能打造"创新链",搭建生猪屠宰厂数据分析模型,聚焦屠宰量、采购单价等关键数据,精准分析购销差、四项费用、利润等基础性数据,常态化平时调度,把准生产"风向标";实行生猪屠宰标准化,实现每头猪都能通过"身份证"掌握来源和去向的电子化追溯,打造生猪养殖、屠宰、加工、流通一体化的行业标杆。聚焦多点发力提升"价值链",成立肉食事业发展中心,做好产业资源整合的服务指导;推进屠宰精深加工及冷链配送项目等一批重大项目,全面提升生猪屠宰及肉制品加工产业在广西市场的占有率;打造广西食品供应链服务平台,发力团餐配送业务,品牌影响力不断提升。

(三)在保供稳价上践使命、显担当

广西农垦始终牢记"肉案子"建设使命,切实扛起国企保供稳价责任。在重大项目中不辱使命,圆满完成第一届全国学生(青年)运动会肉品保供应工作,累计供应肉品61.64 吨,为全国性重要体育赛事贡献了农垦力量;坚守高考食品安全稳定底线,2024 年高考期间屠宰生猪约 2.2 万头,出品"放心猪肉"超 500 吨,为超过 10 万名师生护航考试期间食品安全。在履行社会责任中彰显担当,组织采购粤桂帮扶县生猪 4.3 万头,扶持带动帮扶县生猪养殖业发展,采购销售帮扶产品 200 多万元,以实际行动助力乡村振兴。在民生保障中主动作为,全力提升"肉案子"保障能力,生猪出栏数从 2019 年的 68 万头增长到 2023 年的 409 万头;2023 年,猪肉销量占南宁猪肉市场份额的 1/2 以上,全年销往大湾区猪肉产品超 2 万吨,国有经济战略支撑作用得到充分发挥。

经验启示:

近年来,广西农垦深入学习贯彻习近平总书记建设"世界一流企业"和打造"三大一航母"重要指示精神,成功开启打造现代一流食品企业新道路,成为全国非城市垦区中第一家转型打造食品企业的垦区。聚焦企业发展新使命新定位,广西农垦抢抓新一轮产业变革新机遇,率先在蔗糖、生猪两大传统产业上创新求变、破局发展,逐步推动传统优势产业向产业链、价值链中高端集聚,完成高端化、智能化、绿色化转型升级,为企业高质量发展奠定更加坚实的基础,为重要农产品安全稳定供给提供强有力的支撑。

创新桂垦特色融资
助力产业高质量发展

广西农垦集团有限责任公司

2023 年 12 月，广西农垦集团有限责任公司（以下简称广西农垦）成功发行"国开-广西农垦土地承包费绿色资产支持专项计划（乡村振兴）"，发行规模共 8 亿元。这是全国首单乡村振兴领域土地承包费绿色资产支持专项计划（以下简称专项计划），是广西农垦积极进行垦区融资机制改革转型，在高质量建设全国一流食品企业突破道路上的一次积极创新。专项计划通过利用土地流转过程中产生的经济活动进行融资，引入金融资本的"活水"，精准"滴灌"垦区现代化农业产业，构建了一条绿色金融、绿色农业、绿色食品"三位一体"的绿色乡村循环经济链，释放了农垦国有土地的价值，切实将资源优势转换为实体产业发展的资本优势。

一、踔厉创新，探寻桂垦特色融资道路

近几年是广西农垦改革重塑、守正创新、加速崛起的关键期。在自治区党委、政府的领导下，广西农垦深入贯彻落实中央和自治区关于推进农垦改革和国企改革的决策部署，成功转型打造全国一流食品企业。随着集团经营规模逐步扩大，产业体系逐渐健全，集团加快发展的资金需求也日益旺盛。

（一）充分依托自身优势，盘活农垦国有土地

作为广西最大的国有农业企业集群，广西农垦拥有土地面积约 202 万亩。如何盘活垦区优质土地资产，创新农垦土地资源配置方式，促进土地资源利用价值最大化，使之服务于产业发展，增强企业内生动力、发展活力和综合实力，成为广西农垦财务工作改革、创新融资模式的重要课题。

（二）充分利用"五篇大文章"，金融支持产业发展

建垦 70 多年来，广西农垦立足农、深耕农、提升农，打造出了制糖、生猪养殖、变性淀粉、剑麻制品、特色果蔬、茶业等一批具有较强影响力的特色产业；构建起以食品农业为"一体"，城乡服务、产业服务为"两翼"的"一体两翼"主导产业体系。为更好吸引金融资源高效高质配置到现代化支柱产业中，广西农垦深入贯彻中央金融工作会议提出做好科技金融、绿色金融、普惠金融、养老金融、数字金融"五篇大文章"的工作要求，

认真落实自治区关于积极参与建设面向东盟金融开放门户工作部署，大力推动广西农垦走向资本市场，引资本"活水"灌溉农垦产业"沃土"。

二、大胆规划，开辟桂垦特色融资道路

针对土地收益稳定持续的特点，广西农垦在不改变国有土地权属、用途以及经营模式的情况下，将广西农垦土地资源优势转换为产业发展的资本优势。

（一）创新融资模式，实现土地资源"取之于民用之于民"

根据国家有关规定，国有农用地无法作为交易对象在市场上进行交易。因此，一直以来直接以土地作为标的进行资产证券化在实践层面难以实现。此次专项计划属于单SPV类资产支持专项计划，最大特点在于基础资产的独特性与复杂性。专项计划通过将广西农垦体量庞大却较为分散的土地资源进行集中且深度的梳理，借助证券市场的融资优势，创新设计融资模式，将广西农垦未来一定年限的国有划拨农用地收益提前兑现，在保障农用地权属合法和生产稳定的基础上实现资产的盘活。专项计划募集资金创新用于支持广西农垦下属蔗、糖、酒、浆、纸、生物化工、养殖一体化绿色循环经济产业链，同时资金保障了4 348户脱贫蔗农家庭收入，充分盘活、释放了农垦国有土地的价值，同时为广西制糖支柱产业绿色发展注入了金融新动能。

（二）创新融资路径，构建绿色金融、绿色食品、绿色农业"三位一体"的绿色乡村循环经济

广西农垦会同国开证券公司等机构组成专业团队，于2023年进行一系列实地调研、资料收集及分析论证。首先，广西垦区26家国有农场作为基础资产的被授权管理人，与广西农垦签订《基础资产转让协议》，将土地承包/租赁合同产生的收费收益权转让予广西农垦。其次，广西农垦与国开证券公司签订《基础资产买卖协议》，将土地承包费收费权作为基础资产转让并设立资产支持专项计划，中介机构出具相关专业报告，完善专项计划的各项要素。最后，向市场投资者发行资产支持证券，由市场投资者认购资产支持证券并享有基础资产收益。

本次专项计划在用途上创新提出募集资金全部穿透用于绿色食品（白砂糖）生产，成功将绿色金融的"活水"灌溉到广西农垦白砂糖绿色循环经济产业链，哺育A级标准绿色食品的持续生产，有力地支持了广西农垦矢志不渝践行"绿水青山就是金山银山"的企业价值导向，深入聚焦绿色产业发展。

（三）创新评级与定价模式，发挥增信机制赋能作用

专项计划创新使用"现金流超额覆盖＋结构化分层＋差额补足＋收费收益权质押"增信机制，突破主体AA＋级别的限制获得AAA级的债项评级，这也是目前农业企业存续着的唯一一只AAA级评级的资产支持证券。同时，通过债项评级提升，专项计划票面利率达到4.1%，低于广西农垦其他同期限直接融资产品100BP以上，每年可节省融资成本

约 800 万元。专项计划为全国范围内如何盘活土地资源支持乡村振兴及绿色发展战略提供了较为现实的参考样本，发行成果受到新华社、《人民日报》、《证券日报》、上海证券交易所等多家权威机构的宣传报道。

三、总结经验，行稳桂垦特色融资道路

专项计划在申报备案期间便受到各大主流银行的高度认可与踊跃申购，最终簿记边际倍数达 22.14 倍。专项计划不仅对盘活国有土地资产提供了新思路，对全国范围内盘活土地资源支持乡村振兴及绿色发展战略也提供了较为现实的参考样本。

（一）引入证券市场资本，助力乡村振兴和绿色发展

本次专项计划发行场所为上海证券交易所，投资者均为债券市场专业投资者，极大地为企业扩大了资金融通范围。专项计划引入了更多市场化投资者支持我国乡村振兴及绿色发展战略落地，为打破农业领域投资依赖各级政府专项资金、银行信贷投放以及农民自有资金的现状，转向引入证券市场资本投资进入农业农村领域，提供了更多参考方案。

（二）探索盘活存量国有资产新路径，释放国有资产价值

垦区各类国有资源如土地、基础设施、商业物业等由于其特殊性，往往无法直接作为融资标的或作为抵押取得贷款，企业空有优质资源却无法直接用于融资，亟须利用新型金融工具，在不改变国有资产权属、经营模式以及用途的情况下实现国有资产的盘活。同时资产证券化募集的资金还具有用途广泛的优势，能够有力支持企业境内外项目建设、偿还到期贷款等资金需求。

（三）优化债务期限结构，压降企业融资成本

相较于交通运输、房地产等重资产行业，农业行业作为稳固国民经济命脉的根基，肩负粮食和重要农产品稳产保供的重要任务，对于稳定的中长期债务需求较为旺盛。资产支持计划这类期限长、契合国家金融调控支持方向的产品，有机地将企业优化债务期限结构以及市场化投资者侧重稳健收益两者的需求紧密结合，充分挖掘政策契合点，可较大程度优化企业融资结构，压降融资成本，减少短期偿债压力，提升企业发展动能。

（四）规范企业运营管理模式，提升资产运营效能

为确保基础资产能够按期稳定提供专项计划偿债现金流，广西农垦及其下属农场持续以专业化规范化的手段开展土地的运营管理工作。资产支持证券对基础资产运营水平提出了更高的要求，推动企业资产运营水平的不断提升，同时为企业营收利润水平带来积极影响，从而建立起企业经营与融资的良性循环。

经验启示:

　　广西农垦全国首单乡村振兴领域土地承包费绿色资产支持专项计划是开展农垦国有土地资源资产化、资本化工作的一次积极探索。广西农垦本次专项计划以土地资源为标的,设计了规范的发行流程,创新融资模式、评级模式、定价模式,有效引入证券市场资本支持农业发展,为企业探索盘活存量国有资产、释放国有资产价值、降低企业融资成本、提升资产运营效能提供了新路径、新方法。

聚焦"五个牢牢掌控" 助推产业提质增效

海南农垦东路农场有限公司

海南农垦东路农场有限公司成立于 2017 年，由 1960 年成立的海南省国营东路农场和南阳农场整合组建而成。2020 年以来，公司以落实"一场一品"战略为主线，聚焦"五个牢牢掌控"，大胆探索"产销剥离"和自主经营管理模式，做精做强做优热带特色高效农业，实现了土地增值、企业增效、职工增收。

一、牢牢掌控土地资源，夯实大基地建设

建设具有农垦特点的特色化、品牌化、规模化高效农业，土地是先决条件。公司通过土地资源自主经营，实现对土地资源的牢牢掌控，企业自营农业核心基地面积不断扩大，成为海南荔枝等核心产区重要的现代农业产业基地。一是通过盘活闲置土地、更新低产胶园、利用碎片化土地置换等多重手段，自营种养基地面积由 1 616 亩增长至近 3 000 亩。二是探索林下种养模式，利用联营胶园养殖文昌鸡，年产量 30 万只，产值超 1 200 万元。三是收回职工手中闲置鱼塘进行平整修复，建设高标准农田 787 亩，实行自主经营管理模式，实现首造水稻种植产量 100 吨，守好用好"饭碗田"。

二、牢牢掌控生物性资产，实现利润倍增

为改变企业收入低、队伍没活力的窘境，实现企业长久良性发展，公司进一步坚定自主经营方向，对现有荔枝、水稻、文昌鸡、大枣等种养基地全部采用自主经营管理模式，通过科学运营实现企业发展质效双升。2023 年文昌鸡、荔枝等自营基地创收 1 600 万元，首次超过土地租金，真正实现了依靠土地但不依赖地租、守好土地但必须发展产业的目标。

三、牢牢掌控成本，助推"降本增效"

一是强化预算管理。通过年度生产方案定成本、定产量、定标准，对各项成本支出做精准预算。以树龄、冠幅和往年产量等数据为参考，逐步做到科学精准管理。制定物资采购管理办法，统一内部农资采购途径，严格控制生产成本。二是通过管控成本倒逼机械化水平提升。如在荔枝基地引入无人机施肥打药、在水稻基地推广智能机械翻耕、播种等，

实现农业生产由过度依赖人向依靠现代机械为主转变。目前水稻基地、荔枝基地机械化程度达 90％以上，节约人工成本 20％，工作效率大大提高。三是完善绩效奖励机制。实行预期目标产量有绩效、超出产量有激励、节约成本有奖励的举措，倡导"公家的看成自家的"，引导干部职工想方设法提高产量、降低成本、增加收入。将超产部分产值的 40％奖励团队；在完成目标产量前提下做到节约生产成本的，将节余部分的 20％奖励团队；不足目标产量的，对管理团队人员实行阶梯式惩罚，罚 0.2～1 元/千克。

四、牢牢掌控技术，实现早上市卖好价

采取"专业技术团队＋聘用专业化劳务"模式，专业技术团队作为农业基地生产管理主体，严格按照公司技术操作规程进行管理，产出符合市场标准品质的果品。一是优化队伍结构。打破原有机构设置，设立果蔬分公司，从各个生产队抽调熟练掌握荔枝生产、水稻种植技术的能手，专人专职负责管理产业基地。目前果蔬分公司 5 名人员管理 3 000 亩基地，解决了以往生产技术由人不由己的"卡脖子"问题，实现对技术的牢牢掌控。二是优先聘请周边地区种植经验丰富的专业化劳务人员，开展荔枝剪枝、疏花等重要生产措施，并根据气候条件，调控叶片碳水化合物，达到早开花、早结果的目标。在多年技术沉淀和改革创新双重支撑下，2023 年荔枝基地成花率、挂果率、总产量均达历史最高水平，产值翻了 12 倍，直接带动周边职工居民就业 300 人，第一次实现公司自营产业收入正增长。

五、牢牢掌控销售，公开透明自主销售

自主经营管理后产出的果品由公司掌控，公司一改以往定价包园做法，在荔枝销售季成立销售小组、询价组和后勤保障团队，绕过中间代理商，直接与终端客商和电商洽谈合作，采取随行就市方式自主销售果品。自营荔枝销售收入由 2022 年的 84 万元增长到 2023 年的 315 万元，再到 2024 年的 487 万元，在近两年气候条件差的情况下实现产值连年增长。同时，通过垦地融合辐射带动，为当地 1.5 万亩荔枝基地无偿提供生产核心技术，依托荔枝收果棚助农销售，荔枝果品年产值达 4.5 亿元。

经验启示：

　　海南农垦东路农场有限公司围绕发展热带特色高效农业，大力推进自主经营管理，通过"五个牢牢掌控"，把发展自主权紧紧抓在手中，打破农场发展农业产业所面临的手上无自主用地、农产品质量参差不齐、生产技术分散薄弱、产品销售渠道不优等问题，保证了产业前端的农产品质量、产业后端的农产品销量，为做强海南垦区热带农业产业品牌贡献了力量。

垦地携手共建特色农业
推动苗木产业跨越发展

海南农垦龙江农场有限公司

海南农垦龙江农场有限公司（以下简称龙江农场公司）成立于 2017 年，由海南省白沙黎族自治县境内原龙江、珠碧江、金波、卫星、邦溪、大岭、芙蓉田 7 个国营农场转企改制重组而来。龙江农场公司大岭苗木基地已有 60 多年发展历史，为进一步促进高质量发展，公司有效整合属地资源，通过"政府＋公司＋基地＋农户"模式，形成共享资源技术、共同拓展市场的产业共同体，将海垦大岭苗木产业园打造成区域垦地融合发展的典范。

一、政府引导搭平台，垦地联合谋发展

一是健全垦地融合发展机制。公司在海垦集团和白沙县委、县政府的支持引导下，牢固树立垦地"一家人""一盘棋"的发展理念，推动印发《白沙黎族自治县人民政府和海南省农垦投资控股集团有限公司关于进一步加强垦地融合发展工作实施方案》，推动垦地在空间规划、产业发展、党建融合、公共服务设施、生态环境保护、乡村振兴等方面深度融合，实现一体化发展。

二是加强垦地融合联动规划。公司主动融入白沙县政府"十四五"规划建设，协调白沙黎族自治县垦地融合办公室出台《白沙黎族自治县 2024 年持续深化农垦改革推进农垦高质量发展专项行动方案》，推动白沙黎族自治县政府将海垦大岭苗木产业项目纳入 2024 年重点规划项目，给予公司更多政策支持。2021 年以来，海垦大岭苗木产业园各类苗木销售量从 100 多万株增加到 500 多万株，年营业收入从 300 万元增加到 2 200 万元，实现了质的飞跃，带动区域苗木产业做大做强。

三是开展垦地融合战略合作。举办 2024 年首届白沙海垦大岭苗木（农产品）展销会，与多家企业建立合作关系，与白沙黎族自治县农业农村局、海南天然橡胶产业集团股份有限公司分别签订战略合作协议，签约总额 560 万元，合力构建苗木产业规范化、标准化、可持续发展平台。

二、企业唱戏育品牌，优化产业提效益

一是育品牌。2021 年 7 月注册"海垦大岭"苗木商标，打造极具农垦特色和辨识度的品牌。海垦大岭苗木产业园与当地苗农合作，建立规范化、统一化、标准化、品牌化的

苗木市场，形成公司主导、基地示范、农户参与的发展模式。创建"苗定奋发"特色党建品牌，通过党建引领、产业融合来带动区域经济发展。2023年，海垦大岭苗木产业园被海南省农业农村厅认定为省级"大岭热带果蔬良种繁育基地""天然橡胶良种良法种苗繁育基地"，被省总工会评为"海南省工会就业创业示范基地"。

二是强技术。海垦大岭苗木产业园依托深厚的技术积淀和资源优势，每年邀请行业知名专家和资深种植户到基层服务，以集中培训、现场教学、田间辅导、发放资料等方式指导业务，培育更多技术骨干。

三是保质量。海垦大岭苗木产业园与省农业农村厅、省科学院、中国热带农业科学院品种资源研究所等长期合作，在种子选育、芽条挑选和资质认证等环节严格把关，培育推广优质、特色、高效苗木品种；2024年投入500万元资金，建设占地141亩的热带水果母本展示园，推动科业成果转化，逐步建立种苗售后追溯体系。

四是优服务。公司每年举办种植技术培训班，深入农户苗圃基地进行现场技术指导，现已举办培训班7期，培训种植户660余人次。在园区打造"苗木行业暖心驿站"，作为党建、技术交流和创业就业对接平台，为政府机关、企业单位、苗木行业从业者等提供会议场地和免费电商直播区。

五是拓市场。与荣邦乡政府、荣邦乡苗木行业协会签订《苗木产业发展战略合作框架协议》，搭建信息共享、技术共育、渠道共拓、品牌共创的苗木销售平台，形成生产、销售、定价等标准化运营管理机制，提高生产效率和经济效益。

三、建好基地延链条，铺就产业共富路

一是挖掘资源优势。利用当地自然资源禀赋，海垦大岭苗木产业园育苗面积达1 555亩，引进试种40多个品种130多个品类，并与中国热带农业科学院品种资源研究所合作培育新品种芒果热品16号30多亩，计划建设猫山王、金枕、黑刺3个榴莲品种对比试种基地30多亩。

二是加强功能拓展。公司对产业园进行科学规划和合理开发，将园区划分为苗木超市、新奇特优热带水果母本展示区、苗木培育区、研学实践区、党员示范种植区、油茶培育区等多个功能区，形成集特色种植、科研实践、示范引领、教育培训、休闲观光于一体的综合性产业园区。海垦大岭苗木产业园被海南省教育厅评定为2024年第四批省级中小学生研学实践教育基地。

三是完善产业链条。海垦大岭苗木产业园逐步完善苗木市场体系，统一市场标准、管理销售，将育苗、装袋、嫁接、移苗、挑苗、装车、运输打造成一条完整的苗木产业链。近年来，为周边近600名群众提供就业岗位，灵活就业累计用工5 000余人次，带动周边苗农就业增收致富。

四、联合农户兴产业，抱团发展促融合

一是以垦地融合促产业融合。公司成功举办以"垦种强芯 苗定奋发"为主题的

2024 年首届白沙海垦大岭苗木（农产品）展销会，全方位展示推广"海垦大岭"苗木、海垦集团旗下农产品、白沙特色农产品，吸引人民网、《海南日报》、南海网、《海南农垦报》等多家主流媒体深度报道，直播观看达 15 万人次，微信、快手、抖音视频点击量达 10 万次，带动大岭榴莲、榴莲蜜、嘉宝果、黄晶果、牛油果等特色种苗当日销售额超 15 万元，还吸引 20 多家企业客商洽谈合作，有效提升了大岭苗木的被关注度和认可度。

二是以龙头"领跑"产业链。公司结合实际建立"政府＋公司＋基地＋农户""四位一体"的产业协作模式，成为属地政府部门党支部长期联系点，共同谋划推动产业基地发展，吸纳当地 100 多户苗农参与生产、销售等环节，实现资源共享、技术交流和共同拓展市场，把小苗木做成了大产业、大基地、大品牌。

经验启示：

海南农垦龙江农场有限公司大岭苗木产业以垦地融合为抓手，有效整合垦地资源，建立"政府＋公司＋基地＋农户""四位一体"模式，把农垦产业发展和当地经济建设紧密联系在一起，通过建强品牌、推广服务、创新品种、拓展功能，不断延长苗木产业链，有效带动了当地经济发展，实现了垦地共赢。

科学谋划 稳扎稳打
探索区域性乳企高质量发展之路

中垦牧乳业（集团）股份有限公司

中垦牧乳业（集团）股份有限公司（简称中垦牧乳业）是重庆农投集团积极响应中央以农垦为基础打造国际大乳商的号召，统筹自有牧场及地方性乳品加工企业资源发展起来的集养殖、加工、运输、研发、销售于一体的全产业链乳业企业。近年来，公司践行"铸就国家品牌，引领良品生活"的经营理念，树立"立足区域、布局全国，打造成为中国乳业领军企业"的战略定位，从持续优化产业布局、全面开展数字化赋能、坚持科技创新驱动、大力推进服务提升、坚决贯彻绿色发展、积极承担社会责任等方面着手，不断探索区域性乳企高质量稳健发展之路。

一、根据顶层规划确定发展思路

公司坚持做好发展顶层设计，循序渐进、稳扎稳打、外扩内连，为高质量可持续发展奠定坚实基础。

（一）优化产业布局，开展外部扩张

公司坚持"片区集约、多个中心、组团发展"的模式，围绕区域中心城市进行布局，精耕细作重庆、西安市场，择机进入新的区域中心城市，形成若干中心区域齐头并进、多点开花的格局。以区域中心城市为根据地，扩大所在区域的辐射力和控制力，各区域企业分头攻坚又相互协作，强化区域组团发展的竞争优势和战略纵深。目前，重庆地区巴氏奶占比超六成，送奶到户市场占有率近90%。

（二）坚持数字化赋能，促进内部协同

顺应中国乳制品行业的数字化革新浪潮，公司持续推进管理运营全面数字化项目建设，大力打造智慧营销、智慧运营、智慧组织和智慧生态等全流程管控系统，利用5G、大数据、云计算、工业互联网、物联网和人工智能等技术，搭建11个业务系统，建成1个国家级绿色工厂和2个重庆市智能工厂，全面打通公司下属牧业分公司、中垦供应链公司、华山牧乳业及天友乳业公司之间的业务协同，实现饲草料和生鲜奶生产验收、原料奶管理、加工过程控制、添加剂使用和管理、出厂检验、产品流向等十几个关键环节控制点的设备互联、数据互通和智能协同，乳制品合格率超过99%，各项指标远超欧盟标准。

（三）以人才为本，夯实发展后劲

公司高度重视人才建设，坚持"以人为本，追求卓越"，实施"人才强企"计划，针对各类人才自身的特点和成长规律，做到因材施教、分类培养，让人才各尽其用，实现公司和人才双赢局面。建立多层次现代化企业激励机制，坚持精神奖励和物质奖励相结合，把个人价值取向与公司发展紧密结合，形成公司努力培养人才、人才积极为公司作贡献的良性循环。先后培育"重庆英才·创新领军人才"2名、"陕西省区域发展人才"1名。

二、立足自身优势明确重点任务

公司结合区域性乳企特性，深入研判竞争优劣势，明确了以科技创新、质量保障、服务提升为主的发展任务，不断提高核心竞争力。

（一）坚持创新驱动，高质量发展

一是实施奶牛种源提升行动，打造奶牛育种生物工程技术创新体系，与国内外一流育种企业以及中国农业大学、西北农林科技大学等高校在华山牧场合作建设胚胎实验室和核心育种场，选育自有种公牛。二是实施奶业"芯片"益生菌关键核心技术攻关，与高等院校、科研院所、科技企业深度合作，开展20余项产学研合作项目，建成"西南特色菌种种质资源保护与发掘利用重点实验室"，企业自有菌种"芯片"库入库菌种1 736株。3项科技成果获重庆市科学技术奖，构建起2个国际认可的中国合格评定国家认可委员会（CNAS）检测室，成为全国第二家通过常温、低温优质乳工程验收的企业。

（二）保障产品质量，打造全国标杆

秉承"创新品质、健康中国"理念，建立覆盖草场、牧场、工厂、市场的全程质量控制体系及优质安全乳制品一体化全产业链经营体系，对各环节进行精益管控，采用"全国标杆、世界品质"自控牧场生鲜乳，利用全程冷链和巴氏加工工艺最大限度地保留牛乳的营养成分和活性物质。公司拥有天友、百特2个中国驰名商标，旗下所属的天友乳业、华山牧乳业等乳品加工企业均已通过"中国优质乳工程"验收，百特纯牛奶获得世界金奖、恬恩婴儿奶粉取得欧盟双认证，成为具有国际标准、值得消费者信赖的中国好奶引领者。

（三）注重服务水平，提升筑牢根基

积极探索和创新业务模式和产品延伸需求，以全产业链的优质资源为依托，为消费者提供更优质、更贴心、更便捷的服务。公司已建成完善的送奶到户服务渠道，以极富特色的送奶到户服务模式为千家万户送去"鲜活"和"营养"。近年来，公司旗下天友乳业、华山牧乳业成功打造官方商城等互联网业务模式，带来"足不出户，一键订奶"的服务新体验。

三、响应国家号召投身社会建设

公司回归国企本源，积极响应国家号召，发展绿色农业，履行社会责任，助力乡村振兴。

（一）实施绿色发展战略

坚定不移推进奶业"双碳"战略，公司旗下奶源基地的建设运行遵循"减量化、再循环、再利用"的循环经济原则，实行"奶牛养殖—牛粪生产有机肥—种植牧草"等农牧紧密结合的循环生态养殖方式，推进奶牛清洁养殖。2023 年，还田沼液约 60 万立方米，牛粪转换垫料约 20 万立方米，实现用地、养地有机结合。

（二）示范带动农民种植牧草

建立标准化的青贮玉米等牧草种植模式，示范引导周边农户种植，产出质量安全的饲草和农作物副产品，直接带动周边 1 000 余名农民就业，带动产业链上下游中小企业及小农户万余人增收致富。

（三）参与公益事业助力乡村振兴

成立以来，公司始终不忘"一杯好奶，强壮国人"的初心使命，在抗击疫情、扶贫济困、赈灾救助、乡村振兴、兴学助教、绿色环保等多个方面坚定扛起国企责任。坚持参与小康牛奶行动，关爱偏远山区儿童，连续开展"天友童行 爱更美好"公益行动，为重庆市潼南区、酉阳县、巫溪县、城口县等数十个区县 100 余所山区小学 4 万余名学生送去价值超 250 万元的产品，以实际行动帮助贫困家庭渡过难关。

经验启示：

中垦牧乳业立足区域性乳企定位，采取"片区集约、多个中心、组团发展"模式外扩市场、走向全国，并利用数字化手段推动养殖、运输、生产、研发、销售等关键节点的有效协同，既提升了业务规模，又强化了上下游共振。公司充分发挥自身资源禀赋，大力开展科技创新，持续打造高质量产品、高水平服务，升级构建"护城河"，有效提升了核心竞争力。这些探索实践不仅为企业持续发展筑牢了基石，也为落实区域发展战略提供了有力支持。

紧扣"三个强化" 助推国有农场高质量发展

四川省元顶子茶场有限公司

四川省元顶子茶场有限公司（简称元顶子茶场）前身为 1951 年成立的四川省元顶子茶场，2022 年机构改革成立公司。茶场面积 2.77 万亩，其中茶园面积 5 500 亩（南江大叶茶核心基地 2 200 亩）。"十四五"以来，茶场借助欠发达农场巩固提升项目建设契机，以茶叶、南江黄羊、林业、文旅康养等产业为重点，结合地方实际、结合市场需求、结合科技创新，在优化管理体制、创新经营机制、强化发展理念等方面持续发力，成功走出了一条山区农场发展新路径，2023 年被评为四川省农业产业化重点龙头企业。

一、强化管理体制改革，实现"要素整合"

一是由分散型向聚集型转变。2022 年通过企业改制重组，成功整合四川省元顶子茶场、北牧南江黄羊、林兴科技、红鱼湖文化旅游等 7 个涉农企业资源，形成了一家集农业生产、文旅康养、商业服务于一体的综合性集团企业，有效推动了农场资源集聚和转型升级。

二是由粗放型向集约型转变。积极探索"政招企用"等新型人才引进机制，对所有人员实行岗位聘用制，明确岗位职责、量化考核目标、制定奖惩措施，极大激发了员工创业激情和工作积极性。以追求产品质量和经济效益最大化为目标，推进生产基地能力建设、加工技术改进、品牌建设和市场拓展，使企业运行管理变得更加高效。

三是由负重型向盈利型转变。集团出资 300 万元清缴了元顶子茶场历史拖欠的社保资金，彻底解决了因欠缴社保资金引发的一系列遗留问题，使茶场更加专注于产业发展和企业经营。2023 年，茶场实现各类生产销售收入 6 763.6 万元、盈利 541 万元，分别较上年增长 26.4%、46.6%。

二、强化发展机制创新，实现"资源盘活"

一是创新经营机制。对场内茶园实施"两自理、四到户"（生产费及生活费自理；承包、核算、盈亏及风险到户）的生产经营机制，茶叶基地全部实行农场职工承包责任制，强化自负盈亏，使农场职工真正成为自主经营主体，全面激发"建、管、采、加、销"各个环节活力。因场内茶园产量远远满足不了企业加工销售需求，茶场积极主动与周边经营主体、茶园主联系，通过免费提供技术指导、优于市场价格提供生产物资、签订订单收购协议、集中收购鲜叶等方式合作，强化加工原料保障。2023 年，茶场自产鲜叶原料 185 万千克，订单收购鲜叶原料 168 万千克，分别较上年增长 24.8％、36.7％。

二是创新发展模式。立足南江大叶茶、南江黄羊两大优势主导产业，依托笔架山南江黄羊一级扩繁场及周边规模化养殖场，全面推行种养循环生态发展模式，建成有机肥生产线 1 条，年加工生产以牛羊粪为主的有机肥 1.15 万吨，除茶场内自用 7 500 吨外，其余 4 000 余吨销售到周边乡镇，实现有机肥销售收入 480 万元；茶场全年销售南江黄羊 6 280 只、销售收入 753.6 万元；销售茶叶 63 万千克、销售收入 5 040 万元；林产业收入 340 万元。

三是强化闲置资产利用。通过企业领办、承包经营、招商引资等多种方式，盘活企业闲置办公用房 2 000 平方米、经营性用房 150 平方米、管理用房 1 200 平方米。茶场自建"南江黄羊"直营店 1 家、"云顶茗兰"直营店 1 家，手工制茶体验点 2 处，羔羊牧场 4 处，租赁给业主开办特色民宿 12 家，农家乐、茶家乐 20 家，打造特色文化 IP 6 处，每年实现财产性收入 150 万元。

四是强化利益联结机制。茶场作为省级龙头企业，健全"公司＋经营主体＋农户"利益联结机制，通过免费指导、土地流转、订单收购、就地务工等方式，带动周边 1.5 万余人从事茶叶相关产业，实现户年均增收 3 500 元以上。

三、强化农场业态拓展，实现"效益激活"

一是强化种质资源保护利用。与中国农业科学院茶叶研究所、四川省农业科学院茶叶研究所、四川农业大学等科研院校建成专家工作站，成功选育出国家级茶树良种川茶 5 号，并建成川茶 5 号、云顶绿、云顶早茶树母本园 380 亩，种苗繁育基地 3 个，智能化穴盘育苗大棚 3 000 平方米。与县内新型农业经营主体签订茶树种质资源保护利用协议，年生产优质种苗能力达到 5 000 万株，其中优质穴盘茶树种苗达到 200 万株以上。

二是强化基地提质增效。积极向上级部门争取各类项目资金 2 500 万元用于改善基础设施，新建产业道路 15 公里、耕作道路 28 公里，整治维修山坪塘 4 座，新建蓄水池 5 口，实现新增蓄水量 6 200 立方米，建设茶园灌溉渠系 6 500 米，改造电网 8 600 米、通信线路 7 200 米，进一步夯实了农场产业发展基础。整合乡村振兴衔接资金 1 800 万元用于提升茶园质量，实施老化茶园改植换种 530 亩，全部栽植川茶 5 号、云顶绿、云顶早纯正新品种，目前长势旺盛；通过深修剪、台刈、改良土壤等措施改造低产茶园 1 280 亩；对 5 500 亩茶园全面实施病虫害绿色防控，安装频振式杀虫灯 180 盏、杀虫板 11 万张。场内茶园全面实现绿色生态化，其中 1 500 亩通过有机茶园认证。

三是强化加工能力提升。2018 年以来，茶场新建智能化夏秋茶叶加工生产线 1 条、精深茶叶加工生产线 1 条，并对老式茶叶生产线进行技术改造，极大提高了茶叶加工能力。2023 年，茶场加工茶叶鲜叶总量达到 307 万千克，加工成各类干茶 64 万千克，加工量较上一年度增长了 21.3％。

四是强化产品研发。依托茶叶专家工作站和实验室，引进高技术人才 10 名，组建科研团队 2 个、茶叶专家服务团队 1 个，强化种茶、制茶、溶茶产品（食品）研发和技术攻关。研发了云顶茗兰、云顶绿芽 30 余个系列产品，多次荣获国家级、省级金奖；研发的茶酥饼、茶含片、茶馒头、茶菜肴等食品倍受消费者青睐；与重庆安特布鲁精酿啤酒有限公司合作酿制的"云顶"茶啤酒已成功定型，产品即将投放市场。

五是强化市场营销。强化南江大叶茶品牌宣传和推介，借助国内各种茶博会、农博会等重大活动平台，积极举办新品发布会、产品品鉴会和品牌推介会，推进南江大叶茶融入大市场；大力拓展电商市场，通过淘宝、京东、拼多多、抖音等平台扩大网上销售份额。2022 年以来，先后在巴中市内开设 8 家直营店和体验店，2023 年网上销售额突破 450 万元，较上一年增长了 8.6%。

六是强化农旅商深度融合。坚定以茶为基础、文为内涵、旅为融合、康为延伸、养为目的，推动"茶文旅商"深度融合，打造沉浸式精品线路 3 条，开发南天门、老包、花岩壳等景点 12 处，成功创建"云顶茶乡"国家 4A 级旅游景区。"茶＋旅""茶＋康养""茶＋研学"等新业态不断涌现，制茶体验、特色茶饮、茶经诵读和茶秀舞台等 10 多种茶旅项目出新出彩。2021 年，成功引进重庆多利集团投资 28 亿元建设了集云顶不夜城、云顶太空仓、悬空玻璃栈道、森林康养中心等于一体的云顶茶旅康养文化综合体，2023 年底项目建成。"云顶茶乡"景区及带动的周边景区年接待游客突破 60 万人次，实现旅游收入 3.5 亿元。

经验启示：

　　元顶子茶场紧密围绕"三个强化"战略，通过深化管理体制改革，激发员工热情、化解历史负担，通过深化经营机制改革，调动茶场积极性、延长茶园产业链条，通过拓展茶场业态，提升发展空间、改善经营效益，有效激发了各种要素活力，优化了各类资源配置，为企业可持续发展奠定了坚实基础。

以科技创新为蔬菜产业
高质量发展赋能增力

贵阳市菜篮子集团有限公司

贵阳市菜篮子集团有限公司（以下简称菜篮子集团）是贵阳市农业农垦投资发展集团有限公司（以下简称贵阳农投集团）控股一级子公司，自2015年成立以来，始终致力于贵阳市"菜篮子"工程建设，以科技为引领，以高质量发展为目标，全面推进蔬菜产业的规模化、标准化、数字化、品牌化发展，致力于打造"立足贵阳、服务全省、全国一流"的现代化蔬菜全产业链龙头企业，目前已初步形成辣椒种植、加工、流通"3＋N"的全产业链布局。

一、谋划布局，提升保供能力

（一）全产业链协同发展

菜篮子集团积极推进辣椒及蔬菜（含食用菌）的全产业链布局，涵盖种植、加工、流通、农资和农技服务等多个环节。目前，拥有14个蔬菜生产基地，年可供应蔬菜15万吨；有机肥厂2座，年可生产有机肥9万吨；农副产品运营中心1座，年可加工蔬菜2万吨。通过全产业链协同发展，确保蔬菜从田间地头到百姓餐桌的全程可控，不断提升保供能力。

（二）建设高标准蔬菜保供基地

菜篮子集团在贵阳多个县（市、区）布局建设了2.5万亩高标准蔬菜保供基地，覆盖6个县（市、区）14个乡（镇）45个村，年产量达到6万吨。自2019年以来，累计供应蔬菜46.63万吨，有力保障了市场供应。通过高标准基地建设，提升了蔬菜生产的规模化、标准化水平，增强了抗风险能力和保供能力。

二、创新驱动，推动蔬菜产业转型升级

（一）强化科技赋能，引领产业升级

菜篮子集团坚持试验先行，不断强化科技投入，在蔬菜（含食用菌）的产前、产中、产后各环节开展技术创新与试验示范。通过引进国内外优质品种，开展设施蔬菜新品种鉴选试验，已累计引进优质品种2 000余个，鉴选出适宜本地栽培的后备品种100余个，并

申报螺丝椒、番茄、黄瓜、苦瓜4个单品设施蔬菜生产规程地方标准，以博陇（37－94）——螺丝椒为例，自2021年起，累计推广种植面积达2万余亩。菜篮子集团还致力于提升机械化水平，选型和引进机械化生产设备，制定适宜设施蔬菜全程机械化生产的技术规程与企业标准，并且同贵州航天智慧公司合作开发"菜篮子蔬菜保供基地管控平台"，实现蔬菜生产全过程的信息化管理，提升管理效率40％以上。

（二）推进标准化生产，保障产品质量

建立健全蔬菜产品标准化体系，完善设施蔬菜采收规定、管理计划、蔬菜良好农业规范（GAP）种植规程等，确保蔬菜产品质量安全，逐步形成"公司＋基地＋标准化＋GAP认证"的管理模式。目前，菜篮子集团生产的螺丝椒、牛角椒等10余个单品已获得GAP认证。此外，着力打造质量安全配套追溯管理体系，推进地方技术标准制定，与贵阳市农业农村局等联合申报多项地方标准，保障蔬菜产品的标准化生产。

（三）实施品牌化战略，提升市场竞争力

实施品牌化战略，打造以螺丝椒为主的"山地贵爽"品牌蔬菜，并作为贵州优质蔬菜和绿色生态农产品的代表，长期供应国内外市场。在粤港澳大湾区、上海、武汉等重点消费市场建立稳定销售点，并出口马来西亚、泰国等国家，显著提升了品牌影响力和市场竞争力。

三、深化合作，推动科技成果转化应用

（一）深化三方合作，促进技术创新

菜篮子集团持续深化"高校＋科研院所＋优质企业"的三方合作模式，与贵州大学、贵州省农业科学院、瑞克斯旺（中国）种子有限公司等单位建立长期稳定的合作关系，在技术攻关、成果申报、平台搭建等方面开展广泛合作，推动科技成果转化应用。

重点围绕蔬菜连作障碍消减、新型光合菌扩培、农业废弃物资源化循环再利用、农产品保鲜锁鲜技术、螺丝椒特征品质挖掘及品牌赋能等方面开展技术攻关，已取得设施蔬菜连作障碍综合治理技术、水肥精准调控"四统"服务技术、尾菜无害化处理技术、主栽蔬菜病虫害绿色防控技术等相关技术成果，并在清镇、修文、开阳等基地上推广应用。2023年螺丝椒产量同比增长24.65％，亩均成本下降10.23％，总体商品率提升6.37个百分点。

（二）搭建创新平台，培养技术人才

以蔬菜基地（园区）为载体，与涉农院校、科研院所等合作共建创新平台，打造设施农业科技示范展示基地。如与贵州大学农学院共建产学研实践基地，为学生实习和农业技术人才培养提供有力支撑。建立省内外专家库，培养高素质技术技能人才，为蔬菜产业的持续发展提供人才保障。

（三）申报项目建设，荣获各类奖项

菜篮子集团先后荣获"贵州省辣椒产业先进集体""爱国拥军企业"称号，入选贵阳市农业产业化经营重点龙头企业、贵州省农业产业省级重点龙头企业。楠木渡园区设施蔬菜农业信息化项目入选 2022 全国智慧农业建设优秀案例，清镇骆家桥蔬菜基地 2023 年被认定为贵阳市科普教育基地，开阳设施蔬菜基地入选农业农村部 2023 年全国现代设施农业创新引领基地，清镇基地入选 2024 年贵州省省级农业科技示范展示基地。

四、联农带农，助力乡村振兴

（一）创新利益联结机制

菜篮子集团坚持以高质量党建为引领，深化"双连双惠"利益联结机制。通过劳务输出、工序承包、订单种植等方式带动村集体和农民增收。实施"六位一体"模式落实村集体经济"1＋1"发展方式，推动产业帮扶工作深入开展。在 45 个村开展"1＋1"发展方式项目 42 个，其中已实施 32 个，计划实施 10 个。

（二）带动农户就业增收

常态化组织开展劳务输出、农技培训等，为产业所在地持续培育高素质农民和产业工人。通过"1＋1"发展方式解决固定就业和临时用工问题，带动农户增收致富。截至 2024 年 8 月，通过"1＋1"发展方式，已解决固定就业 117 人，临时用工 9.22 万人次，带动村集体增收 71.38 万元，带动 6 000 余户农户 2.13 万人增收 1 316.18 万元。

（三）示范引领，推动现代农业发展

通过党建共建模式打造产业示范点，如清镇骆家桥蔬菜基地等，突出"党建引领、园区示范、科技支撑、农旅融合"发展要素，实现基地增产增效，带动农民增收致富。菜篮子集团的经验做法为贵阳市乃至贵州省的现代农业发展提供了有益借鉴和示范引领。

经验启示：

贵阳市菜篮子集团以科技创新为引领，强化全产业链布局，实现了蔬菜产业的高质量发展。通过引进国内外优质品种，提升机械化水平和农业信息化管理系统，显著提高了产品质量和生产效率。同时，建立健全标准化和品牌化体系，推动蔬菜产品规模化、标准化、集约化生产；创新"六位一体"模式和"双连双惠"利益联结机制，实现产业增效和农民增收的双赢；积极探索山地生态农业设施蔬菜种植技术，为设施蔬菜产业发展提供宝贵经验。

全产业链推进高质量发展
树立国企改革创新标杆

贵州省湄潭茶场农垦集团有限公司

贵州省湄潭茶场农垦集团有限公司成立于 2020 年，前身是 1939 年成立的贵州省湄潭茶场，总资产约 9.8 亿元，在职员工 34 人。2021 年成为中国农垦国有农场茶叶联盟成员单位，2023 年入选第二届中国农垦国有农场联盟理事单位。作为一家历史底蕴深厚的农垦集团，在面临体制改革、市场激烈竞争的大环境中，集团立足自身资源基础，紧紧围绕市场需求，创新运营管理模式，以务实举措实现持续向前向好发展，助力贵州茶产业高质量发展。

一、强化基地建设，夯实产业基础

茶园是茶叶生产的起点，决定了茶叶的品质、口感。近年来，集团着力夯实茶园基地质量，提升机械化管理水平，守牢茶叶安全底线，夯实茶产业基础。

（一）优化茶园管理机制，夯实茶园基地质量

集团自有茶园面积 8 000 余亩，集中在湄潭县永兴茶海、象山、囤子岩，主要种植品种为福云群体、黔湄 601、湄潭苔茶，这些品种均是生产名优茶及大宗茶的优质原料。为了提升茶园经济效益，集团将茶园分包给片区茶农进行管理，采取全年包片监督的方式压实茶园管护职责，确保达到茶园"有人管、管得好"的效果。

（二）守牢茶园安全底线，确保茶叶质量过关

构建了"生态为根、农艺为本、应急为辅"的茶树病虫害绿色防控体系，在茶园开展绿色防控和统防统治。推广"贵州茶园禁限用农药目录"，建立健全投入品管理制度，增强茶青抽检力度。加大茶园质量安全检查力度、频次，全面打击违规使用除草剂、禁限用农药，违规添加等行为，茶叶检测合格率达 100%。

（三）提升机械化管理水平，降低茶园管理成本

以茶场职工和茶农为人员班底，组建茶园农机服务队，开展茶园管理社会化服务。实施茶园亮行亮脚、开沟施肥、石硫合剂封园等茶园管理技术的现场培训会，大力推广茶园耕作、茶树修剪、病虫害防治、大宗茶机采等关键环节的实用机具及配套技术，提升茶叶

生产机械化水平。推广适用于山地茶园的锄草机、修剪机、施肥机、静电喷雾机、采茶机等机具。目前，集团茶园的大宗茶机采机收率达到 100%，集团直管基地茶青年产量达 6 000 余吨，茶园生产环节成本有效降低。

二、强化茶叶加工，提高产量质量

茶叶加工直接决定企业生产效益，近年来，集团大力推进质量兴茶、科技兴茶，开展加工技改升级，实施加工技术培训，推进加工示范带动，让"绿叶子"变成了"金叶子"。

（一）开展加工技改升级，提高茶叶生产水平

积极争取项目资金，改扩建集团所属茶场，按照规模化、清洁化、连续化、数字化和智能化要求，建设现代化初制、精制加工生产线。目前，集团永兴分场茶叶加工厂及湄潭黄家坝镇工业园区的茶叶加工基地项目已正式投入运营，拥有茶叶专业生产线 30 条，可生产湄潭翠芽、遵义红、贵州针等名优茶及大宗绿茶、大宗黑茶，以及碾茶、抹茶、出口眉茶等产品，年生产能力达 1.8 万吨。

（二）推进加工示范引领，带动全县茶叶加工

积极盘活闲置厂房，建立现代化生产加工线，通过改进加工技术、严格品质管控等措施，提高茶叶加工水平、质量水平和稳定性，并通过示范引领带动湄潭县茶产业加工水平整体提升。目前，湄潭县茶叶加工企业达 780 余家，其中国家级龙头企业 5 家。2023 年，湄潭县获"红茶重点产区"称号，2024 年获全国"绿茶重点产区"称号。

（三）实施加工技能培训，提升加工技术水平

在集团厂区开展茶叶加工技术培训，对绿茶、红茶等茶类开展专项提升行动，切实解决茶叶加工实用技术人才不足问题。发挥茶场制茶技术优势，组织开展加工技术人才进企业活动，深入周边茶企开展"一对一"指导，帮助优化生产线、提升茶叶加工水平。茶场技术人员的多年培训为湄潭培养了一大批茶产业人才，目前湄潭县有中国制茶大师 1 人、国茶人物·制茶大师 7 人。

三、强化延链强链，推动创新发展

贵州省湄潭茶场农垦集团有限公司拥有深厚的文化底蕴和坚实的产业基础。为适应新时期茶产业发展形势，增强企业竞争力，集团着力推进延链强链，打造农垦品牌，创新企业管理，注重产业融合，推动企业增效、产业提质，让"百年茶企"焕发新活力。

（一）搭建农垦品牌体系，重塑茶场光辉历史

坚持品牌兴茶，加快调整产品结构，统筹品牌建设规划，搭建品牌体系，探索垦区合作交流模式，寻求跨区合作，打通产品销售通路。在已有"湄江牌""湄江翠片""湄江

茶"等注册商标基础上，成功注册"贵垦""贵垦黔红""贵垦湄江""贵垦眉红""贵垦湄红"等品牌，并于 2023 年 12 月 22 日成功举办"贵垦黔红"产品发布会。2020—2023年，湄潭县连续四年位居"全国重点产茶县域"第一名。

（二）创新企业管理模式，确保改革取得实效

扎实推进国企改革发展，进一步深化农垦体制改革，完善现代国有企业市场化法人治理结构，有效整合原料生产、加工到终端销售等产业链环节，将集团打造成为茶叶生产、加工、仓储、新茶饮、贸易、大数据一体化的大型现代农业企业集团，既实现了茶场资产有效管理，又稳妥安置了茶场职工，还保持了良好发展势头。

（三）扎实推进茶旅融合，深耕产业融合发展

探索发展休闲农业、乡村旅游等绿色农业，利用"旅游＋""生态＋"等模式，丰富农垦产品业态。以集团资产永兴茶场（永兴茶海）为核心，打造了"中国茶海"AAAA级风景名胜区，2010 年获得"贵州十大魅力旅游景区"称号，形成"茶区变景区、茶园变公园"格局，进一步提升了品牌形象，树立了茶产业国有企业标杆。

经验启示：

贵州省湄潭茶场农垦集团有限公司以打造百年茶企为目标，逐步完善现代企业管理制度，提高茶园生产管理水平，推进茶叶加工技术改造升级，打造具有知名度和美誉度的品牌体系，开拓乡村休闲旅游产业发展空间，产业链各环节发展质量逐年提升，品牌影响力稳步扩大，书写了西部地区茶产业推动地方经济发展、带动农民增收的生动画卷。

以"四新"为翼 以"产业"为帆
引领企业经济高质量发展

河口农垦建设投资集团有限责任公司

河口农垦建设投资集团有限责任公司（以下简称河口农垦建投集团）成立于 2019 年，是河口垦区原云南省河口瑶族自治县（简称河口县）河口、坝洒、蚂蝗堡、南溪 4 个农场资产重组后由县人民政府授权县国有资产监督管理局作为出资人设立的县属国有独资公司，是一家集农林、投融资、城市建设、水务能源、文旅大健康、进出口贸易于一体的集团公司，旗下共有 46 家企业。近年来，河口农垦建投集团认真落实国有企业改革发展安排部署，依托河口口岸经济优势，自贸区、沿边产业园区建设和乡村振兴战略的大好时机，结合实际，坚持目标引领和问题导向，抓重点、补短板、强弱项，促进国有经济高质量发展。

一、把握新发展阶段，优化组织架构提质增效

为进一步提高集团化发展质量和效益，深入贯彻落实《国企改革三年行动实施方案》精神，河口农垦建投集团根据河口县委、县政府对国有企业瘦身健体、提质增效的部署要求，推动企业调整优化组织架构。

（一）减少管理层级，实现集团管理扁平化

通过成立瘦身健体提质增效专项工作组，将集团旗下 57 家企业通过优化重组等方式精简至 46 家，其中二级公司 12 家、三级公司 25 家、四级公司 2 家和农业分公司 1 家、参股企业 6 家。依照程序设立党委会、董事会、监事会、工会、总经会。按照《中华人民共和国公司法》健全董事会工作制度，实行董事会领导下的经理负责制，建立监事会监督机制。根据授权清单进行逐级管控，一级公司对下属二级公司进行垂直管控，授权二级公司对下属三级公司进行管控，建立一级抓一级、一级带一级的管控模式。

（二）明确职责权限，理顺工作关系

一级公司内设投资发展部、工程管理部、资本运营部、资产管理部等业务前台部门，财务管理中心、风险管控部、纪律检查部、案件审理部等资源保障与风险管控中台部门，党群工作部、综合管理部、人力资源部等后台保障部门，共 11 个部门，满编 67 人，其中部门正职 11 人、部门副职 13 人。明确各部门职责权限，提高工作效率，使每个环节的工

作都能有条不紊地进行，减少内部矛盾和冲突，从而减少推诿扯皮现象。

（三）明确集团功能定位，确定公司发展规划

利用国家实施自贸区、沿边产业园区建设和乡村振兴战略的大好时机，依托河口区位优势和垦区资源优势，以农林板块为基础，推动集团城建板块、水务能源板块、贸易板块、文旅健康板块、投融资板块等向前发展，不断提升集团综合实力、整体市场竞争力和融资能力。将集团整个业务规划为"1＋2＋3＋N"（即1个农垦业务板块，2个城市建设投资和城市运营服务板块，3个传统产业升级和新兴产业发展的口岸经济、文旅业务、投融资业务，N个负责具体业务运营的项目公司）。

二、贯彻新发展理念，推进制度建设健全机制

河口农垦建投集团强化政策激励，规划人才发展，制定完善有竞争力的薪酬福利制度，强化企业文化，优化工作环境，鼓励竞争上岗。

（一）制定人才发展规划

根据改革发展的实际情况，制定《河口农垦建投集团2023—2027年干部教育培训工作计划》，积极开展各种形式的教育培训工作。如开展特色热作产业提质增效技术推广培训、项目策划与管理专题培训、财务知识培训、人力资源知识培训等。

（二）建立激励机制

研究制定《河口农垦建设投资集团有限责任公司薪酬管理制度（试行）》和《河口农垦建设投资集团有限责任公司绩效考核管理制度（试行）》等内控制度。根据不同职位层级和工作性质，制定差异化的薪酬结构，设置绩效奖金、年终奖金、项目奖金等激励性薪酬，以业绩为核心导向，逐步明确量化的业绩评估标准，强化全员绩效考核机制，明确晋升条件，将绩效与薪酬、晋升、奖励等紧密挂钩，充分激发员工的积极性和创造力。

三、融入新发展格局，贸易引领产业协同发展

河口农垦建投集团积极融入现代物流产业链建设，通过探索推动"党组织＋边民＋互助组＋国资平台公司＋市场经营主体"的边民互市贸易新模式，提出河口边民互市产业园项目建设方案。

（一）加强贸易促进，提升产业竞争力

招商、筛选优质的国内需求渠道（优先选择落地加工和国有企业渠道）发展商贸业务，带动物流、运输、装卸等业务发展，通过资源积累推动加工、仓储、终端配送、金融等业态发展。通过代采方式与其他企业合作，开展磷矿石购销业务，收购磷矿27 320吨，货值2 101.84万元，销售额2 103.94万元。合作开展猪肉购销业务，形成供应链，购销

猪肉 532.3 吨，销售额 972.84 万元。

（二）创新贸易业务模式，带动集体经济

开展猪肉、木薯干片、榴莲、咖啡豆等农产品、农副产品贸易业务。同时，探索"互助组＋集体经济＋国有企业＋市场经营主体"模式，完成首单以"集体经济＋国有企业＋市场经营主体＋金融机构"形式开展的贸易业务。以"边民互助组＋集体经济＋国有平台公司＋市场经营主体"边民互市贸易新模式，整合集体经济、国有企业等各方资源，促进边民、集体经济、国有企业共同发展。带动瑶山乡八角村，老范寨乡桂良村、斑鸠河村完成咖啡豆贸易 89.61 吨，实现贸易额 330 万元，实现集体经济收益 26 800 元，净利润约12 000 元。

四、培育新质生产力，助推产业融合发展升级

河口农垦建投集团以市场为导向，积极主动了解当前市场的需求和期望，提升原有产品及服务的质量和价值，探索开发新产品。

（一）开展多种形式合作，积极拓展业务领域

利用集团自身优势，积极探索开发文旅大健康服务与农业产业一体融合发展，参与市场竞争，不断优化自身的产品、服务和运营流程，以获得竞争优势，追求经济效益的最大化，通过合理配置资源、降低成本、提高效率来实现盈利目标。积极与外部企业开展合作，通过实现资金、技术、人才、市场渠道等资源共享，弥补自身的短板，提升综合竞争力。通过共同分担成本和风险，增强应对市场不确定性的能力。借助合作企业的优势和经验，快速进入新的业务领域，节省探索和试错的时间与成本。

（二）推行"六统一"模式，稳定发展橡胶生产

集团公司旗下的 4 个农场公司天然橡胶种植面积有 10.6 万亩，天然橡胶产业采用"六统一"（统一规划种植更新、统一实施技术措施、统一防治病虫害、统一执行质量标准、统一收购原材料、统一经营加工销售）模式将分散经营整合为集中管理，避免产业弱化和资源分散，既保障了土地所有权和用途，又保护了承包人权益和社会保险，有效降低了作业成本，提升了农业标准化水平，增强了承包人抵御市场风险的能力。同时，有力推动了新品种、新机具和新技术的转化应用，加快农垦现代农业大基地、大企业、大产业的发展，促进橡胶产业持续健康发展。2023 年，在实施"六统一"的模式下，4 个农场公司干胶产量稳步提高，总产量达到 3 365.8 吨，同比增长 16.1%；人均单产 6.6 吨，同比增长 17.8%，为近三年最高。

（三）探索采胶技术创新，提高割胶劳动生产率

积极探索气刺微割技术，以点带面在各农场公司大力推广，积极推动橡胶树品种的改良以及采胶技术的创新，提升橡胶的产量与品质，缓解老龄割胶工因技术退化出现割胶难

和胶工短缺的问题，节约橡胶耗皮，提升割胶速度，增加干胶产量。截至目前，蚂蝗堡农场公司已成功推广气刺微割采胶技术覆盖面积达到 553.31 亩，2024 年，新增推广面积达到 119.3 亩。加强与云南农垦红河国际农业有限公司合作，探索橡胶深加工新工艺、新技术，推动橡胶产品的多样化、高质化发展，同时，致力于推动一二三产业深度融合，以实现更为深入的产业合作，共同推动橡胶产业的持续发展。

（四）推进胶园更新改造，整合资源做大做优

积极推进低产低质胶园的改造及良种良法项目，启动第一批橡胶苗木的定植工作，严格执行保土、保水、保肥和护根等各项管理措施，以确保橡胶苗木的成活率和生长量，进而稳步提升橡胶产量，实现产业的可持续发展。同时，将积极整合民营橡胶资源，以降低民营胶农的经营风险，实现企业与胶农的共赢发展。通过资源整合，推动橡胶产业向规模化、集约化、高效化方向迈进，从而实现橡胶产业的全面壮大、优化与提升。计划更新低产地改造面积 2 426.25 亩，截至目前，低产地改造开荒面积已达 1 706.6 亩。

（五）建立科技示范基地，提高农业生产质效

结合乡村产业振兴，与"四乡两镇"联动发展，借助其政策、项目、资金等支持，结合自身土地、林权、人力等资源，调整产业结构，发展多元化生产经营模式。2024 年，4 个农场公司发展种植坚果面积 4 922.8 亩，种植不同品系 102 674 株。发展热带波罗蜜水果产业示范园基地面积 820 亩，种植株数 18 000 株；发展青柚示范基地面积 70 亩，种植株数 1 750 株。同时，坚持"以短养长　长短结合"模式，配套探索林下种植养殖业。建设木薯片加工厂，年产优质木薯干片达 15 吨。探索开发竹产业项目，拟在河口农场建投集团实施河口县现代竹产业产业链提升建设项目，主要包括竹林种植与培育、竹产业产业链提升工程、智慧竹林系统提升工程和竹下经济"竹林＋"产业发展等。2024 年，与县林草局合作完成 380 亩竹产业试验基地，主栽品种为甜龙竹。

经验启示：

近年来，河口农垦建投集团整合河口县国有企业贸易资源，结合国企改革发展实际，依托河口口岸、中国（云南）自由贸易试验区红河片区区位优势，主动融入口岸经济、园区经济发展战略，做大做强边境贸易以及进出口贸易。同时，依靠乡村振兴、边境小康村等战略，与"四乡两镇"联动发展，借助其政策、项目、资金等支持，结合自身土地、林权、人力等资源，推进"一场一业""一场多品"特色优势产业培植力度，构建现代农业经营体系，促进一二三产业融合发展，做强做优做大农垦经济，更好服务地方区域经济发展战略需要。

探索推行"1231"发展方式
全链条培育重塑咖啡产业

云南省德宏州芒市遮放农场

云南省德宏州芒市遮放农场（以下简称遮放农场）国土面积 3.8 万亩，辖 5 个社区 35 个居民小组，总人口 2 855 户 6 841 人。农场自 1956 年开始种植咖啡，是德宏州种植咖啡较早的地区。全域土壤肥沃、气候温润，地处北纬 24.13°—24.30°、东经 98.08°—98.33°，海拔 820~1 300 米，属南亚热带半湿润季风气候区，年平均气温 20.4℃，形成了农场咖啡豆"浓而不苦、香而不烈、略带果酸、颗粒匀称、醇香浓郁、带有果味"的独特风味。近年来，通过不断改革探索，遮放农场咖啡种植面积较建场初期翻了 435 倍，年产鲜果 1 000 余吨，总产值达 800 余万元，成为育苗、种植、加工、冷藏储存、销售运输、农旅融合一条龙全产业链模式，成为遮放农场支柱产业之一。

一、聚焦"1"个目标

深入贯彻落实省、州、市关于推动咖啡产业高质量发展的工作要求，认真落实好上级产业发展的扶持政策，以聚焦全链条培育重塑咖啡产业为目标，制定遮放农场《推进落实咖啡产业高质量发展三年行动计划（2023—2025 年)》，构建领导班子挂钩社区，干部职工、社区工作人员为居民小组产业发展联络员的工作推进机制，形成遮放农场人人懂咖啡、人人发展咖啡的良好局面。始终坚持以党建为引领，以产业驱动为抓手，以基地改良、生产加工设施设备提升、企业品牌建设、精深加工等作为"发力点"，走出了一条"党建＋咖啡产业"的新道路，着力将农场咖啡打造为"成林似海"的景象，让"绿色"和"可持续发展"成为遮放农场咖啡的新标签。

二、打牢"2"个基础

（一）打牢咖啡原料基础

农以种为先，种子是咖啡产业发展的根基。遮放农场坚持把培育优质种苗作为产业发展的基础，通过外出考察学习、与云南省德宏热带农业科学研究所合作等方式，历经 60 余年的探索和实践，筛选高产、优质、高抗品种，全面引入抗寒抗旱抗病强、品质优良的卡蒂姆 7963 和萨其姆等优质品种，亩产鲜果最高可达 1 吨。同时，为从源头上保证咖啡品质，投资 25 万元建设育苗基地 8 亩，种植培育种苗 22 万株，建成"咖啡＋牛油果"特色热作标准化示范园 100 亩，种植萨其姆 399 和德热 132 两个品种咖啡。同时，实施低产咖啡地提质改造 918 亩，新植林下咖啡 564 亩，实现从"多种咖啡"到"种好咖啡、种精品咖啡"的转变。

（二）打牢咖啡生产基础

在上级利好政策的扶持下，遮放农场依托老茶厂闲置废弃厂房，对其进行整体修缮和加固，通过"压缩开支自筹一部分、积极向上争取项目扶持解决一部分"筹措资金，先后投资 1 000 余万元建成 2 条咖啡精深加工生产线，包括挂耳咖啡生产线、冷萃咖啡生产线，年可生产精品咖啡粉 30 吨。同时，优化完善现有的 1 条咖啡初加工生产线，建成一条德宏州先进的咖啡初加工打米生产线。基础设施的建设完备，让遮放农场咖啡产业实现了从"原料供应型"向"精深加工型"的转变。

三、提升"3"个能力

（一）提升市场销售能力

始终坚持"线上＋线下"联动的方式，探索出一种精品咖啡销售的新模式。线上方面，借助电商、直播带货、网红打卡等新业态，通过运营自身微信视频号、邀请抖音主播宣介等方式，探索咖啡线上营销"流量密码"。线下方面，以面向大众、面向消费者为导向，主动参与全市"目瑙纵歌节""泼水节""国庆美食节"等重大节庆活动，利用人流集中、外来游客众多的优势，主动对外展示咖啡产品和邀请免费品尝。利用好本级宣传平台并积极对接上级官媒，加大遮放农场精品咖啡文化、产品类型等多方面宣传推介，打造"一杯有农垦文化的咖啡"，开展全面推广宣传。同时，主动对接省外上海、北京等地大小企业，采取订单模式进行合作，以此为平台，助力打通遮放农场咖啡走向外地市场的"最后一公里"。

（二）提升科技创新能力

遮放农场积极整合、引进咖啡人才进入芒市农垦实业有限公司工作，选派多批次人员外出学习咖啡制作经验，主动邀请省内多名咖啡专家进行网上授课培训，较大提升了咖啡从业人员的技术水平。同时，加强与云南省德宏热带农业科学研究所的合作，加大咖啡新产品和咖啡种植管护新技术联合研发攻关，建设咖啡品种改良示范基地，强化咖啡病虫害综合防治技术研究，形成全产业链咖啡科技创新体系。定期邀请州内外咖啡种植专家团队"进组下地"，加强本地新型咖农素质培训，在种植、管理、采摘、加工等各个重要环节对咖农进行技术培训和指导，以提高遮放农场的咖啡原料品质。

（三）提升示范引领能力

聚焦种植大户、乡村能人、返乡大学生等群体，着力培养咖啡产业发展示范带动队伍，通过"大户带小户"的模式，以模范引领推动咖啡产业的不断拓展和优化。选树"咖啡书记"王元志、"致富带头人"尹红玲、"咖二代"唐雪龙等一批先进典型，切实做到盯着咖啡定思路、带着企业谋发展、帮着咖农解难题，实现"点亮一盏灯，照亮一大片"。此外，打造了"侏椤庄园"等特色农业庄园，依托遮放农场老旧生产厂房集中优势，规划打造遮放农场咖啡庄园，现已纳入农垦文旅小镇一期项目并完成初步规划。

四、打造"1"个品牌

为提升咖啡精深加工产品核心竞争力，遮放农场大胆探索，以"党组织＋公司＋基地＋咖农"产业运作模式，注册"志垦"咖啡绿色品牌，推出挂耳咖啡、烘焙豆、咖啡粉等系列"志垦"产品。同时，充分挖掘优质咖啡产品在消费终端潜力，筹资打造"志垦咖啡体验中心"。全力推出特色鲜明的农垦咖啡文化品牌，进一步扩大市场知名度及影响力，使种植户从育苗、种植、初加工到精深加工一体化都有保障，基本完成咖啡产业链打造和延链目标。通过依托咖啡深加工，创新丰富现有的产品类型，推动技术革新，把咖啡变为商品，让咖啡产业从种植销售咖啡果变成商品销售，逐步将芒市志垦咖啡有限公司打造成现代化、一体化咖啡龙头企业，打造出集种植、旅游与户外休闲于一体的精品咖啡文旅小镇。同时，切实推进遮放农场一二三产业融合发展，挖掘产业价值，为今后在优化全产业链基础上持续推进"强链"目标夯实基础。

经验启示：

遮放农场立足自身资源和区位优势，积极发展咖啡产业。在实践中，坚持走"党建＋咖啡产业"的新道路，探索推行"1231"咖啡产业发展方式，通过聚焦全链条培育重塑咖啡产业为目标，坚持种苗优选优育，推动基地和生产建设规模化，切实提升对外销售市场能力，强化科技创新能力，发挥示范引领作用，着力打造"农垦咖啡文化"品牌，使遮放农场咖啡产业的生态效益、经济效益逐步显现。

坚持一二三产业融合
推进葡萄产业高质量发展

云南省红河州弥勒市东风农场

云南省红河州弥勒市东风农场（以下简称弥勒市东风农场）从 1965 年开始小规模引种葡萄，是弥勒最早种植葡萄的地方，是弥勒葡萄的核心种植区，葡萄产业现已成为东风农场发展的主导产业。目前东风辖区葡萄种植面积 3.29 万亩，其中，鲜食葡萄 6 000 余亩，兼用型葡萄 2.61 万亩，专用酿酒葡萄 800 余亩。2013 年，云南省弥勒市东风农场管理局被认定为第三批全国一村一品示范村镇，享有"高原葡萄之乡"美誉，被誉为"东方波尔多"；2020 年，被认定为县级绿色食品产业基地。在东风葡萄产业带动下，弥勒葡萄获得农产品地理标志认证，并正式注册为国家地理标志证明商标；葡萄产业成为弥勒市首个 10 万亩水果产业。2023 年，葡萄产量 3 万余吨，产值 2.4 亿元。

一、坚持示范引领，全面提升葡萄种植技术

（一）开展专题调查，制定技术方案

围绕东风葡萄产业发展情况、优势、短板及需上级支持开展的工作等方面，在深入调查研讨基础上，撰写了《弥勒市东风农场社区管理委员会葡萄产业发展情况报告》，草拟了《弥勒市东风农场社区管理委员会葡萄产业提质增效三年行动计划（2023—2026）》。邀请中国农业科学院果树研究所、云南省农业科学院专家，组织弥勒市科学技术局、弥勒市农业农村局、东风农场社区管理委员会、东风农场公司及各社区葡萄种植代表和葡萄代办商等相关人员，召开葡萄种植技术交流座谈会，了解东风葡萄种植模式，根据东风传统种植模式，结合现代种植模式，制定符合东风葡萄种植实际情况的最佳方案。

（二）实施测土配方，改良酸性土壤

为进一步摸清东风葡萄种植土壤的微量元素结构，专家组对选定示范种植园的土壤采样 30 个，经权威机构检测，得出东风葡萄园土壤酸性严重的结论，针对酸性土壤改良进行了两次集中授课，让种植户了解酸性土壤对葡萄种植的危害性，并提出改良酸性土壤的方法，为葡萄生长夯实土壤基础。

（三）加强技术培训，传授种植技术

自 2023 年 12 月开始，专家组在前期调研的基础上，针对性地开展 3 次集中授课，对

葡萄架式、葡萄冬剪技术、葡萄抹芽与整齐度、葡萄合理摘心技术、葡萄肥水精量施用技术、葡萄病虫害防治等技术要点进行了详细讲解，并对示范户开展一对一实地指导 30 余次。

（四）全程规范操作，精准施肥用药

通过土壤测试和对葡萄作物所需肥料的分析，为示范户葡萄园量身打造专属"营养餐"。同时，根据葡萄生长周期和土壤条件，精准确定施肥时间，确保养分在作物最需要的时候得到补充。结合高效药物的使用，对病虫害进行精准打击，减少作物受损，保障产量稳定。在具体实施过程中，引导示范户严格遵循科学规范，避免过量施肥，以免出现土壤盐碱化、养分流失等问题。关注天气变化，合理安排施肥用药时间。与 2023 年相比，每亩葡萄的农资成本由 3 800～4 000 元降至 2 000～2 200 元，减少了近 50%，减肥减药效果非常明显。

以上技术措施的落地实施，取得了显著效果。1 号示范园茉莉香面积 6.8 亩，产量 11 161 千克，产值 128 762 元，均价 11.5 元/千克；6 号示范园茉莉香面积 2 亩，产量 3 057 千克，产值 60 844 万元，均价 19.9 元/千克；4 号示范园面积 1.5 亩，产量 4 000 千克，产值 36 000 万元，均价 9 元/千克。葡萄亩产量较之前的 1.3～1.5 吨提升了 20%～50%，优质果实的比例也从 70% 提升到 90% 以上。真正实现了产量、品质双提升。

二、发挥产业协会作用，大力提升葡萄酒品质

对标欧美主产区和甘肃、宁夏等区域后起之秀，东风农场从葡萄苗育种、酿酒葡萄种植到葡萄酒酿造技术等环节均存在较大差距，在产品检验检测、产品质量认证、产品等级评定等体系建设方面也较为滞后。另外，还有大量的家庭小作坊，存在品质标准不统一、市场定价定位不明确、行业无序竞争等问题，葡萄酒品质水平不够稳定，产品质量参差不齐，一定程度上影响了东风葡萄酒产品的市场竞争力和消费者信任度。

为了解决这些问题，缩小与先进地区的差距，弥勒市东风农场采取了几项措施。

一是成立弥勒葡萄产业协会。共发展协会会员 89 人，其中，单位会员 37 人，个人会员 52 人。通过协会牵头引领，参考法国等国家完备的葡萄酒管理体系，围绕葡萄酒品质检测、感官评价、质量追溯，综合运用化学检测、智慧化酿造、数字化管理等措施，建立弥勒葡萄酒产品检验检测、质量认证体系，制定合理的认定及评级办法，正向激励酒庄企业不断提高葡萄酒生产水平。加大对家庭作坊的整治，提升产品标准。加强对外交流与合作，鼓励与意大利酒庄企业 Megale Hellas S. R. L. 合作，提升葡萄酒产业发展科技含量。双方初步达成合作意向，Megale Hellas S. R. L. 公司提供技术指导，协会提供必要的支持，指定一个酒庄（龙缘酒庄），提供一定数量的葡萄（5 吨）及必要的酿酒设备，其他酒庄可观摩学习，共同提升酒庄酿酒技术。

二是组织辖区酒庄参加"2024 腾冲科学家论坛专题活动·现代食品产业创新论坛"。论坛围绕充分发挥科技创新对现代食品产业的支撑引领作用、构建全国食品领域科技交流合作新平台、助力现代食品产业创新发展，针对葡萄精深加工及现代食品产业创新等进行

研讨交流与合作对接。此举对提升东风酒庄葡萄酒品质将起到实质性的促进作用。

三是提升队伍素质。加强产业人才培训、引进和交流，努力建设一支技术能力比较强、实践经验丰富、专业结构相对合理的人才队伍。

三、加强推介宣传，建设全方位开放营销体系

酒庄作为集葡萄酒生产、销售、餐饮、观光体验于一体的综合平台，在传播和推广葡萄酒文化、培育葡萄酒消费、展示企业品牌形象等方面，发挥着不可替代的作用。但弥勒市东风农场的酒庄建设各自为政，存在"小、散、弱"问题，没有形成合力，产业发展存在文化植入不够、生产线老旧、高新科技应用和精深加工不够等问题，缺乏特色精品意识。此外，大部分从业人员缺乏国际视野和战略眼光，对国际葡萄酒文化、葡萄酒生产、葡萄酒营销等方面缺乏深入了解，专业的市场营销、酿酒技术人才短缺成为困扰。在市场推广方面，宣传渠道、方式方法上缺乏主流媒体和政府引导，消费者认可度不高，一定程度上存在"酒香也怕巷子深"的销售困境。

为做好"葡萄酒＋文化""葡萄酒＋旅游"文章，弥勒市东风农场采取了一系列有效措施。一是举办葡萄节，以此为契机，吸引当地葡萄酒企业组织葡萄酒展示与销售，扩大知名度。二是在产业发展过程中充分挖掘"弥勒"元素，利用多种宣传手段，借助"东风韵"特色旅游小镇的名气，发出"弥勒"声音，鼓励酒庄企业建设具有弥勒特色风格的酒庄建筑。依托东风韵和酒庄，探索建设全葡萄酒主题民宿小镇（葡萄集宿）和葡萄酒文化主题街区，打造葡萄酒消费者及市民酒庄休闲旅游打卡目的地。三是引导酒庄开展葡萄酒进出口等级备案工作，组织参加国内外葡萄酒展会，提升知名度、开阔发展视野。

经验启示：

　　弥勒市东风农场立足葡萄传统优势特色产业，强化技术创新与示范引领，通过引进先进种植技术和科学管理方法，全面提高产品产量与品质，大幅降低生产成本，为农户带来了实实在在的收益；充分发挥产业协会作用，引导企业加强自律，提升行业整体水平，增强市场竞争力，促进国际交流合作，提高产业科技含量和国际化水平；大力加强品牌建设与营销推广，注重品牌文化的塑造和营销手段的创新，通过举办特色活动、打造旅游目的地、参与国内外展会等方式，有效提升葡萄酒品牌的知名度和美誉度，拓宽市场销售渠道，实现葡萄产业高质量发展。

创新生猪"三定"养殖模式
推动稳产保供和产业高质量发展

陕西省牧工商有限公司

陕西农垦是新中国农垦事业的发祥地。作为陕西省农垦集团全资二级企业,陕西省牧工商有限公司(以下简称陕牧工商)成立于1984年,是一家集高效养殖、育种研发、产品贸易、生态循环于一体的现代农牧科技企业。近年来,陕牧工商秉承红色基因、恪守国企属性,锚定农业稳产保供和高质量发展,充分依托与世界五百强正大集团30年合资合作优势、资源优势,大力推广陕垦正大生猪"三定"养殖模式,有效降低了生猪养殖风险,促进了产业高质量发展和养殖场户持续稳定增收,很好地发挥了粮食安全国家队作用。

一、强化分工合作,建立产业协同发展新机制

生猪"三定"养殖模式,即定仔猪价格、定饲料价格、定毛猪收购价格。具体实施中,陕牧工商立足农垦现代化农业发展平台,利用合作伙伴——正大集团先进的养殖体系和技术资源,与集团所属的陕西正大有限公司、陕西正大食品有限公司(以下简称陕西正大、正大食品)积极沟通对接,创立并积极推广实践陕垦正大生猪"三定"养殖模式,发挥各自优势,从生猪养殖环节入手,形成生产、加工、销售全链条合作闭环,实现了节本增效、互利共赢。

该模式有三个显著特点。

一是集约性。陕牧工商整合陕西正大、正大食品资源要素,三方集体签订合作协议,推行"公司+养殖场""公司+农户"方式,按照合同协议约定的优惠价格,由正大食品负责提供仔猪并收购商品猪,由陕西正大提供饲料和饲养管理技术,陕牧工商负责组织养殖场户进行育肥生产和管理;陕牧工商和养殖场户按约定将仔猪款支付给正大食品,将饲料款支付给陕西正大,5个多月生猪达到出栏标准后,正大食品按合同回收,支付全额猪价款给陕牧工商。

二是规范性。陕牧工商联合陕西正大、正大食品将"三定"养殖模式项目过程固定化、精细化、透明化,严格按照三方约定的合同执行,整个合作过程操作规范,产前、产中、产后各个环节紧密衔接,全流程安全可控。陕牧工商协调正大集团"抓两头、带中间",有效解决了传统养殖场户生产效率低、销售渠道窄等问题,实现了质效提升,促进了生猪产业健康稳定发展。特别是陕牧工商与陕西正大、正大食品三方的合作资金往来,

实行闭环运行操作，保证了专款专用、资金安全。

三是创新性。针对陕垦正大生猪"三定"养殖合作项目，陕牧工商坚持党建引领，支部前置研究，总经理办公会专题研究，专业律师进行合规审定，并出具法律意见书，由公司产业发展部监督落实执行，陕西正大负责全程技术管理、风险控制、安全运营，单体项目实时成本核算、出栏结算，过程透明，结果清晰，模式简明，可复制可推广。

二、强化规范管理，有效降低生产和市场风险

在示范推广陕垦正大生猪"三定"养殖模式中，陕牧工商认真借鉴正大集团新农业全产业链经验，积极发展设施化智能化规范化养殖，保障生物安全、食品安全、生态安全和收益安全，打造高标准高质量生产基地，高效防范生产风险和市场风险，推进生猪产业转型升级和高质量发展。

在防控生产风险方面：一是推进生产标准化。在省内外"三定"养殖合作项目基地，高效搭配生猪优良品种，科学合理配比饲料，精细化管理日粮、供水、环境条件等，让不同阶段的猪只享受精准营养、精细照护，减少养殖过程中的用料量、用水量、粪污量，提高了生产效率，降低了养殖成本。二是推进管理智能化。建立人员、猪只、环境、设施、产品智能管理系统，运用数字化管理手段，详细记录每一头猪生长和健康情况，精准掌握种类、日龄、饮食及环境等数据，一旦数据异常及时预警并解决问题，改变了过去随机、粗放的管理方式，保证生产自动化、环境可监控、动保有预警、产品可追溯。三是推进经营产业化。与正大集团合作，推进屠宰加工、产品开发、品牌销售，建立全产业链。同时，加强生猪粪污资源化利用，将猪场猪粪发酵转化为有机肥，或制成沼液沼渣作底肥、追肥，在周边农业园区或基地生产绿色有机葡萄、苹果、香椿等特色果蔬，发展种养结合、生态循环设施农业，提高全链条经营效益。四是推进产品优质化。严格落实"三防五流四通道"生物安全防控体系要求，即建立猪场外、生活区、生产区3道防线，严防人流、物流、车流、猪流、生物流，严控人员通道、物品通道、车辆通道、猪只通道，确保猪肉产品优质、安全。

在防控市场风险上：一方面，陕牧工商协调陕西正大，督促其选派技术骨干和优秀专家团队，对"三定"养殖模式合作猪场加强全程技术指导服务，提高仔猪成活率、育肥猪育成率和出栏率，提高日增重、料肉比，尽可能缩短出栏时间；另一方面，陕牧工商积极与正大食品沟通对接，协调其努力克服生猪市场波动影响，收购价格严格按合同约定进行保底，随行就市就高不就低，确保养殖环节利润，有效地控制了市场风险。

陕垦正大生猪"三定"养殖模式自2022年创立实施以来，目前已在陕西省西安市周至县，宝鸡市扶风县、岐山县，咸阳市礼泉县、乾县、三原县、武功县，渭南市临渭区，商洛市商州区，以及新疆等部分县区广泛推广，生猪养殖规模累计达7.98万头，累计出栏5.1万头。在近年来畜牧业整体低迷、头部企业大面积亏损的情况下，陕垦正大生猪"三定"养殖模式保底优势明显，养殖效益显著，达到了"保供给、强产业、带农户、促增收"的既定目标。

三、强化提质扩面，加快"三定"养殖模式推广

聚焦现代化畜牧产业延链创路目标，不断总结熟化陕垦正大生猪"三定"养殖模式，深入推进养殖模式在各地开花结果、落地生根。

一是典型引路。探索"模式引领＋产业园区示范"发展新路径，紧紧依托正大集团，打造陕垦正大生猪"三定"养殖模式示范园，深度融入正大全产业链，初步构建了生猪高效养殖链、有机肥加工销售链、特色种养结合链、产学研教学示范链，在延链补链强链中提升拓展模式，推动生猪产业规模化发展、标准化生产、产业化经营，抢占了产业发展新赛道。

二是垦地合作。围绕深入落实"农垦社会化服务＋地方"行动，以陕垦正大生猪"三定"养殖模式为切入点，加强与省内咸阳、渭南、榆林等市，以及新疆等兄弟省份相关市、县的垦地创新合作，加大模式推广力度，不断为模式和产业注入新的理念、新的技术、强的管理、强的品牌。

三是联动农户。利用各地"三定"养殖模式合作基地和驻场专业技术人员，示范引领和直接带动相结合，近3年累计联农带农100多人次，做给农民看、带着农民干、帮着农民赚。同时，积极探索租赁经营、合作养殖、技术托管等方式，引导规模养殖场和生产大户、普通农户加入"三定"养殖模式，强化技术服务指导，密切利益联结机制，推动生猪养殖节本降耗、提质增效，扩大了"三定"养殖模式的覆盖度和影响力，为产业高质量发展和猪肉等重要农产品稳产保供提供了有力支撑。

经验启示：

　　近年来，陕牧工商聚焦畜牧主业和高质量发展目标，依托与正大集团30年的合作优势，创立并推广实践"定仔猪价格、定饲料价格、定毛猪收购价格"陕垦正大生猪"三定"养殖模式，与陕西正大和正大食品强强联合、创新合作，优化技术、资金、人力、管理、市场信息等生产要素配置，解决了传统养殖中生产端技术效率低下、销售端渠道信息不畅，以及饲料供应等关键环节成本高等难题，推动产销联动、全链条融合、循环发展、互利共赢，有效降低了生猪养殖风险，在养猪微利时代实现了良好的经济效益、社会效益和生态效益，增强了企业和产业的竞争力和影响力，有力推进了农业稳产保供和生猪产业高质量发展。

实施"1+3+N"发展战略
加快现代农业转型升级

甘肃黄羊河农工商（集团）有限责任公司

    甘肃黄羊河农工商（集团）有限责任公司（以下简称黄羊河集团公司）是 1953 年经政务院批准建设的甘肃第一家国营机械化农场，现已发展成为农工商并举、产加销一体的现代农业企业集团。近年来，黄羊河集团公司认真贯彻落实习近平总书记对甘肃重要讲话和对农垦工作的重要指示精神，实施企业"1+3+N"发展战略〔即夯实"一个基础（农业资源）"——充分发挥现有土地资源优势，加快现代农业建设与发展；落实"三个保障"——以节水材料等农资供应、农机服务、水电服务为保障；靠实"N 个抓手"——以食品、蔬菜、马铃薯、果品、特药等产业增加盈利为抓手〕，充分发挥"三大一化""三统一化"优势，围绕强龙头、补链条、聚集群的工作思路，以保障重要农产品稳定供给为目标，以统一经营和产业化发展为基础，以农业精细化管理为核心，创新完善现代企业管理体制和运行机制，加快现代农业转型升级，取得明显成效。

一、优化资源管理，构建新的产业格局

    黄羊河集团公司坚持推进"三大一化""三统一化"建设，完善"龙头＋基地"的订单农业模式，构建从"车间"到"田间"的生产服务体系。同时，结合职工退休退地，对土地资源进行归集整理，统一由项目团队种植或租赁经营，发挥规模化、集约化组织优势，提升种植效益。目前，公司土地资源全部实行统一经营，全面积完成"大条田"改造，全部建成高标准农田并安装节水滴灌设施，农业种植 100％实现水肥一体化和高效节水灌溉，订单种植全覆盖，滴灌肥、滴灌带内部全面统一供应，整体耕、种、收全程机械化率达 92％以上，形成了玉米、蔬菜、马铃薯三大主栽作物轮作倒茬的良好局面。公司土地亩均综合产值达到 8 800 元，亩均利润超 1 200 元。

二、加强基础设施建设，全面改善农业生产条件

    区域性水资源紧缺是黄羊河集团公司高质量发展的最大瓶颈。为解决这一长期存在的难题，公司大力发展高效节水农业建设，以争取实施高标准农田改造提升项目为抓手，大力开展田、林、路、节水等配套基础设施建设。2021 年以来，公司共争取和实施重点建设项目 15 项，实现总投资 1.41 亿元，其中争取到财政补助资金 0.88 亿元，企业自筹投

入 0.53 亿元。现已建成高标准农田 6.65 万亩，建成沉砂池 128 座（占灌溉机井总数的 86.5%）、调蓄水池 11 座，总蓄水能力 78 万立方米，有效改善了农业生产基础设施条件。目前，公司已推广应用小流量滴灌技术 7 万亩，采用宽窄行种植技术 5.5 万亩，建设物联网智能化灌溉系统 3.3 万亩，在智慧农业发展和节本增效上取得了明显成效，农业灌溉实现了智能化和精准化，灌溉模式由浇地向浇作物转变，亩均用水量 300 立方米以内，较传统灌溉方式节水 50% 以上，节水综合水平全省领先。

三、推行项目团队经营管理，创新农业经营模式

2019 年，公司在深入分析、研判的基础上，将项目团队经营确定为公司今后发展的方向和突破口。2020 年，公司与百事公司合作组建了马铃薯项目团队，当年实现亩收益 1 023.7 元，收益总额 629.57 万元，经营效益显著。公司在总结马铃薯项目团队成功经验的基础上，根据需要组建了辣椒、特药 2 个项目团队。目前，3 个项目团队统一经营管理面积占公司总播种面积的 1/3，创造的利润占到了公司总利润的 1/2。公司在生产管理中实行"六统一"管理模式，即统一计划、统一管理、统一服务、统一标准、统一农资供应、统一收获销售。考核激励机制上按照团队自身工作特性制定合理的薪酬考核分配机制，在管理中强化责任落实，与管理业务人员签订目标责任书，在日常工作中实行分片管理、责任到人，根据工作完成情况考核，优绩优酬。公司自推行项目团队经营管理以来，田间标准化管理能力全面增强，农艺技术和现代农业建设水平进一步提升，种植成本全面可控，种植效益大幅增长。

四、深化体制机制改革，持续激发企业发展活力

（一）进一步完善现代企业制度

强化党委政治核心和领导核心作用的发挥，进一步规范法人治理体系，理顺"三会一层"关系，加强"三重一大"事项管控，形成了董事会、监事会、经理层相互制约、运转协调的现代企业运行机制，有效实现了对企业改革发展任务的研究部署、顶层设计和落地实施。为进一步推进企业治理体系和治理能力现代化，公司结合新要求新任务和企业实际，组织对现行各类规章制度进行全面梳理，先后修订完善各类制度 110 项。同时，以制度"废改立"为契机，积极落实内控体系建设，将风险控制和合规管理嵌入各个业务流程，着力形成以制度管权、按制度办事、靠制度管人的良好发展机制。

（二）持续深化"三项制度"改革

为解决公司干部队伍老龄化、中层管理干部断档等突出问题，充分结合企业管理和发展实际，加大年轻干部的培养和选拔任用力度，持续推进末等调整和不胜任退出机制、内部退养制度，使老干部、老同志退有所养，也畅通了年轻干部的选拔任用通道。近 6 年来，公司共调整和选拔任用年轻干部 76 名，多年来引进储备的高校毕业生已逐步发展成为企业改革发展的中坚力量。同时，结合项目团队建设优化人才队伍结构，培养了一批经

验与活力并存、能力与潜力兼备的复合型、实用型技能人才。目前，公司 3 个项目团队配备各类人才 76 名，平均年龄 36 岁，其中具有大专及以上学历的 55 人。在薪酬分配制度改革上，公司根据各级经营管理者受托经营国有资产的规模、效益水平和经营管理者所承担的岗位责任、工作业绩确定薪酬，市场化经营单位实行"基本工资＋绩效工资"的分配模式，资源管理型单位实行"基本工资＋绩效工资＋综合管理工资"的分配模式，机关工作人员实行"岗位工资＋工龄工资＋奖金"的分配模式。通过考核分配和薪酬激励机制的不断完善和改进，近年来公司干部员工收入稳步增长，干部队伍活力和干事创业积极性明显提升。

（三）加强品牌培育及市场宣传

近年来，公司持续推进市场营销和品牌体系建设，不断扩大品牌影响力和知名度。"黄羊河"商标入选甘肃省重点商标保护名录，甜糯玉米产品荣获第二十届中国绿色食品博览会金奖、中国（西部）绿色优质农产品产销对接博览会金奖，荣登"甘味"农产品企业商标品牌榜单；黄羊河食品公司被中国鲜食玉米、速冻果蔬大会组委会评为全国鲜食玉米产业加工 30 强企业，被中国绿色食品发展中心评为"最美绿色食品企业"。公司先后通过 ISO9001 认证、ISO22000 认证、HACCP 认证、出口 BRC 认证和 GAP 认证，通过有机产品认证 11 个、绿色食品认定 13 个。甜糯玉米系列产品基本覆盖全国大部分县级以上城市，其中速冻甜玉米粒产品供应麦当劳、华莱士，部分产品出口日本、中东、新西兰、澳大利亚等国家和地区及中国香港。

五、加快科技创新与产业融合，提升企业发展内生动力

（一）加快实施科技创新项目

深化与科研院所的合作。2018 年以来，公司共申报并立项甘肃农垦集团科技项目 16 项，实施各类科技试验示范项目 41 项，累计投入研发资金 860.5 万元；先后获得国家授权发明专利 3 项、实用新型专利 32 项、外观设计专利 4 项。公司总结提炼的"玉米膜下滴灌水肥一体化栽培技术"入选全国农垦粮油等主要作物 20 项高产高效技术模式。

（二）加大农业机械化推广力度

公司下设的农机合作社为甘肃省登记注册的第一家农机专业合作社，目前已投资 3 000 余万元购进国内外先进农机具 50 余台（套），进行灭茬、犁地、耙地、施肥、播种、收获、饲草青贮、残膜回收、辣椒移栽等农业全程机械化服务，每年为公司及周边农户作业累计 20 万亩以上。在 140 台田间作业机械上安装使用北斗导航辅助驾驶系统，实现农机的自动驾驶和精准作业，有效提升了作业效率和土地利用率。引进使用植保、巡田等各类型无人机 20 台，为作物中后期田间病虫害防治、田间作物长势和病虫害发生情况信息采集提供了有力手段。

（三）加快科技创新成果转化应用

近年来，公司致力于滴灌高效节水技术的集成应用，总结出"膜下滴灌＋干播湿出＋宽窄行种植＋小流量滴灌＋田间自动化控制＋灌水配额管控"的技术集成模式，农艺师通过手机 App 控制作物灌溉，避免了地表径流和水肥浪费，大幅提升了灌溉效率，节水率再提升 5％，亩节约人工灌溉成本约 40 元。推广使用病虫害绿色防控技术，通过安装杀虫灯灯诱、黄蓝板色诱、定向投放赤眼蜂食诱等方式防治害虫，绿色农业发展取得显著成效。依托田间管理技术的革新，公司 2.5 万亩马铃薯全部采用无膜种植技术，每年减少地膜使用量 130 余吨，在实现提质增效的同时有效降低了农田面源污染。

六、坚持增进民生福祉，凝聚推动发展的强大合力

2021 年以来，公司累计投资 650 万元开展人居环境整治和改造提升行动，以场容场貌整体巩固拓展提升、垃圾治理、污水处理、厕所革命、危旧房彻底排危处危、道路硬化、农业面源污染防治为主攻方向，持续改善人居环境，场区面貌焕然一新。根据相关政策和职工人均收入逐年增长实际，研究并调整了职工社会保险缴费基数，让职工共享企业发展成果，其中农林单位一线员工社保缴纳基数达到甘肃省在岗职工平均水平。为全面提升产业工人职业素养和岗位技能水平，激发产业工人工作热情，组织研究调整了最低收入保障线，产业工人的社保福利待遇得到进一步提升。同时，公司每年投入近百万元，常态化组织开展职工运动会、文艺会演、红歌比赛、健康体检等活动，丰富广大职工群众精神文化生活，企业上下呈现出一派生机盎然、欣欣向荣的气象，向心力、凝聚力不断增强，为企业深化改革和高质量发展凝聚了强大合力。

经验启示：

　　近年来，黄羊河集团公司大力实施"1＋3＋N"发展战略，充分发挥"三大一化""三统一化"优势，建成规模化、集约化、现代化、智能化种植基地，坚持把做大做强特色优势产业作为推动高质量发展的主攻方向，不断延伸产业链、提升价值链、打造供应链，使企业加速走上了现代农业全产业链特色发展之路。黄羊河集团公司以构建现代农业产业体系、生产体系、经营体系为抓手，大力推进资源统一企业经营、基础设施建设、项目团队运营、体制机制改革、科技创新和产业融合等，不断增强企业内生动力和发展活力，为企业高质量发展夯实了坚实基础。

扬优势强管理　推进现代农业
产业高质量发展

甘肃农垦金昌农场有限公司

甘肃农垦金昌农场有限公司（以下简称金昌农场）于 1958 年成立，其前身是甘肃省国营八一农场，2020 年更名为甘肃农垦金昌农场有限公司，是一家纯农业种植企业。近年来，金昌农场认真贯彻落实习近平总书记关于农垦要建设现代农业大基地、大企业、大产业的重要指示精神，充分发挥土地规模种植、大农机机械作业、统一经营管理等优势，以"三大一化""三统一化"为抓手，调整经济结构、优化产业布局、推进基地建设，大力推进现代农业产业高质量发展。

一、科学优化资源配置，构建产业发展新格局

金昌农场坚持推进"大产业、大条田、大农机、水肥一体化"建设，规范整合土地资源，创新转变经营方式，按照"龙头企业＋种植基地＋专业团队"的经营模式，发展以粮食、特药、饲草为主的三大主导产业。三大产业种植面积达 11.43 万亩，占到总播种面积的 88%。作为保障国家粮食安全和重要农产品有效供给的"国家队"，金昌农场全力推进小麦、马铃薯、玉米等粮食作物种植，总面积达 9 万亩，占总播种面积的 70%，每年产量 21 万吨。同时，牢固树立甘肃农垦"一盘棋"理念，全力以赴保障甘肃农垦集团畜牧产业和特药产业发展，建设以紫花苜蓿和青贮玉米为主的优质饲草基地和特种药材种植基地，每年可向牧场供应饲草 16 万吨，保证了甘肃农垦集团两家牧场的饲料充足供给，紫花苜蓿、青贮玉米取得了有机饲草产品认证。目前，公司通过"三大一化"建设，13 万亩耕地已全部建成"大条田"，膜下滴灌设施农业和水肥一体化栽培技术实现全覆盖，作物耕种管收全程机械化率达到 90% 以上。

二、改造提升基础设施，打造产业发展新优势

面对制约企业高质量发展的区域性水资源紧缺问题，金昌农场大力发展高效节水农业，以实施高标准农田建设为抓手，按照"能排能灌、旱涝保收、宜机作业、稳产高产、生态友好"的标准，加强田、林、路、节水等基础配套设施建设。2021 年以来，公司实施高标准农田改造提升项目 2 万亩，增施有机肥改良土壤、平整土地、建设沉砂池、更换首部系统、改造地下管网、整修机耕道路，农业生产基础设施不断完善，土地资源和现代

农业优势进一步凸显。同时，推行干播湿出、一膜三带宽窄行等节水种植技术，引进应用微喷灌、小流量滴灌带、电动阀等节水设施，实现了作物智能化和精准化灌溉，由以往浇地转向了浇作物，水资源得到了充分有效利用。公司农业灌溉年用水总量从 2020 年的 8 655 万立方米降至 2024 年的 4 810 万立方米，节水率达到 44%，节水成效显著。农业节水工作受到地方政府的高度认可，成为区域农业节水的样板示范企业。

三、提高农业机械化水平，激活产业发展新动能

金昌农场围绕特药、饲草等主导产业耕种管收，投资 4 971 万元购置精量播种机、克拉斯青贮收获机、割草机等先进适用、智能高效的现代化大型农机具，建成了拥有各类农机具 120 台（套）、其中进口机械 68 台（套），农机装备总动力 7 166 千瓦的全省最大、最先进的甘肃金农农机专业合作社，特药、苜蓿、玉米等主栽作物综合机械化率达到了100%。合作社在世界先进饲草收获设备引进及苜蓿青贮技术应用方面走在了全国前列，发挥了巨大的农业机械集群效应，被评为"全国农机合作社示范社"。同时，坚持按照"垦区社会化服务＋地方"模式，在服务好企业农机作业需求的同时，将全程机械化农机作业向周边地区辐射，推动了周边地区农业整体机械化水平提升，每年累计作业 30 万亩以上。

四、提升科技创新能力，加快形成新质生产力

金昌农场成立农业科技推广中心，坚持投入科技经费，配备专业技术人员，围绕主导产业开展作物新品种、新技术、新型高效肥料的引进，病虫害绿色防控等试验推广和设备研发升级改造。通过试验示范，筛选出了高产、优质、抗逆性强、适合本地区推广的作物品种，主导作物良种覆盖率达到 100%。病虫害绿色普防技术进一步规范，玉米红蜘蛛、紫花苜蓿菟丝子等病虫草害得到了有效防控。为解决主栽作物特药 40 多年来无机械收割、收割成本高、收割管理安全难的问题，农场与机械制造公司联合设计研发了特药收割机，填补了甘肃农垦 40 多年来特药无机械收割的空白，完全实现了特药收获机械化，极大地降低了采收成本和安管风险，提高了收割的质量和效率，每亩收获成本较人工采收降低150 元。

五、推进标准化生产管理，促进农业产业提质增效

金昌农场坚持以工业化思维谋划农业，全力推动主导产业标准化生产，紧紧围绕主导产业发展，在特药、玉米、马铃薯等主栽作物的品种选择、播种、施肥、灌溉、病虫害防治等关键技术方面深入开展研究，制定作物标准化栽培技术规程，实行统一生产资料、统一技术服务、统一机械作业、统一定额灌水、统一病害防治、统一产品销售的标准化生产管理，实现了农业生产播种、施肥、灌水、植保、收获各环节的精细化管控，促进产业化经营与标准化生产、精细化管理有机融合，主栽作物产量质量和抗病虫害、防自然风险能

力逐年提升，生产成本不断降低。2023 年，各类主栽作物产量均达到了历年最高产量，实现了增产增收。同时，发挥大宗物资集中采购价格优势，按照"质优、价廉"的采购原则，对种植户所需的化肥、农药、地膜、滴灌带等大宗农资，实施统一采购、统一价格、统一供给，实现了主栽农作物生产资料集中统供。企业农资供应价格比市场销售价格平均降低 5%，达到了降本增效的目的。

六、推行项目团队化经营，创新高质量发展经营模式

团队建设是推动企业高质量发展的重要驱动力。金昌农场充分发挥土地统一经营优势，选聘种植经验丰富、综合业务能力强的人员组建项目团队进行种植经营，打造了一支懂经营、会管理、有技术、能干事的产业经营团队，推动产业稳定高效发展。目前，已组建特药、青贮玉米、苜蓿、马铃薯等 20 个项目团队，经营管理面积 2.7 万亩，专业种植团队人员达到 47 人，人均经营管理面积 560 亩。通过项目团队经营管理，公司田间标准化管理能力全面提升，种植成本实现全面可控，种植产量全面提高，种植效益全面增长。

经验启示：

近年来，金昌农场坚持"党建引领、企地融合、机械化作业、标准化种植、产业化经营、智能化管理，打造国内一流现代农业企业"的发展思路，立足资源、规模、装备、机制等优势，以科技、项目、品牌、团队为支撑，调整经济结构、优化资源配置、推进基地建设、建立生产标准、提升机械水平、提升科技能力，以大产业为龙头、大条田为平台、水肥一体化为载体、大农机作业为支撑的现代农业体系已基本形成，为农场现代农业产业高质量发展提供了有力保障。

挖掘红色资源　盘活土地资源
以产业发展促进乡村振兴

青海省格尔木农垦（集团）有限公司

青海省格尔木农垦（集团）有限公司前身是组建于 1965 年的中国人民解放军农业建设第十二师，2000 年更名为青海省格尔木农垦（集团）有限公司。近年来，集团持续巩固农垦改革成果，以构建农业大基地、大产业、大企业和示范引领为抓手，找准企业发展与乡村振兴的最优结合点，深耕特色产业、深挖农垦文化，打好文化特色牌，不断优化产业结构，全方位融入乡村振兴战略。目前集团已成长为以农牧业为主、工商业协调发展的综合性企业，农业产值约占全市的 60%，设施蔬菜占全市的 90% 以上，资产 47 亿元，年收入 1.19 亿元，切实践行了农副产品稳产保供"排头兵"、农业生产种植"国家队"的职责使命。

一、推进红色资源转化，夯实党的建设基础

集团坚持弘扬红色文化、传承红色基因，大力培育企业文化，加强思想阵地建设，以农垦精神赋能基层党建工作，激励党员干部开拓奋进。打造格尔木军垦农垦记忆陈列馆，该馆于 2024 年 7 月揭牌开馆，已完成展厅 6 个部分的布展工作，收集整理展品 500 余件。整理编纂《格尔木农垦志》，回望垦区历史，弘扬农垦精神。积极创建"党建赋能·强垦兴农"党建品牌，全面实施"政治领航""堡垒强基""干部提能""清风正纪""赋能兴农" 5 个专项行动，打造"党员责任田"，充分发挥基层党组织战斗堡垒作用和党员先锋模范作用，带领全体干部员工促发展、争一流。

二、盘活土地资源，谱写农垦发展新篇章

集团高度重视土地集约化发展、规范化管理、合理化建设，成立由主要领导任组长的土地管理领导小组，修订完善《农垦集团土地管理办法》，规范土地管理台账，优化合同管理模式，建立土地管理、合同管理与租赁收入相衔接的管控措施，实施土地租金收益"一本账"制度，加强对土地用途的管控。全面盘活土地资源，加强土地信息化建设，推进辖区 4 000 亩土地改良项目，实现农垦土地管理"一张图"，盘活土地存量、最大限度开发利用好土地资源。建设高标准农田 5 800 余亩，加强耕地及永久基本农田巡查管护，紧盯耕地和永久基本农田"非耕地"问题整改，统筹安排、压茬推进，全力守护耕地保护

红线。加强与相关职能部门沟通衔接，定期对辖区"未耕地"图斑进行实地核查，坚决杜绝未耕种及撂荒情况。

三、聚焦主责主业，以产业振兴增进民生福祉

聚焦"走在前、勇争先、善作为"的目标要求，创新举措做大做强特色产业。主动承接格尔木市特色生物产业园建设，挖掘格尔木市农牧业资源优势，按照"主导产业突出、现代要素集聚、设施装备先进、生产方式绿色、辐射带动有力"的标准，建设绿色有机农畜产品输出地，发展生态循环农牧业体系、完善农畜产品质量安全体系、培育农畜产品社会化服务体系，争取5年内将产业园打造成格尔木市农牧业"名片"。已对接枸杞精深加工、生物制药、特色医药、科技研发等高精尖农牧综合企业13家，落户3家；引进枸杞锁鲜生产线5条。高标准建设格尔木市省级蔬菜现代农业产业园，统筹辖区2 100余亩蔬菜种植面积，全力保障全市"菜篮子"稳定供应。依托辖区枸杞（藜麦）产业基地、设施蔬菜农业基地，培育省级合作社2家、州级合作社2家、市级合作社3家、省级家庭农场5家、市级家庭农场14家，参与化肥农药减量增效项目试点农户951户，实施面积8 264.6亩。

四、深化科技创新，提升产业发展新质效

集团坚持把科技创新作为引领发展的第一动力，成立科技服务中心，完善人员结构、配备实验室，加快培育新质生产力。加大与科研院校合作力度，深化设施农业土壤修复无土栽培水肥一体化、枸杞根腐病防治项目建设，申报"基于微包埋技术的枸杞蛋白粉系列产品开发"项目，引导枸杞产业向"精深"进阶。不断壮大青藏优品平台，创新"昆仑农垦""杞皇""瀚海绿康"牌枸杞系列产品包装设计，开通抖音、快手等网络销售平台，进一步拓宽销售渠道，实现品牌强垦。

经验启示：

　　青海省格尔木农垦（集团）有限公司注重运用农垦精神、红色文化加强对企业职工的教育激励，把农垦独特优势充分融入了集团发展。加强土地资源集约节约利用，把账目弄清、把用途管住、把资源盘活，用好用足了农垦拥有的最重要资源。在做优做强枸杞这一主导产业的同时，运用种植技术优势推动产业向蔬菜等"菜篮子"稳产保供拓展，既发挥了国家队、主力军的作用，也完善了集团产业结构、拓展了未来发展空间。

聚焦全产业链优化升级
加快发展新质生产力

新疆冠农股份有限公司

新疆冠农股份有限公司（以下简称冠农股份）成立于1999年，2003年在上海证券交易所上市（股票代码：600251），是国有控股的上市公司、农业产业化国家重点龙头企业，产业涉及棉花加工、番茄制品、甜菜制糖、棉籽蛋白、生物发酵饲料等农产品精深加工和数字农业综合服务等业务。近年来，冠农股份面对农产品价格"天花板"压顶和生产成本"地板"抬升双重制约造成的供求结构失衡、生产成本过高、资源错配及透支利用等突出问题，做好"改旧""育新""增创""服务"大文章，持续提升产业基础、延伸产业链条，着力培育结构优化、功能完善、附加值高、竞争力强的现代化全产业体系。

一、明确产业发展思路，夯实组织保障机制

（一）确立全产业链优化升级思路

冠农股份组织专班全面调研，认真剖析问题现状及其根源，提出全产业链优化升级的管理思路，即紧紧围绕"保供固安全、振兴畅循环"，以完善利益联结机制为纽带，推进延链、补链、壮链、优链，从抓生产到抓链条、从抓产品到抓产业、从抓环节到抓体系转变，贯通产加销、拓展产业增值增效空间，打造创新能力强、产业链条全、绿色底色足、安全可控制、联农带农紧的全产业链。

（二）制定全产业链优化升级目标

冠农股份紧紧围绕市场需求变化，确定全产业链优化升级目标，即坚持质量兴农、绿色兴农，把全产业链管理优化升级作为目标和方向，加快构建现代农业产业体系、生产体系、经营体系，提高创新力、竞争力和全要素生产率。

（三）建立健全组织保障机制

加强顶层设计，成立全产业链优化升级领导小组，各单位部门逐级成立全产业链管理优化升级推进小组。从纵向、横向两个维度逐层级建立完善推进机制，为全产业链优化升级提供组织保障和机制保证。

二、聚焦新质生产力发展，科学谋划全产业链优化升级

（一）精准延链补链强链，提升全产业链现代化水平

冠农股份按照"强龙头、补链条、兴业态、树品牌"的思路，立足新疆地缘优势和资源禀赋深挖潜力，以解决产业链规模小、布局散、链条短等问题为落脚点，不断补链、强链、延长产业链、提升价值链，拓展全产业链增值增效空间。

一是强龙头。制定完善"1＋N＋X"中长期产业规划，"1"即搭建核心驱动平台、"N"即构建现代农业全产业链、"X"是发挥龙头企业带动作用。

二是优配套。以"固链、强链、补链、延链、建链、融链"为重点，研究制定"五专"（专家、专图、专责、专资、专策）工作方案和"两图四库"（"两图"即产业图谱、项目图谱，"四库"即专家库、技术库、在建项目库、储备项目库）。

三是成链条。推进短板产业补链、优势产业延链、传统产业强链，不断提升集良种、良法、良田、良机于一体的产业生产链，强化初加工、精加工、深加工协调发展的产业加工链，积极培育模式创新、科技创新、机制创新、政策创新同步推进的产业创新链，着力打造产前服务、产中服务、产后服务配合有力的产业服务链，做强做精集生产、加工、仓储、物流、营销、科技、创新于一体的全产业链，提升产业链质量效益和市场竞争力。

四是强产业。以全产业链发展为路径，推进生产标准化、加工技术智能化、产品品类多样化、市场销售本土化。完善育种、种植、生产、营销和服务全产业链体系，巩固产业发展基础，培育产业发展后劲，提高产品附加值，提升产业技术水平、生产效率和经济效益。

五是聚集群。以全产业链优化升级为依托，逐步形成集生产种植、加工仓储、流通销售、科技服务、示范推广、"生产＋加工＋科技"相结合、一二三产业融合发展于一体的全产业链集聚发展优势。

（二）实施数智化改造，增强全产业链发展韧性

冠农股份围绕加快构建智能化运营综合服务体系，全力推进产业链融合发展。

一是针对农户种植生产成本过高、资源错配及透支利用等问题，应用卫星遥感技术建起数据感知网络，打造全覆盖、适应性强、高分辨率的遥感观测平台，同步依托监测平台实时监测与分析农作物长势、出苗率、生长环境、病虫害以及产量情况，全方位全天候全周期指导农户科学种植。

二是采取"线上＋线下"同步运营方式，为农户提供订单签订、农资供应、全程技术指导、金融保险、采运交售及资金结算等全流程服务，让农户少操心、少花钱，种出好产品、卖出好价格。

三是出资2 000万元组建专业农事服务团队，搭建"小铁牛"数字农业产业振兴服务平台，打造"农户掌上新农具"；引进推广应用穴盘点种机、自动移栽机，为160台采收机械、400余台运输车辆安装卫星导航设备；安装大棚智能监测设备200套、番茄采收机智能盒子44台，以及4G拉运车GPS监管模块250套。

（三）建造公共检测平台，提升产品市场竞争力

冠农股份针对南疆地区食品检测机构不完善、检验检测不够科学、检测缺乏全面性，导致存在问题食品流入到市场的问题，采取了一系列有效措施。

一是建设公共检测平台。设立集职业健康、食品安全和环境监测于一体的第三方检测机构，并取得环境 CMA 资质认证，填补南疆地区食品公共检测行业空白。

二是组建专业检测队伍。通过人才引进、社会化聘用等多种形式，打造集食品加工、微生物、食品营养、环境科学等学科于一体的专业检测队伍。

三是开展专业化检测服务。为南疆地区加工企业提供科技创新、质量控制、品质检测的科技支撑及技术服务，形成农产品从种植环境检测、生长过程监测、农产品检测、饲料检测和农产品加工制品检测的产业链全覆盖。此举扭转了南疆地区加工企业"求检无门"和产品"质次价低"的被动局面，大大提升了南疆地区农产品市场竞争力，带动了区域农业产业及农产品的发展集聚、转型升级。

三、聚焦转型调结构，健全链条增动能

（一）升级农业全产业链，健全利益联结机制

冠农股份为健全产业链条、补齐要素短板、拓展产业增值增收空间，突出"龙头带动、科技支撑、业态延展、绿色循环"利益链，促进标准化"大农业"与精细化"小农业"协调互促、同步发展。

一是完善利益联结机制。聚焦优势产业，立足自身加工基础好、产业融合度高等优势，通过订单带动、保底收益、利润返还、务工就业带动、技术培训带动、配套服务带动等利益联结，构建"联得紧、带得稳、收益久"的长效机制。农产品订单覆盖率63.9%，融入利益联结机制的农户达到80.2%，补贴农户475万余元；人均可支配收入5.98万元，较区域内农户高出37%，有力带动了农户增收致富，增强了产业链供应链韧性和竞争力。

二是创建"抱团式"经营管理模式。充分依托"小铁牛"数字农业产业振兴服务平台，全面推广应用"农民掌上新农具"，全程指导农户标准化种植和规范化管理，有效服务面积17万亩，切实解决了农户分散经营规模小、布局散、链条短等问题。

三是组建基层农业服务队。与中国农业科学院蔬菜花卉研究所合作，挂牌成立基层农业服务工作站。对技术人员开展专业培训，形成一支高素质、高水平、高效能的基层农业服务人才队伍。

（二）创新发展模式、拓宽销售渠道

冠农股份创新营销模式、拓宽销售渠道，不断提升产品竞争力。

一是筑牢传统电子商务阵地，实行"互联网＋农业"集约化发展等现代经营模式。与淘宝、京东、拼多多、抖音等电商平台合作，在成都、天津、广州、杭州、郑州等地设立前置仓，实现产品线上线下融合互动，以信息化带动农产品流通现代化，不断扩大产品市

场占有率和市场份额。

二是加快构建新发展格局。"走出去"提升开拓国际市场能力，通过建强业务组织、打造专业团队、参加国外大型食品展会、参与国际贸易合作等举措，新培育外贸客户22家，2023年出口创汇2.89亿美元，同比增长139.30%。

三是与国内知名企业建立稳定的战略合作关系。加大国内市场销售力度，国内市场销售额占总销售额比重从以往的不足10%增长到目前的30%。同时，开展国际商标注册，在美国、俄罗斯、英国等30多个国家和地区注册"冠农股份"商标，取得BRC（全球标准）食品安全认证。

（三）产业协作持续发展，优势产业不断壮大

冠农股份积极推广绿色发展模式，建成标准化绿色种植基地5.7万亩、标准化种苗繁育基地1 200余亩，适度规模经营率达100%，实现全产业链全程绿色化发展。

一是通过规范品种、集采集供优良种子，实行水肥一体化，番茄产量提高到9.3吨/亩、固形物含量达到5.2%，农产品质量安全检测合格率100%。

二是番茄酱、番茄汁、番茄丁、去皮整番茄等的绿色食品认证产品5.78万吨，农作物秸秆综合利用率96.48%、残膜回收率92%。

三是将生产加工后的皮渣和青果作为原料，生产高质、高效、安全、无残、无毒的微生物发酵饲料，实现皮渣100%回收利用，达到了提高资源利用率的效果，有效降低了企业生产成本、减少了浪费，使生产效率得到显著提升，形成了满足新发展要求的新质生产力，为产业链带来了更大的利润空间。

经验启示：

冠农股份通过聚焦产业链优化升级，以科技创新为主动力、原料基地为主阵地、产业园区为主战场，以市场导向为关键切入点，全面贯彻新发展理念，聚焦产业基础高级化、产业链现代化，坚持全产业链协同推进，促进多主体分工协作、多要素投入保障、多层次利益协调、多渠道配套服务，推动一产往后延、二产两头连、三产走高端，补齐产业链短板，锻造产业链长板，形成政府引导、农户参与、企业带动、科技支撑、金融助力的良好产业生态，促进全环节提升、全链条增值、全产业融合。

打造"一棵草到一杯奶"一体化全产业链助力第三师图木舒克市奶业高质量发展

新疆生产建设兵团第三师图木舒克市

新疆生产建设兵团第三师图木舒克市党委按照"龙头带动、集群引进、链式发展"的总体思路，围绕"1＋6＋10"产业体系布局，大力推行"链长制"招商，全面推进农业标准化生产、基地化建设、产业化经营、品牌化发展、全程化可追溯，一二三产业不断深入融合。辖区内的新疆天润唐王城乳品有限公司（以下简称唐王城乳品）建立"公司＋合作社＋基地＋农户"模式，通过引入龙头型企业和基地型项目，催生"雁阵"效应，"从一棵草到一杯奶"带动乳制品上下游产业集聚，打造农副产品精深加工全产业链，形成了种养加一体、产供销衔接、农工贸融合的生产经营体系，实现了从卖原料到卖品牌的高端演进。

一、种养加一体，打通产业链，推动农业产业化

（一）龙头企业带动全链条发展

引进农业产业化国家重点龙头企业新疆天润乳业股份有限公司（以下简称天润乳业）进驻图木舒克市，建立以唐王城乳品为核心，带动新疆天山金昱牧业有限公司（以下简称金昱牧业）、新疆博润农牧有限公司、哈密市华顺物流有限公司（以下简称华顺物流）等上下游产业集聚，种植—养殖—加工垂直一体化的全产业链布局。唐王城乳品是天润乳业的全资子公司，2021 年 3 月投产，占地 93 亩，总投资 3 亿元，打造了"天润奶啤""冰激凌化了"等 18 种纯牛奶、乳饮、特色酸奶系列产品，远销疆内外市场。2023 年乳制品总产量 50 284 吨，年销售乳制品 50 293 吨，年产值 4.27 亿元，缴纳税收 429 万余元。

（二）生态养殖形成产业链循环

坚持"戈壁沙漠也是金山银山"，向沙漠要土地，向沙漠要效益。利用 8 000 万元国家产业扶贫资金，在 51 团沙漠戈壁建设 5 000 头标准化奶牛养殖厂，以扶贫资产入股的形式，与唐王城乳品共同引进金昱牧业，投资建设一二三产业融合、种养加生态循环奶业基地。金昱牧业按照最高标准，从新西兰、智利进口奶牛，盘活 51 团建成的奶牛养殖厂，目前奶牛存栏量达到 4 530 头，日产奶量 60 余吨。按照"生态产业化、产业生态化"的发展思路，金昱牧业配备完善粪污处理设施，将发酵处理后的沼液还田到周边 2 万亩饲料生产基地，促进经济效益和社会效益双丰收。同时，金昱牧业整合师属国资企业新疆疆南

牧业有限公司的闲置资产，建立博润饲料厂，进行青贮玉米收储和苜蓿加工，为养殖场提供优质饲料。2023年，博润饲料厂生产饲料 44 259 吨，年产值 1.8 亿元，缴纳税收 120万元。

（三）土地流转推动规模化种植

围绕金昱牧业奶牛养殖需求，51团16个集体所有制连队合作社抱团成立图木舒克市九宫农业专业合作联社（以下简称九宫合作联社），将2万亩荒地流转给金昱牧业，配套种植苜蓿和玉米，实现规模化、集约化经营。

二、产供销衔接，畅通供应链，实现服务全程化

（一）利益联结维护供应链稳定

九宫合作联社与唐王城乳品、金昱牧业、博润饲料厂通过资本纽带形成利益共同体，一头连市场，一头连农户。通过"以销定产""订单农业"，金昱牧业与九宫合作联社签订精准扶贫项目合作协议，建立稳定供货关系，既保证了产品质量，又将职工群众纳入产业化发展轨道。

（二）畅通物流优化供应流通环节

政府投资 465.6 万元，修通了金昱牧业奶牛养殖厂至 G217 的四级公路，连通农产品"首尾一公里"。依托唐王城乳品行业龙头地位，"以商招商"引进华顺物流，购置厢式冷链车 30 辆，建立全程冷链系统，配套从事仓储物流运输，日运载量 300～450 吨。未来，随着唐王城机场改扩建和空港物流园、公铁联运物流园规划建设，唐王城乳品将依托图木舒克"铁公机"立体化交通优势，与顺丰集团合作开拓航空物流渠道，以货运包机的形式，每日将当天生产的 50 吨乳制品直供全国各地。

（三）质量追溯保证供应链安全

金昱牧业优质原奶从挤出到转入天润乳业进行加工，全程不到 30 分钟，最大限度保留了牛奶的活性物质。由于牧草种植和牧场养殖零距离对接，原奶供应商和乳制品加工商利益一体化，使唐王城乳品对奶源的外部管理转化为内部管理，更加注重牧草和原奶品质，对原料的各项指标制定了严苛的检验标准，带动整个产业链的质量体系管理。唐王城乳品还凭借其精细化管理流程和高标准质量管控体系，建立了奶源追溯系统，实现了从田间到餐桌的乳品质量可追溯。

三、农工贸融合，升级价值链，催生农业品牌化

（一）农业增效促进农民增收

一是土地流转有财产性收入。九宫合作联社按每年 350 元/亩的价格，向金昱牧业流转荒地 2 万亩，按照人均 4 亩地计算，人均收入 1 400 元/年。

二是发展集体经济有股权红利收入。九宫合作联社集体入股金昱牧业，参与生产、销售环节，共享乳制品加工环节获取的附加值收益。脱贫户以户为单位参与入股分红，首年可获分红 640 万元，第二至第五年按照当年银行 5 年贷款基准利率上浮 20% 比例给予定额回报，户均年分红 5 115 元以上。

三是就地就近就业有工资性收入。土地流转后，从一产解放出来的职工群众，可以在唐王城乳品、金昱牧业务工，月收入分别可达 5 500～7 000 元、3 000～4 000 元。

四是土地种植有经营性收入。合作联社与农户签订种植协议，实行保底价收购。青贮种子、技术由金昱牧业提供，农户负担水费、化肥、机械收割劳务等支出，每年约 800 元/亩，按照近年青贮 0.4 元/千克的行情和平均亩产 3 000 千克计算，种植青贮净收入每年约 400 元/亩。

综合以上四重收益，农户每年户均收入可达 5 万元以上。

（二）产教融合赋能产业发展

利用当地"四校一院"平台，贯通以价值链为核心的"产业链—创新链—教育链—人才链"，探索产教融合之路。塔里木大学乡村振兴研究院落户图木舒克市。唐王城乳品建立实习基地，为塔里木大学提供大学生实习岗位 40 个，吸纳图木舒克职业技术学校毕业生 30 人、甘肃籍大学生 40 人。金昱牧业 5 000 头奶牛养殖项目投产后可提供就业岗位 170 余个，目前已招录民族地区工人 60 人。通过产教融合将职工群众融入现代文明生活方式，移风易俗，加速农民向市民转变，促进各民族广泛交往、全面交流、深度交融、最终交心。

（三）企业品牌带动产业升级

天润乳业整合南疆产业链资源，主打佳丽、盖瑞、天润三大品牌，构建覆盖全疆、辐射疆外的市场销售网络，奶制品畅销天山南北，远销粤港澳大湾区。唐王城乳品发挥品牌效应，推动师市种植养殖产业标准化、品牌化建设，打造高品质牧草和奶源基地；依托天润乳业的技术研发投入能力，加强新产品研发，打响"唐王城乳品"品牌，带动整个价值链升级，实现从卖原料到卖产品、卖品牌的转变。

经验启示：

新疆生产建设兵团第三师图木舒克市通过"链长制"招商，引入一家关键龙头企业，带动成立一系列上下游企业，建立了完整的闭环产业链条，进而培育形成了一个产业集群，使招商引资发挥出了放大效应，成为撬动地方经济的杠杆。利用龙头企业的规模和盈利优势，往上游吸收脱贫户入股，发展规模经营、订单农业，提升了农业经营现代化水平，把小农户引入现代农业发展轨道，充分享受产业发展红利；利用龙头企业的技术和装备优势，往下游发展生态循环农业、仓储物流、企业品牌，最大限度挖掘产品附加值，拓展了盈利空间。

科技创新促发展　品质护航奠基石
打造棉种行业高质量发展标杆企业

新疆合信科技发展有限公司

新疆合信科技发展有限公司成立于 2003 年，是集棉花种子选育、生产、轧花、加工、推广、销售及技术服务于一体的全国育繁推一体化种业企业，年毛籽收购量 1.3 万吨，年成品种子加工量 8 000 吨、销售量 7 500 吨，年销售额 1.2 亿元，年推广种植面积 500 万亩。公司作为兵团重点产业链链主企业、兵团农业产业化龙头企业、兵团级种质资源库，秉承"一生做好一件事"的经营理念，致力于优化棉花种子产业链，为区域棉花生产发展提供强有力的品种及技术支撑，推动棉种产业高质量发展。

一、提升供应保障能力

为提升育种能力，公司在海南三亚建立科研育种基地 200 多亩，在南北疆建立良繁基地 20 万亩；建立科研试验站 30 个，其中北疆 12 个、南疆 12 个、海南三亚 1 个、其他省份 5 个，并在第三师投资 1.2 亿元建立现代农业科学研究院、良种棉轧花厂和种子加工厂，为加快育种进度、提升育种成效起到了重要支撑作用。为保障农业用种安全，公司从落实品种、选择地块、专机播种、田间去杂，单收、单垛、单轧、单运等环节实行全过程标准化管理，确保毛籽收购质量，为生产优质良种从原材料上奠定了基础。为保证产品质量，公司实行双色选、双磁选，色选使用行业领先的英国布勒色选机，采用行业领先的磁力选机、包衣机，种子加工的各个环节均有完善的流程指标管控。公司质监部由总经理直管，不受销售部门、生产部门等其他部门限制，对种子质量拥有独立的话语权和决策权，质监部对加工车间各批次产品进行检验，销售出库时还要再次检验并封样留存。依托先进的生产加工设备及完善的生产全过程管控，确保公司销售的成品种子发芽率在 90% 以上，破损率在 1% 以内，质量指标均优于国标要求。

二、加强农业科技创新

2023 年，公司联合国内 17 家优势科研院所、高校和企业牵头组建兵团棉种产业化创新联合体，汇聚了基因组学、种质资源学、作物育种学、新品种良繁与推广等领域的优势科研力量和研究人员，能够有力推进棉花品种结构和栽培技术体系创新。公司不仅有专职育种专家，还与新疆农业科学院、新疆农垦科学院、山东省农业科学院、河北省农林科学院、石河子大学、华中农业大学等科研院校建立长期合作关系，开展联合攻关。公司年研发费用 400 万～600 万元，且呈逐年上升趋势。目前公司拥有独立知识产权品种 20 个（国审 8 个，省审 12 个），是近几年新疆种业界拥有独立知识产权最多的企业，新陆早 64 号在 2015—2017 年连续 3 年被定为八师棉花主推品种、获 2019 年兵团科技进步奖三等奖。

三、创新企业体制机制

公司从 2003 年成立初期就组建了科研队伍，坚持培养与引进相结合，逐年稳定壮大科研队伍。完善人才评价和激励机制，设置了育成品种奖励、提纯复壮奖励、试验奖励、项目申报奖励等多项奖励政策，营造有利于科研人才发展的良好环境。建立完善的培训机制，不断提升员工的综合素质和专业技能，帮助他们在各自岗位上发挥出最大的潜力。推进品牌战略，不断推出满足市场需求的新品种，取得市场占有份额的领先地位；强化质量管理，维持稳定、卓越的种子质量；引导员工树立强烈的服务意识，提高专业技能，维护品牌形象。

四、带动地方农业发展

公司高度重视销售渠道和市场推广，不断完善售后服务体系，为棉农提供技术咨询、种植指导、问题解答等全方位服务和支持。公司通过田间现场服务、微信抖音直播等服务方式，年服务农户 3 000 万人次，不仅推动了新疆优质棉基地稳步发展，也扩大了公司种子的销售量和市场份额。近 3 年来，公司主推品种新陆早 84 号、H33 - 1 - 4、新陆中 87 号、新陆早 76 号、NH12026 先后被兵团五师、六师、八师、十师、十三师、沙湾市、昌吉回族自治州、博尔塔拉蒙古自治州、乌苏市和阿克苏地区列为主栽品种。新陆早 84 号累计推广面积 1 000 余万亩，增产籽棉 20 万吨；H33 - 1 - 4 累计推广面积 700 余万亩，增产籽棉 16.8 万吨；新陆中 87 号累计推广面积 500 余万亩，增产籽棉 12 万吨。

经验启示：

新疆合信科技发展有限公司以市场为导向，加强产学研用相融合的商业化育种体系建设，促进棉花新品种选育工作，确保了品种在市场中的竞争力；坚持全过程标准化管理，不断升级加工设备，持续优化加工工艺，确保了品质在市场中的竞争力；优化销售网点布局，线上线下服务并行，打造一站式服务标志品牌，确保了服务在市场中的竞争力。

小小沙棘果　成就致富大产业

新疆生产建设兵团第九师一七〇团六连

新疆生产建设兵团第九师一七〇团六连地处古尔班通古特沙漠边缘的山地丘陵之上，属于温带大陆性荒漠气候，全年干旱少雨，地表植被稀疏，生态环境脆弱。这里无霜期只有110天左右，土壤盐碱含量极高，属于砂砾土。一望无际的戈壁常年风沙连天，生活在戈壁的职工经过近20年的探索，最终找到了适合本地生长的"沙棘"。在连队党支部的引领带动下，经过多年艰苦努力，沙棘成为六连的主导产业，沙棘种植职工112人，种植面积7 900亩。2024年，鲜果产量4 500吨，高产示范园亩产1 560千克。在致力于种植和生产环节提升的同时，沙棘产业链在延、补、强方面也做出了显著努力，开发出了沙棘苗、沙棘叶、沙棘干果、沙棘原浆及沙棘果粉，通过多种精深加工方法提高了沙棘果的附加值；此外，利用废弃的沙棘秸秆粉碎作为食用菌基料，先后种植了沙棘平菇、灵芝。小小边疆沙棘果，成为乡村振兴大产业。

一、以合作社为依托，做强做大沙棘产业

2018年团场综合配套改革后，一七〇团沙棘种植业逐年蓬勃发展，连队敏锐地洞察到沙棘市场的巨大潜力，积极鼓励党员率先垂范，组织起来抱团发展。2019年，先后成立了金圣果、丝路沙棘、豫新金海、聚丰4家合作社，自建4 000吨冷库，具备8 000吨周转能力。在发展过程中，与龙头企业和农民建立"订单收购＋分红""农民入股＋保底收益＋按股分红"等多种产业组织形式和利益联结机制，经过4年多的探索发展，业务现已涵盖从育苗、种植、科研、生产加工到销售服务等多个环节，累计销售沙棘果25 000多吨。沙棘产业的发展，在为企业带来可观经济效益的同时，更为全团90％以上的沙棘种植户带来了实实在在的效益。合作社借助企业发展壮大，种植户则通过合作社实现增收致富，其中社员占种植户群体比例高达98％，实现了种植户、合作社和企业的多赢。2024年，在沙棘果价格比往年同期每吨下降600元的情况下，鲜果销售达到了1 440万元，干果加工150吨、预计销售额450万元，沙棘苗销售额达180万元，沙棘茶叶销售额约75万元。在新疆丝路沙棘大健康产业有限公司、佩优棘生物科技有限公司等龙头企业及新疆金圣果农业专业合作社的带领下，拓展了线上和线下的销售渠道，沙棘鲜果及其深加工产品销售额突破亿元大关。

二、加强合作社自身建设，筑起沙棘致富路

自合作社成立以来，连队不断引导各合作社专注沙棘产业的综合开发利用和加强内部制度建设，推动合作社持续健康发展。

（一）加强制度建设，保障规范运行

制度化管理对于合作社长远发展具有重要意义。因此，合作社特别设立了种植技术部门、市场开拓部门和内部管理部门，制定了全面的管理制度和运营机制，覆盖了财务管理、生产管理、市场营销等多个方面，确保内部工作有序进行。

合作社从种植户的利益出发，从做强沙棘产业出发，鼓励社员共同参与决策，确保每位社员都能在合作社的管理和决策中发挥作用，极大地增强了社员的归属感和责任感。

（二）强化技术创新，提升竞争力

一是提升沙棘品质，促进沙棘增效。通过与中国农业大学、中国科学院空天信息研究院、石河子大学等科研院校开展紧密合作，积极推广运用沙棘育苗、精细化管理、采收机械化、测土配方施肥等技术，科学规范种植，提升沙棘品质。

二是秉持环境保护和可持续发展理念。将可持续发展作为战略目标，采用有机肥料和生物防治措施减少对土壤和水源的污染；实施科学的灌溉管理，合理利用水资源，防治水土流失；对种植区域的生态环境进行定期评估，并制定改进措施，进一步提升生态环境保护效果，通过了国家地理标识农产品认证、农产品原产地认证等优质产品认证体系，为未来发展奠定坚实基础。

三是加大科技创新力度。经过不懈努力，连队在大果沙棘新品种繁育和标准化种植园建设、机械化采收等方面大胆尝试，均已取得显著成效。四是强化病虫害防治。以预防为主，综合运用生物防治、化学防治和物理防治等多种方法，适时调整采收时间、贮藏条件，显著减少了果实的损坏和腐烂问题发生，有效延长了沙棘的贮藏期限，提升了贮藏品质。

（三）创新营销方式，拓展市场空间

一是线上线下相结合。线上通过电商平台、社交媒体等新媒体渠道进行广泛宣传和推广，让更多的人了解产品和服务；线下培育优势品牌，积极参与各类展会和经贸活动，通过这些平台展示产品，提升了"第九都护""戈壁记忆""佩优棘""金圣果""豫塔缘"等品牌的知名度和美誉度。

二是借力延伸产业链。与新疆天润乳业股份有限公司、山西吕梁野山坡食品有限责任公司、甘肃艾康沙棘制品有限公司等业界翘楚进行了深入合作。根据市场需求成功开发出一系列深加工产品，包括沙棘原浆、鲜果、干果、茶叶、粉剂、籽油和果油等，以满足不同消费群体的多样化需求。目前，产品和服务已经覆盖广东、山西、重庆、上海等多个省份。

三是立足区位优势拓展国际市场。充分利用第九师位于祖国西北边陲塔城地区、风景秀丽、自然资源丰富、与哈萨克斯坦接壤、为丝绸之路经济带北线的重要节点的地理优势，逐渐将业务拓展到国际市场，扩大市场份额，让更多的国际友人了解并喜欢上沙棘产品。

三、沙棘产业架起了连心桥

沙棘产业的蓬勃发展提供了大量就业岗位，每逢沙棘种植与丰收时节，周边乡镇都会有大量务工人员来到连队，其中包括少数民族同胞以及部分内地的务工人员，在这里从事沙棘苗种植和沙棘果采摘工作。这些务工人员从当年3月一直忙到翌年元月，为连队沙棘产业付出辛勤劳动，也获得了不错的收入，并在这里学到了沙棘种植技术。目前，连队沙棘产业的发展也带动了周边乡镇从事沙棘种植，连队也应邀派出自己的种植能手进行指导，增进了兵地共融，为民族团结架起一座"连心桥"。

经验启示：

新疆生产建设兵团第九师一七〇团六连立足当地优势自然条件，经过长期试验探索，确立了沙棘主导产业。在党支部的引领推动下，连队鼓励发展职工合作社，抱团发展，同时内强素质、外强能力，不断延伸产业链，与龙头企业、农户探索建立有效的合作模式，构建利益联结机制，实现了种植规模化、产品多样化以及产业集群化。

三、创新企业体制机制

大力推进国企体制机制改革创新
打造国际一流粮油食品综合运营商

九三粮油工业集团有限公司

九三粮油工业集团有限公司（以下简称九三集团）是北大荒集团全资子公司，是中国粮油行业唯一获得中国工业领域最高奖"中国工业大奖"的企业。九三集团以大豆为原料生产、销售系列产品及大豆经营贸易为主营业务，年加工大豆总能力1 350万吨。"十四五"规划实施四年来，九三集团贯彻落实北大荒集团"三大一航母"战略部署，不断完善公司现代治理体系，创新体制机制，加强能力建设，不断促进企业高质量发展。

一、建立完善现代企业制度，夯实高质量发展基础

（一）全面加强党的领导和党的建设，引领企业发展

九三集团制定印发了《章程制定管理办法》，在全集团统一开展公司章程修订工作，在制度上实现"党建入章"，明确党组织在公司法人治理结构中的法定地位，坚持和完善"双向进入、交叉任职"的领导体制，党组书记、董事长"一肩挑"，符合条件的党员总经理担任党组副书记并进入董事会，实现党组班子与其他治理主体适度交叉。同时，加强"三重一大"决策事项管控，通过制定"三重一大"决策事项清单及党组织权责清单，科学划分党组织的功能和权责，明晰党组织"定"和"议"的具体事项。确保党组织总揽全局、协调各方，真正发挥把方向、管大局、保落实的核心作用。

（二）加强"三会一层"建设，完善决策机制

九三集团从深化国企改革、完善国有资产管理体制机制入手，贯彻落实"三会一层"管理规定，落实公司治理规范化要求，明晰各治理主体间的分工和权责，进一步完善决策机制。

一是健全完善各级法人治理结构。将符合条件的子企业全部纳入应建范围，逐步调整完善各公司董事、监事委派人选，完成了董事会、监事会换届工作，严格按程序组织召开各级企业股东会、董事会会议，按照外部董事占多数的要求，实现了配齐配强。

二是加强董事会制度建设。制定《董事会议事规则》等规范性文件，明确了董事会各专门委员会工作细则，规范了议事决策程序，充分发挥经理层的作用，明确授权原则、管理机制、事项范围、权限条件。

三是理顺各级股东会、董事会、监事会管理程序，进一步规范各级控参股公司"三会"议案管理工作。制定《规范所属控股参股企业股东会表决管理办法》，保证了各公司按程序顺利召开股东会、董事会会议。

（三）加强管理体系和管理能力现代化，实现效能提升

九三集团贯彻落实北大荒集团"强化管理年"活动，持续完善内控和风控体系建设，从治理结构、战略定位、经营管理、队伍管理等方面，查找短板和瓶颈，对标对表改进提升。

一是推动组织改革，内控管理再上新台阶。推进总部"大部制"组织改革，提升经营管理能力。

二是优化财务体系建设，财管资控达到新水平。按照"财管资控"领先的原则，围绕"支撑战略、支持决策、服务业务、创造价值、防控风险"，不断优化财务体系建设。

三是推进数字转型，管理能力实现新跃升。持续推进数字化建设，升级流程中台、人力资源管理系统等数字化平台，初步实现运营决策数据化和智能化，大幅提升了管控水平及工作效能。启动数字工厂试点，实现了纵向打通生产业务线上管理，横向打通生产领域全生命周期数字化管理。

二、实施混合所有制改革，激发高质量发展活力

（一）省内推进非转基因食品板块混改，激发企业活力

2016年，以省内非转基因食品板块即九三食品公司为主体推进混改工作。公司采用市场化运营机制，建立健全法人治理结构，迅速组建全新的高管团队，完善供产销一体化的产业链条，建立了独立的营销体系。同时，在财务架构搭建、食品安全管控、运营风险管理等方面取得长足进步。九三食品公司已初步成长为具有一定市场竞争力和行业影响力的龙江代表企业，通过建立多元化的所有制体制，提高了国有资本的运行效率，优化了经营机制，放大了国有资本功能，实现了国有资产保值增值，促进各种资本取长补短、共同发展。

（二）省外进口大豆压榨板块引进战投，释放发展动能

2017年，省外进口大豆压榨板块引进战略投资者，在天津搭建控股平台中垦国邦（天津）有限公司。公司成立以来，充分利用各方资源优势，推进公司转型升级，将国有企业丰富的政府资源、规范的管理、雄厚的资金优势与民营企业精简高效的机制、面对市场的快速反应能力、扎实有效的销售和技术资源相结合，覆盖生产经营各环节，形成高效率、低成本的运营模式，实现了与股东各方共赢的高质量发展之路。

（三）增强资金风险管控能力，提高资金管理质量

为保证国有企业资金的高效运营，九三集团在开展混合所有制改革的同时，充分利用境内、境外两个市场，依托大豆进口的流量优势以及海外平台布局，加强产融结合。按照

司库体系框架搭建资金运营管理体系，响应市场和业务变化需求，逐步完善资金流动性管理、融资管理、风险管理和理财运营各项职能，打造出符合集团经营特点的战略型企业司库。2021年，九三集团开启数字化转型，对资金系统进行全面升级，逐步打通资金、财务和业务系统的壁垒。2023年，进一步搭建"全球现金管理"平台，实现了境外公司账户的"可视化"管理，并在司库管理内核中嵌入大数据分析功能。

三、健全市场化经营机制，提升高质量发展质效

（一）创新科技机制，实施创新驱动发展战略

九三集团将科技创新作为"十大战略"之一，相继出台了《创新奖励管理办法》等制度，建立健全科技创新项目、成果及先进单位和个人的激励机制。2023年，评选出12个创新成果、3家创新公司以及4个创新团队予以奖励；持续推进与高校联合申报的"十四五"国家重点研发项目和科研项目实施，加大成果产出。九三集团注重科技人才创新支撑，2024年，从江南大学、东北农业大学等10余所高校选拔了一批有潜力的优秀应届毕业生，用以补充集团专业技能人才队伍，为集团长远发展提供充足的人力资源保障。

（二）创新晋升机制，激发队伍活力

人才是企业发展的第一驱动力。为了激发人才引擎新动能，改变"升职才能加薪"的固有模式，九三集团制定《总部员工职务职级管理办法》，鼓励员工通过管理通道和技能通道"双通道"实现晋升。无管理职务但业务能力强的员工，可通过技术通道晋级，享受与管理岗位人员同等薪酬待遇；有业务专长但管理能力不足的管理岗位人员，通过"双通道"可调整到技能晋级通道，薪酬待遇不受影响。这样既解决了管理人员能上能下的问题，又为专家型人才成长提供了平台，充分调动了广大员工的积极性和主动性，集团"高尚＋奋斗"文化氛围愈加浓厚。

（三）创新营销机制，强化品牌培育

九三集团持续强化营销布局，创新营销机制。

一是抢抓国家实施"绿色发展"战略之机，持续推进基地有机认证，坚持发展绿色、有机、高蛋白大豆原料订单基地，2024年，有机总认证面积达100万亩，为"九三"品牌塑造提供强大支撑。

二是以创新驱动构筑"七大品类、八大系列"食用油矩阵，开拓行业先行的多元化油品结构，发挥"非转基因＋有机"两大核心优势，严把食品安全关。

三是创新品牌传播矩阵，不断提升品牌影响力，抢抓哈尔滨本地文旅热度，率先开展"黑土优品、北大荒九三"爱心车队系列品牌活动；亮相行业大展，扩大交流互鉴，积极参加IEOE中国油博会、中国500最具价值品牌等业界行业盛会，提升在全国范围内影响力。在2024年世界品牌实验室的评比中，"九三"品牌价值高达733.09亿元，实现跨越式跃升。

经验启示：

  作为国民品牌的典型代表，九三集团始终坚持把党的领导和完善公司治理统一起来，深入贯彻"两个一以贯之"，聚焦大豆主责主业，通过完善现代企业制度，加强"三会一层建设"和管理体系、管理能力现代化，完善决策机制，实现管理效能提升。为激发企业活力，九三集团积极引进战略投资者，实施混合所有制改革，健全市场化经营机制，优化科技、管理、营销机制，不断推动企业治理结构和组织形态改革，提升企业科学管理水平和品牌影响力。

发挥全产业链一体化经营优势
提升农垦现代农业企业竞争力

江苏省农垦农业发展股份有限公司

江苏省农垦农业发展股份有限公司成立于 2011 年，是江苏农垦实施农业资源战略重组、按照现代企业制度要求建立起来的大型农业企业。2017 年，公司成功上市，是《中共中央　国务院关于进一步推进农垦改革发展的意见》出台后全国农垦第一家上市企业，也是全国首家农业全产业链一体化经营上市企业。公司下辖 19 家分公司（种植基地）、7 家全资或控股子公司，主营粮油作物种植、稻麦良种繁育、农资贸易、农业社会化服务及大米、食用油、麦芽加工销售等，涵盖一二三产业多个涉农板块。近年来，公司深入贯彻落实党中央有关决策部署以及江苏省委、省政府相关文件精神，坚持走高质量发展道路，发挥全产业链一体化经营优势，不断提升综合竞争力。

一、以基地为核心，构建全产业链一体化经营机制

公司围绕自有基地，培育壮大龙头企业，形成全产业链协同的"总部＋基地＋龙头企业＋市场"纵向一体化经营模式，确保公司内部资源统一协调、配置优化，保证全产业链价值最大化，持续推动农业"大企业"聚力发展。

（一）以自有基地为主体实现统一种植管理

公司规模化经营耕地 130 余万亩，实行集中统一种植管理，形成了规模化、组织化、标准化、机械化的生产经营模式。农业生产实行"五统一"管理，即统一作物和品种布局、统一种子和农资供应、统一农业生产措施、统一农机作业标准、统一农产品销售；落实高效、高质、高产、控本的"三高一控"技术要求，严格执行生产技术操作规程、产地环境保护和投入品管理制度，为龙头企业提供优质、安全、绿色原料。2023 年公司粮油作物总产量达 116.85 万吨，本部稻麦周年亩产 1 240.5 千克。

（二）以市场为导向推进种植结构调整

江苏省大华种业集团有限公司（以下简称大华种业）、江苏省农垦米业集团有限公司（以下简称苏垦米业）、江苏农垦农业服务有限公司（以下简称苏垦农服）3 家子公司与种植基地形成种植业全产业链，根据龙头企业生产需求优化种植结构，科学布局啤麦、油菜种植，扩大优质稻麦订单生产面积，保障了龙头企业的优质原料供应。在坚持统一布局的

基础上，公司充分适应市场需求，大力推进高食味值、高附加值、市场适销的优势稻麦品种布局。

（三）以全程质量管控提高产品市场占有率

2018年起，公司投入2 000多万元率先在全国农垦启动农产品全面质量管理体系建设，建立全产业链质量安全控制信息化平台，实现全过程质量安全可管、可控，可追溯率达到100％，助力粮食生产实现优产、优购、优储、优加、优销"五优"联动。通过全面质控体系建设，实现了"生产可记录、信息可查询、风险可管控、流向可跟踪、产品可召回、责任可追究"，确保了上市的每一粒种子、每一袋米都质量安全、品质优异。依托全产业链纵向一体化经营优势，构建"百万亩绿色基地＋绿色产品＋全程质控体系"模式，为市场提供了从田头到餐桌的优质、安全、放心的农产品，为食品企业提供了优质、稳定、可定制的原料。公司战略伙伴关系稳固，绿色品牌影响力彰显，产品市场占有率不断提高。

（四）以一体化协同构建农业社会化服务"苏垦模式"

响应国家关于构建农业社会化服务体系的决策部署，2023年，苏垦农服牵头整合公司种子、农资、农技服务、粮食加工销售资源，推广"投入品套餐＋农技服务＋粮食回购"一体化全农服务，帮助大户种好地、卖好粮。2023年，一体化全农服务在江苏省射阳、宝应、沛县3个县开展试点；2024年，试点县扩大至全省16个县（区）。内部协同方面，形成了"总部一体化运营中心＋龙头企业＋县域中心"上下协同联动的运营管理体系；外部服务方面，2024年服务种植大户近800户，一体化服务面积超过130万亩，全年共回购稻麦约44万吨，有效带动地方种植大户降本增效、提产增收。

二、以协同为抓手，健全完善内部利益联结机制

公司自成立以来，按照现代企业制度持续完善法人治理体系，健全内部管理体系，统筹协调产业链中分公司、子公司权责边界和利益分配，激发产业链不同经营主体活力，促进全产业链协同发力、高质量发展。

（一）实施一体化运营管理

建立以法人治理体系为核心，公司总部、分公司、子公司一体化运营管理体系。公司总部行使战略规划、投资决策、资源配置、运营管理、支持服务五大职能，统一规划分公司和子公司的生产、经营、管理行为，强化一体化运营管理；各分公司和子公司分工协作、协同发展。

（二）建立一体化财务管理体系

公司强化资金集中统一管理，加强资金预算考核，提高预算编制的准确性和资金归集使用效率；推行财务集中核算，夯实财务核算基础，提高会计信息的质量和效率；建立全

面风险管控体系，提高风险防控能力。

（三）建立科学考核评价体系

公司坚持以效益为中心的考核导向，建立差异化考核评价制度体系。对总部重点考核工作任务和能力素质指标，对种植基地分公司、子公司重点考核成本、效益、质量以及对龙头企业的支持、贡献，对大华种业重点考核自主品种研发、购买及市场转化率，对苏垦米业重点考核新产品及市场的开发、中高端产品的销售、对基地品种布局的引导作用，对苏垦农服重点考核社会化服务完成情况、农资外部市场开发、优质农资产品代理及研发等。公司通过统筹全产业链各类资源，形成有效的利益联结机制，提高了产业链协同效率，促进价值创造，实现价值增长。

（四）建立内部市场化结算机制

为充分调动分公司、子公司生产经营积极性，公司总部制订了内部粮食购销定价机制方案和粮食销售结算办法，总部有关部门组成询价小组，分公司、子公司之间粮食购销考核定价参考市场价格水平，按照"按质定价、优质优价"原则确定。公司总部出台商品粮市场化订单种植政策，以"产优粮、增效益"为导向，鼓励分公司、子公司对外开展市场化订单种植；通过引入竞争机制，积极提高粮食品质，助力提升公司综合竞争力。

在全产业链一体化经营模式助力下，公司在打造大产业、大基地、大粮商方面取得积极成效，已发展成为江苏省重要商品粮基地，先后荣获"全国文明单位""全国农业先进集体""全国粮食生产先进集体"等称号。旗下大华种业、苏垦米业成为农业产业化国家级龙头企业，其中大华种业位居全国种子企业前四强，苏垦米业是"中国大米加工企业50强"、江苏省稻米全产业链链主企业，苏垦农服成为华东地区具有影响力的农资流通企业和农业社会化服务组织。成立至今，公司营业收入和利润总额保持持续增长，在岗职工收入稳步增长，垦区职工的获得感、幸福感、安全感不断增强。2023年公司营业收入超过120亿元，利润总额8.56亿元，位居中国农企500强第99名。

经验启示：

江苏省农垦农业发展股份有限公司通过培育壮大龙头企业，构建"总部＋基地＋龙头企业＋市场"全产业链一体化经营模式，实现公司内部设施、装备、人才、技术等资源整合和优化配置，在全面提升集团自有基地生产服务水平的同时，以垦地合作方式为地方开展农业社会化服务，形成"投入品套餐＋农技服务＋粮食回购"一体化全农服务"苏垦模式"。同时，加快现代企业制度建设，健全分公司、子公司权责边界和利益分配机制，激发主体活力，促进全产业链协同发力、高质量发展。

创新体制机制 做大做优农垦实体

福建光泽农垦发展集团有限公司

福建光泽农垦发展集团有限公司（以下简称光泽农垦集团）成立于 2021 年 5 月，由原光泽综合农场、坪溪农林垦殖场和王家际农场 3 个国有农场改制而来，土地面积 45 422 亩，其中林地面积 41 724 亩、耕地面积 2 460 亩（含园地）、其他用地面积 1 238 亩。近年来，光泽农垦集团从保障重要农产品稳定供给、推动乡村全面振兴、服务经济高质量发展的高度认识和担当职责使命，聚焦农垦主责主业，深化改革创新，推动提质增效，努力推进垦区共富共美，成为城乡统筹发展的先行者。

一、围绕管理体制改革抓"三转"，变"负重前行"为"轻装上阵"

光泽农垦集团以推进垦区集团化、农场企业化改革为主线，探索组建县级新型农垦经营主体，加快转变发展方式，顺利实现国有农场办社会职能转变，农垦企业社会负担进一步减轻。

（一）推动办社会改革转职能

坚持社企分开，推进国有农场社会管理属地化。按照"一场一策"思路，将综合农场、王家际农场承担的社会职能一次性移交给对口的杭川镇梅树湾社区、鸾凤乡中坊社区管辖；对区域位置相对独立的坪溪农林垦殖场，由县政府新设立坪溪农场社区，社区管理人员由垦殖场现有在职管理人员组成，人员和办公经费纳入县财政预算，承担农林垦殖场办社会职能，实现农村政策和惠垦政策双覆盖。

（二）推动企业改革职工转身份

稳妥有序推进农场职工身份置换，正式职工通过领取一次性经济补偿金解除劳动关系，由全民所有制职工置换为社会从业人员，置换后由其自行缴纳基本养老保险和医疗保险，累计完成 1 100 余名职工身份置换；7 名场管人员由农场为其缴纳养老保险费用，直至达到法定退休年龄时止。目前，全县 3 个国有农场参加社保人数 1 275 人，社保退休人员 663 人，基本养老保险、农村养老保险、企业职工基本医疗保险和农村医保实现全覆盖，解决了农垦职工养老看病的后顾之忧。

（三）推动土地确权登记转权属

把国有土地确权登记发证作为打基础、固根本、管长远的大事来抓，深入开展农垦土地权籍调查，全面完成综合农场、王家际农场、坪溪农林垦殖场国有土地权籍调查 45 422 亩，权籍调查率达 100%，确权登记证书应发尽发，既有效保护了国有资产，又使得国有资产得到有效显化，为激活沉睡的土地奠定基础。改革完善承包租赁经营管理制度，全面清理历史土地合同，重新发包租赁土地，推动低效低值土地资源再盘活、再开发、再利用，年租金增长 20 万元。

二、围绕经营体制改革抓"三化"，变"建大农场"为"闯大市场"

推进国有农场公司化改革，将光泽县综合农场、王家际农场、坪溪农林垦殖场 3 个国有农场整合盘活，组建光泽县农垦集团，顺利实现经营体制改革、发展模式升级、产业规模提升。

（一）农场企业化

坚持市场导向、效率优先，推进国有农场公司化改革，光泽县综合农场、光泽县王家际农场、光泽县坪溪农林垦殖场分别注册成立福建圣盈农业发展有限公司、福建明凯农业发展有限公司、福建君韵农业发展有限公司，公司延续农垦国有企业性质不变，按照公司法开展生产经营活动，承担国有资产的经营与管理。

（二）垦区集团化

按照"农场企业＋国企资源"模式，在 3 个国有农场企业化改制基础上，聚合关联国有单位优质资源，在全省率先组建福建光泽农垦发展集团有限公司，采取"母公司＋子公司"运作模式，深耕农副产品贸易、粮食等重要农产品冷链物流等产业，实现抱团发展，各子公司独立核算、自主经营、自负盈亏。

（三）资产资本化

组织专业机构对各子公司（农场）的土地、资产等进行全面评估，福建圣盈农业发展有限公司、福建明凯农业发展有限公司、福建君韵农业发展有限公司以各自的资产评估资金额为公司注册资本，分别作价 2 300 万元、1 350 万元、1 350 万元注入农垦集团，促进资源资产向股本资本的转型升级，推动农垦企业共享资源、共谋发展。集团公司成立后，股东公司按照持股比例向集团公司进行投资与利润分配。积极争取省级现代茶产业园发展资金 1 000 万元，申请政府专项债 5 500 万元，先后建设现代茶产业园项目、冷链仓储物流园项目、粮食加工烘干项目。2023 年 9 月，光泽农垦集团公司出资 1 000 万元成立了福建三茶茶业发展有限公司，2024 年 7 月与江苏常州艺茗茶叶科技发展有限公司合作成立了福建艺茗茶叶科技发展有限公司。新公司业务方向主要为国内新式茶饮供应链研发和生产茶叶制品，合作项目完成后预计年产销茶产品约 1 500 吨，产值约 1.2 亿元，为集团创造直接可观的经济收益。

三、围绕发展模式升级抓"三联",变"单一模式"为"多元发展"

集团立足"中国生态食品城"的品牌优势,借助武夷山国家公园西区的绿色资源禀赋,深耕农产品加工,优化冷链仓储物流渠道,加强垦区合作,实现生态环保可持续、盘活资产见活力、产业延伸促振兴、城乡融合共发展的综合效应。

(一)因地制宜联产业

立足3个国有农场地理位置、资源条件和发展潜力等,主动连接县域重点产业链,分类确定发展思路。毗邻圣农旅游小镇的福建明凯农业发展有限公司(原王家际农场)重点定位为圣农白羽肉鸡千亿元产业集群提供配套服务,通过土地租赁、作资入股等方式,推进小区域、休闲式园林开发利用;区域位置相对独立且自然地理条件优越的福建君韵农业发展有限公司(原坪溪农场),重点定位为打造现代农业庄园,茶叶、绿化苗木、名贵中药材生产基地以及现代农业生态科普教育基地等;地处城郊的福建圣盈农业发展有限公司(原综合农场),重点定位为发展产城融合配套建设项目和公益性环境建设项目。

(二)发挥优势联主业

坚持以农为主,聚焦保障国家粮食安全和重要农产品有效供给重大使命,探索"农垦企业+农村集体经济组织+专业合作社+农户"的利益联结模式,通过建立农业生产示范基地和加工厂,开发系列农产品,做好"土特产"文章,实现组织共建、资源共享、帮扶共促。如,实施粮食烘干厂和加工厂项目,建成后日产能可达150吨,实现年生产加工粮食3万吨,产值1.2亿元,可有力提升粮食生产、储备、加工一体化进程,提高农民种粮扩产积极性,保障县域粮食储备安全。

(三)延链补链联企业

注重外引内联,充分利用农垦农场联盟等各类平台,加强垦区、垦地、垦企之间合作,推动县域茶叶、油茶等优势产业强链扩链,实现互补共赢。如,围绕做强做优"一片叶",光泽农垦集团建设光泽县现代茶产业园,与江苏常州艺茗茶业科技发展有限公司达成茶饮供应链合作意向,并积极对接武夷山综合茶厂。项目建成后可实现年加工红茶100多吨,产值4 000余万元,辐射带动县域内5个乡镇、20余家茶企合作社和600多户茶农。

经验启示:

光泽县将农垦改革发展列入全县乡村振兴重点事项,整合3个农场优质资源组建农垦集团。光泽农垦集团积极谋划产业项目,分类确定发展重点,加强与民营企业联合合作,不断延长产业链条,做大做强实体经济,加速走上了全产业链特色发展之路。

构建集团化体制　转型新质化农垦

福安市农垦集团有限公司

福安市农垦集团有限公司是福安市委、市政府批准设立的市属国有集团公司，注册资本3亿元，成立于2017年。集团以党建引领、补短板、做示范、创机制为重点，运用自身独特的生产优势和组织优势，以技术、品牌、资金为纽带，面向全域整合资源，因地制宜发展新质生产力，持续做大做强优势产业，做好茶产业、"全家福安"、农村资源、乡村文旅这四篇大文章，开创了资源共享、优势互补、共同发展的新局面。

一、立足资源优势，建好茶产业"主力军"

集团立足资源优势，围绕"茶"这个主责主业，统筹做好茶文化、茶产业、茶科技，强化"坦洋工夫"品牌建设，推动茶产业高质量发展。

（一）文化兴茶，传承非遗

讲好坦洋工夫茶故事，不断提炼丰富茶文化资源。一是助推茶文化传承。坚持高标准、严细节、重实效，高位创建"技能大师工作室"，以技能大师工作室、非遗传承人工作室及劳模工作室为平台，与宁德职业技术学院开展校企合作，以教促产、以产助教、产教融合、产学合作，使"技能大师工作室"真正成为企业高技能人才的"蓄水池"、技术革新的"发动机"。二是强化茶文化交流。协助开展坦洋工夫茶惊蛰喊山祭茶、坦洋工夫非遗进校园、第十六届海峡论坛·第十届海峡茶会暨首届两岸红茶交流大会、2024年农垦茶产业援藏异地培训班等活动，进一步深化茶文化交流，提高"坦洋工夫"品牌知名度。三是开展茶文化宣传。利用融媒体中心、微平台、学习强国等特色渠道宣传提升知名度。拍摄《听说5G也能种茶啦》科普视频，荣获2023年福建省科普作品创作大赛中最高奖项一等奖。

（二）产业兴茶，夯实基础

着力打破产业资源壁垒，以"开放共享"理念共建产业平台。一是组织联建聚合力。牵头成立福安市茶产业妇女联合会，支持巾帼茶人主动作为、建功立业，为福安茶产业高质量发展贡献"她力量"。二是研发产品增活力。集团职工组成专业制茶师团队，充分利用4 300余亩茶园，依托王家茶场生态茶园基地实行标准化生产，打造差异化产品。2024年，推出"坦洋工夫"T168与"春飨"两款礼盒茶产品，以满足中低端市场需求，并在中高端市场推出经典的传统型"坦洋工夫"1851。三是补齐短板延链条。针对茶行业短板痛点，依托建设坦洋村茶叶加工小微园（一期）项目，为坦洋村零散、标准化低的茶叶加工企业提供集观光、生产于一体的标准化、现代化精加工厂房。投入建设中国红茶数字交易中心，打造岩湖片区茶叶产销市场样板，推进全产业链发展。

（三）科技兴茶，统筹发展

一是打造智慧茶园。在 500 亩生态数字化（智慧）茶园建设生产数字化及溯源系统，重点围绕遥感网、物联网、移动互联网、云计算、大数据、人工智能等数字农业技术建设基础设施以及支撑平台。通过应用数字化技术，节约劳动力，降低生产成本，稳定产品品质，提升品牌竞争力；通过数据整理分析，挖掘数据资产价值，运营数据资产，助推产业数字化，形成良性循环，实现全产业链大数据一张图可视化、数字化管理。

二是推广良种良法。推进国家区域性茶树良种繁育基地建设，强化福安茶树种质资源保护，发展优质茶树良种。鼓励种植茶园绿肥，对适度规模连片的生产基地推广应用绿色防控技术，开展茶树病虫害统防统治试点，提高防治效率和效果。推广运用茶园耕作、栽培、采摘等先进机械，加强茶企、茶农、茶商培训。

三是完善溯源体系。升级"全家福安"（创新型）与"全家福安"（传统型）两款产品包装，与上海中心大厦联合设计"全家福安·五福临门"礼盒，嵌入 NFC 防伪芯片，将产品信息、文化宣传内容全部链接到芯片上，集团的 5G 茶园以及全生产链条数据可通过 NFC 系统直达消费者，极大增强了消费者对农垦产品的信任度。

二、紧抓发展机遇，打造品牌建设"新引擎"

集团以市场需求为导向，以本土名特优农产品为核心，着力建平台、打品牌、做精品、拓销路，不断调整业务结构，推广"全家福安"产品，擦亮农垦品牌。

（一）加强品牌管理

以"全家福安品牌运营中心"为依托，实施好《"全家福安"区域公用品牌管理办法》，实行严格申报授权制度，进一步规范区域公用品牌的授权、使用、管理和保护工作。

（二）打造特色品牌

整合品牌合作商，将多种福安本地名特优农产品打包，统一设计"全家福安"品牌产品外包装，将区域文化特质转化为"全家福安"品牌符号，推出"五福系列"（五福好礼、五福家宴、五福油礼、五福贡糖、五福茶礼）具有地方特色的包装设计，更好地展示福安市独特的地域特点、文化底蕴，提升品牌认同感、传播力、影响力，打造一批具有福安特色的"全家福安"农产品大礼包、精品随手礼，向国内外来宾重点推介。

（三）拓宽营销渠道

开发农垦商城小程序，利用"直播＋短视频"，开展农产品线上营销及品牌宣传，同时打造农垦线下体验中心，线上线下融合发展。建立"农垦＋N"合作机制，在景区、社区、商超、高速服务区开设"全家福安"产品销售专区，与本土老牌企业合作，强化区域品牌和企业品牌"双品牌"效应，进一步拓宽销售渠道，提升品牌知名度。

三、加快机制创新，培养农村资源"金娃娃"

集团不断创新体制机制，盘活资源资产，搭建平台连接小农户，带动农民持续增收。

（一）建立农村要素平台

为进一步盘活农村闲置资产，破解农民融资难问题，2021年建立农村生产要素流转平台，与金融机构陆续推出"福茶·契约贷""大棚设施贷""林e贷"等金融产品，利用农业设施、茶园、果园等生产要素，帮助农户获得融资。截至2024年底，平台生产要素累计融资58 877笔，金额41.43亿元；累计流转业务63笔，金额2 939.28万元；累计发放线上贷款25笔，金额46 477万元。

（二）开展"福安福田"认领活动

开展"我在宁德有亩田暨福安福田"认领活动，采取"农垦＋N"模式，推动全市认领撂荒地块3 503.12亩，结合微信小程序"全家福安农垦商城"，设立2家线下农产品发放点。该项目收到认领款681.68万元，产生订单22 202笔，售出92 232件商品、销售额374.2万元。

（三）推进撂荒地复垦复种

按照"全部流转、分类利用、示范引领、创新模式、保底收购、产品营销、提高效益、组织保障"的经营思路，全面推进撂荒地复垦复种工作。在承接的5 437.8亩撂荒地复垦复种任务中，已经完成复垦复种的有3 326.23亩，正在进行的有795.51亩，拨付复垦资金786.59万元。

四、因地制宜转型，开创全域旅游"新格局"

集团充分发挥农垦旅游资源优势，夯实茶旅融合基础，推动企业多元化发展，致力于走出一条"文旅融合、景城一体、城乡互动、主客共享"的全域旅游发展之路。

（一）深挖资源优势

深度挖掘坦洋茶场的坦洋工夫非物质文化传习所等资源优势，并与周边的坦洋村、白云山地质公园、廉村形成联动，开发党建培训、红色文化体验游、研学旅行等产品，打造了坦洋茶场茶旅研学基地，成功申报科普教育基地、体育旅游示范基地、森林康养基地等项目，拓展茶场收入。

（二）提升服务水平

不断完善景区自驾车旅居车营地及咸福服务区露营地设施，采用线上 OTA 与线下旅行团相结合的方式，全面提升白云山景区的接待功能和服务质量。将穆云旅游集散中心提升改造为集旅游咨询、交通接驳、文旅研学等于一体的福安旅游"门户"，导入新产品新业态。

（三）推动资源整合

配合"四时福建"文旅推介，举办缤纷四季游白云山活动，提高关注度。以党建教育基地、研学基地、职工疗养基地为主，实施金牌旅游村、"千万工程"等重点项目建设，与宁德旅发集团宁聚商贸有限公司合资成立宁福运营管理有限公司，整合市域内大旅游休闲资源，打造"旅游＋"业务，发展全域旅游，激发文旅经济潜能。

经验启示：

　　福建省福安市农垦集团有限公司立足资源优势，以文化兴茶、产业兴茶、科技兴茶为抓手，走出了一条高质量发展之路。坚持以茶产业为中心，通过创新产品、应用科技、宣传文化，做强主导产业，筑牢了高质量发展之基。坚持做大做强品牌，紧紧围绕市场需求创新设计产品，加快拥抱网络销售渠道，形成了现代化营销模式。坚持联农带农，通过撂荒地认领等创新性经营方式，盘活农村闲置资源资产，为乡村发展注入一泉活水，促进多方共赢。坚持农文旅融合，在挖掘乡村独特自然资源、文化资源基础上，加快完善旅游服务设施、加入旅游精品路线，提升了乡村旅游的发展质量。

盘活土地资源　做大资产规模
探索属地化垦区集团化改革发展路径

湖北农垦集团有限公司

湖北农垦集团有限公司（以下简称湖北农垦集团）成立于 2021 年 7 月，是全国农垦农场归属市县管理垦区组建的首家省属农垦集团，同年 12 月，湖北省委、省政府整合省属国企涉农职能成立湖北农业发展集团。湖北农垦集团与湖北农业发展集团实行一套班子、两块牌子，一体化运营。湖北农垦集团成立以来，坚持以垦区集团化改革为主线，扛牢农业"国家队"的使命担当，于 2022 年 3 月牵头组建湖北农垦农场联盟（以下简称联盟），组织国有农场加入联盟，入股湖北农垦集团，盘活国有农场资源，壮大发展底盘，提升投融资能力，实现国有农场规模化、品牌化、协同化发展，为加快推进农业强省和乡村全面振兴战略提供坚强有力支撑。

一、实施联合联盟，谱写垦区集团化改革"新篇章"

湖北农垦农场实行属地化管理，要推动垦区集团化改革，需解决集团化改革路径、农场合作原则及联营机制等问题。湖北农垦集团在探索中不断创新实践，走出了一条推动湖北农垦改革发展的新路子。

（一）探索实施路径，明确垦区集团化改革方向

充分运用全省 65 家国有农场完成土地确权登记工作成果，结合省情垦情，按照"资源变资产、资产变资本、资本变股本"的思路，湖北农垦集团与国有农场进行股权合作，吸纳国有农场成为股东成员，经反复研究论证，探索出股权合作的两种模式。一种是土地入股模式。国有农场对其所拥有的土地使用权进行评估作价，入股湖北农垦集团，并将国有农用地使用权变更至湖北农垦集团名下。另一种是股权入股模式。农场下设农场管理公司，将国有农用地使用权划转至农场管理公司名下，按照第三方机构所评估的国有农用地价值，作为农场管理公司持股比例依据，入股湖北农垦集团。

（二）制定合作原则，保障国有农场根本权益

土地是农场最重要的生产资料，也是农场生存与发展的基础。为保障农场权益，消除属地政府和农场对土地资本化运作的顾虑，湖北农垦集团创新提出"三不变一保证"原则，即农场土地使用权作价入股到湖北农垦集团后，土地的经营权、管理权、收益权不

变，湖北农垦集团保证不拿土地作抵押融资，充分保证了农场长远发展，同时也稳定了农场职工劳动就业。

（三）建立联结机制，助力国有农场抱团发展

坚持"农场联盟是纽带、股权合作是基础、项目落地是核心、融合发展是路径、产业强场是目标"的发展思路，湖北农垦集团按照"自愿加入、协同发展、互利共赢"原则，着力推进农场入盟入股，努力实现农场抱团经营、跨越发展。截至目前，全省已有 23 家农场加入联盟，联盟将从组织化、规模化、市场化中要效益，实现资源、资产、资本的整合，提升农场整体竞争力；其中 15 家农场入股湖北农垦集团，推动湖北农垦集团资产规模达到 300 亿元。

二、做足土地文章，激发农垦高质量发展"新动能"

湖北农垦集团牢记"国之大者"，全力做好农垦土地"文章"，让"沉睡"的土地变为"流动"的资本，让农场成为农业现代化的主战场，为湖北农业强省建设提供农垦力量。

（一）盘活土地资源，壮大资产规模

促进国有资产保值增值，既是农垦改革的要求，也是国企改革的要求。农垦土地入股湖北农垦集团后，集团资产底盘进一步做大，有效拓宽了企业融资路径，为垦地经济社会发展提供了强有力的支撑。

（二）加强土地利用，释放发展活力

湖北农垦集团围绕湖北十大重点农业产业链，确立了"一个中心、五大基地"的战略目标，即打造一家省内农产品交易中心和种业、粮油、水产、畜牧、蔬菜五大现代农业基地。聚焦"双循环布局、全链条融合"，在农垦投资特色产业项目，打造现代农业产业链，围绕推动产业升级、扶持农场发展、助力科技赋能目标，旗下 12 家产业子集团通过市场化手段进行项目投资、固定资产投入、农产品销售、农业资源整合，为农场提供金融、农业社会化、培训交流等服务。

（三）强化土地保障，提升产出效益

湖北农垦集团不断挖掘土地价值，推动"两大行动""三大建设"。

一是构建农事服务体系。围绕大田作物"耕种管收烘售储"全链条，上线湖北农事服务供应链网站，开发手机端"荆楚农事"应用程序，覆盖全省各类种植作物面积达千万亩。

二是大力实施"农芯"工程。落实以水稻、小麦、玉米、油菜为重点的"4＋N"种业产业链发展规划，与科研院所共建商业化育种平台，2024 年审定的小麦品种垦麦 58 以亩产 602.6 千克的成绩创下全省稻茬小麦单产新纪录。

三是实施土地流转，发展适度规模经营。湖北农垦集团下属湖北省乡村振兴投资集团公司累计签订土地流转协议 115 万亩，开展水稻、小麦等粮食作物大田种植。

三、坚持产业兴垦，奏响联农带农富农"新序曲"

改革是动力，发展是目的。湖北农垦集团全力打造农业全产业链条，与农场、政府、企业开展广泛合作，助力产业升级，带动区域经济发展。

（一）扛牢职责使命，打造一流农业产业集团

湖北农垦集团围绕湖北农业强省建设和推进乡村全面振兴战略，履行国有企业的政治责任和社会责任，从"艰苦奋斗，勇于开拓"的农垦精神中汲取干事创业的智慧和力量，加快建设现代农业大基地、大企业、大产业。湖北农垦集团、湖北农发集团自成立以来，展现出强劲的发展势头，2023 年列中国农业企业 500 强第 51 位、中国农业企业粮油行业 20 强第 7 位；2024 年上半年实现营业收入 249.6 亿元，同比增长 71.8％；至 2024 年末，实现资产规模突破 700 亿元、营收突破 500 亿元，进入中国企业 500 强。

（二）项目带入产业，助力农场转型发展

坚持产业振兴带动农场振兴，积极发挥农业全产业链资源整合优势，推进农场产业升级。在竹溪县综合农场，投资 1 500 万元打造"亲家母特色农产品供应链"项目，助力"亲家母"农垦老品牌焕发新生机；在枣阳市车河农场，与枣阳市政府共建万头肉牛全产业链智慧基地，预计年出栏育肥牛 1 万头，实现年产值 20 亿元；在随县万福店农场，实施全域国土整治项目，优化乡村空间布局，实现资源集约节约利用，力争将万福店农场打造成全省城乡融合发展和乡村振兴示范区；在当阳市草埠湖农场，启动湖羊全产业链项目，总投资约 14 亿元，建成后将成为湖北省内规模最大、自动化程度最高的湖羊产业基地。

（三）突出龙头引领，推动产业提质升级

湖北农垦集团坚定当好引领湖北农业高质量发展的"主力军"和"排头兵"，充分发挥全产业链资源整合优势，以全产业链思维助力提升全省农业产业化水平。

一是打造特色产业生产研发平台。与国有农场、地方政府、科研院所、重点农企建立协同联动机制，先后合作成立了小龙虾、香菇、黄鳝、稻米油产业和智能农机等专业化企业、科创平台十余个。

二是打造数字化供应链平台。加快发展智慧农业，打造了农产品交易 B2B 数字贸易平台、生猪产业链信息化系统、湖北农事服务供应链网站，短时间内均取得了较好成效。

三是打造品牌融合发展平台。以大品牌、大渠道、大平台为发展战略，倾力打造"湖北农发、健康到家"品牌理念，建立"公共品牌＋农垦（企业）品牌＋产品品牌"融合发展机制，助力提升"仙桃黄鳝""随州香菇""洪湖莲藕""江汉大米"等省域公用品牌价值，提高湖北特色农产品市场竞争力和溢价能力。

经验启示:

　　湖北农垦集团坚持以思想创新引领改革破局,创建以国有农场土地入股和股权入股湖北农垦集团两种模式,成功实现农垦国有农用地资源变资产、资产变资本,并以土地为纽带,与国有农场形成产业共同体、利益共同体,推进规模化、品牌化、协同化发展。集团积极发挥龙头引领作用,实施联合联盟联营,大力推动垦地融合发展,建设了一批优质农业产业项目,打造了现代农业全产业链平台,在盘活土地资源、推动抱团发展、实现产业转型升级等方面取得积极成效,为各地提供了可借鉴的经验做法。

抓改革　促发展　奋力打造
乡村振兴武汉样板

武汉经开现代农业发展有限公司

武汉经开现代农业发展有限公司（以下简称经开农发公司）成立于 2023 年 3 月，是由原武汉经开农业发展投资有限公司改制重组而来，主要承担区域内现代都市农业发展方面的投资、建设及运营管理任务，现辖东城垸、乌金、汉南、银莲湖 4 个农场，面积约 110.57 平方公里。近年来，经开农发公司认真学习贯彻习近平总书记关于"三农"工作的重要论述精神，以改革破题、以创新赋能，推动农垦经济高质量发展，奋力打造乡村振兴"武汉样板"。

一、高位谋划，加强顶层设计与落实

经开农发公司紧扣《中共湖北省委　湖北省人民政府　关于进一步推进农垦改革发展的实施意见》《关于加快我区农垦改革发展实施方案》等一系列文件精神，科学谋划汉南垦区改革的顶层设计，有重点、有步骤地推进和深化改革。

（一）加强组织领导，强化保障

武汉经开区管委会成立了由主要领导任组长、分管领导任副组长，相关部门、单位参加的区深化农场体制改革领导小组。领导小组下设医疗卫生职能剥离、教育职能剥离、社区管理、清产核资、社会保障、土地确权、集团化改革、农场干部分流 8 个工作专班。各专班明确职责分工，基本涵盖了农场改革的各方面。

（二）建立会议制度，整体推进

经开农发公司推动建立了农垦国有农场办社会职能改革联席会议制度。联席会议由区农业农村局、编办、财政局、教育局等 13 个部门和单位组成，统筹协调和解决农场改革中遇到的重大问题。联席会议根据工作需要定期或不定期召开全体会议，报告政策落实和工作任务完成情况，完成省、市有关部门专项督导检查和考核验收，总结各地落实农垦国有农场办社会职能改革工作的经验和做法，分析存在的突出问题，提出工作建议，及时向管委会（区政府）报告工作，为管委会（区政府）决策提供参考。

（三）细化条块责任，落实到人

经开农发公司按照"统筹推进、先急后缓"的原则，制定垦区农场体制改革工作任务清单并落实到人，涉及 6 大项 42 条（简称"农场改革发展稳定 42 条"），涵盖了"完善农场公司法人治理结构""厘清街道、农场公司及农场关系""统筹抓好农业生产经营管理"等方面，形成了人人扛任务、层层压责任的工作机制，高效推进农垦改革配套政策落实落地落细。

二、统筹兼顾，务实推进农场改革

经开农发公司以垦区集团化、农场企业化改革为主线，贯彻落实武汉经开区委、管委会关于农场体制改革系列政策精神，务实推进农场体制改革，确保干部职工队伍稳定、生产经营稳定和社会稳定。

（一）建立三级内部组织架构

一是出资成立湘口、东荆两个农场公司。按照农场体制改革一体化方案，将 4 个农场分别移交至两个农场公司管理。二是陆续推动完成了 4 个农场的 18 个农场大队公司化改造，新设立了 12 个分公司。三是先后推动成立了资产运营公司、招商服务公司、建设开发公司、贸易公司等专业化子公司，加快集团化改革步伐，进一步提升服务农垦经济专业化水平。四是根据改革推进情况进一步优化体制，改制重组武汉经开现代农业发展有限公司。截至目前，经开农发公司内设 7 个部门，下辖 7 家全资一级子公司，已全面建立起"集团公司—子公司—分公司"的 3 级农垦内部组织架构，党组织领导下的国有企业法人治理结构进一步完善。

（二）做实做强专业平台公司

一是做实资产运管公司，作为国有资产专业化管理与运维服务平台，与区水务和湖泊局签订《武汉开发区（汉南区）农排泵站维护管理移交协议》，向汉南片区 10 座骨干排涝泵站充实了 62 名运维人员，进一步提升了区域防洪排涝抗旱保障能力。二是做强建设开发公司，作为农业综合开发和基础设施建设工程管理服务平台，全面推进农业基本建设、骨干水利、农电网改造和市政配套项目建设管理。三是深化招商服务公司职能，作为全程项目引进落户和企业管理服务平台，协调解决项目在选址、用地、审批、建设等各个环节中遇到的问题和困难，推动产业链的协同发展。

（三）妥善处理平衡各方利益

一是进一步划清街道和企业的职能职责边界，明确垦区社会职能由政府承担。企业（农场公司）作为自主经营、自担风险、自负盈亏的市场主体，主要从事以农业为基础、一二三产业融合发展的经营活动，保留原国有农场牌子。街道在 4 个农场合理设置社区，构建起了具有汉南特色的街道—社区管理委员会体制。二是本着"人随事走、自愿选择、统筹安排、和谐稳定"的原则，对在职的部分农场干部在街道、农场及农场公司范围内统一分类安排。

三、多向发力，壮大企业资产规模

经开农发公司积极盘活闲置资产、资源，以唤醒沉睡资产助力区域建设。同时积极探索国有农场农用地资产化、资本化，以壮大企业资产规模，降低经营风险，推进企业可持续发展。

（一）开展资源资产清产核资

全面摸排散落在农场区域内的集体资产，聘请专业评估公司对 4 个农场的仓库、厂房、门面等资产进行全面清理、核对、查实，经过产权界定、资产评估、财务审计，依法注入新组建的农场公司。针对被侵占的国有资产采取先行沟通的措施，沟通协商不成的请求司法部门予以协助。在区自然资源部门牵头下，完成了东城垸、乌金、汉南、银莲湖 4 个国有农场土地权籍调查工作，完成国有农用地登记发证 21 本，登记发证面积 12.09 万亩，实现了农场土地资源整合到农场公司统一经营管理。

（二）探索闲置土地综合利用

鼓励农场对撂荒土地进行整治后综合利用。以乌金农场为试点，先后投入 190 万元对乌金片区鸳龙山大桥两侧实行平整改造，完善道路沟渠基础设施、进行田地除杂平整，达到农作物机械化耕种条件，并规划招租。为有效化解辖区内土地闲置，2024 年上半年工业投资 4 800 万元法拍购买 320 亩工业用地，探索国有资产、资本、资金运营实践。

（三）创新国有土地管理方式

经开农发公司与湖北农发集团、湖北农垦集团合作，积极推进农场"入盟入股"。将国有东城垸农场、汉南农场、银莲湖农场的 10.38 万亩国有农用地土地使用权证变更登记划转至湖北农垦集团，土地经营权、管理权、收益权不变且保留在农场；将国有农用地评估作价划转，再通过债转股（债权转股权）形式获得湖北农垦集团股权，以实现资产规模壮大、资产负债率降低、融资能力提升。

四、狠抓项目，全力推动经济发展

经开农发公司牢固树立"项目为王"理念，以整合资源、项目落地、产业引进为抓手，以投资结构调整推动产业结构优化，切实扩大有效投资，推动区域经济高质量发展。

（一）狠抓农业基础设施项目，补齐短板

经开农发公司结合实际情况先后启动了湘口水产示范园池塘标准化改造和尾水治理项目、湘口养殖区台区供电改造工程、乌金泵站扩建工程项目等 11 个农业、水利、医疗和市政项目建设，加快补齐农村基础设施短板，不断完善农场生产生活条件。同时，公司自筹资金维修新建 5 座小型水利损毁工程，维修破损台渠约 30 公里，清理沟渠约 80 公里，

维修破损道路约 30 公里，更换 24 台区电线，疏通畅通农业生产"毛细血管"。

（二）狠抓现代农业产业项目，提质增效

经开农发公司先后引进三亚大北农创种基因科技有限公司等十余家企业落户种业小镇，其中 4 家单位入选市级高新技术企业，展示示范面积达 3 200 亩，新优品种区内订单种植面积达 2 000 余亩，带动周边百余户农民种植 1 500 亩，增收 300 多万元。与华智生物合作打造国家级分子育种创新服务平台——华中分中心项目，总投资 1.2 亿元，建设现代种业育种基地 1 100 亩和生物种业科创平台 3 657 平方米。自筹资金 3 000 万元打造太白湖生态农园项目，联动合作方打造梅丽时光、乌金都市农园等农文旅项目，坚持"以文促旅，以旅助农，农旅融合"，突出地方特色，厚植绿色发展生态底蕴。

（三）狠抓引进高端合作项目，培植后劲

为培植农垦经济发展后劲，经开农发公司已着手对高品质芦笋产业链、规模化连片种植、水产设施渔业、高质量农业电商集聚区以及集种业企业服务中心、生活中心、产地仓、落地仓、农产品加工、成品展示于一体的现代种业科技产业园等开展了系统性谋划和布局，助力武汉农创中心及汉南种业小镇建设，着力实现乡村振兴和农村产业融合发展。

> **经验启示：**
>
> 近年来，经开农发公司深入贯彻落实新时期深化农垦改革精神，充分发挥垦区资源优势，推动垦区在创新发展、产业布局、资产盘活、资本运作等方面进行深层次改革，出台一系列切实可行的政策措施，扎实推进农垦改革发展不断取得新的成效。同时，围绕区域发展战略，聚焦主责主业，发挥建设、招引合作、资金流转等功能，重塑企业功能定位，创新经营发展方式，改革企业内部管理和运作机制，不断提高企业经营能力和可持续发展能力，更好地服务保障区域经济发展，奋力打造乡村振兴武汉样板。

加快转型升级　全力打造现代化企业集团

湖北沙市农场集团有限公司

湖北省国营沙市农场实施企业化改革和公司化改造后，于2018年9月注册成立了湖北沙市农场集团有限公司（以下简称沙农集团），承接沙市农场经济发展职能。近年来，沙农集团立足市场竞争类国企的定位，兼顾平台服务功能，以一二三产业融合发展为主攻方向，以农文旅商医产教结合为模式，以招商引资、项目开发运营、腾笼换鸟、退散进集、投资入股等为抓手，不断加快转型升级步伐，全力推动企业高质量发展。

一、优化管理体制，规范企业运行

按照产权清晰、权责明确、管理科学的原则，搭建并完善了集团公司以党委会、董事会、经理层为核心的治理架构，设立综合、战略、资产、财务、纪检5个职能部门，实行全员竞聘上岗，同步建立健全薪酬、绩效、人事、财务等管理制度，制定中长期发展战略等，为企业高效运行提供了可靠保障。按照行业相近、业态相似、地域相邻、规模相当的原则，对原农场29家下属企业进行优化重组，按照能源、农业、工业、建筑、投资五大板块重组为5家下属公司，对外独立运营，健全独立法人管理体制，组建精干的管理团队，增强综合竞争力。

二、化解遗留问题，专注经济发展

近年来，为了实现公司发展战略，推动公司不断发展壮大，沙农集团努力化解原沙市农场期间征地拆迁、资产租赁等遗留问题。比如，原先各分场为了发展经济、尽量不让资产闲置，以较低的价格将土地租赁出去换取经济效益。随着经济社会不断发展，这些租赁企业已经越来越不能适应经开区产业高速发展的需要，甚至存在很多安全生产隐患、环境污染风险。因此，沙农集团下定决心，全力推进僵尸企业、低效企业清理工作，腾退面积85亩，2025年底前还将腾退350亩。清理腾退后的土地通过拼凑、合并、连片开发，实现了化零为整、土地活化，吸引重点化工仓储项目落地，进一步实现土地节约集约利用，做好小地块整合"大文章"。遗留问题的妥善化解，让沙农集团更加突出市场化经营的竞争类企业定位，专注于经济发展和产业提升，更好地服务区域经济社会发展。

三、加快产业布局，壮大国有经济

紧盯沙农集团"十四五"规划和2035年远景目标，充分发挥整体资产优势，聚焦开发建设、投融资、国有资产经营三大核心业务，围绕工业地产、商业服务、物流仓储等领域加快产业布局，不断提升市场竞争力、增强造血能力，推动产业高质量发展迈上新台阶。

（一）加速推进一二三产业融合发展

依托公司地处城东的区位优势及得天独厚的生态环境，整合万亩农用地及建设用地，打造"田园牧歌"品牌，推进"现代农业＋生产＋加工＋农文旅＋品牌"一体化打造，建成集休闲观光、农业体验、文化传承、吃住娱购于一体的新型现代农业综合性基地，促进一二三产业融合发展。

做大做强农业产业。充分发挥现有土地资源优势，引进"华墨香"黑米，这是华中农业大学张启发院士团队研发的新品种，属于米饭型全谷黑米水稻品种，目前在湖北武汉、孝感、荆州及湖南韶山等地进行试种，总面积不超过1万亩。相比高产量的普通大米，"华墨香"黑米产量较低，但经济效益高，收购价一般是普通稻米的两倍以上。积极构建"种植基地—稻米加工—包装物流—产品销售"一体化产业发展格局，着力打造高端稻米产业链。积极推进现代农业产业园创建工作，开展农业产品科技展示中心、"华墨香"黑米加工智能一体化建设。

做好"科技农业＋文创互动"的农文旅业。以田园为空间，以现代科技武装的农业为卖点，致力打造一处乡间野趣的世外桃源，达到改善环境、聚集人气、提升效益的目标。

加快推进本土农业品牌化建设。以增品种、提品质、创品牌为重点，培育一批以荆农西瓜、本土蔬果为重点的品牌，打响"华墨香"黑米品牌知名度；持续深挖本地特色农产品品牌，做好品牌宣传和营销平台建设，开展多渠道、多形式推介，提升品牌知名度。

（二）助力推进区域产城融合发展

围绕荆州经开区"一带两核四节点"产城空间格局，差异化打造北港综合服务中心、智汇创谷总部经济产业园等产品体系，完善城市功能，满足客户群体多元化需求。

北港综合服务中心重点围绕北港单元片区居民和周边企业的日常化需求进行服务。主推的服务产品为商务酒店、宴会餐饮、婚庆服务、综合商业、外贸产品展示、学生课外培训以及儿童娱乐等，也将配合田园牧歌项目完善相关的配套服务。未来北港单元将成为集产业聚集、产品输出、文化品牌、文旅拉动、成熟配套于一体，形成产城一体、职住一体、旅居共享、活力社区的全方位生活体验区，不仅给生活带来舒适体验，更给这个片区带来无限可能。

智汇创谷总部经济产业园重点围绕总部经济服务。与北港项目对比，项目产品为五星级酒店、高端公寓服务，设置将更加高端，打造城市东端标志性建筑。主推"一基地一平台"：一是做中小型创业公司基地，配套一大批共享茶室和会议室、共享办公区，全力扶持新型科技型创业公司；二是引进跨境电商，围绕跨境电商形成产业园，邀请荆州地区及江汉平原地区做出口贸易的企业入驻设立办公室，帮助有出口需求的企业把商品出口到国外，与荆州综合保税区做联动服务，成为保税区的综合业务办公及展示区域。

（三）围绕服务业态，发展新质生产力

一是打造企业服务平台。围绕数字园区、金融服务、资产经营等7个板块，打造企业服务平台。通过基金操盘、资产收购、投资相伴、资源回注等模式，借助小额贷款公司、基金公司等平台，开展产业招商、产业投资、企业孵化。以智能装备、化工新材料、纺织印染等产业为核心，在资金、技术、人才、市场等方面提供存量资产盘活中介、企业运营、政务、生活等增值服务，全力创造产业发展的最优环境，助力经开区主导产业发展壮大。

二是拓展物业服务业态。以现有园区物业为基础，以点带面扩大市场布局，力争承接经开区范围内的企事业单位、商业综合体、学校、还迁小区等的物业服务，探索物业经营多种途径，增加盈利来源，逐步提升客户满意率，增强品牌号召力，建立良好口碑，为未来企业在区域内的长期深耕和发展创造有利环境。

三是布局化工园区运输物流业态。开发建设荆州经开区化工园区智慧物流及物流产业配套项目，为荆州经开区化工园区提供专业的危化品物流服务，有效解决荆州化工园区危险货物储存及运输需求，规范化工园区危险货物运输流通秩序，有效提升公共安全管理质量并减少安全隐患，预防和减少事故发生的风险，为经开区化工园区提供强有力的安全保障。

经验启示：

沙农集团始终秉承农垦"栉风沐雨、艰苦奋斗"的本色，积极融入荆州市建设江汉平原高质量发展示范区和经开区、打造工业振兴崛起主战场的总体布局，加快推进农垦"三大建设"，坚持实业经营与金融服务两轮驱动，打造服务经开区的"资产管理、投融资、企业服务"三个平台，遵循"创新发展、数字发展、整合发展、合作发展"四条路径，聚焦现代农业、资产经营、能源服务、投融资、开发建设五大业务，持续深耕工业振兴崛起主战场，奋力开创公司改革发展新局面。

深化改革促发展　加速建设一流食品企业

广西农垦集团有限责任公司

广西农垦集团有限责任公司（以下简称广西农垦）创建于 1951 年，是自治区人民政府直属的国有大型现代企业集团。2020 年以来，广西农垦深入贯彻落实中央和自治区关于农垦改革发展的决策部署，以建设现代农业"大基地、大企业、大产业"为方向，顺利完成农垦体制革命性重塑，高质量完成国企改革三年行动，接续推进国企改革深化提升行动，实现改革红利不断释放，现代治理体系和治理能力建设取得明显实效，为高质量建设一流食品企业注入新动能。

一、谋划转型，启动一流食品企业建设

按照中央和自治区关于农垦改革工作部署，广西农垦以垦区集团化、农场企业化改革为主线，圆满完成新一轮农垦改革工作后，成功开启了转型打造一流食品企业发展道路。

（一）转型思路得到自治区全方位支持

广西农垦深入学习习近平总书记对农垦"三大一航母"重要指示精神，"走出去"到先进垦区调研，聘请专家团队专题研究，充分认识到广西农垦的基础和优势在食品农业，发展潜力也在食品农业，须立足资源禀赋，扬长避短，走出一条差异化发展道路。因此，广西农垦决定谋划转型建设全国一流食品企业。转型思路得到自治区全方位支持，形成统筹推动的有力局面。2021 年 9 月，自治区主席蓝天立专门听取广西农垦工作汇报，对农垦集团转型建设全国一流食品企业工作给予高度肯定并作出批示。2021 年 11 月，自治区第十二次党代会将"打造一批现代食品等富有竞争力的特色农业产业集群"写入大会报告。2021 年 12 月，自治区人民政府办公厅出台《关于支持广西农垦集团打造现代一流食品企业的实施意见》，部署"五个一流"目标任务，给予 8 个方面支持政策，建立厅际联席会议和纳入绩效考评两项支持机制，为广西农垦转型建设全国一流食品企业提供了遵循。自治区人大常委会将"支持农垦集团发展"列为 2022 年度 9 项专题调研内容之一。农业农村部农垦局对此给予充分肯定，指出广西专门出台政策支持农垦打造现代一流食品企业，是全国新一轮农垦改革以来，省一级政府对农垦工作最强有力支持的典型，对全国农垦改革发展具有标杆示范作用。

（二）锚定目标明确桂垦发展新路径

根据自治区对广西农垦建设一流食品企业的工作部署，广西农垦对集团"十四五"顶

层设计进行革新，完成"十四五"发展规划中期评估和合理编修，对生猪屠宰、预制菜、乳业等开展专项规划研究，明确了"十四五"期间广西农垦以保障大宗优质主副食品供应为基础，以发展"绿色、健康、养生"中高端食品为方向，构建从"田间到餐桌"的食品全产业链和供应体系，建成立足广西、服务粤港澳大湾区、布局全国、走向东盟乃至更广阔国际市场，国内领先、具有国际影响力和竞争力的一流食品企业的发展定位。构建以满足城乡居民消费升级和中高端食品需求为导向，大力发展粮油及糖酒、畜禽及水产、果蔬及茶叶、休闲及速食食品、调味及添加食品五大产业，形成优势彰显、布局合理、产业链完整、辐射带动力强的食品产业集群的产业体系。

二、深化改革，构建战略落实新体系

（一）实施优化重组，搭建高效组织架构

广西农垦根据发展实际，坚持"主业突出、产权清晰、层级精练"的原则，通过吸收合并、关停注销、股权转让等方式，"一盘棋"实施优化重组。2021年至今，累计清理整合"小、散、乱"的三级及以下企业45户，以区域化为界限、专业化为要素，将二级公司优化重组为13家专业集团、13家农场公司，调整优化集团11个部（室）管理职能，形成"集团总部管面、专业集团管线、农场公司管点"的合理布局。

（二）聚焦制度建设，健全现代企业治理体系

广西农垦在2021年入列自治区国资委监管后，着重构建现代企业治理体系，全面系统化、现代化、市场化地推进制度建设。针对过去"政企混合"时期企业存在的机制不健全问题，大力借鉴先进国企经验，在法人治理到信息化管理等13个领域完善规章制度，出台超过150项现代企业管理规定。同时，以薪酬、人事、用工"三项制度"改革和财务管理体制改革为着力点，全面深化改革，建立灵活用人、能上能下的干部管理制度，以业绩为导向的收入分配机制，显著提升现代化治理水平，构建了高效经营、开放发展、规范运营、活力激励的全新治理体系。

（三）健全风险防控，保障经营安全

广西农垦建成"广西农垦食品全面质量管理平台"，71家企业已上线试运行，可有效排查处置食品安全隐患，食品安全监管体系不断得到优化。同时，抓好安全生产标准化体系和双重预防机制建设，建立"举一反三"工作机制，近几年未发生较大以上安全生产事故和重大环保事故。信访维稳工作扎实推进，确保垦区和谐稳定。通过不断加强巡察审计等手段，深入开展风险排查，以问题为导向，强化重大风险评估和处置，筑牢风险防范化解的铜墙铁壁。

三、创新引领，高质量发展水平持续提升

（一）研发投入逐年增高，科技强企效果逐步凸显

2023年，广西农垦全年研发投入强度达1.69%，比2020年提高了0.65个百分点，

创历史新高。非粮生物质能技术全国重点实验室获科技部批复重组建设，成为广西唯一一个获得批准重组建设的全国重点实验室。化工院通过自主研发掌握了国内首创的木薯多糖铁生产技术，系列产品实现中试化生产并列入国家《饲料添加剂品种目录》。目前，广西农垦科技型企业获得荣誉称号的总数达到 51 户，其中获得国家级荣誉称号的 22 户、获得自治区级荣誉称号的 26 户，永新畜牧集团、化工院、轻工院等子企业取得一批科技创新重大成果，科技成果转化成效明显提高。

（二）中高端产品逐渐增多，市场竞争力稳步提高

广西农垦加快发展设施农业，不断扩大大棚果蔬、陆基水产养殖规模；桂垦和牛、春蜜橙等新品持续推向市场，粮、油、肉、蛋、糖、果蔬、乳品等"桂垦良品"增加到 439 种，垦区种养优势持续巩固。完成 88 种产品标准体系梳理，"桂垦标准"逐步完善。水牛奶差异化发展效果凸显，鲜水牛奶、双皮奶等新品广受欢迎，"水牛奶＋"门店拓展迅速，发展态势良好，2023 年营业收入增幅超过 120％、经营性利润实现历史性突破。加强香港优质"正"印等产品认证，供港澳活猪、冰鲜猪肉广受市场认可。

（三）市场渠道逐步打开，市场覆盖面持续扩大

广西八桂食品交易中心在原有白糖交易品种基础上，新增生猪和饲养原料（玉米、粕类）两个交易品种，配套的供应链服务体系日渐成熟，平台交易量和活跃度显著提升。"桂垦良品电商平台"成功上线，打通了服务全区全国市场的便利渠道。"桂垦良品"形象店逐步面向广西主要城市进行市场拓展，食材配送和食堂餐饮服务学校、机关、企业和社区规模不断增长，部分农产品和食品打入俄罗斯和东盟等共建"一带一路"国家市场。借助中国农垦农民丰收节农垦活动、第一届全国学生（青年）运动会、广西万村篮球赛等一批重大活动，不断提升桂垦品牌知名度和影响力。

近年来，面对疫情冲击与经济下行的双重挑战，广西农垦凭借深化改革，发展势头强劲。2023 年，广西农垦实现营业收入 297 亿元，较 2020 年增长 77.84％，年均增长率 21.16％；实现利润总额 8.86 亿元，较 2020 年增长 42.44％，年均增长率 12.52％。

经验启示：

近年来，广西农垦按照中央和自治区关于农垦改革、国企改革的工作部署，围绕自治区党委、政府赋予的"打造一流食品企业、助力全区乡村振兴"的新使命新定位，动员一切力量，以刀刃向内的勇气，敢于求新、勇于求变、善于求质，攻坚克难，破冰前行，特别是大力推进企业重组和资产整合，完善现代企业制度和公司治理体系，以高质量改革引领高质量发展。通过高质量改革和高质量发展，广西农垦总体呈现出内部人心齐、外部环境好、发展状态优、经营业绩亮、未来道路宽的喜人局面，在全区和全国农垦中的工作显示度、好评度显著提升，开启了转型打造现代一流食品企业的历史新征程。

赓续农垦精神　奋楫发展建设新征程

广西农垦集团有限责任公司

农垦精神，以"艰苦奋斗、勇于开拓"为核心内涵，是农垦事业发展历程中凝聚而成的宝贵精神财富。广西农垦集团有限公司（以下简称广西农垦）70多年的成长发展历程，也是农垦精神在八桂大地不断发扬光大的光辉历程。近年来，广西农垦坚持以习近平新时代中国特色社会主义思想为指导，创新弘扬农垦精神的载体形式，把弘扬农垦精神与打造全国一流食品企业战略紧密结合，激励桂垦人在新时代新征程中保持奋斗姿态，以高质量发展实绩实效丰富拓展农垦精神的时代内涵。

一、做好文化传承，筑牢农垦精神根基

文化传承是弘扬农垦精神的首要环节。广西农垦把农垦精神、农垦文化的传播作为一项重要工作，坚持"软硬"兼施，厚植农垦精神。

（一）提升农垦精神"软实力"

广西农垦深耕农垦精神沃土，编撰了《广西农垦志》以及各农场场志20多册，系统梳理了自成立以来的奋斗历程、重大事件和典型人物事迹；拍摄录制农垦系列宣传片，全面记录展示广西农垦风土文化人情，激发新一代农垦人对农垦精神的敬仰之情与自觉传承的责任感。同时，深入挖掘自身的历史文化资源，每年组织5 000多人次参观农垦遗迹旧址，通过实景展示，增强农垦精神文化的感染力。

（二）打造农垦精神"硬载体"

广西农垦加强对承载农垦精神的物质实体的保护，依托垦区丰富的历史遗迹、人文景观资源，因地制宜打造农垦精神教育基地。2021年以来，先后投入1 100多万元新建（修缮）了广西农垦展示馆、中国人民解放军广西军区生产师陈列馆、庞祖玉先进事迹园陈列馆3个教育基地，展陈总面积2 900多平方米，通过图文、视频、实物、雕塑等形式，采取平面展陈、文物陈列、历史场景重现等方式，展示不同时期广西农垦的发展成就以及农垦精神的演进过程。其中，广西军区生产师陈列馆挂牌中共浦北县委党校、浦北县行政学校的现场教学科研基地。

二、突出教育引领，内化农垦精神理念

教育是推动农垦精神深入人心的有效途径。广西农垦把学习农垦精神作为新员工入职的"第一课"和干部教育培训的"必修课"，培训内容包括农垦精神的内涵解读、历史渊源、现实意义等理论知识，同时结合案例分析、小组讨论、实地参观等多种形式，增强培训的吸引力和实效性。推出"我是农垦宣讲员"系列宣讲以及"桂垦奋斗者""青年先锋我担当"系列宣传专题，增强青年职工对农垦精神的认知和认同，为农垦事业的持续发展培养后备人才。

2022年，在垦区深入开展"提升'三力'，树立新形象"教育整顿活动，把学习弘扬农垦精神作为重要内容，邀请农垦老前辈讲述桂垦历史，组织干部职工参观农垦教育基地，激发员工深入思考农垦精神与自身工作的联系，将农垦精神内化为个人的价值追求和职业信念。其间，1.2万名干部职工踊跃参与全员大讨论，为集团改革发展提出意见建议13 250条，农垦精神引领广西垦区加快形成"一盘棋、一条心、一家人"的局面。

三、注重实践融入，彰显农垦精神力量

广西农垦注重将农垦精神本土化，以农垦精神引领企业高质量发展。

(一) 孕育"桂垦精神"

为了更加突出农垦精神在企业战略中的作用，广西农垦印发了企业文化手册《桂垦路径》，提出了"艰苦奋斗、勇于开拓、敢做善成"的新时代桂垦精神。桂垦精神是农垦精神的重要支脉，为新时代新征程广西农垦高质量发展提供强大动力。

(二) 赋能品牌建设

把农垦精神贯穿"桂垦良品"品牌建设全过程，投入180万元实施"一流文化赋能打造一流食品企业"项目，充分挖掘农垦历史、农垦精神等文化资源，用文化IP理念打造以"桂垦良品"为核心的一流食品品牌体系，提升"桂垦良品"的品牌形象和文化内涵。项目形成的理论成果在中国农民丰收节农垦活动、广西万村篮球赛、"桂垦潮集"等品牌营销活动中得到成功运用，推动"桂垦良品"品牌发展壮大。"桂垦良品"电商平台成功上线，形象店增至30家，产品增至439种。

(三) 引领高质量发展

在打造全国一流食品企业宏伟目标的指引下，广西农垦鼓励干部职工在农业生产领域发扬艰苦奋斗精神，勇于面对恶劣的自然环境和复杂的农业生产难题，通过勤劳的双手和智慧提高农产品的产量和质量，为保障国家粮食安全和农产品有效供给贡献力量；在产业拓展和创新方面，秉持勇于开拓的精神，积极探索新兴产业领域和商业模式，延长产业链，提高农业产业效益，基本建立"从田间到餐桌"的食品全产业链体系，基本建成一流

食品企业"四梁八柱",集团主要经济指标连续增长;在企业管理创新、市场开拓、技术研发等方面,鼓励尝试新方法、新思路,敢于突破传统思维的束缚,推动集团圆满完成国企改革三年行动,现代企业治理体系更加完善,坚定不移朝着建设全国一流食品企业目标迈进。

四、发挥榜样示范,树立农垦精神标杆

榜样的力量是无穷的。广西农垦十分注重先进典型的培养选树工作,通过完善机制、建立数据库等措施,发挥先进典型的作用,推动农垦精神深入人心。

印发《广西农垦集团先进单位、先进集体和先进个人评选办法(试行)》,挖掘和培养在弘扬农垦精神方面表现突出的先进典型人物和集体,举办先进事迹报告会、表彰大会等,打造媒体宣传矩阵,广泛宣传先进典型的事迹和经验,形成集团内部学先进、赶先进、当先进的良好氛围。农垦精神在一个个鲜活的榜样身上得到生动体现,引领更多员工积极践行农垦精神。建立广西农垦劳模工匠后备人才数据库,实现先进典型选树工作优中选优,评先推优工作取得丰硕成果。近 3 年垦区先进典型辈出,"全国工人先锋号""全国文明单位""全国巾帼建功标兵"等国家级荣誉称号以及若干个自治区级荣誉称号花落广西农垦。

在榜样的带动下,集团上下"重实效、强实干、抓落实",扛起了自治区赋予广西农垦的新使命新定位,全力以赴打造全国一流食品企业,推动广西农垦进入高质量发展快车道。2018—2023 年,广西农垦的营业收入、利润总额连续 5 年快速增长,2023 年较 2018 年翻了一番以上,资产总额突破 1 000 亿元,成功再造了一个新桂垦。

五、加强社会传播,扩大农垦精神影响

以宣传弘扬农垦精神为主题,树立大宣传工作理念,面向垦区职工群众及社会大众,用好融新媒体传播手段,提升农垦精神的社会影响力和知名度。

(一)办好自媒体,夯实弘扬农垦精神主阵地

广西农垦配备专门的采编力量,办好具有全国统一刊号的《广西农垦报》,及时刊发企业新闻动态,主动策划系列评论,聚焦集团改革发展攻坚、打造一流食品企业等主题,营造良好舆论氛围。主动适应互联网时代大众传播新形势,成立广西农垦融媒体中心,利用"一报一网一微两视频号"新媒体矩阵,打造有思想、有温度、有品质、有情怀的"爆款"宣传产品。例如,通过网络直播广西农垦庆祝中国共产党成立 100 周年暨建垦 70 周年文艺晚会,刊发《图说农垦》等,让"艰苦奋斗、勇于开拓、敢做善成"新时代桂垦精神成为集团上下踔厉奋发的不竭动力。

(二)借力主流媒体,放大农垦好声音

广西农垦加大与《人民日报》、新华社、《农民日报》、《广西日报》、广西卫视、《中国

农垦》等媒体的沟通联系，借助主流舆论持续放大桂垦"好声音"，凝聚推动集团转型升级的强大精神力量，吸引社会各界关注农垦事业、了解农垦精神。面向社会广大受众，策划拍摄宣传短片《强农有我　青春绽放》，生动讲述广西农垦优秀青年职工在生产经营一线秉承农垦精神、闯出一片新天地的故事，荣获 2023 年广西壮族自治区党员教育"八桂先锋"优秀作品奖二等奖。

（三）服务社会公益，树立农垦新形象

积极参与社会公益活动和文化交流活动，将农垦精神融入其中。例如，参与全国首档大型新民歌实景创演秀《新民歌大会》的录制拍摄、总冠名"农垦杯"广西万村篮球赛，组织农垦志愿者服务队深入大化瑶族自治县等农村贫困地区开展农业技术培训和帮扶活动，突出宣传"良品生活　源自农垦"的价值理念和"桂垦良品　食安天下"的品牌理念，以及助力乡村振兴的国企责任担当。多次参加全国和自治区层面展览展销会，展示优质农产品和农业产业成果，推动农垦食品"绿色、健康、养生"的形象深入人心，同时也让农垦精神走出垦区，与社会文化相融合，为全社会提供精神滋养和价值引领。

经验启示：

　　广西农垦将"艰苦奋斗、勇于开拓"的农垦精神，与广西区情、垦情紧密结合，孕育出"艰苦奋斗、勇于开拓、敢做善成"的新时代桂垦精神，并通过文化传承、教育引领、实践融入、榜样示范和社会传播等途径，全方位、多层次推进农垦精神的发扬光大，使农垦精神在集团内部深入人心，在社会上产生广泛影响。这不仅凝聚了垦区上下的强大精神力量，为广西农垦高质量发展提供了有力支撑，而且为传承和弘扬中华民族优秀精神文化、助力乡村振兴和农业现代化建设做出了积极贡献。

深化改革创新 推动全产业链融合发展

贵州南方乳业股份有限公司

贵州南方乳业股份有限公司（以下简称南方乳业）前身是建于 1953 年的贵阳花溪奶牛场，现为贵阳市农业农垦投资发展集团有限公司控股子公司，系农业产业化国家重点龙头企业、全国股转系统挂牌企业，是集奶牛养殖、乳品加工、市场营销于一体的乳品全产业链企业，为贵州第一家获得"学生饮用奶生产认证"和"有机认证"的乳制品企业，荣获国家绿色工厂、2021—2023 年贵州省促进新型工业化发展先进企业、贵州老字号、全国乳制品生产 5A 级企业、全国 2024 乳业科技创新企业、贵州制造业百强企业、贵州省履行社会责任五星级企业、贵州省优秀企业等多项荣誉。近年来，南方乳业秉承"强质量、重创新、谋发展"的理念，聚焦乳品生产主责主业，深化改革创新，从"种、养、加、销"全产业链融合发展全面发力，推动企业转型升级、高质量发展迈上新台阶。

一、全面深化改革，提升企业发展活力

南方乳业坚持以全面深化国有企业改革为着力点，以推动企业上市为抓手，不断推进制度创新，持续完善管理体制机制，逐步增强竞争力、创新力、控制力、影响力和抗风险能力，提高企业高质量发展活力和效率。

（一）完善体制机制，保障企业健康可持续发展

南方乳业认真落实深化国有企业改革要求，从 2018 年开始启动上市相关工作，逐步完成混合所有制改革和股份制改造，并在全国股转系统成功挂牌。在此过程中，南方乳业着力完善治理结构，在综合考虑公司性质、发展战略、文化理念和管理要素等因素的前提下，不断完善公司组织架构，按照精简、高效、复合和扁平化的原则设置机构，成立股东大会和董事会，形成较为科学有效的职责分工和制衡机制。同时，不断健全现代企业制度，完善市场化经营机制，推进产权多元化，明晰产权关系，规范财务运行，进一步提升企业内部管理能力、外部服务能力、业务抗风险能力，为企业实现健康可持续发展提供有力保障。

（二）创新管理模式，保障企业生产高效率运行

为实现更高效、更精准的运营和管理，南方乳业大力推进信息化建设，搭建涵盖养、加、销、后勤四个方面的信息化管理系统，利用数字化、信息化手段进一步加强生产经营

管理，提高运营效率，增强企业发展新动能。在财务管理上，建立完善公司财务内控制度，提升财务管理和风险应对能力，实现业财一体化管控；在销售管理上，引进和使用销售管理软件，优化直营销售人员和经销商驻县业务人员的拜访线路，实现线上管理；在生产管理上，建设 LIMS 系统，实现质量检测自动化和标准化，提高了工作效率和精确度，确保数据的一致性和可追溯，强化化验室管理和优化工作流程，产品质量实现从牧场到餐桌可追溯；在运输管理上，建设 TMS 物流管理系统，优化历史运输线路，提高运输效率，降低运输成本，改善客户服务。

二、产业融合发展，壮大企业综合实力

按照贵州省委、省政府提出的贵州奶业裂变式发展要求，南方乳业围绕种、养、加、销融合发展，充分利用自身优势资源，以种牛繁殖、奶牛养殖、乳制品加工、乳制品销售等为重点，打造现代化规模化养殖、智能化标准化生产、数字化流程化销售，形成了乳业全产业链发展的强大合力，进一步壮大了企业综合实力，为高质量发展奠定了坚实基础。

（一）提升养殖管理水平

南方乳业立足贵州生态优势和资源禀赋，在省内外建成规模化牧场 7 个，形成了省内"5 大生态牧场＋2 个省外合建牧场"奶源带布局。为保证奶源品质，南方乳业引进先进设备和技术，实现了奶牛生长、生产水平以及生鲜乳质量实时监管，提升了奶牛养殖管理的自动化和智能化水平；引入优质奶牛，快速建立、稳步提升牧场优质良种群体规模；强化与省内高校、科研院所合作开展奶牛胚胎移植，稳步提升奶牛繁育水平、抗病能力、产奶性能，提高饲养效率，持续提升养殖科技支撑能力；推进牧场绿色种养发展，加快畜禽粪污资源化利用，构建绿色生态循环发展产业链条，并逐步推动核心牧场智能化升级，改善核心牧场养殖环境。通过精细化、现代化、智能化养殖管理手段，稳固奶源供给，提升原料奶品质。

（二）提升生产加工能力

南方乳业现有乳制品加工厂两座，为进一步提升生产加工技术，加强标准化生产能力，南方乳业高标准、高质量、高效率推进石关乳品厂、龙岗分厂自动化建设，推动两座乳品厂满产达产；对标最新行业标准，深抓质量管理，强化标准化生产，确保产品的质量和安全，建立 GMP①、GAP②、HACCP③、能源、食品、质量、测量、环境、职业健康九大管理体系，实现标准化、规范化生产管理，产品全过程质量监控检测指标达 162 项；引进国内外先进技术，对乳品厂前处理自动化系统、杀菌系统、灌装系统、产品包装系统、生产车间等进行更新和改造，推动现有加工厂技术升级。目前，南方乳业共有常低温

---

① GMP，是 Good Manufacturing Practice 的缩写，是指良好生产规范。
② GAP，是 Good Agricultural Practices 的缩写，是指良好农业规范。
③ HACCP，是 Hazard Analysis and Critical Control Point 的缩写，是指危害分析与关键控制点。

液态奶生产线 40 余条，生产"山花""花都牧场"等品牌系列单品 80 余种，日加工能力约 1 000 吨。

（三）扩大市场占有率

南方乳业稳步推进"精耕贵州市场，开发西南五省（自治区、直辖市）市场，布局全国常温"战略规划，采取经销与直销相结合的销售模式，已将营销网络覆盖到全省 88 个县（市、区）和 90% 以上的乡镇市场，通过实施低温战略，在省内市场与国内其他乳制品企业形成了差异化竞争优势。南方乳业乳制品目前在省内市场占有率约 34%，在贵阳市鲜奶市场占有率达到 60%；同时，通过建立数字化冷链物流运输系统，已走出贵州，逐步渗透到湖南、四川、重庆、广西、云南、广东等周边省份市场。此外，还顺应数字电商大环境，在各主流电子商务平台建立"山花牛奶"网络店铺，在城市社区开展送奶上户服务，营销渠道得到横向、纵向拓展。

三、坚持创新驱动，培育企业新质生产力

南方乳业始终坚持创新思维，以创新驱动高质量发展。

（一）加强科技创新，提升市场竞争力

南方乳业坚持创新思维，注重乳制品研发和工艺技术研究，不断提升公司科技水平，已申请获得 13 项专利，其中，实用新型专利 8 件、外观专利 5 件，获评中国乳业科技创新典范企业、贵阳市科普教育基地等，公司承担的科技课题获食品工业协会科学技术奖二等奖、中国食品工业协会科学技术奖三等奖等。同时，南方乳业加强与省内高校科研院所的产学研合作，共同开展技术研发和成果转化，已与贵州大学、贵阳学院、贵州省农业科学院等科研院所，开展塑瓶无添加系列酸奶的研究与制备、富硒奶源基地及富硒牛奶产品产业化示范等项目合作。2024 年，公司着力提高质量管理和检验检测能力，引进实验室 LIMS 管理系统，并着手准备 CNAS 认证有关工作，进一步提升检验检测能力和实验室科技创新能力。

（二）加强产业创新，提升产品吸引力

随着乳制品市场竞争日益激烈，为顺应市场发展趋势，南方乳业着力研发贵州红岩葡萄味酸酸乳饮料、刺梨爆珠酸奶、高原牛奶、咖啡牛奶、巧克力牛奶等 8 支新产品，现已成功上市高原牛奶、咖啡牛奶、巧克力牛奶 3 支新产品。此外，2024 年 3 月以来，南方乳业推出了"小小山花""山花牛奶爽爽糕"等系列冰品，新产品结合了市场消费趋势和贵州特色风味，获得了消费者的关注和喜爱。

（三）加强营销创新，提升品牌影响力

南方乳业从 2016 年开始持续在全省范围内举办数场"山花鲜奶节"活动，通过互动推广将公司品牌深入消费者内心，提升品牌形象；推出"山花牧场游/工厂游"，通过打造

乳制品生产加工参观通道、mini 牧场和消费者体验中心，给消费者带来更直观和更沉浸的互动体验。同时，自 2015 年起，不断完善自身新媒体矩阵，继微信公众号、淘宝商城、京东商城开通"山花旗舰店"后，开通了小红书、抖音等平台电商账号，持续增强品牌在社交媒体上的曝光度，依托公域大流量，争取私域流量转化。2023 年，南方乳业在电商平台和社交媒体达成了 5 000 万＋的销售额，2024 年持续发力，逐渐完善自身直播体系，将"山花"品牌传播到全国各地。

经验启示：

　　南方乳业坚持以深化改革为动力，以推动企业上市为抓手，健全现代企业制度，完善市场化经营机制，不断推进制度创新、管理创新、手段创新。围绕种、养、加、销融合发展，强化科技支撑、全产业链打造、多业态营销，企业竞争力、创新力、影响力和综合实力全面提升。

构建"六层金字塔"智能财务管理体系
提升企业运营管理水平

宁夏农垦集团有限公司

近年来，宁夏农垦集团有限公司（以下简称宁夏农垦）聚焦"三大一航母"战略定位，加速数字化转型升级，创新财务管理理念，探索智能财务体系建设，建成宁夏农垦财务共享中心，搭建"六层金字塔"智能财务管理体系，有效提升了财务管理质量效率，满足财务穿透式监管要求，为宁夏农垦数字化转型和高质量发展提供了有力支撑。2024 年 4 月，宁夏农垦"六层金字塔"智能财务管理案例入选财政部优秀案例，9 月，荣获中国司库建设标杆企业大奖"司南奖"。

一、搭建"六平台"，协同管理实现新突破

宁夏农垦"六层金字塔"智能财务管理体系，通过业务数据层（统一核算平台）、监管报送层（智能报表平台）、业务规范层（共享中心平台）、资金管理层（司库体系平台）、经营分析层（智能分析平台）、支持决策层（智能驾驶舱）打造一支以数学思维看财务、以业务思维看指标、以战略思维看管理的服务决策团队，成为企业的资金集约管控、资源协同管理和资本决策支持中心。

（一）统一标准，规范数据层

搭建统一核算平台，建立健全包含会计科目、存货档案等 11 个大类基础类别，将集团所属 36 家二级公司 133 个账套全部纳入的核算平台，对基础数据进行整理、命名、分析。开通银企直联、现金管理、供应链等 8 大类 50 个模块，将集团内部银行账户、有息债务合同、存货等数据全面纳入财务信息平台，实现账户在线监管、实时查询，债务全面汇总、有效预警。

（二）智能取数，支持监管层

通过智能报表平台，实现各类监管报表（农业农村部农垦局、自治区财政厅、自治区国资委等报表）数据的自动化智能填报和汇总，有效解决了长期手工填报效率低、数据管理难、自动化程度不高等问题，明显提高工作效率，减少基层工作量，大幅提升财务智能管理水平和报表报送准确性、及时性、完整性，报送时间由原来的每月 5 日提前到每月 1 日，报表准确性提升至 100%。

(三) 共享实施，规范业务层

以共享中心平台为抓手（包括全员业务平台、电子影像、费控管理、税务管理、电子档案以及智能 RPA 等），通过影像传输技术，实现业务数据数字化，业务发生 48 小时内扫描影像，确保基础数据的有效衔接和完整真实。下设综合组、收入组、成本组、报表组、资金组、稽核组、信息组 7 个业务组，有 45 人，将所属企业分散的财务处理职能集于一体，通过将核算业务指南嵌入财务共享中心平台，确保会计科目的精细分类与准确运用，每笔业务均能迅速比对后找到科目归属，保证财务数据的真实性与可比性，进一步降低财务管理成本、提高财务工作效率、保证会计信息质量。

(四) 智能分析，强化分析层

依托统一核算平台、报表平台等智能系统，搭建司库系统平台，将集团"三重一大"和资金授权等内控制度嵌入该系统，设定严格的权限管理与审批流程。坚持事前、事中、事后全过程闭环管理。事前按照《财务凭证附件管理办法》进行初审，事中通过共享平台对单据进行复审、稽核，大额资金支付 500 万元以上设置双重稽核，事后通过司库系统定期对 200 万元、500 万元以上资金支付单据进行抽检，查漏补缺、督导整改，实现了集团所属企业银行账户、资金明细、债务融资、经营指标等信息的智能穿透管理，确保银行账户全面可视、资金流动全程可溯、归集资金全部可控，达到对资金"看得见、管得住、调得动、用得好"。

(五) 可视可控，管控资金层

搭建智能分析平台，通过引入专家分析模型和 AI 模型，精准对标区属国企、全国农垦、行业标杆等数据指标，实现"一利五率"经营分析、农垦企业对标分析等财务分析报告的智能生成，实现数据的自动排查、评估和风险量化，形成风险数据库，提高了集团财务数据分析的智能化、自动化水平。

(六) 大智移云，服务决策层

以上述各平台为基础，利用大数据构建技术，通过高效的报告系统，自动进行数据清洗、转换、加载，实现财务数据、可视图表、文本分析三大可视化引擎，以及关键考核指标的智能穿透与信息溯源，形成统一服务于决策的全方位智能"驾驶舱"，为决策提供有价值的数智服务。

二、推进"三融合"，业财互促取得新成效

(一) 土地系统与财务系统深度融合

整合财务数据和土地系统数据，形成垦区土地"一张图"管理模式，将 18 家农场公司的地块现状、承包费等基础数据接入财务系统，直接提取土地合同数据进行自动加工处理，智能生成财务凭证 18 132 笔，收缴率达到 99% 以上。

（二）经营管理与财务系统深度融合

设置个性化报表，量身打造经费预算、司库体系融资监管、集采平台等专属报表系统，推进全方位各领域降本增效。截至目前，累计降低成本 4.1 亿元，完成年度目标任务 103%。

（三）清欠工作与财务系统深度融合

通过将应收款统计表植入系统平台，智能提取统一核算平台应收款数据，跟踪集团企业清欠余额及进度。截至目前，累计清收 17.5 亿元（清收比例 63%），有效缓解了企业资金压力，不断化解有分歧的账务问题和历史遗留问题。

三、推动"四覆盖"，财务管控再上新台阶

（一）核算管理全覆盖

集团所属 133 个账套全部纳入核算平台，采用业务"共性标准化、特色个性化"方式，按照种植业、养殖业、服务业三大板块，实施农垦特色财务管理。2024 年以来，指导业务处理 15 万笔，提高了集团整体核算水平。

（二）负债管理全覆盖

实现银行贷款、中期票据、超短期融资等数据实时穿透查询监管，并根据数据信息及时调整融资策略。2024 年以来，通过系统调整，集团融资综合利率已降至 2.9%，节约利息 0.4 亿元。

（三）银企直联全覆盖

打通 17 家银行 338 个账户，实现资金可查、可控、可归集，协定存款利率从 0.35% 增加至 1.30%，增加存款利息 600 万元。同时通过多个网银 K 整合到 1 个软件 K，实现资金集中统一支付，智能生成银行对账单和余额调节表，有效提升日常资金支付的便捷性和出纳对账的准确性和及时性。

（四）存货管控全覆盖

通过搭建供应链系统，补齐核算链条，有效解决了集团公司存货管理难的问题。利用智能化手段规范库存、销售、存货成本等业务核算流程，实现采购、入库、出库及财务一体化存货管理，随时可查各类存货数量、单价、金额，确保账实相符，有效解决了宁垦资产房屋、宁垦乳业原材料、宁垦酒业原酒总账与明细账不符及明细账与库管台账不符等问题。

四、实现"五防御"，数据保护筑牢新防线

通过建设出口防火墙、出口入侵防火墙、财务防火墙、Web 防火墙、财务 VPN，构

建五层纵深防御体系，优化网络架构，将财务系统全部迁移部署于内网中，实现了逻辑物理隔离，为财务信息系统安全防护构建了独立的"安全域"，最大限度保障了网络通信系统的安全；同时做好数据备份应急响应工作，将所有财务信息系统通过应用系统和数据库双备份、全量数据与增量数据双备份、服务器与硬盘双备份的"三双"备份机制，筑牢数据备份应急响应体系，有效防范系统瘫痪和数据丢失的风险。黑客攻击从原来的每周1 491次降低到现在的每周1次。

经验启示：

　　"六层金字塔"智能财务管理体系是宁夏农垦加快发展新质生产力、推进数字化智能化转型的重要手段。这个体系及其在财务管理上的"三融合""四覆盖""五防御"，为国有企业战略制定、决策分析、风险防控提供了有力支撑，具有非常重要的战略价值。通过财务智能系统管理，实现全集团层面对资金的集中管控和调度，包括集中账户管理、资金结算、资金预算等，通过对金融资源的统筹调度和高效配置，将资金资源投放到效益更高的项目，实现资金管理价值最大化，同时帮助企业优化融资结构，降低融资成本，促进企业数智化转型和高质量发展。

深化改革创新　推进产业高质量发展

宁夏农垦集团有限公司

宁夏农垦集团有限公司（以下简称宁夏农垦）创建于 1950 年，先后经历军垦、农垦、集团化改造等 10 余次历史性变革，2014 年整体转企改制为宁夏农垦集团有限公司，是宁夏回族自治区直属国有大型现代农业企业，整垦区为国家现代农业示范区。宁夏农垦土地面积 200 万亩，其中耕地面积 80 万亩，由于农垦土地"大分散，小集中"的地域特点，导致垦区在产业发展上还存在一定局限性。为深入贯彻落实习近平总书记关于农垦要建设"大基地、大产业、大企业"的指示精神，宁夏农垦实施土地规模化经营战略，实现"由大分散变小集中、由小集中变大集中"的产业布局，形成以"草奶肉肥一体化"为主导、土地规模化经营"六步法"为主要内涵的现代农业发展新模式。

一、以土地规模化经营为抓手，推进"大基地"建设

牢牢抓住土地这个根本，坚定不移推进土地规范化整治和规模化经营，收土地、稳面积、提单产、强示范，努力建设现代农业"大基地"。

一是坚持公管公种。制定公管私种土地全部收回、管理人员承包土地全部收回、职工退休后承包租赁土地依法收回等"刚性 11 条"，公管土地面积由不足 5 万亩扩大到目前的 24 万亩。推行作物品种、农资供应、生产技术、机械作业、产品销售、饲草加工"六统一"，经营土地面积达到 42 万亩，打破原有土地条田限制，将土地由"散"而"聚"。建设高标准农田 68 万亩（其中高效节水灌溉 35 万亩），农业机械化率达 96%，优良品种覆盖率达 100%，新技术到位率达 95%。优质粮食种植面积稳定在 39 万亩以上，粮食总产量达到 34 万吨以上，是宁夏重要的现代农业引领示范基地。

二是坚持创新驱动。大力实施"大面积单产提升行动"，与智慧监测、无人驾驶、机具精准、复合作业等数字技术相融合，推进大格田生产、大机械作业、集约化管理、一体化经营，实现农业生产耕种管收全过程信息化、自动化，建成 8 万亩"无人农场"，亩均增收 500 元，增产 15%，新增耕地 15%，亩均节水 50%，节省化肥 40%，节省人工 40%，减少面源污染 20%，实现了"三增三省一减少"。"开展科技攻关＋揭榜挂帅""双百计划"，青贮玉米亩产首次在宁夏突破 6 吨，规模化青贮玉米亩产达到 3.8 吨，同比增产 10%以上，增收 4 000 万元；苜蓿实现一年收割五茬，亩产干草 1 350 千克，达到宁夏最高水平。

三是坚持示范带动。充分发挥农垦产业基础、技术力量、物资装备等现代农业方面优

势，大力实施"社会化服务＋地方"行动，集成农垦良种、良法、良制、良田、良机，积极"走出去"，流转地方土地面积 2.5 万亩、良种推广面积 8 万亩，发展饲草基地 10 万亩，举办高素质农民培训、水肥一体化应用与推广、召开现场会等各类技术培训班，年均培训近 2 000 人次，带动周边农户增产增收，共享农垦发展成果。

二、以夯基赋能为导向，推进"大企业"建设

持续加强科技、金融等要素建设，切实提升企业核心竞争力，赋能企业高质量发展。

一是改革赋能。深入推进集团化、企业化改革，纵向压缩管理层级，取消队（站），横向核减所属企业 90 多家内设公司和机构，内设机构减少 38%。完成 26 家子公司合并重组，注销 19 户三级企业，企业户数减少 36%，集团化管控的二级管理架构基本形成。按照自治区党委、政府决策部署，2021 年以来，依次接收自治区农业科学院所属 6 家企业、农投集团本部和所属 3 家涉农企业，以及北京宁夏大厦、宁夏沙湖假日酒店，投资建设数字宁夏建设运营公司、宁夏上海科创中心（人才大厦），产业发展格局不断扩大。实施差异化考核分配机制，收入薪酬与企业利润、资产收益挂钩的考核体系全面优化，经理层成员任期制和契约化管理全覆盖。宁夏农垦国企改革三年行动入选国务院国资委优秀案例。

二是科技赋能。成立农垦科技创新中心，设立中国工程院赵春江、罗锡文院士工作室 2 个，共建博士（专家）工作站 3 个，与职业院校合作共建产业学院 3 个；与中国科学院过程工程所合作建设"绿色循环产业技术创新中心"。近年来，获得 2 项国际专利授权、4 项自治区科技成果登记，主持制定 3 项技术标准，获得 38 项实用新型专利、4 项发明专利。宁夏农垦酒业有限公司、宁夏农垦乳业股份有限公司（以下简称宁垦乳业）分别获批组建农业农村部葡萄酒酿造加工技术重点实验室、宁夏回族自治区奶牛良种选育工程技术研究中心。"十四五"以来，宁夏农垦创新研发投入总额平均增速保持在 20% 以上。

三是金融赋能。与 17 家银行深度合作，获得授信额度超过 330 亿元。发行 14 期债券融资 49 亿元、平均利率 3.3%，成功发行宁夏首单"绿色＋乡村振兴"双贴标中期票据。落实财政专项资金 1.9 亿元，有效保障企业生产经营及产业发展。建成财务共享中心，打通 343 个银企直联账户，有效防范账户资金风险；实现 17 家农场公司代理记账、统一核算，切实降低财务人工成本，大幅提高资金效率和管控能力。

三、以优势特色产业为重点，推进"大产业"建设

紧紧围绕自治区"六新六特六优"产业布局，锚定高质量发展目标，培育壮大农垦特色优势产业。

一是现代乳业。建成规模化智慧牧场 17 个，奶牛存栏 14 万头，单企养殖规模居西北第一、全国第三。日产鲜奶 2 000 吨，主要指标均高于欧盟标准。建成年产 2 万吨乳品加工厂，研发推出的益生菌酸奶、A2-β 纯牛奶等"宁垦牧场"系列产品深受市场青睐。

二是葡萄酒业。拥有宁夏最大的葡萄苗木脱毒繁育中心，建成优质酿酒葡萄基地 5.4

万亩,年葡萄酒生产加工能力 4.5 万吨(占全区 1/2),形成集优质葡萄苗木繁育、葡萄种植、科研开发、葡萄酒及白兰地酿造加工、葡萄籽精深加工、酒庄文化旅游、品牌营销于一体的全产业链和一二三产业深度融合的新发展格局。

三是旅游产业。现有 5A 级景区 1 个、4A 级景区 1 个、3A 级景区 2 个。形成以沙湖景区为龙头,农旅产业园、玉泉国际酒庄、金沙湾黄河坛、天湖湿地公园为重要节点的农垦特色精品旅游线路,打造"山水林田湖草沙"原生态和休闲运动康养旅游目的地。

四是肉牛产业。现拥有万头肉牛育肥养殖场 2 座、2 000 头犊牛养殖场 1 座、年屠宰5 万头肉牛加工厂 1 座。依托宁垦乳业 3 万头奶公犊、2 万头淘汰奶牛开展科学养殖、高效育肥,年出栏荷斯坦育肥牛 5 万头。

五是种子产业。建成制种基地 3.5 万亩,培育自主知识产权品种 20 多个、使用权品种 20 多个、植物新品种保护 5 个,形成从良种繁育到示范推广的现代种子产业链条。

经验启示:

近年来,宁夏农垦深入贯彻习近平总书记关于农垦"建设现代农业大基地、大企业、大产业"重要指示精神,紧密结合自身实际,以土地公管经营为主攻方向,以"揭榜挂帅"和科技研发"双百"项目为抓手,以高标准农田基本建设为根本保障,积极实施土地规模化经营战略,深入推进体制机制创新和科技创新,不断激发各类资源要素活力,集中建设多个规模在千亩乃至万亩以上的大基地,以小积大,做到对垦区 80 万亩耕地的整体把控,实现统一播种、统一管理、统一经营,打破发展瓶颈,做大优势特色产业,为建设一流大型国有现代农业企业、打造千亿元级现代农业产业集群、推进农垦高质量发展奠定坚实基础。

做活土地文章　助推农垦改革释放新动能

阿勒泰地区一农场有限责任公司

阿勒泰地区一农场有限责任公司（以下简称为一农场）成立于 1956 年，其前身为哈巴河农场，1960 年整体搬迁至福海县，2022 年 5 月改制为国有独资公司，隶属于新疆阿尔泰现代农业投资发展有限公司。

土地是农垦最重要的生产资料，是农垦存在与发展的基础。自 2021 年起，公司按照国家有关农垦改革精神要求，紧紧牵住土地这个农垦改革发展的"牛鼻子"，敢于先行先试，不断强化农场土地规范化管理制度建设，深化农垦体制改革，盘活国有土地资源，发挥出土地效益的最大化，让资源优势转换成经济优势。已完成清理耕地面积 12.1 万亩，土地承包费由 2020 年的 700 万元增加到 2024 年的 5 100 余万元，仅此一项收入就使一农场扭亏为盈，全面增强了内生动力、发展活力、整体实力，为助推农垦改革释放新动能。

一、攻坚克难，破解发展坚冰

长期以来，一农场土地管理存在土地底数不清、私垦乱占、发包价格偏低、租期过长、掠夺式种植导致地力下降严重等诸多问题，土地资源利用率低下，市场效益难以显现，严重影响了农场改革发展。面对这些棘手难题，一农场党委没有退缩，而是迎难而上，敢于动真碰硬、多措并举，全面推进土地规范管理。

（一）掌握政策是前提

解决思想认识的问题是规范土地管理的前提和关键。针对很多农场干部职工对相关法律、法规和政策掌握不全面、不系统，严重影响土地规范管理工作推进的现实情况，一农场坚持从学政策、谈体会、讲感受入手，加强干部职工对农垦改革发展相关政策的学习，从思想上认识到只有规范土地经营管理才是推进农垦改革发展的基础。公司副总经理黄伟韬说"通过学习政策，让我们干部职工进一步认识到，一农场不属于农村集体经济组织，其使用的土地为国家划拨的国有土地，土地所有权归国家"，进一步强化了农场土地国有性质的经营理念。

（二）完成确权是基础

土地是农垦最重要的生产资料，也是亟待唤醒的"沉睡资本"。从脚踩"金土地"到捧上"金饭碗"，势必要通过加快国有土地确权发证，推进土地资源资产化和资本化，管理好、保护好、利用好农垦国有土地。自 2016 年起，按照农垦改革文件要求，一农场全面启动国有农牧场土地确权工作，经过摸底调查、现场勘测、多次协商，2018 年 9 月 17 日，地区行署及相关部门在一农场举办国有农牧场土地使用权证书发放仪式，这是阿勒泰地区颁发的首本国有农牧场土地使用权证书。

（三）做好宣传是保障

为有序推进土地规范化管理，一农场通过印发宣传资料、微信转发、大喇叭播报等方式宣传相关法律、法规和农垦改革相关政策，同时采取入户走访等形式广泛开展宣传动员。在工作中，注重发挥党员干部的带头作用，充分调动本地干部熟悉情况、亲戚朋友多的优势，由班子成员带头开展宣传，尤其是做好亲朋好友的工作，让广大职工群众学政策、懂政策。

（四）摸清底数是关键

土地，成为一农场农垦改革率先发力的对象。在一农场出生、长大的公司董事庞智说，土地清理说起来容易，做起来难。开展国有资产清查工作，因为涉及人员多、影响面大，触及很多人的切身利益，具有较多隐患，风险极高。农场组建推进专班，有序开展土地清理工作，始终把依法依规放在工作的前面，本着公平、公正、公开的原则开展工作。对国有资产清查结果，通过张榜公示、微信群公示等方式向广大职工群众公开，对超中标面积种植的租赁户，全部进行约谈，了解实际情况，告知法律须知，依法依规全部追回，做到"底数清，情况明"，杜绝了国有资产流失，确保了国有资产的保值增值。

二、完善机制，做活土地文章

一农场通过完善职工田、配置内部招标田、推广市场竞标、公平分配土地等措施，探索国有土地经营管理的新路子。

（一）创新管理机制

一农场在充分征求和尊重职工群众意见的基础上，制定了《关于规范国有职工身份田管理的通知》《国有土地租赁公开竞标办法》《国有土地经营管理办法（试行）》等相关管理制度，通过召开职工代表大会，广泛吸纳职工代表意见建议，不断修改完善，确保国有土地规范管理工作依法依规有序推进。同时，组建了国有土地租赁公开竞标工作领导小组，专门聘请法律顾问，让其参与各类会议、文件起草审核、合同拟定、矛盾调解、政策解读等土地规范管理过程，帮助把好政策法律关。

（二）保障种植户利益

长期以来，一农场职工身份田面积大小不一且比较分散，不便管理，年承包费用为 45 元/亩。2021 年起，一农场对职工田进行规范，将职工身份田统一调整至 30 亩，年承包费用降为 20 元/亩，保障了职工利益，赢得了职工的理解和支持。为确保长期在农场生活的职工子女和本场种植户有地种，在保障职工利益基础上，进行统一流转整合，选定部分地块优先面向本场种植户公开竞价发包。

（三）履行职能定位

针对职工群众种植随意性很大、难以约束管理、难以履行国家赋予的职能定位等问题，一农场通过规范土地管理，增强保粮食安全的底气。同时，一农场通过健全经营管理长效机制，从严把控承包期限、面积和价格，清缴拖欠承包租赁费用，强化了公司对国有土地的管理。

（四）资产保值增值

一农场在规范土地管理过程中清理了"黑地"、收回了违规占用土地，将退休后仍未交回的职工身份田、周边农村侵占的土地、擅自扩大面积的耕地等悉数收回，有效遏制了私垦乱占现象，对其中收回的土地主要用于产业发展或重新发包，依法维护了农场耕地合法权益。通过规范土地后，2021 年一农场年收入达到 2 300 万元，2022 年突破 3 700 万元，2023 年突破 4 100 万元，2024 年达到 5 100 万元，不仅土地收益增加了，适度规模生产效益也明显增强了。

三、重装前行，彰显农垦担当

规范土地经营管理，有力保障了农垦作为国家粮食安全和重要农产品供给的国家队作用，为优化种植业结构、强化农业社会化服务、保护地力奠定了坚实基础。

（一）社会化服务能力显著提升

一农场创新社会化服务新模式，量身打造"五农"模式，开展农业社会化服务面积达 44.5 万亩。2024 年与周边乡镇及种植户完成合作种植小麦 8 300 余亩、玉米 6 990.7 亩，通过科学种植和管理，全面开展粮油等主要作物大面积单产提升行动和"农垦社会化服务＋地方"行动，提升了农业生产综合竞争力。

（二）农业可持续发展得到保障

自 2021 年以来，一农场全面加强高标准农田建设，积极引进暗管排盐新技术，加大土地碎片化治理力度，累计建成高标准农田 8.65 万亩，初步形成土地平整、集中连片、设施完善、土壤肥沃、生态良好、高产稳产格局。

（三）产业链进一步延伸

在土地规范化管理的基础上，一农场以大农业为主业，不断延伸产业链。2023 年以来，投入资金 3 000 万元，建设了年烘干能力 5 万吨的玉米晾晒烘干厂。下一步将以玉米晾晒烘干厂为突破口，延伸产业链条，增加农副产品附加收益，实现种养加产销一条龙、贸工农一体化经营。

经验启示：

近年来，一农场紧紧牵住土地这个农垦改革发展的"牛鼻子"，敢于先行先试、动真碰硬，在掌握政策、摸清家底、完成确权、强化宣传的基础上，创新管理机制，建立健全制度，通过完善职工田、配置内部招标田、推广市场竞标、适度公平分配土地等一系列措施，探索国有土地经营管理新路子，既盘活了国有土地资源，又保障了职工利益。

四、示范带动地方现代农业发展

建设一流高质高效种植示范基地
引领带动现代农业高质量发展

天津农垦小站稻产业发展有限公司

天津农垦小站稻产业发展有限公司（以下简称小站稻公司）成立于2019年，是天津食品集团旗下种植板块三级单位，是集水稻研发、种植、加工、销售于一体的全产业链综合性企业。成立至今，小站稻公司聚焦粮食种植主责主业，以打造天津食品集团一流高质高效种植示范基地为目标，以"研发优质品种、探索智慧农业、打造放心品牌、引领产业发展"为方向，秉持改革推动、开放带动、创新驱动的管理理念，依托联农带农机制，不断推动质量农业、绿色农业、科技农业和品牌农业建设，奋力书写农业高质量发展新篇章。

一、聚焦良种良技，夯实产业发展基础

小站稻公司以持续提升水稻产量水平为目标，扎实推进粮食产能提升行动，加快自主选育优良品种，推广应用先进种植技术，持续提高增产保供能力。

（一）示范优质主导品种，高产稳产强基础

小站稻公司作为天津市农业产业化重点龙头企业，始终将更好服务国家粮食安全和农业生产消费需求作为宗旨，持续开展种业提升工作，连续4年选择天津地区主导品种津原89和津育粳22作为主要种植品种，并建立百亩连片超高产示范田，在2023年天津地区水稻单产提升项目中荣获榜首。同时充分发挥企业资源优势，积极开展产学研合作交流，获批成为天津市小站稻分子设计育种院士专家协同创新中心、天津宝坻小站稻科技小院、中国作物学会宝坻工作站，致力于推进优质小站稻品种培优与品质提升。2024年，小站稻公司成功申办种子生产经营许可证，由深耕"好品种"向"好种子"提升转化。

（二）推广高质高效技术，单产提升增效益

公司抽调10名技术人员成立小站稻技术中心，开展小站稻新品种选育、栽培技术研究、种植技术推广等工作。2021年，建设智能化育秧大棚54栋，占地面积500余亩，年产稻秧达120万盘。育秧过程采用物联网控制系统，实现了育秧过程的标准化和智能化，成为天津地区智慧化程度最高、育秧规模最大的育秧基地。与天津农学院、天津市农业科学院等高校及科研院所农业技术专家构建长期合作关系，引入超前控蘖、统防统治、侧深

施肥等技术模式，开展规模化、集约化田间种植，结合全程机械化管理，降低水稻倒伏、病虫害发生风险，有力促进了水稻单产和效益的提升。

（三）引领绿色标准种植，科学管理提质效

公司以打造规模化种植、标准化生产、产业化经营种植生产基地为目标，结合集团质量追溯体系，建立了完善的农事记录和自检自控制度。同时，细化水稻种植生产技术规程，健全完善标准化生产体系，构建起小站稻全产业链模式。2022年，建成优质小站稻绿色栽培技术集成示范区，稻田种植过程减少农药和化肥用量达5％以上。公司自成立以来相继完成良好农业规范（GAP）一级认证，并入选全国种植业"三品一标"基地。

二、聚焦科技创新，挖掘增产保供能力

公司以加快实现稻田智能管理为引领，应用"互联网＋农业"模式，促进生产自动化、智能化、精细化、高效化运行，推动公司成功入库国家科技型中小企业、天津市雏鹰企业。

（一）智能应用

为实现农业资源管理的数字化、高效化利用，小站稻公司首先对准了现代农业基础设施建设方面。2020年，依托天津食品集团农业生产资源综合管理平台，引入了变量施肥灌溉、高效植保监管、视频图像管理、作物栽培调优、气象墒情监测、作物苗情监测系统等多个板块，并成立天津食品集团都市农业管理中心作为中控室进行物联网系统的管理、应用及展示。中心控制室采用20台高清液晶拼接系统4×5显示及控制，可与中控室实现实时对讲、实时监控和实时录像，最大限度提高农业生产效率和效益。

（二）精准管控

通过科技创新推动小站稻公司由传统农业向精准作业、精细管控的智慧型农业转型。引入农业资源管理系统实现对环境数据、视频数据、农田设施及农业物联网设备等农业资源的采集、整理，同时结合GIS地图的方式，实现以图管地、以图管农，提高农业生产管理水平。2021年，公司将无人机遥感技术作为数据获取手段，同时与GPS定位数据、作物栽培调优技术相互融合，监测不同环境下水稻生长情况，分析不同时期叶片颜色与产量、稻谷品质等的相关性，精准提供技术指导。进一步联合天津农学院技术团队，利用解析冠层的高光谱反射率与高光谱影像特征的时空动态变化规律原理，通过采集不同品种水稻各生育期的叶面积指数（LAI）、植被覆盖度（FVC）、叶绿素含量（Cab）等，实现水稻田间精准化管理。

（三）高效管理

小站稻公司通过整合种植区域农情物联网数据，建成现代农业信息管理平台，有效提高了种植管理效率。采用气象墒情监测系统与作物苗情监测系统相结合方式，实现对空气

温湿度、光照度、风速、风向等各种常规气象要素的监测，高效收集土壤墒情动态变化特征，及时、准确、系统地掌握水稻生育进程。公司在变量施肥灌溉技术系统的基础上采用水肥一体化控制策略，按照不同水稻品种、不同生育期的需肥和浇水特点，结合土壤环境和养分含量，按比例定时定量地开展水稻灌溉施肥情况，逐步实现水肥供应的少人化或无人化管理，极大提高劳动生产率，优化田间管理模式。

三、聚焦示范引领，带动区域共同发展

公司以不断完善联农带农机制为抓手，充分发挥国有农场"有规模、有组织、有标准"的优势，推进现代农业体系建设，促进农民就业增收，切实发挥国有企业的辐射、示范和带动作用。

（一）夯实产业发展根基，提升联农带农工作实效

小站稻公司始终秉持"联农、助农、兴农"的初心，积极带动农户参与到产业发展中，利用机制创新持续强化效益增长与带动提升。通过土地流转、入企就业、合作社扶持等多种联农带农方式带动农户，并与小站稻种植户签订技术服务合同，带动小站稻新品种、新技术应用推广进程。吸引助力农户建立专业合作社并扩大生产规模，通过构建数据库和网络平台，为农户和合作社提供合作渠道，实现农民降低生产成本、合作社增产增收。采用订单种植模式，着力破解农户分散经营与市场对接难题，通过规范生产、建立品质标准等手段不断提升产品质量。现于宝坻区开展联农带农辐射面积达14万亩，发挥了较强的带动引领效应。

（二）完善联农带农机制，扩展周边农户增收渠道

公司坚持"产业带就业，增收带民富"的联农带农思路，一方面，与村委会签订土地流转协议，整村流转农民土地，并不断加强基础设施建设，打造了万亩连片小站稻绿色种植示范基地。另一方面，采用"企业＋基地＋农户"产业组织形式，聘用当地农户进行规模化生产。2022—2023年，解决常年务工100人以上，雇用500多名临时用工参与水稻种植管理；稳定扶持种植合作社、农机服务合作社20余家，作业面积累计达4万余亩。通过不断完善联农带农机制，实现农业价值链增值和农民就业增收，辐射带动周边农户500余户，户均年增收超过7 000元。

（三）强化技术培训手段，赋能产业发展聚优成势

公司积极开展联农带农社会化服务，通过组织技术人员成立专业的社会化服务团队，围绕水稻种植生产的各个环节进行技术交流培训和技术服务。公司通过统一建立标准化种植规程，带动周边农户采用标准管理、科学减肥等先进技术，同时引导周边零散农户与各类新型农业经营主体融合发展。在良种繁育、农田管理等方面引入数字化技术手段，与170名核心种植户签订技术合作协议，建立核心种植示范户5个，组织专家进行田间技术服务20余次，解决技术性问题100余项，切实降低了农户的生产成本，提高了农户科学

种田水平，通过服务带动培养了一批有素质、懂技术的新型种植户，促进小站稻由传统型种植向标准化管理转型升级。

经验启示：

近年来，小站稻公司深入贯彻落实"藏粮于地、藏粮于技"战略，坚决扛牢扛稳维护国家粮食安全责任，不断谋划新品种研发与新技术引进推广。通过强化科技支撑，建设高质高效种植示范基地，探索建立联农带农机制，在提升农产品附加值、推动农业提质增效、带动农民就业增收等方面取得了显著成效，充分展现了农垦企业的使命担当。

推进肉羊产业高质量发展
以产业振兴服务乡村振兴

和田地区津垦牧业科技有限公司

和田地区津垦牧业科技有限公司成立于 2018 年，是天津津垦牧业集团有限公司下属全资子公司。公司以肉羊养殖为主营业务，利用当地多胎羊养殖产业的良好发展基础，大力推进"龙头企业＋乡镇级分场养殖小区＋合作社＋基础农户"的经营模式，持续发展种羊扩繁及肉羊养殖产业链，带领当地群众脱贫致富。先后获得和田地区农业产业化重点龙头企业、和田地区民族团结进步模范单位、决战决胜脱贫攻坚党员先锋集体、天津市民族团结进步模范集体、和田地区城乡劳动力就业工作先进集体、自治区脱贫攻坚先进集体、自治区重点龙头企业、自治区高新技术企业等荣誉。

一、引入优良肉羊品种，推进品种改良新探索

作为一个种羊繁殖场，品种是关键，品种好坏直接决定了养殖成败。公司自成立以来一直注重优良品种研发，先后引进了澳洲白、澳湖羊等优质肉羊品种，显著提升了生产指标。澳洲白品种具有体重大、生长速度快的特点，非常适合进行肉用品种改良；澳湖羊可实现二年三胎，每胎一般二羔，经产母羊平均产羔率 220％以上。公司利用澳洲白肉用性能好及耐粗饲的生长特点，结合澳湖羊的多胎性能，采用高通量全基因组测序等高科技手段，对种羊进行严格的性能测定和遗传评估，选育出适合当地环境和市场需求的优良品种澳湖羊，既缩短了传统育种时间，又大幅提升了效率。目前，公司累计繁育澳湖羊 34 万只，现存栏 78 600 只澳湖羊，成为规模化扩繁场。

二、研发日粮新配方，提高本地饲草资源利用率

新疆地区拥有丰富的农作物秸秆、饲草等粗饲料资源，但由于缺乏科学的饲料加工和利用技术，这些资源的利用率并不高。公司与当地大专院校开展合作，根据本地饲料营养特性和饲喂价值、多胎肉羊的生长阶段和繁殖周期，以芦苇、苜蓿、小麦秸秆等粗饲料为基础，制定澳湖羊日粮配方 5 个，选出最优配方应用到生产中，使断奶羔羊日增重达到326 克，断奶羔羊育肥出栏周期由 100 天缩短至 75 天，大大缩短了育肥周期，节约了20％的养殖成本。

三、科技赋能现代化养殖，精益管理促全面提升

公司树立现代化、科学化、精益化养殖理念，实行"十化模式"运营管理。一是养殖规模化，公司羊场全部建成后，共有228栋养殖舍，年存栏基础母羊20万只，年出栏肉羊50万只，养殖规模和生产效率均居国内前列。二是设施自动化，引进链条式刮粪设备、自动喷雾消毒设备等，实现粪污回收处理、消毒自动化，有效缩短了员工工作时间。三是管理信息化，上线津垦牧业饲养管理信息化平台，实时采集生产数据，分析关键生产指标数据，为生产决策提供科学依据。四是饲喂精细化，引进智能饲喂中心系统，可精准添加饲草料，保证羊只按计划生长。五是生产标准化，制定企业标准，从建设到生产流程全部统一。六是良繁体系化，针对本场繁育情况建立良种繁育体系，使羊只先天根源好、后天长得快。七是防疫系统化，结合羊场生产实际，建设技术中心，通过母源抗体检测、制定防疫程序，量身定制疫病防控体系。八是服务优质化，积极向周边合作社、养殖户传输新技术新知识，建立下乡服务队，为养殖户提供上门服务。九是环境生态化，引进粪便堆积发酵等处理技术，不对环境产生危害。十是处理无害化，引进无害化处理设备，保证周边居民和养殖场的环境卫生安全。

四、推广优良新品种，科技帮扶助农增收

公司向周边农户积极推广澳湖羊新品种，目前已累计推广23万只。过去本地羊平均每只年产羔羊1.5只，而每只澳湖羊平均年产羔羊2.5只，且适应当地养殖环境，抗病力强，深受当地养殖户喜爱。公司通过开展培训、现场指导等方式，向养殖户推广先进的繁育技术和养殖管理经验，为当地养殖户开展养殖培训58场，累计培训1 200人次。依托公司先进繁育技术及科学饲养配方，对于田县内15个乡镇以入户培训等方式进行肉羊品种改良技术指导，帮助农户了解羊只各生理阶段营养需求，掌握科学饲喂方法，提高养殖技术水平和养殖效益，确保农户能够稳定增收。

经验启示：

和田地区津垦牧业科技有限公司作为养殖规模和生产效率位居国内前列的企业，积极推进肉羊育种创新，通过引进优良品种、加大研发投入、开展选育工作，成功培育出适合当地环境和市场需求的新品种，是制胜高质量发展的关键一招。公司运营管理实行"十化模式"，符合农业产业转型升级趋势，使肉羊产业发展步入经济、社会、生态效益兼顾的可持续发展轨道。

深耕"一带一路" 搭建贸易
畅通民心相通的桥梁

天津农垦集团保加利亚公司

天津农垦集团保加利亚公司（以下简称保加利亚公司）是天津食品集团为积极响应国家农业"走出去"号召，拓展海外业务，于2011年5月在保加利亚投资成立的全资子公司，主要从事农业种植及农产品国际贸易。2013年，习近平主席提出"一带一路"倡议，食品集团积极响应，科学谋划，发挥保加利亚农业资源丰富、农产品品质优良、土地成本低等优势，本地化建设种植基地。同时，积极推动中保两国农产品贸易，加速中国-中东欧国家农业合作示范区建设，发展国内国际贸易双循环。

一、狠抓项目建设，提升境外产业竞争力

中国-中东欧国家农业合作示范区起步区土建工程项目分两期（一期2022年建设，二期2023年建设）进行施工，完成了两个储粮平仓的建设，面积分别为2 900平方米、2 160平方米，并建设了配电、消防、照明、通风设备、路面硬化等附属设施，提升改造了576平方米的简易平仓及鲁班工坊、水循环系统。目前，储粮平仓已取得当地政府的使用许可证书。

依托中国-中东欧国家农业合作示范区起步区建设的仓储设施，提升农产品收储量。根据实际情况在保加利亚择机销售或回运国内，同时积极考察保加利亚周边国家农产品市场，使贸易业务以保加利亚为中心向周边国家辐射，推动境外农产品回运，服务食品集团产业链发展。公司与天津市经济贸易学校、保加利亚的普罗夫迪夫农业大学开展合作，发挥科技资源本土化优势，建设"鲁班工坊"实训基地，开展校外实践教学，促进中保农业技术交流，培养高素质农业技术人员，打通人才培养、人才输送的绿色通道。

二、加强境外农业种植管理，稳定公司发展基础

保加利亚公司紧抓机遇，自有土地5.1万亩，年均种植管理土地近10万亩，年粮食产量2.5万～3万吨。在农业生产过程中，以"降本增效、增产增收"为出发点，加强经营管理、优化产业布局、裁减境外冗员、处置报废老旧农机、清退无用基地、盘活闲置房产、合理减少财务费用、调整大田施肥方式，深挖基地经营潜力，严控生产成本，积极应对通货膨胀等因素造成的粮价较低局面，科学研判价格走势，把控市场风险，提高土地利

用率，促进境外农业种植提质增效。同时，为提升生产效率，针对公司农机现状，于2021—2023年更新了两台大型拖拉机、一台播种机。农机项目的更新改善了生产条件，有效降低了耕作劳动强度，节约了成本，提高了企业盈利水平，增强了公司抵御风险的能力。在示范区项目现有仓储设施基础上，公司注重提高设施利用率、发挥好自身优势，掌控粮食销售的话语权。

三、加速国内外贸易拓展，探索业务新模式

在保加利亚公司的推动下，2013年8月，中保两国签订了《玉米输华贸易协定》，首开保加利亚玉米出口中国的先河，几年来，已累计进口保加利亚玉米近30万吨。"十四五"期间，公司不断完善细化贸易业务流程，秉持高效专业的服务宗旨，不断推进公司贸易业务高质量发展。现阶段，公司贸易业务主要包括国内业务、国际业务以及代理业务。

国内业务方面，公司以三大主粮购销为基础，在多个地区开展玉米、小麦、稻谷、棉籽等的收储业务，多次参加储备粮油竞拍。贸易品类包括粮食、食用油、饲料原料等。此外，在保障资金安全、严控业务风险的基础上，积极探索新的贸易方式，为国内贸易的发展开辟新路径。

国际业务方面，公司开展燕麦、棕榈粕、碎白米、苜蓿草、高粱、大麦、葵粕等进口业务，贸易国涉及澳大利亚、印度尼西亚、马来西亚、美国、哈萨克斯坦、乌克兰、保加利亚等国。充分发挥保加利亚公司海外优势，在当地寻找优质货源，通过海运及中欧班列方式运输，顺利完成采购、灌包、装箱、回运等一系列流程。出口业务主要涉及货物为南瓜子及光板瓜子仁，贸易国涉及墨西哥及中亚地区国家等。2021—2022年度，公司在保加利亚完成玉米收储、销售的闭环，丰富了贸易业务形式，成为贯彻公司贸易"双循环"理念的标志性战役。

四、提升合规化建设，加强公司内控管理

一是对公司制度再次进行梳理，确保录入的法律法规、行业规范、监管制度、公司制度均符合"现行有效、表述规范、无冲突矛盾"要求，积极推进公司制度的"废改立"，将新修订的制度汇编成册。二是公司各部室根据职责范围，梳理工作过程中的风险点，形成风险清单，规避可预见的风险因素，并实行动态更新。三是依据法律法规、监管规定、行业准则、商业惯例、道德规范、上级制度，并结合公司实际情况制定合规手册，作为企业及员工的行为依据。四是通过全员签订合规承诺书，将合规审查纳入示范区建设、资金管理使用、粮食贸易等审批流程，前置审核把关等管理手段，保障合规管理发挥实际效用。

五、推进人才队伍建设，增强企业发展潜力

一是持续规范管理保加利亚公司职工薪酬，完善激励、考核和约束机制，修订和完善

薪酬管理方面的各项制度。同时推进建立管理人员"能上能下"机制，坚持市场化改革方向、效益导向以及按劳分配、分级管理原则，构建工资效益联动、效率对标调节和工资水平调控工资总额预算机制，建立中层及普通职工绩效考核的激励约束机制，对月度、年度绩效薪酬进行动态考核，实现企业职工浮动工资占比超过50%。

二是与天津外国语大学欧洲语言文化学院合作建立就业实习基地。2021年以来吸引4名保加利亚语专业学生入企实习，进行管培培养，学习贸易、财务、生产、综合管理等相关知识；最终聘用2名保加利亚语专业应届毕业生入职公司相关部门，继续深化学习相关行业知识，积累经验，力求将其培养成懂贸易、懂财务的复合型人才。

经验启示：

保加利亚公司围绕"以境外规模化农业种植为基础，发展国内国际贸易双循环"的发展战略，秉承"勤劳、创新、共建、共享"的企业文化，积极发挥中国-中东欧国家农业合作示范区项目农业生产引领作用，不断调整境外农业种植结构，促进降本增效。同时，依托国内外两种资源和两个市场，打造国内、国外贸易业务的"双循环"体系，丰富贸易品类，拓展贸易渠道，扩大贸易规模，充分发挥保加利亚当地资源优势，结合集团产业链需求，做好资源储备，打造中保、中欧、中外农产品实体贸易"先行区"。

蹚社会化服务新路径　显区域发展农垦担当

张家口农垦集团有限公司

张家口农垦集团有限公司是河北省张家口市积极响应中央农垦改革发展要求成立的区域性农垦集团。近年来，集团充分发挥国有企业组织、资源、技术优势，建实建强区域性农机社会化服务中心，搭建农垦社会化服务网络，推动垦区间、垦地间合作，推进农垦社会化服务跨区联合联动，在推进乡村全面振兴、加快农业农村现代化中彰显现代化农业服务担当。

一、强化服务，建强农机社会化服务中心

为落实农业农村部培育区域农机社会化服务中心的部署安排，深入实施"农垦社会化服务＋地方"行动，集团于2023年9月率先成立河北农垦农机社会化服务中心（张家口农垦农机应急服务中心）。服务中心充分发挥"平急两用"功能，平时开展代耕代种代收服务，应急救灾时提供抢种抢收、抗旱排涝等服务，助力地方提高作物单产水平和应急救灾能力。

（一）突出专业化，培强主体做强服务

集团始终把服务"三农"、服务政府、服务社会作为出发点和落脚点，不仅种好自己的地，也帮农民种好地。集团通过地方乡村振兴资金、银行贷款、自筹等多种途径筹集资金，先后购置大马力拖拉机、库恩整地机、克罗尼青储机等农机设备达190余台（套），持续增强服务中心农机装备力量，现已具备农业生产全过程服务能力。服务中心按照"建在平时、用在战时""平战结合"的工作原则，不断拓宽服务领域，日常开展农机耕种、植保、收储、应急救灾等高效便捷社会化服务，为农业高质量发展提供农机保障。

（二）突出多元化，集聚资源系统服务

集团通过与宁夏、呼伦贝尔、山西、山东、安徽5个垦区有效对接，与中化现代农业有限公司和河北省供销社合作，不断拓展农机服务区域，延长作业时节，提高农机利用率，实现了服务、营收双增长。探索构建全国农垦北部地区农机信息化服务平台，建设蒙东、蒙中农机社会化服务中心，在河北张家口市尚义县、邢台市，内蒙古和宁夏各建设1个机械库。目前，农机服务区域已辐射到外阜5个省份，建立了"5家农垦＋2家国企"

服务格局。结合服务区域布局，在农机具配置上形成三个"相结合"特色，即规模作业与小型耕作相结合、农业种植与林木栽植相结合、企业自筹与政府支持相结合。

（三）突出标准化，建强队伍规范服务

集团通过校企培养、社会招聘和劳务派遣等多种方式，招募职工农机能手、农村资深农机手，引进农机人才，组建起稳定的高素质农机作业队伍。加大农机手教育培训力度，不断提升农机手应急作业技能水平，打造一批爱农业、懂技术、能操作、会维修、善管理、保安全的现代高素质农机人才队伍。集团与河北省科技工程学校签订校企协议，已有30多名学生进入集团实习、7名学生入职集团工作。目前，集团的社会化服务，无论是在装备智能化水平方面，还是在作业服务能力方面，都已经成为全省农业机械化生产的一张亮丽名片。

二、垦垦联合，创新社会化服务新模式

2024年，集团与内蒙古、安徽、河南、宁夏等垦区确立垦垦合作关系，与中化现代农业有限公司及河北省供销社展开了深入合作，形成了"5家农垦＋2家国有企业"的合作模式，促进了农机社会化服务在不同区域、省份之间的联合与联动。这一系列举措都为构建起一个布局合理、功能完备、服务优质、指挥高效的区域性农机社会化服务体系打下了基础。

集团在2024年春播期间，为呼伦贝尔农垦谢尔塔拉农牧场播种作业超2万亩次；在三夏期间，为河南黄泛区农场小麦收获作业2 300亩次，为陕西农垦朝邑农场、沙苑农场小麦收获作业约1万亩次，为江苏省东辛农场小麦收获作业420亩次；在秋收期间，直接为宁夏农垦茂盛草业有限公司、呼伦贝尔农垦谢尔塔拉农牧场的全株玉米和粮食作物提供收割作业服务。这种垦垦合作形式加强了农垦企业资源共享、优势叠加，做实了合作共赢、可持续发展的战略合作伙伴关系，使农垦农业生产优势持续凸显。

三、垦地融合，打开社会化服务新思路

（一）省内垦地融合打造立体服务模式

集团紧紧围绕乡村振兴战略，充分发挥农垦资源、资本、技术、区位等优势，深化与张家口市县域、乡村的合作，突出重点狠抓产业发展，结合国企发展提升行动，从国企混合制改革等多方向出发，建立了"草畜一体化规模发展路线"。在尚义县、康保县、塞北管理区等坝上县区，大力推广农垦现代农业生产方式和经营管理模式，示范引导乡村产业转型升级，促进小农户和现代农业发展有机衔接，带动当地就业和农民增收。截至目前，集团流转市内土地约9.4万亩，其中，张家口市怀来县1.4万亩土地用来建设青贮玉米种植基地，尚义县、康保县两县8万亩土地用来建设燕麦草种植基地，为集团9个规模化奶牛养殖场2.2万头奶牛供应粗饲料，实现了自养奶牛饲草料全部自给，从源头上为高质量发展提供保障。

（二）省外垦地合作扩展辐射带动范围

2024 年，集团服务范围扩展至黑龙江、山东、安徽、内蒙古等地，为黑龙江省的抚远市智丰农业服务有限公司、黑龙江兴兴科技有限公司提供服务约 1.2 万亩次，为山东省的东营澳亚现代牧场有限公司提供大马力拖拉机压窖 15 万吨，为安徽省的潘家湖家庭农场服务 925 亩次。集团在内蒙古扎鲁特旗地区围绕现代农牧业，与呼伦贝尔农垦合作共建农机社会化服务中心蒙东分中心，大力推广代耕代种、代管代收、全程托管等社会化服务模式，把"种地看天"转变为"种地看屏"。目前，集团已与扎鲁特旗签订合作协议，流转 15 万亩沙化草地进行治理，用于苜蓿规模种植；并开展 50 万亩玉米托管社会化服务。集团通过开展多种方式的农业社会化服务，在促进垦垦合作的同时，带动地方农牧产业在融合发展中同步升级、同步增值、同步增效。

经验启示：

张家口农垦集团有限公司率先成立区域农机社会化服务中心，以专业化培强主体、多元化整合资源、标准化规范服务，强化垦地、垦垦融合发展，不断增强、拓展社会化服务的能力和范围，实现经济效益、社会效益双丰收，践行了国有农垦企业的新使命，为加快区域经济社会发展做出农垦贡献。

以高标准动物防疫社会化服务
助力畜牧业高质量发展

山西隆克尔生物制药有限公司

山西隆克尔生物制药有限公司成立于 2004 年，为山西农垦企业神农科技集团的二级公司，是一家集兽用生物制品研发、生产、销售和动物防疫社会化服务于一体的国有企业。其前身为山西省生物制品厂，是国内最早从事动物疫苗生产的厂家之一，拥有 60 余年动物疫苗生产历史。公司是农业农村部动物强制免疫疫苗定点生产企业，也是山西省唯一的兽用疫苗生产企业。近年来，公司秉持"养重于防、防重于治、预防为主"的动物全生命周期健康管理服务理念，依托科技创新，深入开展动物防疫社会化服务，构建起以预防免疫为主，涵盖监测、流调、消毒、无害化处理、培训、数据库建立的六大服务模式，助力畜牧业高质量发展。

一、防疫与服务并重，构建高效社会化服务体系

健康是养殖业发展的基石，高效是动物防疫服务的追求。公司深耕动物防疫社会化服务领域，学习借鉴行业先进经验，推行"企业＋服务""专业＋合作"服务模式，将 3 名高级兽医师、20 名中级兽医师、4 名执业兽医师等精兵强将全部吸纳到社会化服务中心，并在开展社会化服务的县市建立专业服务站，打造专业化、社会化的动物防疫服务体系。

一是战略引领，夯实责任。公司认真研究国家、省、市、县下达的动物防疫社会化服务相关文件精神，将动物防疫社会化服务纳入企业发展战略。公司上下形成共识，将动物防疫社会化服务视为企业使命与社会责任的双重体现，通过建立责任落实机制，将责任层层落实到具体工作中，确保每项服务的执行都能精确到位。

二是政策引领，汇聚力量。公司积极与山西省农业农村厅、神农科技集团等对接，在人力、物力、财力以及政策等方面获得全方位、深层次的支持，不仅为公司提供了坚实后盾，也保障了服务工作的顺利开展和高效实施。

三是调研引领，精准施策。公司秉持严谨认真的态度，组织专业团队对全省各县市动物防疫情况进行深入细致研究，制定出相应工作方案，对服务内容进行一一分解，明确各项任务的具体要求与责任人，确保任务到人、责任到位。通过实施"清单化"管理，实现了服务工作的精细化、标准化，展现了专业负责的企业形象。截至 2024 年 9 月，共完成散养户口蹄疫免疫牛 24.23 万头、布鲁氏菌病免疫牛 12.14 万头、口蹄疫免疫羊 134.82 万只、布鲁氏菌病免疫羊 64.11 万只、小反刍兽疫免疫羊 65.57 万只、禽流感免疫家禽

264.70 万羽、新城疫免疫家禽 518.11 万羽、猪瘟免疫 88.87 万头、口蹄疫免疫猪 52.72 万头、炭疽免疫牛 61.94 万头，应免密度均达到 100%，群体免疫密度达 90%以上，抗体合格率达 85%以上。

二、硬件与软件同步，全面提升动物防疫水平

一是发挥技术优势，保障免疫质量。公司建有生物安全二级质检室，拥有防疫前分析疫苗质量及效力检验的技术优势。在畜禽免疫 21 天后，售后技术人员跟踪进行乡镇随机采样，由公司质检部自查监测免疫抗体，综合分析评价抗体效价水平，出具检测结果说明，并根据监测结果及时指导补免，为保障强制免疫密度、免疫质量提供了坚实的技术基础。根据第三方检测公司出具的报告，抗体合格率达到 85%以上，高于合格率 70%以上的行业标准。

二是依托人才优势，提升动物防疫服务水平。公司将现有高层次优秀专业技术人才全部纳入社会化服务中心，负责人员培训、动物诊疗、跟踪服务和技术指导等重要工作。这些专业人才不仅具备丰富的理论知识与实践经验，更对动物防疫工作充满热情，确保了公司为养殖户提供专业便捷的高水平服务。

三是立足设施优势，提高服务品质。公司依托雄厚的资金实力，为社会服务项目提供必要的前期资金支持，确保了动物防疫社会化服务顺利进行。建有兽用疫苗专用冷库 8 个（−20～23℃冷库 1 个，2～8℃冷藏库 2 个，−15～20℃冷库 5 个），配备 8 辆冷链运输车和 4 辆防疫专用车，确保疫苗在储存过程中的稳定性和有效性。

三、管理与队伍共抓，高质量开展社会化服务

一是制定方案，健全各项规章制度。公司针对各市、县特点制定社会化服务工作实施方案以及培训规范、技术规范、防疫队管理办法、疫苗管理办法、落地检工作规范、消毒标准、免疫档案、养殖档案 8 类 26 项规章制度，使防疫工作有章可依。

二是开展培训，提高防疫员防疫水平。公司采用"业务知识＋现场指导"的培训方式，多次聘请专家对口蹄疫、布鲁氏菌病、小反刍兽疫、炭疽等免疫及相关技术规范等进行培训，同时组织专业技术团队现场指导，培训防疫骨干 1 500 多人次。

三是搭建队伍，提升免疫质量和密度。公司积极与中标市、县政府和市、县畜牧兽医服务中心和乡镇业务员对接协调，按照属地要求，形成"政府保密度、公司保质量"的防疫模式。针对各市、县养殖特点，采取"一乡一策"，以乡镇为基础，组织以村防疫员为主的防疫队开展免疫工作，同时完成散养户的全部消毒任务，及时阻断病原扩散，配合各县市主管部门完成省、市流行病学的采样调查任务，协助官方兽医进行耳标发放及畜禽落地检验。公司与防疫人员签订劳务合同，并为其购买意外伤害险。免疫过程中用水印相机拍照记录，同步开展养殖场的消毒和防疫宣传，不落一村一户。制定防疫员"基本工资＋绩效"的管理办法，有效调动防疫员工作积极性。

四是规范运作，确保档案管理真实有效。公司确定了 11 类档案的建档立卡工作，实

施纸质与平台平行并用的办法，委托中国电子信息产业集团开发山西隆克尔动物防疫社会化服务平台，与各地政府大数据相融合，既方便防疫员录入上传，又完善了养殖防疫信息，使信息更加准确。

经验启示：

山西隆克尔生物制药有限公司致力于动物防疫社会化服务，通过不断创新和优化服务模式，实现了从单一服务向多元化、专业化服务的转型。注重加强与政府部门对接，充分调研了解各县市特点，"一县一策"制定防疫措施，推动实现精细化管理、精准化服务。针对动物防疫的实际需求，不断强化技术优势、人才优势和设备优势，抓住了提高服务质量的根本。持续加强规范化管理和人才队伍建设，不断练强内功，为公司高质量发展奠定坚实基础。

创新农机社会化服务模式　打造呼伦贝尔东部地区农服"航母"

呼伦贝尔农垦兴禾农牧业服务有限公司

呼伦贝尔农垦兴禾农牧业服务有限公司（以下简称兴禾公司）成立于 2020 年 12 月，是呼伦贝尔农垦集团有限公司（以下简称呼垦集团）大兴安岭全资子公司，主要为各农牧场公司及周边地区提供农业社会化服务，是呼伦贝尔市东部地区第一支专业化、标准化的农机社会化服务队伍。近年来，兴禾公司积极响应农业农村部组织实施的农垦粮油等主要作物大面积单产提升行动和"农垦社会化服务＋地方"行动，致力于以社会化服务示范带动地方提高单产增加总产，精准开展耕、种、管、收一条龙农机作业服务，实现了经济效益与社会效益的双丰收。

一、精细管理，打造全产业服务链

兴禾公司自成立以来，按照呼垦集团"十四五"发展战略规划的总体部署，积极探索农服发展新模式，紧紧围绕规模化种植、集约化经营、社会化服务等需求，基本形成了较为完善的农机社会化服务链。

（一）严格控制运营成本

兴禾公司经过 3 年多的实践与发展，整合机车驾驶员 280 余人，拥有先进农机设备 387 台（套），通过建立整体运营、独立核算、信息共享、按标收费的运营机制，构建了较为完善的成本管控体系。通过制定相关制度、办法、规程、标准等 12 项制度体系，实现了作业标准和生产成本控制，为提供标准完善的社会化服务奠定了坚实基础。

（二）完善利益联结机制

兴禾公司依托大兴安岭农垦集团公司，整合其所属 8 个农牧场分公司及周边大型、先进、适用的农机设备进行统一调配管理，以服务为纽带，促进"公司＋农机户"紧密联结，形成利益共享、风险共担的服务共同体，扩大农垦农机作业的示范引领作用。2023年，实现营业总收入 9 600 余万元，利润总额 383 万元。大兴安岭农垦集团公司也因兴禾公司专业的社会化服务入选中国农业企业农业社会化服务行业 20 强榜单。

（三）提升技术人员素质

兴禾公司机车驾驶员、维修人员、服务人员主要针对垦区内部农牧场公司员工及其子女进行招录，重点解决欠发达农牧场人员就业问题，并强化招录人员的技术培训，从机车保养与维修、农机安全生产、机车作业标准、无人机植保技术、农业生产技术等方面入手，每年举办各类相关技术培训班 4～6 期，有效提升员工从业能力，确保人人有技术在手，人人是技术能手。

二、聚焦需求，打造社会化服务龙头

根据呼伦贝尔东部地区市场特性，兴禾公司聚焦当地农业生产关键薄弱环节和小农户，将农垦在农业生产方面的优质产能与地方对农业服务的需求相结合，不断创新服务模式，拓展服务领域，在种好自己地的同时，也辐射带动地方和周边农民提升农业种植水平，成为当地发展农业社会化服务的龙头企业。

(一)"订单式"作业开启全程托管业务

从春播开始到秋整地结束，兴禾公司全部实施订单作业。根据作业面积、作业地点、作业时间等信息，合理调度机车，规划作业路线，避免机车盲目低效流动，进一步降低机车作业成本，提高作业效率。目前，兴禾公司已涵盖春播、夏管、秋收、秋整地等全过程服务，"十四五"期间累计高标准完成农机社会化服务面积 376.5 万亩次。2023 年，公司实施"走出去"战略，为大杨树林业有限责任公司开展 1.04 万亩土地的耕、种、管、收及生产资料供应一条龙式生产托管服务，标志着兴禾公司生产托管业务正式开启。

(二) 创新承包机制激发内生动力

为充分调动员工工作的积极性与主动性，更好地完成各项生产任务，兴禾公司对部分农机具采取机车发包制，由承揽方提供专业驾驶操作人员完成相应作业面积及机车保养维修等业务，人员工资从机车作业亩效益中按比例提取，从而实现"多劳多得、少劳少得"的薪酬机制，达到公司效益最大化、从业人员收入最大化。从 2020 年企业成立至今，聘用人员的工资从人均年收入 3.5 万元增加到 5.5 万元，实现了收入逐年递增。

三、创新科技，打造信息化服务平台

兴禾公司依托呼垦集团数据中心，坚持在农业生产过程中全程开展好信息共享、生资供应、农机作业、技术服务等综合服务，逐步建设成为具备"大农业"全过程生产要素的农垦特色新型现代农服业，引领本地区农业现代化发展。

(一) 建设中科院智能测试基地项目

2023 年，按照呼垦集团"十四五"时期在呼伦贝尔全域布局建设 6 个现代农业社会化服务中心的部署，大兴安岭农垦集团公司投入 3 300 万元建设中国科学院智能农业机械装备工程实验室农机作业监测与大数据应用测试基地项目。该项目是以农机资源智能化配置为核心，集大数据、农业物联网、农资商贸、商务接待、展示展览、品牌建设与推广、检验监测、电子商务、信息中心、农机维修等功能于一体的农业产业供应链集配基地，

2023 年底投入使用。依托兴禾公司农机资源，该项目 2025 年将实现农牧业生产智能化、经营网络化、管理透明化、服务便捷化，构建完成覆盖面广、设施配套完善、现代信息化技术支撑的现代农牧业服务体系，整合社会农机资源、农业资源，为垦区及周边提供耕、种、收、储、销、加一条龙服务，使大兴安岭垦区农服业在本区域占主导地位。

（二）依托平台建设实现资源共享

呼垦集团农牧业社会化服务中心实行"1＋6＋N"运营模式，其中"1"是统筹单元，即物资石油集团有限公司；"6"是主要执行单元，即三河农牧场有限公司、特泥河农牧场有限公司、牙克石农牧场有限公司、大河湾农牧场有限公司、格尼河农牧场有限公司和大兴安岭农垦集团，分别布局在额尔古纳区域、陈旗（海拉尔）区域、牙克石区域、扎兰屯区域、阿荣旗区域及鄂伦春自治旗、莫力达瓦达斡尔族自治族区域；"N"是其他参与社会化服务的 18 家农牧场有限公司。

兴禾公司背靠大兴安岭农垦集团公司，依托呼垦集团农业社会化服务平台，与其他 5 个现代农服中心实现资源、数据、信息互通共享。一是信息共享。各农牧场公司及周边旗县将农机作业需求面积及机型发布在服务平台上进行共享，符合条件的机车可在平台线上进行对接。二是机车共享。以兴禾公司为主体，整合垦区机车资源，在智能化服务平台公开机车信息，需求方可根据自身需求自主选择机车作业。三是技术共享。通过现代农服中心，作业机车可将垦区好的种植模式、技术措施、种植经验在周边旗县进行推广，充分发挥引领、示范、带动作用。

（三）加强交流合作补齐短板

随着现代农服业的发展，以及垦区和周边地区对服务要求的不断提高，兴禾公司在发展中的短板也逐渐显露出来。为解决高尖端专业技术人员短缺问题，兴禾公司利用中国科学院测试基地项目，整合内部资源，联合地方上下游产业龙头企业、科研院所等，在引进高端人才的同时，加大培养本土人才力度，为农服业发展提供人力支撑；通过借鉴学习黑龙江垦区农服发展理念、运营模式、管理模式等，不断完善现代企业制度，提升服务保障能力；聚焦呼伦贝尔东部地区农业发展薄弱环节和关键领域，依托呼垦集团"十四五"战略规划和大兴安岭农垦集团公司人、财、物资源优势，不断加大投入力度，引进国内先进实用的农机设备，帮助地方和农户解决"干不好、干了不划算"的事情，从生产服务领域向全要素服务领域延伸、向产业前后端拓展。

经验启示：

兴禾公司按照"立足于垦区、服务于周边"的原则，依托大兴安岭农垦集团，加快建设覆盖鄂伦春自治旗、莫力达瓦达斡尔族自治旗两旗的农服体系，在服务农垦自身的同时，积极为周边地区提供农机作业服务，并逐步延伸到农资、农技、科技、物流、加工等服务项目，发挥农垦集约化、体系化、规模化优势，推动农业生产全面变革、全面转型升级，为本地区农业高质量发展做出农垦贡献。

打造产业生态联盟 引领现代农业发展

光明农业发展（集团）有限公司

光明农业发展（集团）有限公司（以下简称光明农发集团）是一家以粮食生产经营为主业的专业化公司，集稻麦科研、育种、种植、加工、收储、销售于一体，是上海地区规模最大、生产水平最高、产业链最完整的粮食生产经营企业。集团现有耕地 35 万亩，仓容 160 万吨，日加工稻米能力 1 600 吨，2023 年实现大米销售 23 万吨。集团牵头成立"沪丰优粮"产业生态联盟，整合集团内部的种源、种植、加工、销售、科研等资源，同时吸引外部合作伙伴，形成了一个集种植、加工、销售、科研、金融等于一体的现代农业产业生态联盟，实现了农业全产业链协同发展，提高了农业生产效率和农产品质量。

一、建设优质粮源基地

为稳步提升大米品质，光明农发集团突破"自产自销"的基地种植经营模式，稳步推进优质粮源基地建设工程，推行"从种植到引领、从区域到领域、从农业到产业"三个转变，以组织一体化、生产订单化、技术标准化、经营集约化、效益扩大化的"五化"经营方式，建设从种源、种植到加工、销售一体化的全产业链，探索出一套外部争取财政金融支持、内部提供资源和技术配套服务的农业产业化发展路径。预计到"十四五"末，联盟成员种植面积达 100 万亩，品牌大米销售总量 30 万吨。

二、创新农业经营体系

"沪丰优粮"产业生态联盟创新农业产业化发展路径，采用"公司＋合作社＋家庭农场"的模式，推进家庭农场、农民合作社等新型农业经营主体深度合作，实现规模化经营和专业化生产。积极推进外部合作，向政府部门争取政策支持和资金扶持，与科研机构合作开展农业科技创新和技术推广，与金融机构合作解决新型农业经营主体融资难、融资贵问题。

三、打造自有知名品牌

光明农发集团注重品牌建设，突出营销创新，用心讲好光明大米品牌故事，通过加强质量管控、开展品牌宣传、创新营销手段，增强消费者的认知度和信赖度，将"光明谷锦"品牌全力打造成上海市民首选、长三角区域知名、全国有影响力品牌。聚焦新"三品一标",提升以"鲜源、鲜域、鲜智、鲜仓、鲜艺、鲜速"为核心的"六维锁鲜"技术,陆续推出"光明谷锦月月鲜"小包装大米、"光明谷锦海丰优质大米"等新产品,获得良好社会反响。

四、加强品种研发推广

2022 年以来,光明农发集团共取得 4 个植物新品种权、7 个发明专利、1 个实用新型专利,11 个品种通过审定,创制了 500 份抗赤霉病小麦高世代品系,沪软玉 1 号进入上海市优质水稻推广目录,镇麦 12 入选农业农村部粮油生产主推品种、为江苏市场单品销售第一。2023 年,良种推广面积 645 万亩,种子销售 7.17 万吨,其中镇麦 12 推广面积达 296 万亩。

五、发展智慧循环农业

光明农发集团持续实施"沃土工程"和"种养循环"行动,提升土壤地力,保护和改善农田生态环境。2022 年以来,累计消纳粪水 90.36 万吨,还田 19.23 万亩。大力实施"粮食绿色高产高效创建"和"粮食单产提升行动",粮食单产稳中有升。围绕稻麦耕种管收实现无人化智能生产管理,建设了 7 778 亩无人农场,实现了 19 438 亩智慧灌溉,另有 2 万亩智慧灌溉在建。对 13 个储备库点出入库实行信息化管理升级改造,实现储备库全覆盖。

经验启示:

光明农发集团围绕"百万亩优质粮源基地"的建设目标,以"提升价值链、做优产业链、打造供应链"为路径,以"联农带农"为抓手,提高农业生产效率和农产品质量,推进全产业链协同发展,逐步探索出了"沪丰优粮"新模式,为实现"推动全产业链协同发展,打造上海农业航母"战略目标打下了坚实基础。

积极探索秸秆综合利用
助力当地绿色农业发展

浙江省龙游县团石农垦场

龙游县是农业种植大县，全年农作物秸秆产生量约 10 万吨。浙江省龙游县团石农垦场（以下简称团石农垦场）在农垦"两大行动"战略引领下，积极探索秸秆综合利用"农垦模式"，依托自身国有农场平台资源，深化拓展"农垦社会化服务＋地方"，构建起政企民三方共建、县乡村多级循环、"收储用"一体闭环的秸秆综合利用服务体系，促进当地秸秆离田利用，有效破解了秸秆"收与用"两大难题，极大提升了农业绿色发展水平。2024 年以来，农场已围绕秸秆综合利用开展社会化服务面积 3.5 万亩，收集秸秆 1.3 万余吨，带动全县秸秆离田率提升 15％以上，秸秆综合利用率达 96％以上，位居全省前列。

一、搭平台建团队，推动秸秆按期离田

一是发挥国资平台优势。在省农业农村厅指导下，团石农垦场加快推进县属国有农场公司化改革进程，汇集整合 5 家国有农场 3 700 亩土地资源和 3 000 万元资本，建立董事会、监事会、管理层架构，归口县农业农村部门管理，统一资金账户、统一资产登记、统一资源管理，于 2024 年初完成龙游县团石农垦场有限公司平台组建（以下简称农垦公司），通过抱团发展、联合投资、村场共建、垦地合作等形式，打造农事社会化服务主平台。紧抓秸秆收集窗口期，出资近 200 万元，购置 11 台秸秆捡拾打捆机和部分粉碎机、铡草机，主动开展秸秆收储工作。由农垦公司牵头制定不高于 15 厘米的秸秆收割留茬标准，组织专项培训，确保农机手运用机械执行低留茬标准。2024 年以来，已为农户提供秸秆打捆离田服务面积超 3.5 万亩。

二是建强收集服务团队。在政府统筹组织的大背景下，团石农垦场加快构建以国资公司为实施主体、农业经营主体合作参与的新型秸秆收集利用体系。团石农垦场牵头建设覆盖全县的秸秆收集公益性服务大队，与全县 6 家种粮合作社联合社及第三方服务公司建立机械租赁、离田包干关系，成立 6 个片区秸秆收集离田服务分队，重点为联合社的 265 户家庭农场提供免费收集服务，并与周边散户积极开展合作，扩大收集范围。制定"农户预约—需求确认—机械调度—收集打捆—储存运输—综合利用"全闭环运营流程，开展全天候免费上门服务。农垦公司与清涛农业科技公司对接合作，成立秸秆收集兜底小队，协商约定每吨 100 元的秸秆回收兜底价格，重点帮扶村域内年老农户，做到能收尽收。

三是理顺秸秆离田逻辑。团石农垦场根据农业生产周期特点，摸清本地稻、豆、油等

主要农作物秸秆收集时序，理清秸秆离田逻辑，绘制秸秆收集时间表、空间图，合理安排秸秆打捆工序。每年5月以5万亩油菜和1万亩小麦秸秆为收集重点，7月以3万亩"稻-豆-油"新三熟制早稻秸秆为收集重点，10月以7.3万亩单季稻-油菜中单季稻秸秆为收集重点，12月至翌年2月以7.5万亩双季稻中晚稻秸秆为收集重点，按照收割时序，统分结合、动态开展秸秆收集机械服务。目前，秸秆收集服务队已收集各类秸秆1.3万余吨。

二、拓渠道破堵点，提升秸秆利用水平

一是构建秸秆收储全网络。以该县申报全国秸秆综合利用重点县为契机，团石农垦场参与构建"1+7+100"的高质量秸秆收储体系，即全县建成省级标准化秸秆收储中心1个、区域性农作物秸秆收储中心7个、村级秸秆收储网点100个，实现秸秆收储网络全覆盖。在充分发挥县级标准化秸秆收储中心的带动作用下，农场结合县域秸秆资源分布，统筹调度农作物秸秆收储中心和村级收储网点资源，吸纳村干部、网格员、党员组建100余支村级秸秆收集服务队，免费为农户收集秸秆，做到"机收"与"人收"相互补充。以大队制服务、分队式运维、小队化兜底3种秸秆收运模式，对收回的秸秆实行统一调度、统一转运、统一存储，实现秸秆离田后"一键打包"，确保县内秸秆全量收集和综合利用，为后续秸秆综合利用奠定基础。

二是拓宽利用渠道解难题。农场聚焦秸秆利用范围不宽难题，广泛开展垦地合作，联合县域企业投资1 000余万元建设燃料化、肥料化等"五化"收储中心，以后续利用为导向开展有针对性的收储，助力县内4家大型有机肥生产企业、3家生物质燃料企业和近百家牛羊养殖户等主体开展"秸秆换肉""秸秆变肥""秸秆代煤"等秸秆就地化利用行动，引导果园、菜园、茶园、藕田等新垦造耕地种植主体开展异地覆盖，鼓励生猪、鸡、鸭、鹅等养殖主体利用当地秸秆作为垫料，拓宽秸秆利用渠道，促使本地化企业改造升级。目前，龙游县已初步形成收储转运、生物质发电、有机肥生产等产业链，实现秸秆本土利用转化；预计全年消耗秸秆超10万吨，农作物秸秆综合利用率可达96%以上。

三是推广秸秆转化新技术。团石农垦场加强与浙江省农业科学院、浙江农林大学等科研院校所合作，在引入露天堆放秸秆快速腐熟、秸秆炭化生产生物质炭等技术的基础上，结合当地生产实际，探索形成一批秸秆综合利用技术模式。通过技术示范引领，积极开展秸秆离田利用技术示范推广，由点到面，快速形成并推广一批秸秆综合利用技术模式。在秸秆离田难度较大的情况下，开发较为方便的离田异地覆盖模式，进一步降低秸秆清运成本。龙游县各乡镇根据自身"工业型""生态型"等不同发展特色，结合当地茶叶、莲子等种植产业，将秸秆异地还田，通过快速腐熟技术将其变为有机肥，在解决禁烧困难的同时增加土壤肥力。

三、勉收储励参与，浓厚秸秆利用氛围

一是"真金白银"强投入。龙游县制定出台《龙游县农作物秸秆综合利用工作专项行

动方案》，团石农垦场抢抓县农业农村部门支持农业科技公司、有机肥公司等主体参与秸秆综合利用的政策"窗口期"，围绕秸秆收、储、用全闭环开展收储中心等项目建设。2024年，团石农垦场已建设实施项目3个，财政给予1：1资金配套，预计投产后年可利用油菜、水稻等农作物秸秆超万吨，年生产生物质颗粒2万吨、有机肥1万吨，实现秸秆从"废弃秆"到"绿色秆""黄金秆"的变化。团石农垦场向上积极争取秸秆收集农机装备资金补助，根据该县秸秆粉碎机购置补助政策，购机主体在享受正常的农机购置补贴后，对每台秸秆粉碎机另追加不超过8 000元的县级补贴，2024年各秸秆收集队已购置110台秸秆粉碎机，已收到补助资金83万元。

二是"利益联结"提效率。团石农垦场积极创新利益联结机制，在减轻联合社机械采购成本基础上，动员6个联合社和周边散户签订秸秆收集合作协议，通过"秸秆换肥""大户带散户"等政策激励，在保证每吨补助200元的收储前提下，采取"对赌激励"利益驱动方式，以团石农垦场为主平台，与联合社签订打捆机对赌租赁协议，对秸秆收集1 500吨以内的，按照每吨20元的标准收取租金，超过部分则不收取租金，有效提高了联合社和散户的收储积极性，提高了收集效率，有效破解了秸秆收集无人收、成本高、离田难的问题。

三是"田间地头"浓氛围。团石农垦场通过龙游通App、入户宣传、座谈培训等"线上＋线下"相结合的方式，全方位、多角度、不间断地宣传秸秆综合利用政策和途径。在镇、村两级创新秸秆有偿收储机制，让农户将秸秆打捆后送到指定收储点换取有机肥，每亩秸秆可兑换50千克复合肥，大大增强了农户回收秸秆的热情。利用财政奖补资金撬动社会化服务组织、垃圾清运公司等兼职秸秆收储运输。深入田间地头，发放秸秆综合利用资料150余份，与农户签订综合利用承诺书，引导农民群众主动参与秸秆综合利用，各渠道累计发布秸秆综合利用相关信息4万余条、报道秸秆综合利用5次，营造出"人人知晓，自觉参与"的良好氛围，助力龙游县秸秆禁烧管控工作。

经验启示：

团石农垦场以社会化服务为突破，积极探索秸秆综合利用"农垦模式"，构建以政府统筹组织、农垦公司牵头实施、农业经营主体合作参与的新型秸秆收集体系，创新采用大队制服务、分队式运维、小队化兜底的秸秆收运模式，在政府支持、农垦公司统一调度、有关各方积极配合下，实现秸秆"一键打包"至收储网点或利用企业，有效破解了秸秆收集无人收、成本高等难题，实现了政府、企业、农户共赢，经济、社会、生态效益综合提升。

科技赋能　精准服务
打造龙亢"双控一服务"模式

安徽省农垦集团龙亢农场有限公司

安徽省农垦集团龙亢农场有限公司（以下简称龙亢农场公司）是安徽省农垦集团（以下简称集团）全资子企业，1959 年 10 月建场，耕地 2.6 万亩，是集统一种植经营、农产品加工、商贸服务、一二三产业融合于一体的综合性农场，先后被确立为全国农村改革试验区、财政部农业生产全程社会化服务试点单位、安徽省现代农业产业园区等。近年来，龙亢农场公司紧紧围绕集团"强科技、大基地、全产业链"发展战略，加速实施农垦粮油等主要作物大面积单产提升行动和"农垦社会化服务＋地方"行动，实现了农业增收、企业增效、示范带动增强，积极探索形成了"产城融合，一体发展"的垦地合作新路径。

一、科技支撑，示范引领，强力推进农垦社会化服务

（一）先行先试，统一经营大幅提升粮食单产

2021 年龙亢农场公司实施农业统一经营，及时建立符合农业统一经营模式的管理体系，充分发挥农业生产要素资源，全面落实农业生产技术措施，实现了农业产业化新发展。2021 年夏收小麦单产、总产量均创历史新高，亩产达到 543 千克，利润 1 870 万元；2023 年夏收小麦平均亩产 646.51 千克，秋季水稻平均亩产 605 千克，利润 4 049 万元。

（二）科技赋能，良种良技带动节本增效

龙亢农场公司与 20 多家科研单位开展合作共建，集成了一大批先进适用的农业生产技术和科研成果，选育 2 个农作物新品种通过国家农作物品种审定、7 个通过安徽省农作物品种审定，依托国有农场在现代农业中组织化、规模化、品牌化的优势，积极向周边农村复制推广种植新品种、新技术、新模式、新装备，推动农场与乡镇农业基础设施互联互通，进行联合高产创建，以产业带动、开展农业社会化服务等措施，推动与农村农业一体化发展，加速区域农业现代化进程。每年还面向农场职工和周边农民开展各类培训班、观摩会 30 余场次，参加人员达 7 000 余人次，带动农场周边 40 万亩耕地每年每亩节本增效 220 元。周边农村基础设施水平、种植模式和产量逐年向农场靠齐，大幅提高。

（三）创新经营，大力开展社会化服务

积极探索"以场带镇"推动周边区域农业现代化和新型城镇化发展的新路径，通过实

施现代农业科技带动、良种工程带动、城镇功能带动、产业发展带动、民生工程带动，推进产业向园区集中、土地向规模集中、人口向城镇集中，构建新型农业经营体系、产业发展体系、城镇建设体系、社会管理服务体系。本着"政府主导、市场配置、企业运作、互利互惠、共同发展"的原则，在尊重人民群众意愿的基础上，与政府共同推进农业生产社会化服务工作，通过开展订单引领（双控一服务），巩固完善农村基本经营制度，提高农业综合效益，有效链接带动小农户开展现代化农业种植。一方面实现生产资料集采供应，农机集中开展服务，降低小农户生产成本；另一方面实现农业标准化生产，提高粮食销售单价，提高小农户亩均效益，增加村集体收益。

二、因地制宜，优化服务，倾力打造龙亢服务模式

龙亢农场公司通过积极开展"农垦社会化服务＋地方"行动，辐射带动小农户与现代农业有机衔接。在推进农业社会化服务过程中，形成了"双控一服务"模式，既保障了农资质量和农产品销售渠道，又通过规模效应降低了成本，实现了农场公司与农户的双赢。目前龙亢农场公司社会化服务覆盖面积25.3万亩，作业服务100万亩（次）。

（一）建立经营服务关系

首先整合土地资源，由村集体与有意向的农户签订托管服务合同，明确托管地块、面积及托管方式等，将土地集中连片，整村推进整合到村集体；其次组织开展洽谈，由乡镇政府组织引导村集体与龙亢农场公司签订《农业生产托管服务合同》，乡镇政府作为见证方，约定种植模式、土地租金、村集体管理费和支付方式，建立托管服务关系，由龙亢农场公司提供"双控一服务"。

（二）提供"双控一服务"

种植前端通过集采平台集中采购农资，价格低于市场批发价，向农户提供种植品种、化肥农药等农资"控投入品"；根据约定，在市场价基础上订单加价回购农户生产的合格粮食"控产出品"；为农户提供耕、种、防、收等农机托管服务，以及科技推广、病虫测报、技术指导等农技服务。

（三）培育新农人模式

通过报名、遴选、认定，把愿意种地、会种地、有种地经验和一定经济实力的农场职工和农民培育为"新农人"；与"新农人"签订《农业全程生产合作协议》，"新农人"负责田地日常管理并缴纳风险保证金，龙亢农场公司负责地租、农资等费用的垫付，统一回购农产品，双方按照比例分成。

三、联农带农，增产增效，全力塑造垦地融合发展路径

深入推广"双控一服务"农垦社会化服务模式，目前已与徐圩乡、龙亢镇、河溜镇签

订农业社会化服务框架合同，与徐圩乡 5 个村签订具体社会化服务三方协议。徐圩乡梨园村建立"农垦社会化服务＋地方"行动示范点 1 个，2023 年通过"双控一服务"模式使小麦亩均产量达 600 千克，每亩节约成本 90 元，带动农户亩均增收 300 元。

（一）突出利益衔接，激发经济增长动能

据测算，龙亢农场社会化服务带动徐圩乡小麦单产亩均增产 50 千克左右；带动 2022 年合作的徐圩乡 3 个行政村群众增收 870 万元、村集体增收 144 万元。2023 年秋，徐圩乡继续扩大合作面积，小麦合作面积由 3.1 万亩增至 4.77 万亩。为进一步激发村集体合作积极性，采取二次分红或三次分红的利益联结模式，实现了农民得增收、集体得实惠、合作企业得发展的共赢局面。

（二）注重示范带动，扩大农技服务范围

通过深入推进"双控一服务"模式，龙亢农场公司发挥了组织化、规模化优势，把现代农业技术、现代管理理念、现代机械装备、现代贴心服务植入现代农业生产全过程，推广了农场公司先进的种田经验和管理模式，为周边农村开展农技普及、农机作业、农资供应等农业全程化服务，推广落实土壤深耕深翻、小麦"一喷三防"、水稻稻瘟病统防统治等关键农技措施。同时在蚌埠经济开发区、五河县等地建立示范种植区，通过良种良法良技配套、农机农艺农服结合，较周边地区亩均增收 10％以上，在周边农村形成了"农场咋干我咋干"的局面，示范带动了区域农业生产水平提升，有效推进了区域农业转型升级，扛稳粮食安全重任，筑牢乡村振兴基石。

（三）推动深度融合，创新垦地发展模式

在怀远县委、县政府"一场三镇，垦地合作"发展规划的基础上，2023 年徐圩乡提出"产城融合，一体发展"的理念，全面推动徐圩乡与龙亢农场公司深度融合发展。其中，一产以粮食订单及社会化服务方式，持续扩大双方合作种植面积；二产全力谋划龙亢产业园（徐圩园区）建设，并采取信息共享、一体招商模式，紧跟龙亢发展的快车道；三产聚焦乡村文化及旅游产业，联合举办梨园村第四届梨花节；与此同时，以全域土地整治为契机，全面谋划老旧村庄居民整体搬迁至龙亢农场居住事宜。通过"产城融合，一体发展"模式的实施，徐圩乡将与龙亢农场无缝合作，共同致力于打造蚌埠市西部增长极。

经验启示：

龙亢农场公司以开展"农垦社会化服务＋地方"行动为抓手，充分发挥自身优势，创新经营方式，探索推广"双控一服务"模式，大力发展农业社会化服务，既保障了农资质量和农产品销售渠道，又通过规模化服务降低了成本，实现了农民得增收、集体得实惠、合作企业得发展的共赢局面。

创新服务方式　强化要素配置
构建农业生产社会化全链条服务体系

安徽省农业服务股份有限公司

安徽省农业服务股份有限公司（以下简称省农服公司）成立于 2015 年，由安徽省农垦集团控股，是一家以农垦为主导、以农服为主营的省级专业公司，提供从品种布局、生产管理到回收销售全产业链农业社会化服务。省农服公司顺应现代农业发展新趋势，立足解决"谁来种地、怎么种地、怎样种好地、种地效益低"难题，以农垦先进种植管理经验及技术为抓手，扎实推进"农垦社会化服务＋地方"行动，构建农业社会化服务体系，促进农业规模化、集约化和产业化，实现小农户与现代农业有机衔接。截至目前，公司在全省开展单环节、多环节农业生产托管服务面积 300 万亩（次）。

一、创新多元模式，拓展农业服务路径

（一）探索村企合作服务模式

公司建立了"企业＋村集体＋农户"服务模式，即企业发挥"资金＋技术"优势，负责农资集采统供、农业技术指导和产品订单销售等综合保障；村集体发挥"组织＋协调"优势，负责组织协调农户统一接受生产托管和企业与农户之间的协调；农户发挥"管理＋生产"优势，主动参与农作物的全程生产管理，不再是持有地租的旁观者。三个主体充分发挥各自优势，有效拓展"农村资源变资产、资金变股金、村民变股东"的"三变"成效，形成"1＋1＋1＞3"的倍增效应。在确保农民土地保底收益的前提下，企业、村集体、农户再按利润进行二次分红。公司与村集体、农户三方同经营、同参与、同负责，形成利润共享、风险共担、优势互补的利益共同体。2021 年，公司在大路村开展村企合作服务模式，当年即实现盈利，大路村也在 2022 年成为合肥市唯一一个村集体收入超 1 000 万元的先进村。截至目前，公司已与大路村周边 3 个乡镇 24 个村建立合作，托管土地面积达 5 万亩。

（二）加强订单引领服务模式

联合下游企业，推进品牌原粮基地建设。以托管土地为基地，以下游订单为前提，实施统一品种布局、统一生产资料投入、统一病虫害防治、统一粮食烘干仓储、统一粮食销售。前端公司与良种公司和大牌农资企业深度合作，构建"良种＋服务＋农资"联合体，形成要素互补联动，在确保正品直供的前提下大大降低了生产资料成本，亩均可节约成本

60 元。中端与农机合作社、飞防服务组织深度合作，吸纳本地的农机和管理人员进入联合体内，让更多村民参与到生产服务过程中，盘活服务增加收益，提升生产综合服务能力和效率，降低生产作业成本，每亩可节约生产作业成本 20 元。最终生产的粮食由订单企业加价 0.06～0.2 元/千克进行收购。公司通过提供从品种到销售的闭环式服务，实行规模化、科学化种植，有效保障了粮食产品质量，实现了农业的节本增效，帮助小农户增收和村集体壮大。

（三）探索全产业链服务模式

为全面调动各方力量，形成粮食生产倍增效应，安徽农垦集团加快推进与产粮大县合作，通过种子统营、农资统供、粮食统销的模式，推进了良种育繁推一体化布局，推动粮食全产业链升级，目前在安徽省泗县已整村推进小麦单一品种规模化种植达 20 万亩，进一步提升了小麦良种覆盖率和技术到位率，实现品牌粮食提质增效，推进农业生产全产业链服务提档升级。

二、全程跟进支持，解决农业服务短板

（一）提供资金服务，解决"融资难"

围绕适度规模种植户资金不足、融资难的问题，公司深化与银行的合作，建立公司、种植户、银行三方供应链贷款渠道，为种植户提供生产过程资金服务。依托服务全程化管理，围绕签订的托管服务协议和订单种植协议，公司按照农时节点，及时为服务对象提供农资、农技、农机、统防统治等服务，由银行为种植户发放贷款定向支付农业生产资料投入费用，在粮食收获销售后，由公司统一结算成本费用并偿还银行贷款。该资金服务既解决了种植户资金不足的问题，又有效扩大了公司的服务规模，2024 年公司累计开展供应链贷款 2 600 万元。

（二）提供产后服务，解决"烘干难"

针对种植户粮食产后烘干仓储的难题，一方面，公司在服务区域内建设、整合烘干仓储设施；另一方面，公司强化与地方政府对接，争取由地方政府利用乡村振兴衔接资金投资建设农事服务中心，全力保障服务区域内粮食收获实现从田间到车间的及时收割、烘干和进仓安全保管，实现了粮食收获降水不落地加工处理，较好地解决了服务区域内粮食收获季节阴雨多变天气带来的农民"丰收后的烦恼"，保障了收获原粮的优良品质，强化了订单托管基地的服务黏性，推进了规模化组织化生产管理。公司整合 1 080 吨烘干设施，年烘干粮食 3.5 万吨，有效解决了粮食产后"烘干难"问题。

三、加强精细化管理，降低生产经营成本

（一）规范服务标准

公司根据服务土地的具体特性，针对不同作物的种植特点、关键技术环节，先后制定

了耕种收各环节农机作业服务标准，编制了统防统治具体实施方案，精确指导了生产作业管理，有效防治了小麦赤霉病等病虫害。在省农服公司的技术指导下，小麦赤霉病率控制在 2％以内，大大提升了农产品的质量，提高了种粮大户的经济收益。

（二）实施网格化管理

根据服务地块的土壤、水利、区位等特点，公司将土地切块实施网格化管理，专人专岗负责，针对性实施农技管理措施，实行量化投入，将以前凭感觉的粗放式管理转变成精细化的组合式管理，经测算，在过程管理上亩均节约劳动力投入成本 70 元。

（三）强化技术指导

公司依托农垦的农技推广力量，提供有针对性的农业技术指导，通过测土配方施肥、统防统治、农机农艺结合等措施，直接降低化肥农药用量 20％，统防统治有效防治率达到 98％以上。对农业生产过程的精细化管理，不仅大大降低了生产成本，也提高了亩产，小麦、水稻、高粱每亩分别较同期增产 25 千克、50 千克、50 千克；公司建立农资名录库，依托农垦自有基地与农资企业进行深度合作，开展农资统采统供，在确保正品直供的前提下大大降低了生产资料成本，亩均可节约成本 30 元。

经验启示：

省农服公司以"强科技、大基地、全链条"为方向，以健全服务标准、提高服务质量、打造服务品牌为主线，充分发挥农垦农服专业公司的技术优势和组织优势，按照全产业链经营发展思路，为广大农户提供全程化、全要素的农业生产社会化服务，用订单生产和生产托管连接起了小农户、村集体经济组织、种田大户、农民专业合作社和市场，推动了农业生产规模化、科学化种植，实现了农业的节本增效，帮助小农户增收和村集体经济壮大。

抢抓产业变革机遇 打造特色示范高地

湖北省后湖农场

湖北省后湖农场（以下简称后湖农场）建于1957年。多年来，后湖农场抢抓发展机遇，积极转型，创新一产发展模式，打造二产区域联动，带动三产整体欣荣，大力推进虾稻全产业链做大做强，不断开辟农文体旅融合一体化发展新赛道，构建"虾稻为主，多业并举"的发展新格局，努力建设农垦企业化改革先行场、农垦特色发展先行区。

一、创新优质高产模式，推进虾稻产业转型升级

一是创模式。首创"虾稻共作"高效生态种养模式，突破了虾稻连作的"一稻一虾"局限，由"一虾"变"两虾"，实现一季双收，成为全国虾稻种养主推模式，极大提高了土地产出率和土地利用率，为乡村产业振兴贡献了后湖方案。

二是抓项目。通过国土资源综合整治项目打造产业示范样板，投入5 000余万元建设3.5万亩高标准农田，提升土地产出能力，建设虾稻产业示范基地，实现产业链强链、延链、补链。2023年以来，小龙虾养殖面积约4.2万亩，开展订单农业2万亩，亩均产值达6 500元，亩均利润4 500元；推广虾稻1号等新品种，不断提升虾稻产出品质。

三是建品牌。实施品牌提升行动，培育"虾乡稻""满园果"等农产品品牌，其中，"虾乡稻"荣获中国优质稻米博览交易会金奖，"小蛮腰"系列产品深受广大消费者欢迎；培育"楚味央厨""潜门虾客""湖耕食品"等一批预制菜新兴企业品牌，助推"潜江龙虾"公用品牌享誉世界。

二、强化链式发展思维，打造特色精深产业集群

一是聚焦优势产业，打造特色基地。持续发挥"农场姓农"特色，因地制宜打造农业特色板块，形成"一场一特""一村一品"的百花齐放农业新格局。因地制宜改种阳光玫瑰、水蜜桃等优质水果4 000余亩，稳定鳝鱼、黄颡鱼、鲈鱼等优质水产品养殖面积7 000亩，17大特色农业板块基地建设持续见效，形成全场全域可用农田绿色高效发展格局，呈现农业增产、职工增收、农场增效"三增"局面。

二是强化产业带动，打造优势企业。以龙头企业为引领、农民合作社为纽带、家庭农场为基础，通过资金、技术、品牌、信息等要素的融合渗透，构建起虾、稻全产业联合体。培育壮大产业化龙头企业、农民专业合作社、家庭农场等新型农业经营主体，多路径

提升规模化经营水平。培育有潜网集团、三乐农业、满园果 3 家省级龙头企业，福好医疗用品有限公司、正大饲料（当阳）有限公司等市级龙头企业 8 家，农民专业合作社 86 家，家庭农场 48 家，其中百亩以上种植养殖大户 75 户。

三是鼓励企业技改，盘活闲置资产。支持企业技改扩规，盘活农场闲置资产，构建加工业集群，提升产业竞争优势。全力促成奥立安集团收购僵尸企业，其年产 5 000 吨小龙虾投入品生产项目开工建设，助力后湖小龙虾投入品市场迅猛发展。招引后湖籍成功人士回乡投资兴建潜门虾客食品有限公司，开展年产 10 000 吨小龙虾深加工项目。支持潜江市湖耕农业发展有限公司新建年加工 10 000 吨小龙虾食品项目，提升后湖小龙虾加工市场量级。

三、紧跟数字产业趋势，深耕小龙虾交易专业大市场

一是全力支持潜网集团做大做强做优。2023 年，部省共建小龙虾产地大市场合作备忘录签订，正式确定小龙虾交易中心为省内唯一的小龙虾农产品专业大市场。以潜网集团为市场主体，申报省级特色小镇、集聚服务区。当年完成交易总值 110 亿元，交易运输量达 23.73 万吨，牢牢占据小龙虾鲜活贸易领军地位。

二是完善数字化网络交易平台建设。建成虾谷数字经济平台，完善现代化物流供应链，打造小龙虾产业、物流大数据库，牢牢掌握全国小龙虾数据话语权。建成中国虾谷总部大厦投入运行，初步展现出数字经济动力新引擎。优化虾谷 360 电商平台运营，促进电商大发展。打造 100 个直播间，培养 10 000 名带货主播，引入 30 家数字经济产业链上下游企业，借助互联网数字平台，将虾谷小镇打造成农产品网红聚集区、网红经济的晴雨表、"数实"融合的示范样板。

三是加快推进小龙虾供应链体系建设。打造潜江小龙虾产业供应链服务平台，推进小龙虾交易中心智能化改造，建设中国小龙虾"数智中心"。在全国建立 30 个价格收集站，通过数据汇总分析，形成小龙虾价格指数中心，成为小龙虾行业风向标，收集全市小龙虾全产业链企业、合作社等各类数据，沟通上下游，上线"龙虾链"手机 App，健全潜江小龙虾供应链数据收集体系，引导全市小龙虾产业健康发展。开展直播带货，培育、孵化"网红"经济，激发群众潜能，推动农产品从"产供销"转向"销供产"。

四、瞄准虾稻产业未来，建设现代农业示范区

一是加大推进虾稻产业"三基地"建设。抢抓湖北省出台"虾十条"政策机遇，加大推进小龙虾苗种选育繁育基地、立体养殖基地、前湖万亩虾稻标准化共作基地建设力度。与小龙虾产业技术研究院合作，全力推动良种选育繁育攻关，打造中国小龙虾种业之都，推进"四季有虾"示范户创建，2024 年发展 500 亩示范田。创建小龙虾立体养殖基地，探索试验 10 种以上"虾稻＋"新型种植养殖模式，通过试验选定可复制、可推广的种植养殖模式。目前探索出较为成熟的"虾稻＋"种养模式有"虾稻＋蛙""虾稻＋蛙＋螺""虾稻＋鳖""虾稻＋鳝"等，仅"虾稻＋蛙"模式就可让农户每亩增收 3 000 元。推进前

湖万亩虾稻共作基地核心区提档升级工程，打造高效标准化稻田养虾示范区，建设标准化虾稻田样板。

二是推进1 850亩农业产业融合发展示范基地打造。建成"田成方、渠成网、路相连、排灌分离"的现代化虾稻示范基地，以葡萄采摘园、莲藕荷花池、钓虾捕虾、体验农场为驱动，提供赏、玩、吃、住、游一站式服务，打造小龙虾特色农旅赏玩体验综合体，实现小龙虾产业链的延链补链，吸引游客到潜江钓虾吃虾、游玩打卡，带动万人就业，助力乡村振兴。

三是推进特色农文体旅大发展。借助"2024年潜江湿地马拉松"契机，以"家门口的赛事"促进群众体育和竞技体育全面发展。2022年，中央广播电视总台、文化和旅游部联合摄制的大型文旅探访节目《山水间的家》首站来到后湖农场莫岭村，有力推动了莫岭村的民宿发展。后湖农场大力发展虾谷小镇、莫岭特色精品乡村旅游示范点，努力打造潜江城市（后湖莫岭）新名片，推进特色农文体旅全面发展。2023年，首部以"虾稻共作"故事为主线的现代荆州花鼓戏戏曲电影《河西村的故事》在后湖莫岭杀青，并在2024年"第21届世界民族电影节"颁奖典礼上荣获组委会大奖——"文化遗产传承"奖。

经验启示：

近年来，后湖农场聚焦小龙虾"繁育、养殖、生产、供给、销售、旅游"农文旅融合发展全产业链，以探索多种稻虾共生模式，打造"三基地"，推进规模化生产；以兴建小龙虾产地专业大市场和数字化平台，建成线上线下立体化营销网络；以开发农文体旅融合发展精品路线，建成集观光、研学、民宿于一体的乡村农旅融合发展先行区。后湖农场在小龙虾全产业链上用心、用情、用力，在小龙虾全产业链强链、延链、补链上下功夫，为湖北省委"虾十条"在潜江的落地生根发挥了不可替代的作用，为中国式现代化湖北实践贡献了后湖力量。

服务"甜蜜事业" 幸福生活"蔗"里来

广西糖业集团有限公司

广西糖业集团有限公司（以下简称广糖集团）于 2018 年 9 月成立。目前，由广西农垦集团、广西华盛集团、广西产投资本运营集团、广西柳工集团共同出资，其中广西农垦集团控股 76.35％。通过整合优势资源，广糖集团现有 14 家制糖公司以及酒业、纸业、供应链管理、农业开发等多家企业，形成了糖、酒、肥、浆、纸等较为完整的产业链。近年来，广糖集团认真贯彻落实党中央、国务院关于农垦示范引领现代农业和增强对周边区域辐射带动能力的决策部署，多措并举积极推进农业社会化服务。

一、创新生产模式，以产业发展带动乡村经济新发展

广糖集团创新建立了"糖厂＋基地＋农户"的生产模式，推动下属制糖公司与蔗农签订糖料蔗购销合同，以契约的形式明确企业和蔗农双方的权利和义务，建立利益共享、风险共担的联结机制，保证了蔗农的根本利益。制糖公司通过蔗区建设发展，建立原料蔗基地，通过订单合同与蔗农确定采购价格及意向，建立起关系紧密的"糖厂＋基地＋农户"甘蔗种植模式。2023 年，广糖集团通过签订订单直接带动蔗区 8 万多农户发展种植甘蔗161.3 万亩，2023/2024 年榨季共采购原料甘蔗 748 万吨，支付蔗农原料蔗款 40.47 亿元，平均每户种蔗收入 4.82 万元，带动农户增收总额 9.34 亿元，平均每户增收 1 万余元；每年提供约 9 万个为期 3 个月的砍蔗、种蔗临时工作岗位，产值共计约 10 亿元，平均每人可增加务工收入约 1.1 万元。同时广糖集团每年在原料蔗运输、食糖运输、车辆维护等方面提供 3 400 多个就业岗位，岗位增收约 1.45 亿元，平均每个岗位收入约 4 万元。

二、落实扶持政策，以服务优确保蔗农增收稳

（一）提供无偿及垫资扶持

广糖集团高度重视对甘蔗生产的服务，每年为蔗农提供约 2.5 亿元农贸垫资，并投入超 1 亿元用于甘蔗无偿生产扶持。2023 年，在蔗区道路维修上投入 960 余万元，共维修蔗区道路 2 600 余公里；投入机耕补贴 1 100 余万元、蔗种补贴约 360 万元、肥料补贴4 500 余万元、病虫害防治补贴 2 000 万元、灌溉补贴 300 余万元，以及各类奖励、劳务补贴 1 800 余万元。

（二）组织技术下乡和志愿者服务

通过开展甘蔗高产栽培技术培训，组织送科技下乡文艺晚会和志愿者服务等活动，提高蔗农种管技术水平。加强甘蔗螟虫的统防统治，做好预测预报，及时发布虫害预警信息，并组织蔗农统一时间、统一施药，同时大力开展绿色防治技术试验示范，甘蔗螟虫的防控取得了明显成效。2023 年，广糖集团下属制糖公司通过多种形式举办高产技术培训班 124 期，培训蔗农 8 600 余人次，印发培训资料超 11 万份。

（三）开展良种良法验收服务

根据国家和自治区关于脱毒健康种苗和综合机耕补贴的有关要求，广糖集团高度重视，要求集团下属制糖公司均制定验收方案，从车间抽调人员组成验收小组，投入大量人力、物力和资金用于对农户进行良种良法验收服务工作，每年为蔗区农户争取国家补贴 2.1 亿元左右。

（四）保质保量供应农资产品

为助力蔗区稳产增糖，实现蔗农用肥保质降本，广糖集团通过优化氮磷钾含量和药剂科学配比，进行了广糖药肥生产。通过农资赊销供应并加强用肥指导的方式提供农业社会化服务，解决了部分蔗农生产投入资金短缺的问题；通过指导蔗农科学合理用肥，开展肥料随机抽检，确保蔗农用肥质量，降低蔗农综合生产成本，树立了广糖药肥良好的口碑形象，赢得了蔗农的信赖。广糖农资供应服务规模逐年扩大，2021 年实现销售 2.5 万吨，2022 年实现销售 3.7 万吨，2023 年实现销售 3.8 万吨。

（五）推进社会化服务平台建设

2024 年，广糖集团启动甘蔗农业社会化服务平台建设，通过提供甘蔗生产全程化服务，促进甘蔗产业先进技术与装备的推广应用，同时优化农业资源配置，提高生产投入质量，推动农业标准化、组织化水平跃升，有效解决了小农户与现代农业体系的融合瓶颈，推动农业数字化转型升级，促进糖业高质量发展。

三、拓宽"朋友圈"，以社会资源推动全程机械化发展

（一）建立良好的企农关系

为有针对性引入合作伙伴，精准开展服务，广糖集团通过开展"三访"活动，使农民对农业服务有更全面的认识和理解，全面了解蔗农实际情况和工作需求，协同各方制订服务计划，提供精准高效的农业服务，帮助蔗农解决生产过程中出现的问题，建立互信互利的企农关系。同时，主动参与地方乡镇村委各类公益活动，积极开展金秋助学、资助群众体育运动等工作。

（二）积极寻求合作伙伴

依托国企优势，广糖集团与具备条件的社会化农机服务组织签订合作协议，将社会资

源引入农业社会化服务领域。通过制定出台扶持政策，积极配合合作社申领国家相关农机补助，鼓励、支持并监督农机合作社提高作业积极性和服务质量，更好地为集团蔗区提供优质的社会化服务，鼓励集团蔗区全程机械化发展。截至 2023/2024 榨季，集团蔗区共引进农机合作社 49 个，作业服务面积达 230 万亩次，降低了蔗农生产成本近 5 000 万元。目前，广糖集团拥有糖料蔗订单面积 183 万亩，分布在广西 10 市 25 县（区）80 余个乡镇，具备日处理甘蔗 8.2 万吨、年产糖 120 万吨、年产食用酒精 5 万吨、年产生物有机肥 10 万吨、年产蔗渣浆 12 万吨、年产纸产品 20 万吨的能力。

经验启示：

广糖集团以保障蔗农利益、做大蔗糖产业为宗旨，创新"糖厂＋基地＋农户"的组织形式，建立利益共享、风险共担的联结机制。同时，主动担当作为，通过创新生产模式、落实扶持政策、引入社会资源等，将农业社会化服务向产前、产中、产后等环节及金融保险等配套服务延伸，拓展服务领域，提升服务水平，既解决了蔗农生产难题、降低了生产成本，又为企业赢得了口碑、稳定了加工原料、扩大了市场，实现了多方共赢。

全面实行统防统治　确保橡胶稳产高产

近年来，西双版纳州农垦局聚焦天然橡胶主责主业，牢固树立"为国储胶"战略观，锚定云南省委"3815"战略发展目标，紧紧围绕《西双版纳州橡胶产业高质量发展三年行动计划》，坚持全州"一盘棋"，全面实行天然橡胶白粉病统防统治，探索"三张清单、三幅底图、三个聚焦、三个作用、三套体系"工作法，组织各级党员干部下沉一线，扎实开展天然橡胶白粉病统防统治工作，带动广大胶农和胶工同参与、同防治，形成联防联控、群防群控、可防可控的一体化橡胶树白粉病防治新格局，筑牢白粉病病害流行蔓延的坚固防线，全面实现天然橡胶产业稳产保供目标。

一、"三张清单"明确责任

一是高位推动防治责任清单。西双版纳州坚持高位推动，不断健全完善西双版纳州天然橡胶白粉病防治管控体系和联结机制，构建上下联动推动落实、多方齐抓共管白粉病统防统治工作新格局。制定《2024年西双版纳州天然橡胶白粉病统防统治工作实施方案》，并于年初由州人民政府组织召开西双版纳州天然橡胶白粉病统防统治工作动员部署暨防治技术培训电视电话会议，层层签订防治目标责任清单，不断推动防治工作落实。

二是组建防治队伍清单。州、县、市、乡、村五级逐级制定防治责任清单，组建成立各级防治工作领导小组（防控工作队）1 681个、成员25 256人，从组织、人员、技术上保障白粉病统防统治工作的顺利开展，确保各级领导责任、监管责任真正落实到胶园防治地块。

三是明确监测员防治责任清单。每个乡镇、村均有固定监测员定期上山采集树叶、观察病级，做到监测数据定期上报，为防治工作扛牢责任。

二、"三幅底图"精准施策

一是绘好白粉病统防统治网格化管理图。积极构建"乡（镇、街道、农场）＋村（居、分场、生产队）民小组＋监测员"的白粉病防治网格化管理体系，划分责任区域，以乡（镇）、农场为单位，形成白粉病防治网格化"一张图"，不断提升白粉病"统防统治"水平。

二是绘好白粉病危害流行风险隐患图。组织各级防治技术力量，开展病虫害预测预报、防治技术、机具操作和维修等培训 168 期、参加人员 9 009 人次。对重点发病林段和周边病害蔓延风险林段开展统防统治，绘制白粉病病害风险隐患"一张图"，进行靶向集中防治，在短期内控制病情蔓延。

三是绘好白粉病防治机械储备防控图。为做好白粉病统防统治工作，各级有关部门及时做好白粉病防治药物及机械的储备，备有各类防治器械共 15 729 台（其中，喷粉机 14 632 台、烟雾机 1 097 台），储备硫黄粉、三唑酮等防治物资 1 443 吨，绘制白粉病防治药物机械储备"防控图"，为防治工作做足物资准备。

三、"三个聚焦"提高效率

一是聚焦信息公开。对全州 3 049 个橡胶树白粉监测站点全部实行网格化管理，采用微信及公众号时时查看各涉胶乡镇、农场物候及防治情况，做到了底数清、情况明。

二是聚焦信息化服务。自 2 月 10 日起，实行每 10 天一次的全州白粉病病情上报及通报制度，及时发布监测预警信息 26 期，上报并下发白粉病防治信息 4 期。各类预警信息和通知的及时发布，对防治工作起到了关键作用。

三是聚焦多元化防治。结合各县市防治工作实际，不断探索统防模式，形成了农垦、民营、飞防 3 种不同的统防模式。农垦模式：曼沙、南联山、黎明 3 个农场由企业负责全部统防费用；勐腊农垦集团公司、东风农场由企业负责防治机械，承包人负责药物、油料、用工等防治费用；橄榄坝农场从向承包人收取的资源承包费中拿出部分资金用于统防；景洪农场有 7 个生产队由农场负责统防，5 个抱团生产队的药物、油料由农场负责。民营模式：景哈乡由乡政府在戈牛村委会拉沙、搭亥村委会景播新寨、莫南村委会曼坝河 3 个村小组进行试点统防，村民负责机械、油料、人工防治等费用。飞防模式：2024 年，在勐罕、瑶区、勐捧 3 个乡镇及勐养、橄榄坝 2 个农场进行了飞防试点面积 0.45 万亩，不断加强无人机飞防技术推广，防治效率得到极大提高。

四、"三个作用"强化引领

一是发挥党支部宣传发动作用。督促各级党支部利用"三会一课"、主题党日活动等载体，充分开展白粉病防治技能宣传，切实把党群思想统一起来，实现胶农从"要我防"到"我要防"的思想转变，凝聚起党群一体、共建共防的统防统治力量。

二是发挥党员示范带动作用。作为橡胶产业发展的主力军，农场及民营企业在推动橡胶产业高质量发展、带动村民白粉病统防统治方面发挥着关键作用。面对 2024 年物候差、发病早的不利局面，各县市基层农技人员、党员干部认真践行"三法三化"和"三个马上"要求，把做好橡胶树白粉病统防统治工作与"转作风强素质提质效促发展"主题年活动结合起来，紧盯防治重点林段。党员干部带头上山观察病情、拉运物资，对病情较重林段防治次数多达 2～3 次，有效遏制了病情的蔓延。

三是发挥防治调研指导作用。在橡胶树白粉病防治关键期，州防治工作领导小组办公室认真践行"一线工作法"，组成白粉病防治指导组多次深入基层防治一线进行橡胶树白粉病专题调研指导，切实解决了胶农在防治中遇到的技术难题。通过集中防治、分区分段防治、人防飞防相结合等多种防治模式开展统防统治，有效遏制了 2024 年天然橡胶白粉病病情发展，取得明显成效。防治成效较好的乡镇、农场部分林段已于 3 月 12 日进入开割期，3 月 25 日大面积开割，比上年提前近 1 个月。投入防治资金 1 370.20 万元，累计防治面积 149.64 万亩。截至 7 月 30 日，全州 381.84 万亩开割胶园（面积为行业数据）累计完成干胶产量 15.56 万吨，较上年同期增长 15.60%；完成产值 19.56 亿元，较上年同期增长 21.87%。

五、"三套体系"形成合力

一是构建宣传防治体系。坚持在白粉病统防统治中走好新时代群众路线，动员广大党员干部、监测员等力量线上、线下一体开展白粉病防治宣传，营造良好的白粉病统防统治氛围。通过微信公众号、工作群积极宣传白粉病防治的重要性和重大意义，不断提高胶农参与防治的自觉性。

二是构建监测预警体系。着力加大白粉病防治关键期监测预警力量，气象、农垦、热作所等部门加强会商研判，及时发布预警信息 4 期，指导各县市密切监测发病重点林段，对达到防治条件林段做到"应防尽防"。

三是构建联防联控体系。切实发挥农场作为"国家队"作用，通过农场防治示范引领带动胶农实施防治，让广大胶农自觉参与白粉病统防统治工作，不断加强联防联控体系构建，有效遏制了白粉病病害蔓延，为实现稳产保供目标夯实了坚实基础。

经验启示：

白粉病是天然橡胶最大病害之一。为减少其危害带来的损失，西双版纳傣族自治州农垦局树牢全州"一盘棋"思想，实施"五个三"工作法，对全州天然橡胶全面实施监测防控统防统治，抢抓防治关键期，组建统防统治队伍，集中防治技术力量，扭转了橡胶树病虫害防治无人管理、单靠承包人单打独斗的状况，大幅减少了橡胶病害损失，实现了胶园稳产高产，有效保障了胶农、胶工的切身利益，形成了垦地协同齐抓共管的良好局面，有力促进了天然橡胶产业高质量发展。

聚焦现代农业 拓展服务范围
积极发挥区域农业"领航员"作用

陕西省农垦集团沙苑农场有限责任公司

陕西省农垦集团沙苑农场有限责任公司（以下简称沙苑农场）位于大荔县东南部的黄河、渭河、洛河三河交界处，成立于1963年9月，土地面积5.9万亩，在职职工676人，是陕西省农垦集团下属的一家具有独立法人资格的综合性国有农业企业，以粮食种植、特色设施（地）蔬菜种植、冷链物流配送为主。多年来，沙苑农场上下团结一心、真抓实干，统筹经济社会发展和党的建设各项工作，为农场高质量发展奠定了坚实基础。

一、争做"排头兵"，建设示范基地带动周边

沙苑农场及周边黄渭洛河滩区，由于特殊的地理位置和气候特点，春冬季干旱少雨，夏秋季常出现连阴雨，全年雨量不均。面对不利因素影响，沙苑农场坚持强基础、抓管理、重技术，多措并举保障粮食稳产高产。

（一）注重农田建设

为巩固和提升粮食综合生产能力，农场持续投入基础设施建设。通过高标准农田和农田水利建设，集中建设农田灌溉渠系设施、田间道路23公里，兴修抽水站2座、蓄水池5个，引入渭河、洛河水，经蓄水池沉淀，通过60余公里纵横交错的渠系和地下管道输送到全场农田。高标准农田建设项目建成后，配套的田网、渠网、路网也相继完工，实现了旱涝保收，基本破解了制约农场发展的春冬旱、夏秋涝的农业生产难题，形成了高效的农田综合灌排系统，提高了农业综合生产能力。

（二）创新科技应用

农场按照"因地因苗、分类管理，促控结合、综合施策"原则，突出抓好肥、水、苗、病虫草"四情"监测，紧盯干旱、低温冷害、阴雨、大风等主要气象灾害，做好预警防控。先后向农场及周边种植户印发多篇技术文件，确保目标更明确、措施更到位。一是推广水肥一体化技术。肥水同施、按需施肥浇水，提高水资源利用效率，提高养分利用效率，实现了节省人工70%左右，节水30%～50%，节省肥料30%以上，提高作物单位面积产量8%～10%。二是开展病虫草害"联防联治"。按照"摸清草情、因地制宜、科学防除"的原则，抓住作物有利时机，及时开展化学除草工作。同时，加强病虫的监测预

报，科学制定防治预案。建立 2 座虫情监测站，安装 2 台高空杀虫灯、100 个桶形诱捕器进行物理防虫。

（三）引进优良品种

种子是农业生产的"芯片"，农场在小面积试验的基础上，应用推广陕垦大华种业与西北农林科技大学自主繁育的华垦麦 23 号、华垦麦 7 号（国审）、华垦麦 818（旱地小麦品种）以及郑麦 1860、淮麦 33、宁玉 668、德单 123、东单 1331 等优质粮食品种，都获得了丰产丰收。

（四）运用现代装备

小麦播前采用机械化旋地耙地整地，播种采用集施肥、播种、镇压于一体的播种机播种，达到了侧深施肥和播种的精准化要求。在作物病虫害高发期前，采用机车和飞防喷施农药，提高喷施效率、保障喷施效果，实现联防联治。围绕土地、技术、种子、机械四个关键环节，采取农机农艺结合，良种良法配套，创建高产稳产"吨粮田"，不断提高粮食综合生产能力。2024 年，夏收小麦亩产最高 630 千克，平均亩产 491.4 千克，保持粮食产量持续增长目标。

二、聚焦"拓服务"，积极推进"两大行动"

面对自身有限的土地资源，沙苑农场党委强化政治意识，把推进粮食规模化生产作为党委的中心任务和"一把手"工程来抓，不断发挥开拓能力。

（一）坚持开放合作

农场始终恪守保障国家粮食安全和重要农产品有效供给的重大使命，持续推进垦地联合、垦企联合，千方百计拓展种粮空间，增加粮食播种面积，提升粮食产量。一方面，在种好农场自有土地基础上，主动与周边黄渭洛河滩区的地方政府、央企公司、驻地单位深入合作，小麦种植面积逐年拓展，近两年小麦种植面积保持在 8 万亩以上，占到了全集团小麦总面积的"半壁江山"。另一方面，将优质品种、先进技术和生产装备、管理措施等现代生产要素导入小农户生产，引导农村农业生产专业化、标准化和集约化，促进农业节本增效、农民增产增收。

（二）担当社会责任

农场坚持立足垦区，示范辐射带动周边农村农业共同发展。一是与属地大荔县韦林镇人民政府签订了垦地合作框架协议，依托农场组织、技术优势，为农村地区提供农机农技服务。通过政企协同、垦地合作，联合共建"吨粮镇"，争创"吨半粮村"。二是发挥"龙头"带动作用，在良田、良种、良法、良机等方面提供支持。通过派技术人员到农村开展技术培训，推广小麦宽幅沟播、玉米增密度等先进技术，实地解决农民遇到的赤霉病、干热风等棘手情况，帮农民把技术措施做到位。三是按照"会员模式"，吸纳农场及周边各类农机和农业技术人员组成专业化农技农机服务公司。充分发挥农垦组织化、规模化程度高和技术力量强、农业机械装备齐全等优势，打造"沙苑服务标准"和"沙苑服务品牌"。据初步统计，农场服务农民犁地、旋地、飞防、收割等综合费用与社会价格相比，每亩节省了60多元。通过努力，目前初步形成了服务领域较为全面、服务机制较为高效的沙苑农场社会化服务体系，实现了农场"做给农民看、带领农民干、帮着农民赚"的目标。

三、致力"创模式"，推广联合经营模式

沙苑农场结合自身产业和区域优势，全力推进农场设施农业产业建设提档创效。

（一）提升科技创新基础优势

依托农场自有的资源禀赋，与西北农林科技大学合作，打造"院士工作站"，助力研究成果快速转化，实现增产提质增收。农场已建成各类现代农业设施25万平方米，基本形成集农业技术交流、农业成果展示、农业综合观光与农业5G数字化于一体的现代化农业产业园区。园区引进绿色无公害普罗旺斯西红柿种植管理技术，全程不使用化肥和农药，用牛粪、腐熟肉末、芝麻油渣代替化肥，用艾草、胡椒面熏棚代替农药，用比利时熊蜂授粉，实现了农业绿色可持续发展。

（二）发挥园区示范引领作用

依托农场现代化一体园区基础优势，与大荔荔金农果蔬专业合作社进行联合生产，引进韩国白萝卜品种，采用高垄丸粒气吸精播、膜下滴灌技术，实施水肥一体化管理，提高肥料利用率，节约地下水资源，降低肥料、农药使用量。园区现有清洗线2条，每条加工量可达400吨，每季提供临时性劳动岗位200个，每人每季收入1万余元。园区还带动周边农民种植露天白萝卜、红萝卜上万亩，增加临时用工岗位3万余个，带动周边农民增收300余万元。

（三）延长市场运营环节链条

为了延伸完善产业链条，增强市场运营能力，农场近年来持续推动陕西农垦安益鲜冷链物流有限公司做强做优，畅通仓储、冷链、品牌、市场供应体系，拓宽果蔬产品销售渠道，做大规模、做优市场、做实效益，形成了品牌带动效应，实现了果蔬产品产供销一体化发展，有效弥补了农场市场短板弱项，为促进农场全面发展奠定了坚实基础。

经验启示：

　　沙苑农场在粮食生产上，围绕土地、技术、种子、机械四个关键环节，全面加强粮食综合生产能力建设。同时，持续推进垦地联合、垦企联合，构建社会化服务体系，推动农业节本增效，示范带动周边农业农村共同发展。在特色产业发展上，依托现代农业产业园，推行绿色生产管理技术，畅通仓储、冷链、品牌、市场供应体系，拓宽果蔬产品销售渠道，实现果蔬产品产供销一体化发展。

建设数字农业平台　开展全产业链服务

新疆塔城市鑫塔农牧科技（集团）有限公司

新疆塔城市鑫塔农牧科技（集团）有限公司（以下简称鑫塔集团）由市属5家国有农牧场改制而成，于2020年成立，是集畜牧、耕地、耙地、播种、植保、收获、运输、烘干、仓储、贸易于一体的综合性农牧企业。鑫塔集团积极主动发挥农垦在现代农业建设中的骨干引领作用，推出了实现企业和农户双赢的"鑫塔模式"，为农户提供由种子到仓储、从饲草料到销售的全链条农业服务体系平台，依托农业社会化服务与小农户建立紧密的利益共同体，创新推广应用先进农业生产技术和模式，示范带动地方提高现代农业发展水平，助力推进乡村全面振兴、加快建设农业强国。

一、聚焦服务农户，取得种植业服务新进展

（一）建立种植业社会化服务模式

创新建立"农业龙头企业＋农业产业链各环节农业企业＋农户"的模式。公司主要围绕农牧场国有土地经营，辐射塔城市附近乡镇开展农业全产业链社会化服务，为农户提供从种到收的社会化服务，服务范围涵盖农民从事农业生产环节中的耕、种、防、收等环节所需金融贷款、农资购销、农机作业、植保飞防、收购仓储、农业保险等方面。

（二）精心研发数字农业平台

围绕农业社会化服务打造了"鑫塔农业全产业链托管服务平台""数字玉米快贷""智慧农机监管平台"，研发了"鑫塔益农""掌上鑫塔"手机App，让农户手机变农具，实现线上签约托管、手机App下单支付。在土地经营权不变的前提下，小农户、新型农业经营主体足不出户即可享受"随时、随地、随需"的24小时在线农业生产托管服务。2024年服务签约农户880户，土地托管面积49.7万亩，农资销售1.2亿元、农机服务0.2亿元。截至2024年4月20日，平台累计服务签约农户3 546户、土地托管面积110.5万亩，为广大合作农户带来收益共6 800万元。

（三）积极构建农资配送仓储服务体系

建立以鑫塔集团农服事业部为核心，辐射恰夏镇、也门勒乡、阿不都拉乡、阿西尔乡、二工镇、喀拉哈巴克乡等区域的植保配送服务体系。鑫塔集团积极开展仓储扩容，目

前建设标准库 5 座、钢板仓 11 座以及烘干塔 9 座，与 14 家烘干厂建立合作关系，实现总仓储能力达到 28 万余吨以上，满足农业全产业链服务的标准化（现代化）仓储及配套设施建设。2024 年，玉米收储 12.8 万吨，兑付资金 1.97 亿元。

二、发力数字牧业，书写畜牧业服务新篇章

鑫塔集团联合中国建设银行共同打造"数字牧业"平台，为养殖户提供社会化服务，从技术推广、市场信息、饲料生产与供应、疫病监测预防与治疗、活畜收购、金融服务等方面，为养殖户解决成本高、管理弱、销售难等问题。

（一）饲草饲料服务

针对当前饲料采购难、价格高、品质良莠不齐等问题，鑫塔集团投资建成牧草收购厂、精饲料生产厂和颗粒饲料生产厂，并联合科研单位免费向养殖户提供科学喂养方案，积极开展饲草料生产、供应服务，利用"鑫塔益牧"App，将小规模分散采购饲草料向规模化集中采购转化。集中统一采购饲草料及配方饲料后，有效降低了养殖户饲草料采购成本。

（二）饲养管理服务

鑫塔集团利用"鑫塔益牧"平台提供疫病监测预防与治疗等社会化服务模块，依托鑫塔集团下属新疆冠元牧业的专业养殖服务团队，为养殖户进行疫苗接种、疾病检测监测等牧业社会化服务。养殖户可通过"鑫塔益牧"App 下单需要的服务，这种省时省力的点餐式服务，实现了集团、养殖户双赢。

（三）加工销售服务

鑫塔集团依托"鑫塔益牧"平台开展活畜定向收购、畜产品加工、销售的社会化服务，形成了覆盖塔城地区 4 市 3 县的活畜收购、屠宰、分割加工服务网络。鑫塔集团向养殖户提供活畜收购和结算兑付服务，开展畜产品、预制菜等销售网络建设，通过区域云仓、自营店、经销商、加盟商等方式，打造面向全国的销售网络，提高产品的品牌影响力和市场占有率。针对以上服务，签约养殖户 100 余户，提供饲草料 1.5 万吨，收购牛羊 5.5 万余只，销售额达 6 600 余万元。

三、加速转型升级，创新发展科技金融服务

（一）强化科技赋能，促进生产节本增效

鑫塔集团研发大数据分析板块，融合智能农情、农事大数据监控系统等多源数据，通过遥感技术对签约合作农户地块种植情况等进行分析，对作物全程的长势、旱情、测产、健康度等进行服务评估，集成水肥一体化技术，实现高效施肥、智能节水灌溉，打造智慧、高效的玉米种植样板。据统计，2024 年为合作农户综合节本增效达 1 634 万元。

（二）引入金融"活水"，畅通贷款渠道

鑫塔集团着力打造农业金融服务板块，建立农户贷、托管贷、小微企业贷等普惠金融产品，现金直联、银企直联等结算产品，线下 POS 和线上聚合支付等支付产品。与中国建设银行合作，为安装"鑫塔益农"App 的农业生产主体提供生产和生活贷款，无须其他抵押、担保条件，实现秒借秒贷。与新疆银行合作升级创新"丝路 e 贷-玉米贷"，为玉米种植户提供贴心的金融支持，农户足不出户，使用手机即可实时完成信用贷款申请，最高贷款额度达 300 万元。2024 年，鑫塔集团通过银企协作，为所惠及农户发放各类贷款达 3 亿元。

经验启示：

鑫塔集团发挥骨干引领作用，立足解决农牧民做不了、做不好的生产环节，创新建立"农业龙头企业＋农业产业链各环节农业企业＋农户"的经营模式，依托分类开发的数字化平台，大力发展种养业社会化服务，为种植农户提供农资购销、农机作业、植保飞防、收购仓储、农业金融保险等环节服务，为养殖户提供技术推广、市场信息、饲料生产与供应、疫病监测预防与治疗、活畜收购、金融等环节的服务，解决了小农户生产中的共性难题，降低了生产成本，促进小农户和现代农业有机衔接，实现企业、农户双赢。

五、巩固脱贫攻坚成果
推进农场振兴

深化"农牧文旅"融合
全力推动农场高质量发展

承德鱼儿山承垦农业发展有限公司

承德市国营鱼儿山牧场始建于 1954 年,2021 年成立承德鱼儿山承垦农业发展有限公司,承接原牧场职能。公司位于河北省承德市坝上地区,总面积 7.62 万亩,平均海拔 1 460 米。近年来,在农业农村部、河北省政府的大力支持下,公司立足资源、气候、区位等条件优势,坚持"产业兴农、产业强场"发展主线,加快推动资源资产整合,提升现代企业经营水平,推动农场高质量发展。

一、加强顶层设计,深挖合作潜力,明晰发展路径

坚持从牧场实际出发,进一步明确阶段性发展目标和重点,一以贯之抓落实。

一是编制一个产业规划。与中国农业大学合作,2020 年编制完成了《承德市国营鱼儿山牧场"十四五"特色主导产业发展规划》,为未来五年牧场产业发展绘制了时间表和路线图。

二是明确一个发展定位。立足牧场处于北方农牧交错带和黄金旅游线路"一号风景大道"沿线的优势,挖掘牧场农耕文化、草原游牧文化资源,确定牧场定位于建设生态型、观光型、融合型的现代化农垦牧场,全力打造冀北坝上地区农牧文旅融合发展的示范样板。

三是完成一项关键改革。扎实推进办社会职能改革,将牧场原有医院、学校等移交属地乡镇管理,保留了公共服务、农牧综合服务、森林草原管护服务,2021 年成立了承德鱼儿山承垦农业发展有限公司,实现了"轻装上阵"、心无旁骛谋发展。

四是引入一家战略伙伴。在承德市农业农村局全力支持下,2021 年引进了广州市朴诚乳业有限公司,建成了总投资 5 亿元的观光型牧场项目,带动周边种植牧草 8 000 亩;配套建设占地 300 亩的亲子乐园,年接待能力 2 万人次,带动当地就业 150 余人,人均月工资 5 000 元。牧场年获得租金收入 252 万元,实现了多方共赢。

二、立足资源禀赋,深化融合发展,提升产业效益

紧紧围绕构建农牧文旅融合发展模式,加快延伸产业链条,多措并举推动牧场产业提质增效。

一是做强蔬菜产业，筑牢发展基础。为破解坝上冷凉气候限制、推进蔬菜产业高产，利用中央财政衔接资金近 3 000 万元，打造设施蔬菜示范园区，配套建设育苗工厂 4 500 平方米、扩繁温室 1 000 平方米、无土栽培室 1 000 平方米、冷库 2 700 平方米。牧场设施蔬菜面积达 6 万平方米，带动经营户 2 000 余户，带动错季蔬菜种植面积达到 5 万亩，园区年均产值 1.8 亿元，2018 年成功创建为"河北省现代农业精品园区"。引入丰宁昌达农业，在牧场内建设有机蔬菜基地 2 500 亩，基地专供盒马、叮咚买菜等商超，年销售额 6 000 余万元，牧场年获得租金收入 100 万元。

二是深化农旅融合，丰富发展形式。抢抓承德市承办"第三届河北省旅游产业发展大会"契机，在"一号风景大道"沿线布局油料作物、观赏花卉等特色品种，栽植金莲花 15 万株、干枝梅 5 万株，建观景平台 1 座，打造大地景观画 2 处。瞄准留住游客住宿和餐饮消费，累计投入资金 3 000 余万元，建成蒙古包 20 个、木屋 30 个、酒店 7 000 余平方米，年接待能力达到 2 万人次。打造自己的特色农产品品牌，注册了滦福源、白小鱼、御垦等 6 个农垦品牌商标，九鼎御、御垦获省最具市场活力品牌称号，白小鱼、鱼儿山、滦福源被纳入中国农垦品牌目录；配建米、面、油、茶、酒等手工作坊供游客实地体验，满足游客多元需求，努力打造农场经济新的增长点。

三是推进"认领"经济，拓宽发展空间。将传统农业生产与现代服务业相结合，运用线上线下融合手段，建设"线下 QQ 农场"，以 0.1 亩地为一个单元吸引消费者认种马铃薯，每个单元售价 580 元；同步实施"卖油翁"计划，种植"定制"油菜花田，花田标注消费者名字、油桶粘贴专属标识，消费者以每亩 44 千克菜籽或 24 升菜籽油的市场价格付费，亩均纯收入提高 300 元。

三、强化要素保障，创新经营方式，激活发展活力

坚持政、产、学、研齐发力，着力盘活资源资产，不断强化产业发展关键要素支撑。

一是用好政策资金支持。积极谋划产业项目，争取部级、省级政策和资金支持，累计获得政策性资金 3 500 余万元，撬动各方投资 6 亿多元，破解资金瓶颈，牧场基础设施建设和产业带动能力显著提升。

二是强化农业科研协作。先后与中国农业大学、中国科学院植物研究所等科研机构建立了稳定的合作关系，承担完成国家科研与示范推广项目 10 余项、获得省部级奖励 3 项，获评"现代农业产业循环发展试点"，河北省农业创新驿站、中国农业大学河北丰宁草种业科技小院相继落户，成为农业科技研发和试验示范推广的重要"孵化地"，为牧场现代农业发展提供了重要智力支持。

三是打造绿色高效发展模式。大力发展蔬菜和牧草轮作、牧草供应牧场、牧场粪污制作有机肥助力蔬菜发展的循环农业，畜禽粪污综合利用率达到 95%，绿色、有机认证面积 0.7 万亩，在提高农产品品质的同时，实现了经济效益、生态效益双丰收。

四是促进土地高效利用。采取"反包倒租"形式流转土地，打破身份田、口粮田、经营田界限，牧场累计代为管理耕地 2 万亩，除保障场内农工种植安置外，其余耕地面向社会发包，收益由 100 元/亩提高到 200 元/亩，土地利用效率显著提高，推动了产业规模

化、集约化发展。

五是搭建综合服务平台。利用中央财政衔接资金 320 万元，建成了集大数据、云计算和物联网技术于一体的现代化农业服务综合平台，为牧场内 100 多个经营主体提供温度、湿度、光照、农情监测等服务，覆盖耕地面积 2.7 万亩，有效提升了农业智能化、数字化、信息化发展水平，实现了经济效益和社会效益双赢。

经验启示：

　　近几年来，承德鱼儿山承垦农业发展有限公司立足自然条件，在开发利用资源禀赋上做文章，围绕养殖业、高原冷凉蔬菜和休闲观光旅游业 3 个重点，加强顶层设计，理清发展思路，优化产业布局，积极招商引资，加强基础设施建设和科研协作，丰富"农牧文旅"融合形式，使生产模式向设施化、智能化、品牌化、多元化转变，推动了产业结构优化升级和特色产业高质量发展。

推广先进技术模式　助力农场产业振兴

通榆县双岗鹿场农牧有限公司

通榆县双岗鹿场农牧有限公司（以下简称双岗鹿场）成立于2018年，前身是1958年建立的国有农场通榆县双岗鹿场。双岗鹿场地处吉林省西部干旱地区，现有耕地面积2.79万余亩，职工500余人，以玉米、大豆种植为主，是农业农村部确定的欠发达国有农场。近年来，鹿场充分利用"欠发达国有农场巩固提升任务"衔接资金，持续更新农机装备，大力发展节水农业，全面推广水肥一体化种植技术，做好粮食"种、收、储、加、运、销"全链条文章，经济效益逐年提高，焕发出新的生机活力。

一、依托资源优势大力发展现代农业

（一）整合土地资源，发展规模化经营

土地集约化、规模化经营是集成运用现代农业技术装备的前提条件。改革之初，双岗鹿场就找准发展方向，推进土地资源整合。2021年，利用"欠发达国有农场巩固提升任务"衔接资金购置农机具21台（套），新上23公顷智能水肥一体化设备1套，并邀请中国工程院尹飞虎院士到农场加强指导，实施秸秆全量还田培肥地力。先进生产设备到位后，通过土地流转和托管服务，陆续扩大土地经营面积，到2024年共经营土地4 000亩，打造新装备、新技术、新品种、新模式种植示范区。

（二）探索先进技术，努力提高单产水平

双岗鹿场经过多年实践摸索出一整套适合当地土壤和气候的种植模式，即"合理密植＋宽窄行水肥一体化＋秸秆全量还田"。过去采用常规种植模式亩产玉米平均450千克，2022年采用新模式后达到850千克，与吉林中部粮食高产地区持平。同时，承担农垦"国家队"重任，种植大豆600亩，超额完成全年大豆扩种任务，其中划出300亩作为吉林大学新品种吉大豆19的育种基地，平均亩产达250千克，较普通品种高150%，颠覆了当地农民及职工对大豆易得病、产量低、效益差的认知，为推动农垦粮油单产提升工作起到了典型引路作用。2022年，农场获得吉林省委、省政府颁发的"粮食生产突出贡献大豆种植优秀主体"表彰，获得价值30万元的大马力拖拉机一台的奖励。

（三）注重技术推广，强化联农带农益农

双岗鹿场在自身发展的同时不忘"传帮带"当地职工农户，通过带领职工外出学习培

训、召开农田现场观摩会、聘请高校教授专家授课、组织技术人员到田间地头指导、企业为职工代耕等方式进行示范带动，取得良好效果。2024 年，全场采用水肥一体化技术种植面积超过 2.5 万余亩，覆盖鹿场耕地总面积 90％以上，带动农户彻底改变了过去焚烧秸秆污染环境的陋习，秋翻、春翻秸秆还田面积超过 2.3 万余亩，达到鹿场耕地总面积的 80％以上。2021—2024 年，企业共为 56 人提供长期和临时就业岗位，发放工资 100 余万元。

二、瞄准当地需求发展优势产业

双岗鹿场在提高粮食单产的同时，针对当地粮食产量大、收储难的实际，利用紧临长白公路、双嫩高速和平齐铁路的区位优势，谋划粮食收储产业发展。利用 2022 年、2023 年"欠发达国有农场巩固提升任务"衔接资金，新建成粮食收储库房 1 500 平方米、生产附属用房 140 平方米，硬化粮食晾晒场地 10 000 平方米，同时自筹资金 50 余万元购置地磅秤，在职工卖粮时为其提供免费服务，维修粮食运输专用简易道路 500 余米。这些项目有效缓解了农场职工及周边农民秋天粮食收储难的问题。

三、强化产业融合推动高质高效发展

（一）一产注重粮食科学种植

在农场内部选定种植能手，组建专业队伍，培养合格农机手，利用农场技术领先、农机装备水平高的优势，提升农场对周边社会化服务能力。双岗鹿场积极与科研单位和涉农院校共同承担科研课题和试验：与吉林大学植物科学学院共同承担吉林省农业农村厅的"2024 年高产耐密玉米品种核心展示示范"项目，由吉林大学进行实地种植技术指导，示范 70 个玉米常规品种，筛选出 10 个适合当地种植的高产耐密品种，并对 2023 年筛选出的 8 个高产耐密品种进行大面积示范展示，形成适用于通榆县的"品种＋环境＋措施""三位一体"玉米密植高产高效生产技术；与中国科学院南京土壤研究所、南京农业大学、中国科学院东北地理与农业生态研究所农业技术中心共同进行盐碱地种植改良试验。

（二）二产注重粮食收储烘干

2024 年，双岗鹿场利用"欠发达国有农场巩固提升任务"衔接资金，在 2022 年、2023 年建设的粮食收储场地上，继续实施建设 300 吨粮食烘干塔及相关配套附属设施，新建 500 吨潮粮仓一座，增加硬化水泥地面 1 500 平方米，有效解决了收获期粮食集中上市价格低、大堆储存粮食易霉变的难题。

（三）三产注重粮食销售运输

购买运粮翻斗车，组建粮食收购销售运输车队，与当地粮库和南方购粮商沟通联系，将自产粮食和收购职工的粮食烘干销售，实现了粮食从收获、储存到加工、销售、运输的全环节高效管理，保障了粮食质量，减少了粮食损耗，提高了经济效益。

经验启示：

双岗鹿场作为欠发达国有农场，有效利用国家衔接资金，大力购置先进农业机械，探索高产高效技术模式，发展粮食收储烘干销售产业，很好地契合了当地粮食产业发展需求，同时加强与科研院所和高校的技术合作，为周边农户开展社会化服务，有力推动了农场主导产业由小变大、由弱做强。

加快推进高质量发展
助力脱贫农场产业振兴

安徽省农垦集团十字铺茶场有限公司

安徽省农垦集团十字铺茶场有限公司（以下简称十字铺茶场）是安徽皖垦茶业集团有限公司下辖企业，1958 年建场，高峰期茶园面积达 2 万多亩，有"江南茶海"之美誉。近年来，公司积极落实安徽农垦"强科技、大基地、全产业链"的发展战略，统筹利用国家、省级扶贫资金，加大衰老茶园改造改植力度，加快建设现代农业（茶业）大基地、大企业、大产业，实现茶场脱贫脱困、茶农增收致富。2023 年，公司实现营收 10 697 万元，同比增长 25%；职工人均收入 74 994 元，同比增长 11.6%。企业彻底摆脱经营困难、举步维艰的窘境，对周边村镇的辐射带动作用明显增强。

一、发挥扶贫项目作用，建设优质茶园基地

公司茶园大多是 20 世纪五六十年代的籽播茶园，茶树多为祁门槠叶种，树龄长，树势衰老衰败，造成加工茶产品结构单一，档次低下，企业经营困难，长期被列为国家级贫困农场。为此公司新植无性系名优茶园，建设高产高效茶园，打造绿色优质茶叶基地。

一是利用扶贫项目发展名优茶园。2018—2022 年，公司组织实施六期财政扶贫项目——良种名优茶园建设项目，累计投资 1 000 余万元，种植白茶、奶白茶、龙井、中茶 108、黄金芽等名优茶近 2 000 亩，茶树良种化率由原来几乎为 0 提高到 20% 左右。通过精心培育、严格管理，茶叶品质显著提升。良种茶园 5 年后亩均收入万元以上，亩均收益 4 000 多元。目前，与属地政府合作共建的 1 500 亩白茶产业园项目正在规划实施中。

二是加大投入力度改造衰老茶园。为促进老茶园质量提档升级，公司每年自行投入近百万元，以每年 500～1 000 亩的规模逐步对衰老茶园进行改造提升，目前累计完成改造近 5 000 亩，衰老茶园占比由原来的 80% 以上下降到 20% 以下。茶场还积极培育符合日标、欧标的茶叶原料基地，争取获得雨林联盟认证，并为国内头部企业提供新式茶饮原料，为茶产业高质量发展奠定坚实基础。

三是辐射带动周边助力乡村振兴。2 000 亩名优茶园建成后，随着经营效益大幅提升，职工、村民每年通过茶园管理和务工、采茶等获得更多收入。2024 年茶场春茶一季采茶用工达 2 300 余人，人均收入 3 000 元左右。据不完全统计，公司辐射带动周边乡村发展名优茶园近 2 万亩，有力推动了村民致富、乡村振兴。

二、加强技术改造升级，提高茶叶加工质量

公司原有茶叶加工设备、厂房等老化落后，加工效率低下，质量无法保证，基地鲜叶产量与茶厂加工制作能力严重不配套。为此，公司加快设备改造，推进技术合作，强化品牌建设，努力提升产品附加值。

一是多管齐下建设生产加工项目。2021年利用财政资金项目投资400万元建设名优茶生产加工厂房项目，配备一条高标准清洁化全自动名优茶加工生产线。2023年投产后，当年产值就达600余万元，2024年产值达800万～1 000万元。2021—2022年，投资380万元建设"皖垦茶业集团茶叶研发中心十字铺茶场分中心"，进一步提升了茶产业研发能力。2024年，投资1 700余万元建设"十字铺茶场公司茶产业技改项目"，进一步完善配套名优茶、大宗茶、精制茶等生产设备，建强茶叶加工链。乌龙茶、黑茶生产厂房及加工生产线项目也在积极谋划之中。

二是加强合作研发关键核心技术。在皖垦茶业集团的组织领导下，公司与安徽农业大学、安徽省农业科学院及相关茶业企业等单位开展合作，在厂房设备、产品品种、加工工艺等方面共同开展关键技术攻关。依托茶业集团省级农业产业化龙头企业——安徽省绿魁茶业有限公司，由单一的绿茶（眉茶）生产加快转向乌龙茶、黑茶等多品种试生产。

三是共建品牌提高产品竞争力。根据皖垦茶业集团的茶产业发展战略，公司名优茶产品共打"敬亭绿雪"品牌，大宗茶产品共建"绿魁"品牌。结合"宣城黄金芽"区域公用品牌建设，打造皖垦茶叶靓丽名片。

三、深化管理体制改革，实现统一高效运营

过去公司长期实行职工承包、租赁经营的分散经营管理模式，随着形势发展变化，这种模式已不适应皖垦茶业集团"打造体制顺畅、运营高效的一流现代农业企业集团"的要求。为此，公司对经营管理体制机制进行了改革重塑，着力激发内在发展动力。

一是结构设置市场化。撤销公司原有4个分场，组建4个经营部，功能由单纯的管理型拓展为生产经营型，各经营部成为市场主体。

二是生产经营统一化。改变过去一包了之、一租了之的做法，将茶园收回后由各经营部实行"五统一"，即统一管理、统一生产、统一加工、统一销售、统一经营，同时推进"社会化服务＋地方"行动。2023年，茶园统一经营面积达5 200余亩，占公司茶园面积的51%，2024年，茶园统一经营面积达到100%，进一步拓展了社会化服务的范围和内容。

三是人员配置基层化。结合茶业集团人力资源"三定"改革，将技术人员和骨干人员配备到经营部、充实到基层一线，加强茶园管理、茶叶加工、产品营销等力量。

四是薪酬考核绩效化。开展全员绩效考核，向基层一线人员倾斜，根据各经营部的业绩，合理拉开收入差距。取消各经营部管理人员按级别岗位来考核和发放薪酬的办法，采取基本薪酬加绩效薪酬的方式。根据各经营部的产值及利润等经营指标完成情

况，考核经营业绩，确定绩效薪酬。

经验启示：

　　十字铺茶场坚持以高质量发展为主题，积极推进茶园标准化、生态化、宜机化和茶厂自动化、清洁化、标准化建设，把资源优势转化为产品优势。利用茶园优质资源，瞄准白茶、黄金芽、乌龙茶等潜力市场，充分利用集团和地方知名品牌，加强品牌建设和营销管理，把产品优势转化为市场优势。坚持走创新发展道路，加强茶叶新产品新技术研发应用，深化管理体制改革，提升了全产业链发展空间，激发了内生发展动力，把规模优势、品质优势转化成为经济优势。

培育优势产业　擦亮特色品牌

江西省恒湖综合垦殖场

江西省恒湖综合垦殖场（以下简称恒湖垦殖场）位于江西省南昌市鄱阳湖畔，占地60平方公里，耕地面积6万余亩，以水稻、小龙虾为主要产业。近年来，恒湖垦殖场认真贯彻党中央、国务院关于实现巩固拓展脱贫攻坚成果同乡村振兴有效衔接精神，按照"乡村振兴产业先行"思路，大力发展稻虾综合种养特色产业，成为江西省集中连片规模最大的小龙虾生产基地。2024年，垦殖场稻虾综合种养面积4.86万亩，全年稻谷总产量31 000吨，小龙虾年产量超5 100吨，稻虾产业附属产品（黄鳝、泥鳅、甲鱼、杂鱼等）年产量350多吨，产值达1.43亿元，带动职工户均增收5.1万元（不含稻虾产业附属产品）。

一、在找准特色支柱产业上精心谋划

恒湖垦殖场自建场以来就以水稻种植为主，常年种植双季水稻，但地势低洼的湖田面积占35%左右，面临容易内涝、收益不高、地力下降等问题。面对这一问题，恒湖垦殖场积极推动产业结构调整，从2016年开始，逐步探索推广稻田综合种养模式，因地制宜发展稻虾产业，收益明显增加，有效改变了垦殖场低洼水稻田收益不高的局面。同时，有计划地减少化肥农药用量，促进土壤有机质自我修复，逐渐形成"一水两用、一田双收、稻虾共赢、稳粮增收"的良性稻虾生态循环，取得了较好的社会、生态、经济效益，达到了"水稻＋水产＝粮食增产＋小龙虾增产＋农场增效＋农民增收＋生态环保"（1＋1＝5）的效果。

二、在破解特色产业发展瓶颈上推出实招

"十三五"以来，恒湖垦殖场紧盯稻虾产业配套基础设施短板，利用国有贫困农场扶贫项目资金先后实施了五期工程，解决了生产用电、生产用水、田间道路等基础设施问题，实现了种植养殖区的路通、电通、水通。为解决库虾加工、产品交易、运输等急难愁盼问题，2021—2022年，垦殖场利用衔接推进乡村振兴补助资金，着力改善产业配套基础设施，建设了制冰厂、冷库、小龙虾虾尾加工厂等，延伸了小龙虾产业链条，提高了产业综合收益。2023年，为助力小龙虾生产基地的发展提升，垦殖场制定2023—2025年三年总体规划，规划建设一座集收购、蒸煮、加工、包装、冷链仓储运输于一体的生产加工厂房，并积极研制开发小龙虾预制菜产品，打造小龙虾美食一条街。

三、在做实特色产业服务保障上狠抓实效

为服务稻虾产业，恒湖垦殖场成立了稻虾产业办公室，统筹联合政府、企业、高校等各方面力量，千方百计做大做强第一产业。坚持从改善基础设施、强化生产安全、开展技术指导、开展水质监测、优化销售服务、维护市场秩序等方面持续发力，全方位、全环节、全天候服务小龙虾产业发展。先后建设了小龙虾集中交易市场、冷库、制冰厂、小龙虾虾尾加工厂等，方便养殖户仓储交易，虾尾、小虾实现规模化加工利用，冷冻错峰销售，提高了养殖收益。组建恒湖小龙虾推广协会，通过集中交易、透明价格、严格管理等手段，防止经销商恶意压价，实现"优质优价"。同时协调南昌市水产大市场设立了恒湖小龙虾专售点，减少中间交易环节，降低交易成本，提升交易便捷度。

四、在推动特色产业升级上全面发力

通过持续推进品牌化、数字化、智能化发展战略，大力推动垦殖场稻虾特色产业升级，走出了一条集现代农业、生态农业、绿色农业于一体的发展道路。

一是推进品牌化发展战略。"恒湖小龙虾""恒湖大米"等品牌已完成商标注册，其地理标志证明商标已向国家知识产权局商标局申请注册，并确定地域保护范围，建立商标管理规则。"恒湖小龙虾"成为南昌市五大区域公用品牌之一，"生态恒湖、醉美龙虾"声名远扬。为扩大"恒湖小龙虾"的影响力，2021年举办了首届南昌（恒湖）小龙虾美食节，3天内游客接待量突破5.2万人次，产销对接总成交额达1 100万元，拉动消费超1 000万元。

二是推进数字化发展战略。垦殖场投资120万元，实施京东农场恒湖垦殖场现代农业产业园项目，建设数字化京东农场，利用京东平台优势，搭建起优质农产品从田间直达餐桌全程可追溯的数字化体系，实现农产品从优地优品到优质优价的转变。

三是推进绿色发展战略。垦殖场着眼绿色生态发展，持续推动农药、化肥减量行动。一方面充分利用稻虾综合种养小龙虾养殖周期产生的有机肥，减少化肥施用；另一方面采取对虾类无害的生物农药和物理防治方法，防止农药对虾的影响，使绿色生态效益显现，"恒湖稻虾米"品质更加优良。目前，恒湖稻谷已获得绿色食品证书，"恒湖小龙虾"品牌影响力得到有效提升。

四是推进文化发展战略。垦殖场充分发挥恒湖丰富的人文资源，大力唱响"鄱湖文化""稻虾文化""农垦文化""知青文化"四大文化，积极发展文旅产业、研学产业，推动一二三产业深度融合发展。

经验启示：

恒湖垦殖场根据自身地势低洼、容易内涝、收益不高等基本情况，在找准特色支柱产业上精心谋划，探索稻田综合种养模式，形成"一水两用、一田双收、稻虾共赢、

稳粮增收"的良性稻虾生态循环，取得了较好的社会、生态、经济效益。与此同时，加强行业管理、开展技术指导、规范经营行为、优化销售服务，配套建设交易市场、冷库、制冰厂、小龙虾虾尾加工厂，持续推进特色产业品牌化、数字化、绿色化发展，走出一条因地制宜发展特色产业的成功路子。

立足资源禀赋优势　推进产业融合发展

湖北省竹溪综合农场

湖北省竹溪综合农场位于秦巴山腹地，是湖北省农垦系统最边远的山区欠发达农场。近年来，农场准确把握新时期农垦改革发展方向，以垦区集团化、农场企业化发展为目标，以坚持国有国营、大力发展经济为根本，结合山区实际和资源优势，在巩固脱贫攻坚成果、推进农场振兴上积极探索融合发展模式，走出了一条独具特色的发展之路，富美农场建设取得了良好成效。

一、立足特色优势，久久为功促发展

（一）抓发展规划，精准定位谋长远

按照中央、省委关于农垦改革发展总要求，结合全县发展战略规划和农场实际，着眼长远，认真谋划，聘请专业机构在充分调研基础上，编制了产业规划、美丽乡村规划和营盘山景区规划等，统筹产业、民生和社会事业协调发展。根据各分场资源禀赋的不同，合理规划产业布局。杨家扒分场以文旅康养产业为核心，建有营盘山 AAA 级旅游景区一处，已开发梯级瀑布群、观景亭等多个景点，停车场、游客中心、会议中心、茶艺体验中心，以及景区内公路、餐饮、住宿、游步道、栈桥、栈道等基础设施基本完善，承担重要培训、团建和会议等活动。伍家坡、三合分场以发展高山生态有机茶为重点，发展适采茶园近 3 000 亩，平均海拔均在 1 100 米以上，年产高、中档有机绿茶、红茶 6 250 千克以上，2023 年，实现茶叶收入 550 万元，带动场农和周边 300 余农户人均增收近 6 000 元。云雾溪分场以发展林下中药材和高山蔬菜为特色，种植黄连、重楼等中药材 300 余亩，发展红油香椿种植 120 亩，年产值近 300 万元。

（二）抓项目谋划，壮大资产增动能

锚定高质量发展目标，牢固树立"发展为要、项目为王、实干为先"的理念，围绕农业产业发展，以特色品牌创建、产业链延伸、产业融合为着力点，因地制宜谋划产业、争取项目。近几年，先后争取欠发达国有农场中央衔接资金项目 4 个，落实资金近 1 200 万元；争取中央粮食专项（藏粮于地藏粮于技）资金项目 1 个，总投资 1 500 万元；争取国烟扶贫项目 1 个，总投资 350 万元；同湖北省农业发展集团合作的生态康养度假区项目已完成概念性规划编制，计划在三年内完成不低于 2.4 亿元的投资。项目的积极争取和资金的有效利用，为农场经济社会高质量发展提供了强力引擎。

（三）抓蓝图接力，实干实为惠民生

"十三五"以来，农场历届党委班子坚持把发展作为第一要务，牢固树立以人民为中心的发展思想，一任接着一任干、一张蓝图绘到底。自觉做到确定的重大部署不变、既定的发展路径不变、现有的工作节奏不变，以办好民生实事、增进民生福祉为出发点，以壮大产业、富民增收为第一要务，千方百计推动农场发展。2023 年，营盘山景区累计接待游客 5 000 余人次，较 2020 年增长 43％。农场全年生产总值 4 000 万元，工农业总产值 3 450 万元，固定资产投资 3 000 万元。人均可支配收入 19 846 元，较 2020 年增长 25％。全场就业人数稳步增长，农工场内就业人数年均增长 20％，人均增收 6 000 元以上，并带动周边乡镇农村闲散劳力季节性务工 3 000 余人次，人均增收 4 000 元以上。

二、立足资源禀赋，推进产业融合发展

依托营盘山奇山秀水资源和封神文化底蕴，构建"基地＋景区＋产业"的融合发展新模式，现建有景观桃园 100 亩，野生猕猴桃基地 100 亩，景观茶园 1 500 亩，经过近几年的大力发展，产业基地逐渐与营盘山景区融为一体，基础设施不断完善，已初步建成观光、探险、采摘、生产、品鉴等一站式茶旅、农旅文化体验区。

（一）强化项目支撑，促进农业产业现代化

2021—2023 年，通过先后实施茶叶加工车间及仓储附属设施建设项目、智慧茶园建设项目、欠发达国有农场巩固提升项目等，提升了茶园管理水平和茶叶品质，延长了产业链，极大提高了生产效能。同时，以茶文化带动延伸茶产业经济，打造独具特色的竹溪高山茶文化生态旅游品牌，解决了农业产业附加值过低的问题，拓宽了茶叶销售渠道，增强了品牌影响力和综合效益。

（二）加大科技投入，提升农特产品竞争力

一是依托专家工作站，持续加强茶叶基地标准化建设，综合提升基地品质和林相品位，茶香景美，四季如画。二是严格执行有机茶种植、加工、检测技术标准，持续提升茶叶有机品牌效应。"习武"茶连续四年通过国家有机产品认证和国家可追溯产品质量认证，2021 年加入全国农垦茶叶品牌联盟，入选中国农垦品牌目录。三是加强技术培训，严把产品质量关，持续提升茶叶研发和工艺水平。高山云雾出好茶的原生品质和深研精制的质量提升，夯实了习武茶"小众而高端，质优而俏销"的市场定位。

（三）拉长产业链条，推进三产融合发展

设立农旅观光体验区，游客既可以在这里欣赏美丽的茶园风光，又可亲自参与采茶制茶和猕猴桃、雪桃采摘等体验活动，增强游客对农业和茶文化的了解和兴趣，吸引了大量游客前来赏玩体验。2023 年，营盘山景区被认定为"中国著名作家采风创作基地"和"十堰市劳模（职工）疗休养基地"。积极促成湖北省农业发展实业集团与亲家母食品股份

有限公司合作，开展农家土猪肉、高山蔬菜深加工。当地农工不仅通过农产品种植获得收益，还能从加工环节和服务业中获得劳动报酬。鼓励农工通过自主开办农家乐、旅游小超市、为游客带路等方式获得收益，让生活更加富足。农场成功实现了一二三产业的深度融合发展。

（四）凸显优势特色，精心打造乡村旅游项目

依托营盘山顶万亩野生海棠独特资源，建设从2 370米海拔的山顶到1 100海拔的山脚数条海棠景观带，共栽植海棠5 000余株，将场区内田园房舍、道路广场、生态林木等资源建成一步一景的景观小品，有效避免了乡村旅游的同质化问题。

（五）挖掘历史资源，扩大景区人文品牌效应

深入挖掘宣传营盘山封神文化传说、山水资源和农场高山创业文化，2023年成功举办营盘山摄影征文大赛、中国著名作家采风创作活动，使用景区美景照片制作明信片，在各类媒体播出宣传视频，在当地刊物《绿野》出版专刊一期，收到较好的宣传效果。由一批中国当代著名作家的采风作品汇编而成的《海棠花开的时候》一书已正式出版销售。

三、强化联农带农，促进共同增收致富

（一）优化完善持续帮扶机制

一是鼓励本场农工优先在产业基地中务工增收。每年聘请农工在茶园、果园、景区参与生产、管护、保洁等工作800余人次，人均增收6 000元以上。二是出台产业扶持到户奖补办法，按务工收入每500元奖补100元的标准对务工农民进行奖补，累计发放补助资金30余万元。三是对发展产业脱贫农民的小额贷款进行贴息，累计发放扶贫小额贷款60户285.6万元。四是开发公益性岗位带动农户增收，累计开发公益性岗位34人，聘请脱贫户45人担任天然林管护员。农场每年辐射带动周边从业人员1 000人增收250万元，招商引进合作企业2家总投资600万元。

（二）持续开展贫困群体动态监测

每年两次在全场范围内开展防返贫监测帮扶集中排查，建立低收入人群动态监测评价机制，根据监测到的变化及时调整帮扶计划，对就业出现问题的低收入人员，提供再就业培训、就业推荐等；针对突发情况导致困难加剧的，启动临时救助机制，明确专人开展定期回访与跟踪，确保帮扶措施真正落实并持续发挥作用。工作开展以来，累计实施大病救治5人，纳入慢性病签约管理12人，发放生活困难救助资金16.35万元，发放医疗救助资金21.7万元，有效避免了返贫现象发生。

（三）强化基础设施维护完善

将脱贫攻坚形成的资产确权为竹溪县综合农场办事处所有国有资产，录入系统，建立台账，后续运营管护移交给资产所在分场，明确具体运营管护责任人，建章立制。2022

年以来，修建农村公共厕所 8 座及河道护堤、池塘护堤 280 米，新增路灯 30 盏，建设"花园式"墓地一处 200 平方米、居民文化广场两处共 300 平方米，切实加强对农田水利、道路交通等生产生活基础设施的维护和管理，持续改善群众生产生活条件、促进群众稳定增收。

> **经验启示：**
>
> 湖北省竹溪综合农场在推进农场改革发展中，立足山区实际，根据各分场山水资源、人文历史等不同资源禀赋，合理规划布局产业，形成一场一品发展特色。在农业上将科技投入与传统种植相结合，大力发展高山有机绿茶、无公害蔬菜（水果）、中草药产业；在工业上以茶叶、香椿、腊肉等农特产品精深加工销售为主，培植壮大农业产业化龙头企业；在服务业上以营盘山景区为核心，形成观光、避暑、探险、森林康养、餐饮住宿、会务、娱乐等一条龙旅游服务。竹溪综合农场探索实施的三产融合发展模式，符合自身实际，既壮大了农场发展底盘，又促进了农工致富增收，为实现巩固拓展脱贫攻坚成果和农场全面振兴有效衔接提供了成功经验。

坚持"四场"战略　建设"两区一镇"
绘就农场振兴新画卷

湖北省六合垸农场

湖北省六合垸农场（以下简称六合垸农场）建于 1961 年 10 月，历史上，因有亢辛、良木、岳家、佛华、朱谢、太师 6 个小垸而得名六合垸。作为"十四五"期间全国农垦欠发达国有农场，六合垸农场坚持"农业稳场、工业强场、城建亮场、文化兴场"发展战略，紧扣"耕地向规模集中，企业向园区集中，居民向镇区集中"发展路径，着力构建现代农业示范区、全域旅游发展示范区、农旅融合幸福宜居小镇，全面推进农场高质量发展，在乡村全面振兴的康庄大道上全速前进。

一、赋能现代农业发展，夯"农业塑场"根基

（一）打造优质粮食工程示范区

全域推进优质粮食工程，以"市场主体（企业）＋"的运作模式，结合农场土地集中连片优势，按照"六统一"要求，落实优质粮食种植面积 2 万余亩。此外，通过 4 家土地合作社领办发展优质粮食种植面积 2 798 亩。筹建江陵县鹤成农业发展有限公司，建设集收储、烘干、加工、销售于一体的优质粮食精深加工龙头企业，通过"示范企业＋合作社＋基地＋农户"模式，做实做强全县粮食联合体。聚焦农产品品质，以品质优势塑造品牌优势，申请注册"曹夹湖贡米"品牌，抓好白湖莲藕品质，打造"喜上福""喜乐福"两个"千里江陵"优质虾稻米品牌。支持湖北明天隆禾种业科技有限公司开展水稻种子繁育、新品种示范试验推广，拟建 1 个院士工作站。

（二）夯实农业发展根基

统筹高标准农田、小型农田水利建设、美丽家园移民等项目资金，大力开展农田水利基本建设，不断夯实农业发展基础。谋划实施重建六合泵站、六合垸左岭渠硬化和主渠河护坡老化维修项目、曾大河整险加固工程，增强农田水利工程抵御自然灾害的能力，扛稳粮食安全重任。突出发挥农场"国家队"作用，加强农场新技术、新装备和新模式的试验示范，通过窗口展示、科技服务、跨区作业和垦地共建等方式，打造新型现代农业发展六合模式。

（三）"两田制"改革先行先试

创新探索国有土地管理方式，深化"两田制"改革，将职工的"经营田"和"身份

田"统一纳入"商品田"管理并进行租赁（实现"两田变一田"）。租赁收入资金中的责任田收益以货币形式返还给职工，保基本运转、保社会稳定。有序推动土地流转，促进适度规模经营，确保国有土地保值增值。

二、聚力场域实现经济发展，走"工业强场"之路

（一）高举招商引资大旗，持续做大项目增量

坚持招商引资"一号工程"不动摇，不断完善招商工作机制，更新招商引资考核办法，充分凝聚全员招商共识，以顶格状态、顶格力量抓招商。发动整合商会、协会、校友会、乡贤会、中介组织等各种资源，搭建"六合垸政企双创服务"招商交流平台，通过交流平台共收集有效信息50余条，开展招商洽谈活动30余次，成功签约项目12个，其中9个项目成功落地，为农场工业经济突破式发展打下了坚实基础。

（二）树牢项目为王理念，持续扩大有效投资

大力发展飞地经济，立足江陵开发区城东工业园纺织服装产业优势，引导带动了荆州素纤服装有限公司、绍兴云昊纺织品有限公司等产业链关联企业入驻。持续整合农场资源，通过租赁、合作等方式成功引进了必旺科技和云帮扶小龙虾深加工、伟东木材加工等项目，将僵尸企业和闲置土地成功盘活。通过"腾笼换鸟"方式，向"土地存量"要"发展增量"，盘活存量土地资源，进一步拓展企业发展空间，破解土地要素瓶颈制约，同时积极引导荆州市赛泰软体家具材料有限公司、江陵县天权米业有限公司技改赋能，产能增大，产品提质，夯实了工业根基。

（三）构建亲清政商关系，持续抢抓重大机遇

将优化营商环境视作经济发展的生命线，不断改进干部作风，优化服务流程，深入开展"十问十帮"活动，为企业项目建成投产达效提供全流程"保姆式"服务。为确保普农项目快速投产，积极争取有关部门，实现全县第一个"五证齐发"，企业所需金融贷款迎刃而解。总投资5.4亿元的华电渔光互补项目顺利实施，水产养殖场106户职工全部签订合同并搬迁，工程项目施工进展顺利。项目实施后，土地租赁金、鱼塘发包金、税收返还金"三金"年收入可达1 000万元以上，对比之前增长25倍。为解决拆迁户住房问题，农场采取"统一规划、统一代建、统一监理、统一配套"方案修建东风里和合小区，项目实施后腾迁土地116亩，节约建设用地1.1万平方米，实现经济效益和社会效益双赢。2023年，农场生产总值2.8亿元，同比增长4.46%。规模以上工业总产值完成2亿元，同比增长62.7%；固定资产投资完成3.5亿元，同比增长123%；工业投资完成3亿元，同比增长106.5%。主要经济指标名列全县第一方阵，工业产值及规上企业销售额同比增幅均位列全县第一。

三、实施生态人文提升，添"城建亮场"底色

（一）推行集中居住

因地制宜采取 3 种不同风格进行推进，分别是六合小区集资建楼、振兴小区拆旧建新、幸福小区联户共建。3 个小区共计 572 户，其中各分场向镇区集中 300 余户。争取项目、整合资金对具备条件的生产队积极探索"迁村腾地""撤队并场"建设。告别过去"一鱼塘、一小院、一菜地"的历史，节约土地 1 019 亩，建设用地指标 1 164 亩。

（二）改善乡村环境

推进"清渠洁岸·共同缔造"活动，坚决打赢洪湖流域水生态环境综合治理攻坚战、持久战、总体战。大力推进村庄整治行动、黑臭水体治理行动，完成东风路黑臭坑塘整治、左岭队万新队污水坑塘整治等 10 余处整治工程，变"脏、乱、差"为"绿、净、美"，全境实现河畅、水清、岸绿、景美。

（三）畅通对外交流

开展"全域畅通"攻坚行动，完成"郝六线"六合段道路提档升级，统筹破损道路修复、断头路连接、队队入户连心路改造工程，打通农产品外出"通道"，打造 15 分钟镇区交通圈，为居民安全出行、农产品输出提供便利。

（四）强化镇区功能

投入 2 500 万元建设集镇污水处理厂，修建集镇和园区污水管网，修建仙怡生态墓园，对集镇老旧自来水管网提档升级，对六合广场实施拆墙透绿，完成"厕所革命"改厕 2 000 余个，建成灯光篮球场、口袋公园、六合广场，公共文化服务设施日趋完善。

四、激发文旅深度融合，写"文化兴场"篇章

（一）做优做强文旅项目

一是打造乡村旅游"升级版"，每年接待国内旅客 8 万人次以上。继"樱为有你·相约六合"首届樱花谷游园会，2024 年 3 月"樱为有爱·再聚六合"第二届樱花游园会暨春季招商引资集中签约仪式盛大开幕，通过"以花为媒·借会招商"形式，促成签约项目 10 个，总投资超 20 亿元。游客们赏樱花、尝美食、品文化，目不暇接、乐不思蜀。二是盘活闲置资产。规划投资 5.7 亿元建设六合垸航空农旅中心，打造荆州最具规模的航空飞行营地。计划投资 5 000 万元建设"大学生上山下乡实践示范基地"。三是积极探索"工厂＋旅游＋美食＋民宿"新模式。打造"三农"航空飞行营地——樱花谷——赛泰乳胶工厂——一品堂农庄"一日游""周末游"线路，最后入住"垦荒号""知青楼"特色民宿，体验农垦特色的慢时光。

（二）走深走实共同缔造

干群共建美好幸福家园，共同缔造示范点建设全面开花：左岭队打造生态湿地小公园；万新队共建"善孝富美清"宣传廊道和"共享乐吧"；前进队共建"乡音乡味乡愁"记忆墙和"前进游园"；新建队拓建健身步道连通樱花谷，共建新时代农垦队；幸福小区共建省级城乡品质生活示范小区，解决群众急难愁盼问题 100 余件。在樱花谷建设中，16家企业捐资 50 余万元，居民主动认领，群众共谋共建，儿童游园、共享花园、林下瑜伽等景观分外夺目。

（三）党建引领基层治理

一是党建"绣花针"穿起基层治理"千条线"。建立完善"社区党组织＋生产队（小区）党支部＋微网格党小组＋党员中心户"四级组织体系，成立调解联席会，社区大小事从"无人管"变"有人管"，真正做到"小事不出小区，大事不出社区，矛盾不上交"。二是发挥先进典型引领传递正能量。社区退休职工洪伏莲荣获"荆州市银龄先锋"称号，张高林获"感动荆州 2016 年度人物"，黄贤英获评 2023 年四季度"荆州好人"和"感动荆州 2023 年度人物"。三是党建引领"为老事"托起幸福"夕阳红"。将养老服务阵地与党建服务阵地资源融合共享，改建"养老大食堂"，让老人们真切感受"幸福的味道"。开办六合垸老年学校，设书法班、舞蹈班、太极班、音乐班（葫芦丝课、萨克斯课）等课程，招收学员 60 余人，丰富老年朋友业余生活。

经验启示：

六合垸农场持续纵深推进"四场"发展战略，坚定实施优质粮食补链强链工程不放松，咬定有效招引合作赋能产业振兴不动摇，锚定农工文旅融合发展不松劲，多措并举推动农场经济高质量发展。以优质粮食工程、高标准农田建设、"两田制"改革为出发点，提升农业综合生产能力，打造"绿特优"农产品特色品牌；以大力招引合作、优化营商环境、盘活资源项目为引领力，助力镇域经济做大做强；以人居环境整治、洪湖流域治理、基础设施提升为突破口，涵养良好人文生态。以农垦文化、共同缔造、基层治理为主载体，描绘出一幅农业强、农工富、农场美的新时代农文旅融合新画卷。

大力推行"两账四单"
着力打造四个工程

湖南省永州市回龙圩管理区

    湖南省永州市回龙圩管理区是"十四五"时期全国欠发达国有农场之一，共有柑橘种植户 5 013 户，建成橘园面积 10 万亩。2021 年以来，全区共承接欠发达国有农场巩固提升任务资金 1 444 万元，实施项目 8 个。通过推行"两账四单"，着力打造四个工程，全区欠发达国有农场巩固提升项目绩效管理水平全面提升，项目资金到位率 100%，项目开工率 100%，投资完成率 100%，有力推动了柑橘产业高质量发展。

一、建好"两账四单"，规范项目运行

    全区聚焦规范项目建设领域权责运行，探索建立集权力清单、风险清单、防控清单、责任清单、资料台账、财务专账于一体的"两账四单"权责清单制度，形成了权责清晰、流程规范、风险明确、措施管用、监管有力、制度严明的项目建设新模式。

    一是建立权力清单。按照"于法有据、于事有效"的原则，精简优化项目建设程序，把项目建设分为 3 个阶段，共梳理 20 项权力清单并绘制工作流程图，以更加直观的形式反映整个项目建设的流程链条。

    二是建立风险清单。采取自己找、群众提、领导点、集体评和班子定等方式，全面梳理项目建设在程序、进度、质量、安全、廉洁等方面的风险点，建立风险数据库，形成风险清单。目前，针对项目建设全过程，已梳理汇总 45 个主要风险点。

    三是建立防控清单。针对每个程序、环节的风险点，按照前期预防、中期管控、后期处置 3 个环节，分别制定相应防控措施 50 项，形成系统性的防控清单，确保项目建设实现主动防控、全面防控、全程防控。

    四是建立责任清单。按照职责法定、权责一致、责任到人、分工合作的原则，建立项目建设责任清单体系，出台相应问责办法，切实拧紧明责、履责、督责、考责、问责的完整责任链条，确保责任落细落实落地。

    五是建立资料台账。列出每项权力清单、风险清单、防控清单、责任清单所需的必备资料明细，汇编成资料台账。对欠发达国有农场巩固提升任务 16 个方面的项目资料和 12 个方面的资金绩效评价资料，及时进行资料台账整理并汇编成册，真实记载和佐证项目建设的全过程，确保长期保存、有据可查、责任可溯。

    六是建立财务专账。规范资金使用和财务收支，强化财务档案管理，提高绩效管理

水平，据实反映各项收支明细，确保资金有效使用和资产安全。

二、用好"两账四单"，推动责任落实

坚持用制度管好关键人、管住关键事、管在关键时。通过严格落实"四个照单"，有效提高了工作效率和建设质量。

一是干部照单履责。责任人员照单操作、职能部门照单履职、业主单位照单督查、分管领导照单调度，及时发现和妥善处理项目建设中的问题，有条不紊地合力推进项目建设。

二是督查照单督责。严格对照清单督促检查，督导责任人员、职能部门、建设部门、监理部门、主管部门、分管领导履责是否到位，压实各方责任，管在平时，督在日常。

三是考核照单考责。制定出台项目建设目标管理考核办法，将项目建设考核结果纳入绩效考核、基层党建、党风廉政建设考核内容。四是纪委照单问责。按照"尽职免责、失职追责"要求，对不按程序办事的、影响进度的、影响安全的、影响质量的相关责任领导、部门和人员，实行责任追究零容忍、全覆盖，力推项目建设安全有序推进。

三、管好"两账四单"，强化项目管理

强化"两账四单"落实，对执行"两账四单"中出现的问题，及时解决。

一是建立台账制。坚持问题导向，开展"两账四单"执行情况专项督查，找准查实各类问题，逐一登记形成问题台账。

二是建立交办制。根据问题台账，将专项督查中发现的问题逐一进行交办，提出具体整改要求，责成责任单位限期整改，并对问题整改情况开展跟踪督办。

三是建立销号制。收到交办函后，相关单位需及时研究制定具体整改措施和完成时限，快速整改到位，并将整改情况及时验收销号。

四是建立通报制。定期通报和反馈问题整改销号情况，对整改不及时、不到位的通报批评，并在年底绩效考核中扣除相应分数。五是建立倒查制。对落实"两账四单"不到位、发生违纪违法案件的，实行"一案双查"，并积极开展同级同类警示教育，做好以案促改"后半篇文章"。

四、推行"两账四单"，打造四个工程

通过全面推行"两账四单"，把全区欠发达国有农场巩固提升项目打造成为 4 个工程。

一是速度工程。"两账四单"推行后，工作程序更规范，风险查找更精准，风险防范更有力，工作责任更到位，问题解决更及时，工作效率更高效，工程建设更顺利。2022年管理区马鹿头村的柑橘产业道路、水渠建设项目，计划工期 90 天，实际工期 70 天，比计划提前了 20 天。

二是质量工程。建设单位依法规范施工，服务单位依单履责监管，共同发力、同向而

行，实现了项目建设高质量。

三是安全工程。各项目单位根据风险清单，自觉加强质量和安全风险隐患排查整改力度，有效预防了工程领域安全生产事故的发生。2021年以来，全区没有发生一起安全生产事故。

四是廉洁工程。通过强化廉洁检查，有效防范了建一个项目、倒一批干部的乱象发生，全区没有出现因项目建设被投诉举报的情况。

经验启示：

湖南省永州市回龙圩管理区通过推行"两账四单"规范项目建设领域权责运行，形成了权责清晰、流程规范、风险可控、措施管用、监管有力、制度严明的项目建设新模式。通过严格落实干部照单履责、督查照单督责、考核照单考责、纪委照单问责，推动责任落实；通过建立台账制、交办制、销号制、通报制、倒查制解决项目执行中的问题，强化项目管理；通过大力推行"两账四单"，将项目打造为速度工程、质量工程、安全工程、廉洁工程。

奏响产业发展与民族团结进步"交响曲"

广西农垦立新农场有限公司

广西农垦立新农场有限公司（以下简称立新农场公司）前身为始建于 1958 年的广西农垦国有立新农场，是广西农垦 10 家欠发达国有农场之一。立新农场公司地处瑶、壮、汉等多民族聚居的贺州市富川瑶族自治县境内。近年来，立新农场公司坚持以铸牢中华民族共同体意识为主线，积极推进脐橙产业高质量发展，以点带面辐射地方产业规模化、标准化、技术化建设，将发展壮大产业与巩固拓展脱贫攻坚成果同乡村振兴有效衔接，以及民族团结工作有机结合，走出一条民族团结进步引领产业发展、产业发展促进民族团结进步的发展新路子。

一、产业发展筑牢民族团结进步根基

20 世纪 80 年代初，立新农场公司引进脐橙，始终与地方政府紧密协同配合，共同推进脐橙产业高质量发展。经过 40 多年的发展，脐橙产业由小到大、由弱到强，现已成为富川瑶族自治县农业支柱产业。立新农场公司已发展成为广西柑橘产业核心示范单位、贺州市农业产业重点龙头企业。

（一）抓好国有示范

立新农场公司主动融入富川瑶族自治县脐橙产业振兴行动，收回农垦国有土地 1 300 亩，大力发展适度规模经营，在乡村振兴政策和中央财政衔接资金的大力支持下，通过推广新优品种、机械化作业、重大病虫害绿色防控等达到增产增收、示范带动效果，建成自治区四星级柑橘产业核心示范区 1 个、新品种国有示范果园 1 300 亩，辐射带动 12 个乡镇种植脐橙 30 多万亩，示范引领周边农民群众发展中高端脐橙品种种植。

（二）深化垦地融合

立新农场公司发挥国有企业柑橘管理技术、品牌、组织优势，与富阳镇、葛坡镇、石家乡结对合作创建 4 个标准脐橙种植示范基地；与葛坡镇搭建党建结对共建机制，为合洞村免费提供 17 000 株苗木，2023 年为 100 多人次果农提供种植技术培训，积极发挥后盾单位作用。

（三）强化人才培育

立新农场公司把乡村振兴产业帮扶作为培养锻炼干部人才的重要平台，持续加大对少数民族帮扶村人才帮扶力度，将优秀干部输送到少数民族帮扶村，把国企先进管理经验带到少数民族村。2016 年以来，共选派优秀干部 3 人到帮扶村担任第一书记和工作人员。公司还十分注重少数民族干部队伍建设，为民族团结进步和公司发展提供坚实人才基础。目前，公司有市县级人大代表 3 人、政协委员 1 人，市党代表 1 人；少数民族干部 34 人，占管理人员的 41.98%，其中副职以上少数民族干部 20 人、占少数民族干部的 58.82%，少数民族党员 36 人、占党员人数的 32.73%。

二、社会服务搭建民族团结连心桥

立新农场公司深入贯彻落实农业农村部党组关于农垦大力发展社会化服务的任务要求，持续打造现代农业产业体系，不断提升联农带农"含金量"。

（一）企业做好示范带头

公司以示范点为引领，集中展示、复制推广农垦先进农业生产技术和管理模式，形成区域辐射带动效应。公司现有自营果蔬种植示范基地 1 200 亩，柑橘苗木繁育基地 4 个、面积 270 亩。自营基地带动长期稳定就业 67 人，年吸纳季节性劳动力 5 000 人次，为地方解决富余劳动力就业问题、培养种植技能型农民做出积极贡献。依托 2 个农业发展服务中心技术技能优势，配套开展农资配送、农技培训和无人机飞防作业等农技服务。2023 年，开展柑橘技术培训服务 12 次、农资配送服务 200 次；无人机植保团队为周边 11 个乡镇提供飞防服务约 7 万亩，助力地方打赢黄龙病防控攻坚战。

（二）鼓励职工开展服务

公司鼓励有技术、有管理经验的职工组建技术服务队，到周边乡镇开展柑橘修剪等技术服务 300 人次，做到企业与职工双轮驱动服务社会。

三、科技创新赋能民族团结结硕果

立新农场公司积极深化科技创新链与产业链融合发展，带动周边少数民族地区走上集约化、规模化、组织化、专业化的现代农业发展之路。

（一）建设无病苗圃基地

无病柑橘苗木是柑橘特色产业可持续健康发展的基石。富川瑶族自治县缺乏标准化的柑橘无病苗木基地，成为制约当地柑橘产业发展壮大的瓶颈。2022 年，立新农场公司大力实施"种业强芯"战略，在中央财政衔接资金的支持下，创建柑橘苗木良繁智慧基地，有赣南早、纽荷尔、温州蜜柑、青秋砂糖橘等十几个优良柑橘品种，每年可出圃 50 多万株苗木，所有出圃苗木均检疫合格。目前，公司与富川瑶族自治县投资发展集团通过整合资金、土地、技术等资源，合作共建两个柑橘苗木良繁智慧基地，开展订单式柑橘无病毒苗木定向培育，建成后年可出圃苗木 200 万株，能满足桂北地区对柑橘无病毒苗木的需求，进一步带动群众扩大种植面积、调整种植结构，实现优良品种育繁推一体化发展。

（二）建设科研创新平台

立新农场公司"柑橙产业星创天地"获评自治区级星创天地，争取到"全国农业科技现代化先行县专家服务站"成功落户，创建1个集创新创业于一体的科技创新平台"广西科普教育基地"；以富川神仙湖果蔬产业核心示范区（五星级）、广西农垦源头柑橘产业核心示范区（四星级）、脐橙古树保护园为示范点，持续推广水肥一体化、黄龙病防虫网等现代农业生产设施技术。

（三）产学研融合有突破

立新农场公司与西南大学柑桔研究所合作，实施国家重点研发计划项目子课题"柑橘品种筛选及良繁技术研究"，取得《脐橙智慧园建设示范基地管理平台》《脐橙智慧园示范网络全覆盖管理系统》《远程值守节水智能作业灌溉系统》《种植区小气候气象数据监测分析系统》4个软件著作权并进行成果登记；与广西特色作物研究院柑桔研究所合作的网墙种植试验项目落地，对低成本防控柑橘黄龙病有了新的探索；向自治区科技厅成功申报《富川脐橙产业关键技术集成与应用示范》项目，获得财政补助项目资金195万元，进一步强化了脐橙产业发展的科技支撑。

经验启示：

　　作为欠发达国有农场的立新农场公司，通过高质量发展脐橙产业、提供优质社会服务、强化科技创新赋能，有效带动地方产业发展，对提高民族地区科技与经济融合、促进民族地区和谐发展提供了很好的示范作用。产业发展方面，主动融入地方主导产业，与地方构建利益联盟体系，共同推进脐橙产业高质量发展。社会服务方面，利用农垦自身优势，企业、职工同时发力，提供了解决就业、技术培训、农资配送、飞防服务等多项社会服务。科技创新方面，大力建设苗木良繁基地、科研创新平台，强化产学研融合发展，为产业高质量发展和民族团结进步做出了积极贡献。

发挥海垦资源优势　打造食用菌产业

海南农垦东新农场有限公司

海南农垦东新农场有限公司（以下简称东新农场）由原5家国营农场重组改制而成，位于万宁市长丰镇牛漏墟，拥有土地权属面积约46万亩，是"十四五"时期农垦欠发达国有农场。近年来，东新农场认真贯彻落实党中央、省委和省政府实施乡村振兴战略精神，做深做实省政府赋予海南农垦"菜篮子"保供的任务要求，按照"乡村振兴首先是产业振兴"的思路，充分利用中央巩固衔接支持政策，积极谋划区域特色高效农业产业，建成了海南省规模最大的食用菌种植基地，有效增强了企业内生动力、发展活力。

一、坚持以农为本，谋定食用菌特色高效农业产业

食用菌高蛋白、低脂肪，且有食药兼用的优势，深受国人喜爱。据调研，海南对食用菌市场总需求超150吨/天，但是海南种植食用菌的单位较少，每天产量不足5吨。东新农场锚定海南食用菌市场缺口，多次到福建、江苏、贵州等地调研工厂化及大棚式种植食用菌情况，经多方论证，选定种植秀珍菇（属中温品种）。随后，及时改造闲置养猪场既有设施，建设日产2万包的食用菌（秀珍菇）种植基地。该项目于2022年4月开工建设，总投资4957.27万元（其中中央财政衔接资金840万元），现已建成集菌包生产车间、出菇房、养菌室等设施于一体的标准化生产厂房，建筑面积约1.2万平方米。该项目于2023年4月投产运营，截至2024年8月，累计销售食用菌约664吨，实现产值867.4万元，成为农场新的特色产业。

二、夯实产业根基，推动食用菌示范基地建设

（一）紧抓市场机遇，加快推进项目落地投产

一是在建厂初期聘请技术总监全程参与建设，并创新优化管理机制，采取垂直管理模式，制定食用菌基地建设事项及资金授权清单，充分给予管理决策权，推动项目快速实现投产运营。二是在项目建设后期，快速组建管理团队及一线生产团队，并对所有一线岗位人员开展岗前培训，制定生产操作规程，确保厂区运转平稳有序，同步引进销售团队打入鲜菇市场。三是推动建立一套适合食用菌基地工厂化发展的财务信息系统，规范原材料出入库核查、单据审核和各类财务数据保存，并动态监控年度财务预算执行情况，降低财务风险。

（二）狠抓生产管理，确保提质增效

一是通过降低菌包重量及调整配比、缩短灭菌时间、合理调配人员、光伏发电等多种举措降本增效，同期降低成本 20％。二是多次对食用菌基地生产进行"大体检"，分批次安排技术岗位人员到省外秀珍菇工厂学习培训，进一步规范养菌、接种、出菇等生产环节，降低生产风险。三是通过食用菌基地团队外出学习及邀请外聘技术团队"传帮带教"等方式，不断优化提升养菌、出菇等生产技术，有效将菌包感染率控制在 1‰以内，将单包产量稳定在 230 克以上，相较 2023 年提升了 82 克，增幅达 55％；出菇 A 级比率高达 94％，比同行业标准 A 级比率高 9％。

（三）拓宽销售市场，提高品牌辨识度

农场食用菌基地多渠道对接批发商，开发鲜菇省内外市场。一是每月至少 3 次派员前往海南各市县考察市场行情，跟踪终端市场销售情况，稳步拓宽终端市场销售渠道。目前已与海南农垦各大商超及海南"菜篮子"农贸批发市场菌菇批发商建立长期购销关系，同时已全面铺开海南 18 个市县农贸批发市场。二是积极拓展省外市场，现已成功在成都、深圳市场试销约 4 吨。三是积极参加中国（海南）国际热带农产品冬季交易会等各类展销活动，多渠道提高东新食用菌品牌知名度。

三、探索做大做强食用菌产业，打造省级产业标杆

（一）发展多元化食用菌产业，逐步推进全产业链建设

农场食用菌基地已新增种植平菇、虎奶菇、猪肚菇 3 种菌类，目前正在建设菌种研发室和实验室，下一步将培育红托竹荪、灵芝等菌种，进一步扩充干、冻等高效益菌类产品，实现食用菌产业多元化发展。同时，利用食用菌基地周边 100 亩农业设施用地资源，拟将初（深）加工技术引进食用菌基地二期建设，逐步形成完整的食用菌全产业链。

（二）利用农垦胶园资源优势，积极探索胶园套种食药用菌

目前，海南有 200 多种野生可食用或药用菌，并已探索建立了"橡胶—食用菌"的高效特色模式。农场立足海南农垦 320 万亩的橡胶林资源优势，通过垦区内部协同，将食药用菌种植以点带面逐步覆盖，形成食药用菌产业规模化胶园种植。当前，农场正以虎奶菇为试点，对海南野生食药用菌进行提纯研究，积极研发更多适合热带气候、经济价值更高的食药用菌品种，形成特色优势产业。

（三）以食用菌产业带动区域经济发展，助力乡村振兴

农场始终胸怀"国之大者"，牢记国企责任，在巩固自身脱贫攻坚成果的同时，助力职工增收、地方发展，目前食用菌基地已提供就业岗位 63 个。同时，着手建设菌包生产中心，为科研单位、规模化种植户提供菌包服务，为政府农业产业化项目及农场职工提供菌包及技术指导，为职工群众提供就业、创业机会，推动区域经济发展。

经验启示：

　　东新农场紧抓市场机遇，充分利用中央巩固衔接支持政策，在多方调研与论证基础上选定秀珍菇品种谋划发展食用菌产业。在建设中，通过"请进来"与"走出去""传帮带教"等方式，加快项目建设，优化养菌技术，狠抓生产管理。同时，不断拓宽销售市场，丰富种植品种，探索"橡胶—食用菌"高效套种模式，延伸初（深）加工技术，基本形成食用菌产业全链条发展的格局，在带动职工就业增收、助力区域经济发展中发挥了重要作用。

发展优势特色产业　巩固脱贫攻坚成果

勐海县黎明农场集团有限公司

云南农垦黎明农场土地面积 11.2 万亩，人口 20 829 人，主产水稻、橡胶、茶叶，是"十三五"期间云南垦区的一个贫困农场，2019 年实现脱贫摘帽。近年来，农场大力推进农场企业化改革，创新完善土地承包经营机制，盘活土地资源，开展招商引资，发展肉牛、普洱茶、热带水果等优势特色产业，巩固脱贫攻坚成果。

一、深化企业化改革，筑牢发展基础

大力推进农场企业化改革，建立现代企业制度，打牢产业发展基础。

一是推进办社会职能改革。农场 7 个社区 68 个居民小组已分别划转至邻近的勐遮镇、打洛镇、勐阿镇、勐满镇，实行属地化管理，由所在乡镇承担其公共基础设施建设、社会事务支出以及农场办社会形成的债务，但不干预农场企业生产经营。

二是组建区域集团公司。制定《资产清查、债权债务划转和移交方案》，完成清产核资、资产划转工作，将黎明农场经营性资产、土地资源划转给农场企业。2022 年，云南农垦黎明农场成立勐海县黎明农场集团有限公司（以下简称黎明农场集团），建立"集团公司—分公司—生产队"和"集团公司—二级子公司—三级子公司"的双三级管理体系，以分公司"守江山"，负责管理好各分场的国有资产，收缴资源承包费，保障企业正常运转，以子公司"打江山"，负责畜牧、果蔬、茶业等独立产业板块，推动产业向纵深发展，多元化增加经营收入。

二、加强土地管理，盘活土地资源

一是加强国有土地承包管理。制定《土地资源承包（租赁）方案》《橡胶林木承包（租赁）方案》，严格执行退休退地政策，切实加强国有土地承包管理。出台《清查违规承包、租赁国有土地行为的实施方案》，规范农场土地资源承包租赁，对私自转包、人岗分离、丢岗弃岗、抢占多占、退休不退岗等情况，一律收回土地承包资格。现已收回土地 3 412 亩，企业每年可增收 682.4 万元。

二是强化土地集中经营。推进土地连片调整，统筹协调和规范机动地、岗位地流转，化"零散"为"集约"，提升土地利用价值。现已完成土地连片面积 9 705 亩，土地租赁价格从原来的每亩 500～800 元提升至每亩 1 800～2 200 元，有效带动了企业增效、职工增收。

三、立足自身优势，发展特色产业

一是发展肉牛产业。依托土地、市场及资源优势，成立集饲料加工、肉牛养殖加工、有机肥生产于一体的黎明畜牧公司。在秸秆饲料加工环节，依托全县每年 37 万吨秸秆资源，建设年产 7 000 吨秸秆饲料加工厂 1 个，2023 年收购秸秆 1 万吨，探索出一条"政府支持、企业创收、群众受益"的生态环保、可持续发展新路径。在肉牛养殖销售环节，采取"集中饲养＋农户散养经营"的生产模式，养殖西门塔尔及云岭牛 562 头，供应县域56 所中小学食堂，并逐步拓展外销渠道。2023 年，勐海黎明畜牧产业开发有限责任公司在肉牛及秸秆饲料销售方面实现销售收入 800 万元；在有机肥生产环节，与重庆农神集团合作，对黎明有机肥加工厂进行全面升级改造，建设年产 10 万吨有机肥加工项目，该项目将于 2025 年初建成投产。

二是发展普洱茶产业。紧紧围绕勐海县得天独厚的普洱茶产业资源优势，成立勐海黎明春茶业有限公司。整合黎明农场 4 440 亩茶园以及星火茶厂、象明茶厂等 3 个茶厂，统一生产、加工和销售，一体推进公司普洱茶产业发展。分批对 4 440 亩茶园进行生态茶园改造，提高茶叶质量和收购价格，切实增加茶工收入，目前已改造完成生态茶园 948 亩，改造后职工种茶收入提高 60％左右。提升产品研发水平，目前已推出 30 余款普洱茶产品，获得了广大消费者的好评。完善营销模式，实行线上电商平台直播、线下两级经销商代理"两条腿走路"的销售模式，双管齐下，增加经营收入。

三是发展特色水果产业。依托热区资源优势成立勐海县黎明热带果蔬种植公司，与百果园、诺普信合作，利用其强大的终端市场，在农场发展阳光玫瑰葡萄、燕窝果种植。投资 710 万元种植阳光玫瑰葡萄 158 亩，第一产季实现收入 503.6 万元，收回投入 70％以上；投资 1 703 万元种植燕窝果 507.2 亩，首批 339 亩已开始采摘，预计实现收入 520 万元。同时，成功进入怡颗莓（卓莓）体系，成为卓莓公司中型种植体，投资 360 万元自主种植莓类 102 亩，当年投产达效，实现收入 500 万元左右，第一产季实现利润 100 余万元。

四是"走出去"发展特色产业。解放思想，跨出农场"一亩三分地"拓展特色农业。在全省及老挝等东南亚周边国家寻找合规土地，将高产高效水果种植面积向外拓展，目前已在省内找到 778 亩可供使用的园地，计划投资 5 062 万元发展蓝莓产业。2024 年 6 月，黎明农场集团与老挝国家农副产品集散中心就金毛狗蕨林下种植、莓类种植达成境外农业合作协议，境外农业发展迈出了坚实步伐。

经验启示：

黎明农场集团以推进农场企业化改革为契机，剥离社会职能，理顺三级权责关系，在此基础上，创新完善土地承包经营机制，推进土地集中连片，盘活土地资源，开展招商引资，大力发展肉牛、普洱茶、热带水果等优势特色产业，多元化增加经营收入，巩固脱贫攻坚成果。

落准"五颗子" 下活农业
高质量发展"一盘棋"

云南省德宏州盈江农场

云南省德宏州盈江农场（以下简称盈江农场）拥有丰富的土地资源和良好的农业基础，但属地化改革后，重稳定、轻产业，产业结构单一、发展方式粗放、经济效益不高等问题日趋严重。近年来，盈江农场深入贯彻落实新发展理念，全面调研，科学谋划，充分发挥地理气候、生态环境等资源优势，因地制宜积极探索"筑巢引凤"新模式，提出了以"五子登科"为重点的产业发展战略，大力培育发展"米袋子""菜篮子""果盘子""肉案子""药园子"等新产业，走出了一条"党委＋国企＋基地＋职工"的经济高质量发展之路，有力促进了盈江农场经济提质增效，助推职工群众增收致富，形成了农业增效、群众增收、垦区繁荣新局面。2023 年，盈江农场实现生产总值 13 145.91 万元，农业总产值 12 537.24 万元，人均可支配收入 12 084 元。

一、精准定位，夯实"米袋子"基础

（一）发挥地域优势，谋好良种规划

盈江县地处祖国西南边陲，县境西、西北、西南三面与缅甸毗邻，是中缅经贸、文化交流的最前沿。区域广阔、资源优势明显，先后被列为云南省商品粮基地县、国家商品粮基地县，素有"滇西粮仓"的美誉，成为云南省重要的商品粮调出大县。种业是农业的"芯片"。盈江县委、县政府致力种业振兴，以扶持"农垦农业排头兵"国企为抓手，规划 47.76 亩农地，投资 9 500 余万元，全力抓好盈江县良种繁育中心建设，打造中国西南面向东南亚的"农业硅谷"，以"小种子"撬动种业振兴大格局。

（二）强化科技支撑，夯实产粮基础

盈江农场不辱使命，积极与科研院校合作，引进优良品种和先进技术，建成种子技术研发间、科研展示中心、良种繁育基地。通过加强田间管理、病虫害防治和质量检测，确保了良种的纯度和质量，为粮食丰收打下坚实基础。利用 3～5 年时间，推进盈江县良种推广和水稻种植 28.5 万亩以上，实现年产值 4 亿元。

二、创新模式，丰富"菜篮子"品类

（一）引入"双绑"模式，扩大蔬菜规模

2019 年，盈江农场引入大理耘飞农业科技有限公司，成立德宏鲁滇农业开发有限公司，投资 5 000 多万元，在盈江农场盈湘社区四、五小区实施现代农业蔬菜项目，建设标准化蔬菜大棚 303 亩、露天蔬菜 300 亩、仓库 1 500 平方米、蔬菜保鲜库 500 吨及蔬菜生产配套设施。带动 3 户职工主动种植蔬菜 24 亩，解决周边群众就业 120 多人。引进智能化种植设备和管理技术，实现了蔬菜的全年生产和供应，蔬菜主要销往成都、西安等地，已实现年产值 5 500 万元、年利润 2 000 万元。下一步，盈江农场将继续深化合作，推广龙头企业绑合作社、合作社绑社员的"双绑"模式，扩大种植规模，带动更多职工群众做大产业。

（二）抢抓市场机遇，发展芦笋种植

芦笋是国际公认的"蔬菜之王"。盈江农场抢抓机遇，引进江西企业在盈腾社区五小区种植芦笋 100 亩，总投资 1 000 万元，带动职工及周边群众 36 户增收致富。芦笋每年可采摘三季，每亩产值约 1.7 万元。同时，积极推广"公司＋基地＋农户"的经营模式，带动周边农户参与种植，形成了规模化的产业集群。盈江农场的芦笋不仅满足了本地市场需求，还远销省内外，成为职工群众增收的重要渠道。

三、择优更新，提升"果盘子"品质

面对传统胶茶产业收入不理想、年轻劳动力外出务工、农场土地出现弃管放管等现象，如何让这片土地再次焕发生机，一度成为盈江农场的"心结"。

（一）转变经营方式，提升土地产能

2018 年以来，在新的土地改革和农业技术创新推动下，盈江农场转变土地经营办法，因地制宜，采取土地流转招商、产业更新、作物套种等方式，发展水果产业。对盈腾社区二小区老龄胶园进行更新改造，引进了优质沃柑品种，投资 2 200 万元开发建设 1 008.75 亩沃柑园。为节约运输成本、加强种植管理，积极争取政府投入资金 97 万元，建设沃柑产业道路 1 条，为沃柑产业发展保驾护航。对盈峰社区五小区老龄胶园进行更新改造，引进景东晚熟芒果、无眼菠萝，建设 500 余亩的芒果菠萝产业基地，带动职工及周边群众 60 余户发家致富。

（二）保护发展并重，生态经济双赢

利用作物生长空间差，推广茶叶、坚果、枇杷、芒果、菠萝等多种作物套种，不断提升土地利用价值，"套"出群众增收致富新希望。通过科学管理和精心培育，产出的沃柑、芒果、菠萝等水果果形美观、口感鲜美、汁多味甜，深受市场欢迎。在发展过程中，盈江

农场注重生态环境保护，推广绿色种植技术，减少了农业面源污染。水果产业的发展不仅为垦区带来了可观的经济效益，还美化了乡村环境，实现了经济效益和生态效益的双赢。如今，沃柑、芒果、菠萝已成为盈江农场的一张亮丽名片，念活了职工群众"致富经"。

四、科学养殖，保障"肉案子"供应

盈江农场充分调研市场需求，积极发展养猪产业，保障市场猪肉供应。坚持合作共建，稳定生猪供给。2020年，盈江农场与优质养猪企业合作成立盈江县志海农牧开发有限公司，投资2 500万元，在盈峰社区一小区规划146亩土地建成现代化盈江万头生猪养殖场，通过引进先进的养殖技术和设备，推广生态养殖模式，实现了生猪养殖的规模化、标准化和智能化，提高了生猪的养殖效率和质量。同时，加强动物疫病防控和质量安全监管，确保猪肉安全放心。目前，盈江农场合作的万头养猪场出栏生猪15 620头，不仅满足了本地市场需求，还为周边地区提供了优质的猪肉产品。

五、因地制宜，发展"药园子"种植

石斛是一种名贵的中药材，具有很高的药用价值和经济价值。盈江农场充分利用盈腾社区六小区的自然条件和资源优势，积极发展石斛种植。

（一）培育经营主体，延伸产业链条

2013年，通过引进盈江县云乐石斛种植专业合作社开始种植石斛，2018年，注册成立了盈江县盈乐农业科技发展有限公司，带动职工群众投身石斛产业，从零星种植30亩石斛发展到现如今1 100余亩的连片种植基地。2022年，投入乡村振兴衔接资金222万元，实施石斛生产能力提升建设项目，建设标准化石斛加工厂房，集收购、加工、储存、销售于一体，进一步延长石斛产业链条。十余年来，盈江农场始终以"功成不必在我，功成必定有我"的担当，坚持在盈腾六小区走集约化路子发展石斛产业，形成了"合作社＋基地＋党员＋职工"的种植发展模式。石斛种植基地年产量1 200吨左右，年产值达7 000多万元，带动55户职工增收致富，解决周边群众就业500多人。石斛种植基地长期工有30多人，每人每年工资可达五六万元，采摘剪鲜条时节短期工每天至少100多人。

（二）充分挖掘潜能，推动文旅融合

石斛产业的发展不仅为垦区带来了丰厚的收益，还推动了盈江县特色产业的发展，为乡村产业振兴注入了新活力。近年来，盈江农场积极落实县委"文旅融合"行动，以文旅赋能乡村振兴为突破点，结合市民"近距离、短时长、重体验"出游特点，充分发挥盈腾社区六小区千亩石斛园优势，与旅行社合作，探索农文旅融合发展，打造集赏石斛园、观科普展、购石斛品、品石斛宴、舞民族情于一体的农文旅融合IP，共绘村美民富游客乐的乡村新画卷。

经验启示：

　　盈江农场坚持党建引领，党委出谋划策、管委主动搭台、农垦公司主动探索，结合本地资源禀赋和市场需求，科学制定产业发展规划，明确发展目标和重点，盘活土地资源，积极争取政策支持，加大资金投入力度，"筑巢引凤"培育壮大龙头企业、合作社等新型农业经营主体，动员职工群众积极参与，因地制宜发展特色产业。同时，加强与省、州热作所等科研院校合作，引进先进技术和人才，不断提升产业的科技含量和产品品质。通过发展"五子登科"新产业，实现传统农业向现代农业转变，产业化水平不断提高，一二三产业融合发展态势良好，实现了经济发展、群众增收、生态改善的多赢局面，为推进乡村振兴和高质量发展提供了有益借鉴。